새로 쓴 한국현대사

해방부터 촛불항쟁까지 35장면

새로 쓴 한국현대사

해방부터 촛불항쟁까지 35장면

2017년 10월 10일 초판 1쇄 | 2021년 06월 10일 초판 3쇄

지은이 임영태 정창현
펴낸이 한정희

편집·디자인 김지선 유지혜 한주연 박지현 이다빈
마케팅 전병관 하재일 유인순

펴낸곳 역사인
출판신고 제406-2010-000060호

주소 경기도 파주시 회동길 445-1 경인빌딩 B동 4층
대표전화 031-955-9300 | **팩스** 031-955-9310
홈페이지 www.kyunginp.co.kr | **전자우편** kyungin@kyunginp.co.kr

ISBN 979-11-86828-08-3 93300
값 25,000원

역사인은 경인문화사의 자매 브랜드입니다.

이미지 출처 월간《민족21》, 국가기록원, 국사편찬위원회, (사)현대사연구소, 중앙일보, 청와대 홈페이지,
미국 국립문서기록보관청(NARA; National Archives and Records Administration), 정운현, 김성헌, 노용헌
※ 이 책에 이미지를 게재하도록 허락해주신 모든 분들께 감사드리며, 게재 허락을 받지 못한 이미지에
   대해서는 저작권자가 확인되는 대로 게재 허락을 받고 통상적인 기준의 사용료를 지불하겠습니다.

새로 쓴 한국현대사

해방부터 촛불항쟁까지 35장면

임영태 정창현 지음

역사인

성찰과 교양을 위한
한국 현대사 길라잡이 역할을 기대하며

산업화와 민주화, 그리고 통일

"거짓은 참을 이길 수 없다."

2016년 늦가을부터 2017년 봄까지 대한민국을 뜨겁게 만들었던 1천 7백만의 촛불시위를 보면서 우리는 새삼 도도한 역사의 흐름을 실감했다. 잠시나마 거짓이 참을 가리고 어둠이 지배하는 세상을 만들 수는 있지만 역사의 진실은 언젠가 그 모습을 드러내기 마련이다. 촛불항쟁은 현재를 올바르게 진단하고 제대로 된 미래를 준비하기 위해서는 정확한 현대사 이해가 절실히 필요하다는 평범한 진리를 다시 한번 확인해주었다.

1945년 해방 후 우리 현대사는 격동과 파란의 연속이었다. 폭압의 일제 식민지 상태에서 벗어날 때 38선으로 허리가 잘릴 것이라고는 생각지도 못했다. 1948년 남과 북에 독자적인 정부가 들어섰을 때 남북의 충돌을 우려하는 목소리는 있었지만 분단 상황이 70년 이상 지속될 것이라고 누가 예상했겠는가.

1960년 4월 민주항쟁으로 이승만 독재를 무너뜨렸지만 1년 만에 군사쿠데타가 일어나 모든 것이 물거품이 되었다. 역사의 반동은 너무나 빨리 찾아왔다. 1979년 18년의 박정희 군사독재가 끝났으나 또 다시 신군부가 권력을 장악함으로써 반동의 역사는 되풀이 되었다. 그 기나긴 군사독재의 수렁 속에서 마침내 민주주의의 싹을 틔웠으나 1987년 6월 민주항쟁에서 기쁨과 좌절을 동시에 겪어야 했다. 그리고 30년 뒤 다시 우리 사회는 '촛불혁명'을 통해 새로운 민주주의 여정의 첫발을 뗐다.

우리는 6·25전쟁이 끝난 후 미국의 원조를 받아 간신히 경제를 꾸려갔고, 하루하루 끼니를 걱정하며 힘들게 '보릿고개'를 넘겨야 했다. 그렇게 가장 가난한 축에 속했던 나라가 아주 빠르게 중화학공업화를 이룩하고 IT산업을 선도하는 나라로 변모하였다. 세계사에서도 찾아보기 어려울 정도로 대단히 예외적이다. 물론 사회 불평등, 소득 양극화, 비정규직, 치솟는 실업률 등 앞으로 해결해야 할 과제 또한 산적해 있다.

우리의 현대사는 우여곡절을 겪으며 산업화·민주화를 위해 쉼 없이 달려왔다. 그렇다고 해서 "한국 현대사가 산업화 세력과 민주화 세력, 두 세력의 분투와 경쟁의 기록"이라고 말하는 것은 대단히 현상적이고 일면적인 평가에 불과하다.

엄밀하게 말해 산업화나 민주화의 과실은 극히 일부 사람들이 독점하다시피 했다. 일부 보수 세력, 재벌, 진보개혁 정치인 일부가 챙겼다고 말하면 너무 지나친 것일까?

군사독재 시절 정치인과 재벌들이 온갖 부정부패와 권력 비리로 엄청난 부를 축적할 때 평범한 노동자, 농민들은 독일과 중동 열사의 나라에서, 청계천의 어두운 방에서, 구로공단의 벌집에서, 뜨거운 용광로 앞에서, 그리고 뙤약볕 아래서 눈물과 비지땀을 흘렸다. 전태일이 "노동법을 준수하라"고 외치며 분신했을 때 대통령과 정치인들은 이를 외면했다. 대통령 박정희가, 보수 세력이, 경제성장을 이끌었다는 것은 '신화'일 뿐이다. 1972년 '8·3경제조치', 1997년 'IMF 위기'처럼 보수 정권일 때 경제위기는 오히려 더 자주 찾아왔다.

역설적이게도 진보 정권이라고 공격받는 김대중·노무현 정부 때 사회적 불평등은 더욱 악화되었다. 그 결과 한국의 경제 규모는 세계 10위권으로 커졌지만 경제적 불평등 현상은 나날이 심화되고 있다. 2015년 기준으로 우리 사회 최상위 1% 집단의 소득 비중은 14.2%, 최상위 10% 집단의 소득 비중은 48.5%에 달한다. 상위 10%가 소득의 거의 절반을 가져가고 있는 것이다. 이 같은 소득 집중도는 미국에 이어 세계 2위 수준이다.

한국 현대사를 단순히 산업화 세력의 시각에서, 민주화 세력의 시각에서만 보는 것은 또 다른 한계를 드러낼 수밖에 없다. 우리 현대사의 주역은 보수도 진보도 아닌 평범한 '보통 사람들'이다. 이들의 시각에서 보면 우리 현대사의 여러 사건과 인물들에 대한 평가는 아주 달라질 수밖에 없다. 그러한 시각에서는 '누구를 위한 정부인가?', '누구를 위한 정치 세력인가' 하는 질문을 던지지 않을 수 없는 것이다.

2016년 처음 박근혜 대통령 탄핵이 거론되었을 때만 해도, 몇 만의 촛불이 타올랐을 때만 해도, 그것은 '가능의 영역'이었지 현실은 아니었다. 그런데 촛불은 꺼지지 않았고, 수백 만의 촛불로 이어져 마침내 헌정 사상 처음으로 현직 대통령을 탄핵했다. 100만 명의 평화시위, 연인원 1천 7백만 명을 넘는 촛불은 마침내 거대한 '시민혁명'으로 승화되었다.

"대한민국은 민주공화국이다", "어둠은 빛을 이길 수 없다" 평범한 시민들의 작은 함성과 촛불 하나하나가 모여 새로운 광장민주주의, 참여민주주의의 전형을 만들어냈다. 이런 과정에서 새로운 민주 세대가 자라났다. 광장에서 시민들을 이끈 것은 정치인이 아니었다. 그저 평범한 보통 사람들이었다. 그들이 스스로 모여 촛불을 들고 평화시위를 이어갔고, 그것이 거대한 흐름이 되어 세상을 바꾸기 시작했다.

급격한 산업화와 민주화의 흐름 속에서 분단의 질곡에서 벗어나려는 통일 노력도 꾸준히 이어졌다. 어떤 때는 그저 꿈으로, 어떤 때는 "가자 북으로, 오라 남으로"라는 구호로, 또 어떤 때는 남북 정상의 만남으로 통일운동은 민주화와 한몸으로 진행되었다. 우리는 이 과정에서 통일과 민주화는 별개가 아니라는 사실을 절감했다. 무엇보다도 잊을 만하면 찾아오는 '공안 정국'과 '남북 충돌의 위기'는 한반도의 평화 정착과 분단 극복 없이는 지속적인 경제성장과 성숙한 민주주의의 실현이 사실상 불가능하다는 사실을 깨닫게 해주었다.

흐름과 이미지로 현대사 읽기

이 책은 우리 현대사를 관통하고 있는 산업화, 민주화, 통일 노력을 중심으로 이를 달성하기 위해 노력한 선각자와 보통 사람들의 이야기를 담아내려고 했다.

첫째, 우리 현대사의 흐름을 파악하는 데 꼭 필요한 역사의 순간 35장면을 선정하고, 이를 통해 현대사의 큰 줄기를 파악할 수 있도록 했다. 현대사의 전체상을 이해하기 위해서는 우선 역사를 만들어간 사람과 사건을 알아야 한다.

둘째, 가급적 딱딱한 서술에서 벗어나 이야기체로 가볍게 사건을 묘사하는 데 중점을 뒀다. '스토리텔링'을 통해 인물과 사건에 쉽게 접근하려 했다.

셋째, 현대사의 흐름상 꼭 필요한 내용이나 개념은 별도의 설명이나 도표로 작성하여 선택적으로 읽을 수 있도록 했다. 이와 함께 사건의 핵심을 엿볼 수 있는 1차 자료와 증언도 일부 내용을 소개했다.

넷째, 당시의 상황을 좀 더 사실적으로 이해할 수 있도록 다양한 시각 자료를 실었다. 이를 위해 기존의 교과서나 개설서에 없는 이미지를 찾아 싣는 데 신경을 많이 썼다.

우리는 최대한 풍부한 내용을 담으려고 했지만 책 한 권에 현대사의 모든 것을 담기는 불가능했다. 그런 측면에서 이 책은 한국 현대사를 이해하는 데 첫걸음일 수밖에 없다. 다만 이 책이 교양이든 연구든, 현대사 입문서의 역할을 충실히 할 수 있었으면 하는 바람이다.

이 책은 원래 2000년에 나온 《www.한국현대사.com》을 개정하려는 의도로 출발했다. 이 책은 그동안 독자들의 꾸준한 사랑을 받았지만, 2000년 이후의 변화된 내용을 반영하지 못해 책 내용을 개정해달라는 요구가 있었다. 그러나 막상 책을 수정하다 보니 개정판이라기보다는 전혀 다른 책이 되어버렸다. 또한 정치적 격변에 중심을 두다 보니 정치·경제사 중심으로 서술이 되고, 다른 분야가 전혀 담기지 않거나 소홀히 취급되었다. 이 점은 독자들의 양해를 바란다.

민주주의와 통일을 향한 지난한 노력을 성찰하고자 하는 분들에게, 우리 사회의 미래를 고민하며 역사를 되돌아보려는 젊은 세대들에게 이 책이 조금이나마 도움이 되길 기대한다.

책을 편집하는 과정은 처음 예상했던 것보다 훨씬 어렵고 힘들었다. 묵묵히 열정을 다해준 편집자와 디자이너에게 고마움의 마음을 전하며, 흔쾌히 사진을 제공해준 여러분께도 감사 인사를 드린다.

2017년 8월 15일
임영태·정창현

책을 펴내며 4

2부 독재와 민주, 그리고 산업화

3부 민주화와 평화, 그리고 통일

1부

해방과 분단, 그리고 전쟁

01
해방 전야

해방, 독립전쟁의 승리

일제의 패망이 눈앞에 다가오자 국내외 독립운동세력은 해방의 그날을 생각하며 희망에 부풀었고, 서로 연대를 모색했다. 1945년 8월 15일, 일본의 항복 선언과 함께 한민족은 해방되었다. 의병전쟁부터 시작된 장기간의 반일항전이 이룬 성과였다.

그러나 온전히 우리의 힘만으로 얻은 해방이 아니었다. 2차 세계대전에서 연합국의 승리라는 국제적 규정력이 수반됐다. 그 때문에 해방 후 38선이 그어지고, 한반도의 정치질서는 승전국인 미·소의 이해관계에 따라 굴절을 겪어야만 했다. 그럼에도 해방은 한반도와 한국민에게 새로운 기회를 제공하였고, 새나라 건설을 위한 출발점이 되었다.

광복을 맞은 서울역의 군중들

해방의 그날을 꿈꾸며

건국동맹
1944년 8월에 조직된 비밀 결사체이자 독립운동 단체다. 광복 당시 유일하게 국내에서 조직적 실체를 유지했다. 1945년 8월 16일에 조직된 조선건국준비위원회의 모체 역할을 했다.

새벽녘 동트기 직전이 가장 어둡다. 그러나 새벽은 오기 마련이다. 태평양 전선, 중국 전선, 동남아 전선에서 일본군의 패배가 계속되었지만 일본 군국주의자들은 패배를 인정하지 않았다. 그들은 끊임없이 병사들을 죽음의 구렁텅이로 몰아넣었다. 하지만 패망을 피할 수 없는 운명이었다.

해방 전야, 국내외의 독립운동 세력은 이미 일제의 패배를 돌이킬 수 없다는 사실을 잘 알고 있었다. 다만 그 시점이 언제인가가 문제였을 뿐이다. 독립운동가들은 해방의 그날을 생각하며 희망과 꿈에 부풀었다. 해외에서 무장투쟁을 벌이던 이들은 미국, 소련 등과 합작하여 국내로 진공작전을 펼 생각이었고, 국내에서 지하활동을 하고 있던 이들은 일제의 패망 이후를 준비하고 있었다.

국내에 있던 여운형은 1944년, 일제의 패망이 눈앞에 다가오고 있음을 직감했다. 그래서 해방 후 국가를 건설하기 위해 준비하며 다양한 세력을 망라한 건국동맹을 비밀리에 조직했다. 여기에는 1920~1930년대 민족운동에 참여한 경험이 있는 사람들이 다수 가담했는데 민족주의자에서부터 사회주의자에 이르기까지 다양한 성향의 인물들이었다. 따라서 건국동맹은 반일민족통일전선 성격을 띤 조직이다. 여운형을 중심으로 조동호·이만규·이석구·김진우 등이 지도자격 역할을 했다. 국외 항일무장투쟁세력과도 연계하기 위해 만주와 베이징, 옌안延安 등지에 연락원을 파견했는데 특히 조선독립동맹과는 여러 차례 접촉했다.

건국동맹 결성을 논의하는 여운형

건국동맹은 1945년 8월 4일, 조동호 등 일부 간부들이 일본 경찰에 발각되어 투옥되었지만 같은 달 11일에 일본이 항복할 것임을 미리 알고 이만규에게 독립선언문을 작성케 했다. 8월 15일, 일본 항복과 동시에 장권을 중심으로 건국청년치안대를 결성하기도 했다.

충칭 임시정부와 광복군

해방 직전 임시정부 주석 김구는 미군과 함께 광복군 대원들을 국내에 침투시킬 목적으로 미군 첩보기관 전략정보국Office of Strategic Services의 지도 아래 대원들을 훈련하는 데 많은 공을 들였다. 그는 미군과 연합작전을 통해 광복군이 국내 침투작전에 참가하게 되면 해방 후 임시정부의 국내외 발언권이 높아질 것이라고 보았다.

애석하게도 김구의 계획은 성공하지 못했다. 광복군이 작전을 수행하기도 전에 일본이 항복하고 만 것이다. 그 때문에 일본의 항복 소식을 들은 김구는 "아! 왜적의 항복! 이것은 기쁜 소식이라기보다는 하늘이 무너지는 듯한 일이었다"고 탄식했다.

김구의 탄식에는 충분한 이유가 있었다. 해방 후 김구 등 임시정부 요인들은 모두 개인 자격으로 귀국해야 했으며, 미군정은 임시정부의 어떤 기득권도 인정하지 않았다. 만일 광복군이 미군과 함께 국내 침투작전을 수행했다면 그 뒤 임시정부와 광복군에 대한 미국의 대우는 달랐을지도 모른다.

미국 전략정보국(OSS)
2차 세계대전 기간 동안 조직된 미국의 전시 첩보기관으로 중앙정부CIA의 원형이다. 장준하 등 광복군 대원들은 중국의 시안西安 등지에서 미 전략정보국의 지도 아래 한반도 침투훈련을 받았으나 계획은 시행되지 못했다.

김구 주석과
OSS 도노반 소장

귀국 기념사진
1945년 11월 3일.
충칭 임시정부 청사
앞에서 기념촬영을 하는
임시정부 요인들

조선독립동맹과 조선의용군

김원봉의 1948년 모습

조선의용대

의열단장 김원봉과 조선민족혁명당의 주도로 1938년 10월에 중국 후베이성湖北省 한커우漢口에서 결성된 독립군 조직이다. 처음에는 국민당 정부의 지원을 받았고 김원봉, 최창익, 김성숙 등이 중요 간부였다. 1941년에 조선의용대가 분열하면서 최창익 등 좌파 세력은 중국공산당이 장악한 화북 지역으로 이동했고 김원봉 직계는 광복군과 결합했다.

1942년 7월, 화북조선청년연합회를 모체로 조선독립동맹이 결성되었다. 창립 선언은 각당 각파를 망라하여 대중혁명과 항일민족통일전선 강화에 역점을 두었다.

조선독립동맹은 항일투쟁을 계속하면서 본거지 이동과 세력 약화 등으로 위험을 느껴 중국공산당의 본거지 옌안으로 후퇴했다. 그곳에서 김두봉을 위원장으로, 최창익과 한빈을 부위원장으로 선출했다.

조선의용대 화북지대도 같은 시기에 조선의용군으로 개편되어 조선독립동맹 산하 군사 조직이 되었다. 사령관은 중국국민혁명군 제8로군에 있던 무정이었다. 이후 조선의용군은 팔로군, 신사군 등 중국공산당의 주력 부대와 함께 태항산 일대에서 치열한 항일전을 전개했다.

조선의용군은 소련군이 대일전에 참전하자 중국공산당의 지도 아래 만주로 진격했다. 조선인을 보호하는 활동과 더불어 중국 국민당과 공산당 간 내전에도 참여했다.

중국공산당 근거지 옌안을 거점으로 활동한 조선독립동맹은 일제가 패망한 후 1945년 말에 평양으로 들어가서 북한 정권을 수립하는 데 참가했고, 조선의용군은 중국 내전에 참전했다가 1949년에 입국했다.

1945년 9월 초 옌안 나가평을 떠나기 앞서 기념촬영을 하는 조선의용군, 조선혁명군정학교 간부와 가족들

동북항일연군과 조선공작단

1936년 결성된 동북항일연군은 일본 관동군의 '암적 존재'로 불리며 만주지역 전역에서 활발한 항일운동을 벌였다. 1930년대 말, 일제의 계속된 대규모 토벌작전으로 위기에 처한 동북항일연군 부대들은 소련 땅으로 이동했다. 이들은 중소 국경에 인접한 하바롭스크 근교에 야영을 설치하고 부대를 재편했다. 1942년 8월

동북항일연군 시절
김일성, 최현, 안길

조직된 동북항일연군교도려는 조·중·소의 연합 부대였지만 형식상으로는 소련극동군의 한 부대(일명 '88여단')로 편제되었다.

여기에는 김일성·최용건·김책·최현·안길 등 북한 정권의 핵심이 되는 인물들이 대거 참여했다. 그들은 때때로 만주로 정찰과 유격 활동을 위해 출격했다. 야영지에서는 군사훈련을 받으며 소련군과 국내 진공작전을 구상했다.

그러나 예상보다 빠르게 일본이 항복하자 그들의 구상은 실현되지 못했다. 그들은 해방이 되자 평양으로 들어와 북한 정권을 수립하기 위해 나섰다. 대원 중 일부는 만주로 가서 중국 국민당과 공산당 사이의 전쟁에 참가한 뒤 북한으로 돌아왔다.

조선공작단
1945년 2월 얄타 회담에서 소련이 태평양 전쟁에 참가하기로 결정하고, 5월 독일이 항복하는 등 일제의 패망이 눈앞에 다가왔다. 그러자 동북항일연군교도려 소속 조선인 대원들은 조선해방과 새로운 국가 건설을 목표로 '조선공작단'을 결성했다. 김일성이 단장, 최용건이 당 서기를 맡았다.

1945년 7월,
동북항일연군 대원들
가운데 줄 왼쪽에서 세 번째가 김책이다.

그날이 오다!

1945년 8월 15일 낮 12시, 일왕(日王)은 라디오 방송을 통해 연합국에 무조건 항복을 선언한다. 일본의 항복 의사는 그 이전에 이미 미국에 전달되었다. 8월 10일, 일본의 무조건 항복 소식(포츠담 선언 수락)이 미국의 단파방송을 탔다. 8월 6일과 9일의 히로시마와 나가사키에 원자탄 투하, 8월 8일에 소련군의 대일전 선전포고 등 연속적 타격이 가해진 직후였다.

마침내 그날이 왔다. 소설가 심훈은 "그날이 오면 삼각산이 일어나 더덩실 춤이라도 추고 한강물이 뒤집혀 용솟음칠" 것이라고 노래했다. 어둡고 괴롭고 밤도 길었던 삼천리 이 강산에 마침내 먼동이 터 올랐다. 일본의 항복 선언과 함께 우리 민족은 해방되었다.

그러나 일제 패망과 우리 민족의 해방을 실감하는 데는 시차가 약간 필요했다. 일왕의 항복 선언에도 몇 시간 동안 한국인들은 사태를 관망했다. 오랜 식민지 억압 체제의 산물이었다. 하지만 그날 오후 4~5시경부터 서대문형무소에 갇힌 일부 정치범과 경제범들이 풀려나기 시작하자 상황은 반전되었다. 다음 날 군중이 거리로 몰려나와 만세를 부르고 환호했다. 해방에 대한 환희와 '독립행진곡' 같은 찬가는 금세 전국으로 퍼져나갔다.

일제의 항복을 전한
미군의 소식지

독립행진곡
(박태원 작사, 김성태 작곡)
어둡고 괴로워라 밤이 길더니 / 삼천리 이 강산에 먼동이 튼다 / 동무여 자리 차고 일어나거라 / 산 넘고 바다 건너 태평양까지 / 아~자유의 자유의 종이 울린다

미국과 소련의 진격로

■	1942년 일본 침략 지역
	연합국
→	소련군 공격로
⇢	미군 공격로
☢	원자폭탄 투하 지역

소련
아무르강
사할린
몽골
만주
블라디보스토크
웅기, 나진, 청진
1945년 8월 12일
중국
베이징
평양
1945년 8월 26일
원산 1945년 8월 21일
일본
인천
1945년 9월 8일
도쿄
히로시마 1945년 8월 6일
나가사키 1945년 8월 9일
난징
상하이
충칭

해방이 되자 국내에 있던 독립운동가들이 본격적으로 활동에 나섰다. 조선총독부는 여운형에게 일본인의 생명 보장을 담보로 행정권을 이양하기로 약속했다. 여운형은 치안대를 조직하고 행정권 접수에 나서는 한편, 건국동맹 세력을 기반으로 '건국준비위원회(약칭 건준)'를 조직했다.

8월 16일에 여운형은 휘문중학교 운동장에서 청중에게 기염을 토했다.

"이제 우리 민족은 새 역사의 제일보를 내딛게 되었습니다. 우리가 지난날의 아프고 쓰라린 것들을 이 자리에서 다 잊어버리고 이 땅에다 합리적이고 이상적인 낙원을 건설하여야 합니다."

그날 안재홍이 경성중앙방송국에 나가 건준 결성 사실을 알렸다. 질서 유지를 위한 경비대 편성, 식량 확보와 배급, 통화와 물가 안정, 미결 정치범 석방 등의 과제에 대해서도 언급했다. 방송을 들은 한국인들은 일제 지배가 끝난 것을 실감할 수 있었다. 사람들은 곧 새 나라가 세워지는 줄 알았다.

"해방 만세!"였다.

일본의 항복 문서(위)와
서대문형무소에서 나오는
권오직과 김대봉을
축하하는 현수막(아래)

해방 다음날
서대문형무소에서 나온
독립운동가들과 시민들이
만세를 부르는 모습

진정한 해방은 언제?

얄타 회담
1945년 2월, 미·영·소의 수
뇌들이 모여 독일의 패전과
그 관리에 관한 의견을 나
누었다. 이 회담에서 소련의
태평양 전쟁 참전이 결정되
었고 패전국이 점령했던 식
민지에 관한 논의도 있었다.
미국 루스벨트 대통령이 한
반도에 대한 신탁통치를 소
련에 제안하자 소련 스탈린
은 신탁통치 기간은 짧을수
록 좋다고 답했다.

8월 17일부터 상황이 반전되었다. 조선총독부는 "민심을 교란하고 치안
을 해치는 일이 있으면 일본군은 단호한 조치를 취할 방침이다"라고 포고
하며 일본군 3천 명을 동원하여 경찰서와 방송국 등을 다시 빼앗았다. 조
선총독부가 38선 이북 지역은 소련군, 이남 지역은 미군이 점령하게 된다
는 사실을 알고 하루 만에 행정권 이양을 부정하고 나섰던 것이다.

왜 그렇게 되었을까? 연합국들이 한반도의 독립을 처음 언급한 것은
1941년 11월, 이집트의 카이로에서 열린 미·중·소 정상 회담에서였다. 이
때 루스벨트·장제스·처칠은 일본이 중국으로부터 빼앗은 만주와 대만 등
을 되돌려주어야 하며 동시에 한반도의 경우도 노예 상태에서 벗어나 독
립되어야 한다고 했다. 이때 3국 정상은 "미·영·중 3대국은 조선 인민의
노예 상태에 유의하여 적당한 시기in due course에 조선을 자주독립시킬
결의를 갖는다"라며 한반도 즉시 독립이 아니라 '적당한 시기'라는 단서
조항을 달았다.

그러나 '적당한 시기'가 언제인지는 논의되지 않았다. 카이로 회담의
결정내용은 미·영·소 영수가 만난 1945년 2월 얄타 회담에서 재차 확인되
었다. 이때 한반도의 독립과 관련하여 미국이 신탁통치를 제안했으나 소
련은 즉각 독립을 주장하여 구체적 합의를 이루지 못했다. 그런 가운데
일본이 예상보다 빠르게 항복을 선언함으로써 한반도 처리와 관련해서는
논의가 더 이상 진행되지 못했다.

(좌) 카이로 회담에 참석한
장제스·루스벨트·처칠

(우) 얄타 회담에 참석한
처칠·루스벨트·스탈린

무장해제 당한 뒤
철수하는 일본군

그리고 소련군은 대일 선전을 포고하며 8월 9일부터 만주와 한반도 북부 지역을 공격하기 시작했다. 일본이 항복 선언을 할 무렵에는 소련군이 한반도 북부 지역을 거의 점령한 상태였다. 상황이 다급했던 미국은 38선을 경계로 한반도를 미소군이 분할하여 일본군의 무장해제를 하자고 제안했다. 이 제안을 소련이 받아들임으로써 38선이 그어졌다.

38도선 그리는 미군(위)과
38도선에서 만난
미군과 소련군(아래)

사정이 이렇게 되자 조선총독부는 마음이 바뀌었다. 미군이 진주하고 일본군이 항복과 무장해제를 한 다음 권력을 넘겨줄 때까지 조선인들에게 행정권을 넘겨주어서는 안 되겠다고 생각했다. 일제가 항복을 선언한 상황에서도 한국인들은 이들을 무력으로 제압할 힘이 없었다. 결국 한동안 조선총독부와 한국 민중의 이중 권력 상태가 유지될 수밖에 없었다.

하지만 9월 8일, 미군이 한반도 남단에 진주한 뒤 한국인은 미군의 지시를 따라야 했다. 미군이 민중 스스로 조직한 어떤 권력 체계도 인정하지 않았던 것이다. 이 때문에 안재홍은 뒷날 "해방은 16일 하루뿐이었다"라고 개탄했다. 이 발언에서 진정한 해방은 한국인이 자신의 독립된 주권국가를 세울 때 가능하다는 것을 확인할 수 있다.

02
건국준비위원회와 인민위원회

자주적 건국의 꿈이 좌절되다

해방 직후 가장 발 빠르게 움직인 것은 건국동맹의 여운형이었다. 조선총독부와 행정권 이양에 합의한 여운형은 건국동맹 조직을 기반으로 좌우 세력을 끌어들여 건국준비위원회를 조직했다. 해방된 나라에서 치안을 확보하고 국가 건설의 기초를 마련하기 위해서였다. 하지만 건국을 위한 그들의 꿈은 미군이 남한 지역에 진주하여 군정을 실시하면서 좌절되었다. 미군은 군정 외에 다른 세력의 정부 참칭^{僭稱}이나 권력 기관 행세를 불용하였기 때문이다. 미군의 진주와 더불어 건국준비위원회를 계승한 인민위원회나 인민공화국 역시 배제되었다.

건준 사무실 앞에 모인 군중들

● 1945년

8월 15일
여운형, 조선총독부의 정권이양 교섭
수락

8월 16일
건국준비위원회 공식 출범

8월 20일
박헌영, 조선공산당 재건위원회 결성

8월 23일
건국준비위원회 부서 결정

8월 26일
소련군 평양 주둔 일본군 항복 조인식

8월 말
건국준비위원회, 전국 145개 지방 조
직 건설

9월 2일
일본, 항복 조인식(도쿄)
맥아더, 38선 경계로 미소 양군 분할
점령 발표

9월 6일
미군, 인천 상륙하여 미군정 실시 포고
건국준비위원회, 전국인민대표자대회
개최하고 조선인민공화국 선포

9월 8일
미 점령군 제24군, 서울 진주
공산주의 열성자 회의 개최

9월 9일
조선총독부에서 일본 항복문서
조인식 거행
한국민주당 결성(수석총무 송진우)

9월 11일
미군정 장관에 아놀드 소장 취임

9월 11일
조선공산당 재건 선포

9월 24일
안재홍, 국민당 결성

10월 5일
미군정, 조선인 고문관 11명 임명

10월 10일
미군정, 조선인민공화국 부인 성명

10월 10일~13일
평양에서 서북5도당열성자 회의 개최
조선공산당 북조선분국 조직

11월 12일
여운형, 조선인민당 창당

11월 20일
전국인민위원회 대표자 대회 개최

준비된 지도자 여운형

여운형이 제시한 요구 조건
다섯 가지
1. 조선의 모든 정치범과 경
제범을 즉시 석방하라.
2. 서울의 8월, 9월, 10월 3
개월분 식량을 확보하라.
3. 치안유지와 건설사업에
아무런 구속과 간섭을 말라.
4. 학생의 훈련과 청년의 조
직에 간섭을 말라.
5. 조선의 노동자들을 우리
건설사업에 협력시키며 아
무런 괴로움을 주지 말라.

1945년 8월 10일, 조선총독부는 미국 단파방송을 통해 일본 최고 전쟁지
도부인 대본영이 포츠담 선언을 수락했고 일본이 항복한 것을 알았다.

"이제부터 우리 일본인의 생명 보전은 당신에게 달렸소."

1945년 8월 15일 아침, 일왕의 항복 발표가 코앞에 다가오자 조선총독
부는 다급했다. 조선총독부 엔도 정무총감은 정치적 수완과 대중적 명망
성, 그리고 조직 기반이 있던 여운형에게 매달렸다. 일본인을 향한 한국
민중의 분노를 설득하고 통제할 수 있는 인물은 조선민족이 애국자로 깊
이 존경하는 사람, 여운형뿐이었다. 엔도는 여운형에게 일본인의 안전 보
장을 담보로 치안유지권을 넘겨주겠다고 했다. 여운형은 요구 조건을 다
섯 가지 내걸었고 그게 받아들여지자 이를 수락했다. 그리고 즉각 치안대
를 조직하는 일에 나서고, 건준도 만들었다.

여운형은 전광석화 같이 움직였다. 친일매국노들은 물론, 독립의 뜻을
굽히지 않았던 지사와 투사들도 독립의 그날이 멀다고 생각했다. 그래서
아무런 준비도 없이 해방을 맞았다. 해방이 마치 꿈처럼 찾아온 듯이 보
였다. 그래서 어떤 이는 "아닌 밤중에 찰시루떡 받는 격으로 해방을 맞았
다"고 했고, 또 어떤 이는 "도둑처럼 해방이 찾아왔다"고 말하기도 했다.

하지만 여운형은 달랐다. 이미 일제의 패망을 내다보고 1944년에 건국
동맹을 조직한 '준비된 지도자'였다. 건국동맹은 각계각층과 전국에 걸쳐
조직되었고 무장 조직까지 준비했다. 해방 직전 국내에 존재했던 조직화
된 유일한 독립운동단체라고도 볼 수 있다. 이러한 조직과 힘이 있었기에
건준도 신속히 조직될 수 있었다.

일본은 처음 여운형에게 단순한 치안 유지만을 맡기려고 했지만 여운
형의 생각은 달랐다. 8월 16일, 여운형이 조직한 건준이 처음 모습을 드러
냈다. 건준 부위원장 안재홍이 방송 연설에서 건준은 치안 유지뿐만 아니
라 이름 그대로 건국 준비도 하게 될 것이라고 분명하게 밝혔다. 방송 내
용을 전해 들은 민중들은 밥과 반찬을 보내며 건준 활동에 물심양면으로
지지와 성원을 보냈다.

건준 활동은 바삐 돌아갔다. 치안대를 조직한 대원들은 서울 시내 경찰서와 파출소를 접수하여 '조선건국대', '경위대' 등 표찰을 내걸고 경찰서의 무기를 인수했다. 또 식량대책위원회는 식량과 비축미를 확보하고 매점매석과 부정 유출을 금지하는 작업에 나섰다. 건준이 이렇게 활동 영역을 확대해가자 일본군 내에서 강력한 반발이 제기되기도 했다.

총독부는 남한 지역에 일본군을 무장해제시키려고 미군이 진주한다는 사실을 알게 되었다. 8월 9일부터 만주와 한반도 북부 지역으로 진격하는 소련군이 곧 남한 지역도 점령한다고 여겨 그들과 관계가 가까운 여운형에게 모든 것을 넘겨주었다.

8월 17일부터 일본군과 헌병대는 방송국과 경찰서 등 몇몇 기관에 총을 들이대 다시 빼앗고 심지어 치안대원을 죽이기까지 했다. 이에 대해 건준은 강력히 항의하며 물리력을 동원하여 경찰서를 재차 접수했다. 일본이 지배하던 시대가 끝나 일본군도 방도가 없었다. 그렇게 해서 미군이 상륙하는 9월 8일까지 남한에서는 이중권력 체제가 유지되었다.

건준은 빠르게 발전했다. 8월 16일에 첫발을 내디딘 후 22일에는 총무·조직·선전·재정·식량·문화·치안·교통·건설·기획·후생·조사 등 12개 부서와 서기국을 설치하여 조직 체계를 확장했다. 한 나라의 행정부 조직을 연상케 하는 위용을 갖추기 시작한 것이다. 중앙뿐만 아니라 지방에도 조직이 급속히 확대되었다. 해방 후 보름 남짓한 기간 만인 8월 말, 지방에도 도와 군, 나아가 면 단위에 이르기까지 조직이 145개나 설치되었다. 이는 민중이 자발적으로 나서서 움직였기에 가능한 일이었다.

안재홍(1891~1965)
건준에는 사회주의자, 공산주의자, 중도 좌파와 중도 우파 등 다양한 세력이 모여 있었다. 이 가운데 부위원장을 맡은 안재홍은 중도 우파를 대표하는 인물이다. 1947년 미군정청민정장관에 임명됐고, 6·25전쟁 때 납북됐다.

건국동맹의 3대 원칙과 강령

건국동맹은 불문不文·불언不言·불명不名의 3대 원칙과 ①각인·각파는 대동단결하여 건국일치로 일본 제국주의의 모든 세력을 구축驅逐하고, 조선 민족의 자유와 독립을 회복할 것 ②반추축제국反樞軸諸國(국제연합국)과 협력하여 대일연합전선을 형성하고, 조선의 완전한 독립을 저해하는 일체 반동 세력을 박멸할 것 ③건설 부면에 있어서 일체 시정을 민주주의 원칙에 의거하고, 특히 노동 대중의 해방에 치중할 것 등 강령을 내세웠다.

비상한 시국에는 비상한 수단으로

1945년 9월 6일, 전국 대표자 천여 명이 경기여고 강당에 모여 전국인민대표자대회를 열었다. 그들은 이 자리에서 건준을 확대 개편하여 조선인민공화국(약칭 인공)을 조직한다고 발표했다.

그들은 "일본 제국주의의 잔존 세력을 완전히 구축驅逐하는 동시에 우리의 자주독립을 방해하는 외래 세력과 모든 반미주의적·반동적 세력에 대한 철저한 투쟁을 통하여 완전한 독립국가를 건설하여 진정한 민주사회의 실현을 기한다"는 강령도 내걸었다.

명칭에 어울리는 중앙조직도 발표되었다. 주석에 이승만, 부주석에 여운형, 국무총리에 허헌, 내정부장에 김구, 외무부장에 김규식, 재무부장에 조만식, 보안부장에 최용달, 문교부장에 김성수, 사법부장에 김병로, 군사부장에 김원봉, 경제부장에 하필원, 농림부장에 강기덕, 보건부장에 이만규, 교통부장에 홍남표, 선전부장에 이관술, 체신부장에 신익희, 노동부장에 이주상, 서기장에 이강국, 법제국장에 최익한 등이었다. 어찌 보면 국내외 인재들과 명망 인사들이 망라된 모양새였다.

그러나 이건 너무도 갑작스럽고 졸속한 행위였다. 자주독립국가 건설은 민족의 숙원이었지만 이런 식으로 선포한다고 될 일이 아니었다. 더욱

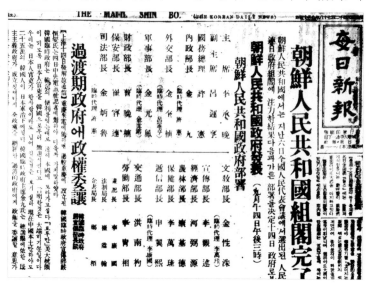

1945년 9월 15일,
《매일신보》에 보도된
조선인민공화국의
조각 명단

놀라운 것은 아직 귀국하지도 않은 이승만이나 김구, 김규식, 김원봉 같은 인물은 말할 것도 없고, 김병로·김성수·조만식 등 국내에 있던 이른바 우익 인사들에게조차도 사전에 상의나 동의를 구한 적도 없었다는 사실이다. 당연히 그들은 이를 거부했다.

그렇다면 인공을 선포한 이들은 왜 이렇게 갑작스럽게 일을 벌였을까? 그들의 주장에 따르면, '비상한 상황에서 비상한 수단'으로 일을 처리한 것이었다. 그러면 도대체 무엇이 그리 '비상한 상황'이었을까? 그들은 왜 '비상한 수단'을 동원해야 했던 것일까?

바로 미군이 남한으로 진주하는 일이 코앞에 다가왔기 때문이었다. 여운형은 이에 관해 다음과 같이 말했다.

"조선 북위 38도 이북에 소련군이 진주하여 결연하게 모든 질서를 회복시키고 인민에게 줄 것을 주었다. 그래서 38도 이남에 미군이 진주하면 38도 이북의 소련군과 같은 처리를 할 것이라고 기대되었기 때문에, 시급한 비상조치로 연합군이 진주하면 즉석에서라도 국권을 받아들일 수 있도록 준비한 것이 즉 조선인민공화국이었다.

그러나 인공의 갑작스러운 선포는 건준의 여운형보다는 조선공산당을 재건한 박헌영이 좌파 세력과 정국의 주도권을 잡기 위한 졸속 작품이었다. 미군과 소련군이 인공을 인정하지 않으면서, 인공은 자체 해산하기도 계속 유지하기도 어려운 상황에 직면하였다. 여운형은 이후 조선인민당을 독자적으로 창당한다.

조선공산당의 '8월 테제'
박헌영이 주도하는 조선공산당재건준비위원회는 8월 20일, '일반정치노선에 대한 결정'을 발표하고, 이 문건을 일부 보완하여 9월 25일, 조선공산당중앙위원회 이름으로 《현정세와 우리의 임무》를 출간했다.

계동 열성자대회
해방되자 정백, 이영 중심의 공산당(장안파)과 박헌영 중심의 조직(재건파)이 따로 조직됐다. 두 조직은 여러 차례 회의 끝에 9월 8일 계동에서 '공산주의 열성자대회'를 열고 박헌영 중심의 공산당 재건에 합의했다.

조선인민공화국 강령
조선인민공화국은 ①정치·경제적으로 완전한 자주독립국가의 건설 ②일본 제국주의와 봉건적 잔재 세력을 일소 ③노동자·농민 기타 일체 대중 생활의 급진적 향상을 기함 ④사회·경제적 개혁 ⑤국제 평화 유지를 위한 우방 국가들과의 긴밀한 협력 등의 강령을 내걸었다.

착각이 낳은 잘못된 이미지, 해방군!

북한 지역에서 소련군이 '인민위원회' 등의 민중 스스로 조직한 정치 조직에 치안권과 행정권 등을 넘겨주는 것을 보면서 남한에서도 그렇게 되리라 여겼으나 이는 너무 순진한 생각이었다. 그것은 여운형의 말에서 단적으로 드러난다.

"나는 연합군에 대한 우리의 태도를 처음부터 이렇게 생각하고 있다. 즉 만났으니 '하우 두유 두How do you do?' 하고 인사할 것이고, 둘째번에는 '땡큐Thank you'라고 감사의 뜻을 표해야 할 것이고, 셋째로는 '굿바이 Good bye'가 있을 뿐이다."

이러한 낙관적인 생각은 여운형 혼자만의 것은 아니었다. 그러나 미군을 처음 만난 순간 낙관은 금이 가고 말았다.

"하지 장군이 내게 던진 첫 질문은 '일본과 무슨 관련이 있지?'였고, 내 대답은 '없소!'였소. 그러자 다시 '일본으로부터 돈을 얼마나 받았지?'라고 묻더군요. 내 대답은 역시 '그런 일 없다!'였소. 나는 그의 비우호적인 태도에 완전히 당황했소이다."

남한 주둔 사령관 하지
하지는 솔로몬 군도, 카, 오키나와 전투를 승리로 이끈 '군인 중의 군인', '태평양의 패튼'으로 일컬어지던 전형적 군인이었다. 전투는 잘하지만 남한을 통치하기에 적절한 정치군인이 될 자질은 갖추지 못했다. 그는 일제 패망 당시 우연히 한반도에서 가까운 오키나와에 있었다는 이유만으로 점령군 사령관이 되었다. 그 까닭으로 한반도 절반을 점령할 당시 한민족의 독립 열망이나 한반도의 역사, 정치 상황에는 거의 무지했다.

서울에 주둔한 미군과
환영 나온 시민들

그런데 여운형에 대한 미 주둔군 사령관 하지 장군의 적대적 태도는 미군 주변에서 통역관으로 일하던 친일파들의 영향 탓이었다. 그러나 그보다 더 중요한 것은 미군이라는 존재 그 자체의 성격이었다.

1945년 9월 8일, 하지 중장이 이끄는 미군은 마치 상륙작전이라도 하는 기세로 등장했다. 하늘에서 공군이 엄호하는 가운데 완전무장을 갖추고 인천에 상륙했다. 많은 한국인들이 이들을 환영하려고 부둣가로 몰려들었다. 그런데 일본 경찰의 총에 시민 2명이 죽고 여러 명이 다치는 불상사가 일어났다.

조국이 해방된 상황에서도 이런 일이 벌어지자 조선 사람들은 항의했다. 그런데 놀랍게

연합국 환영 포스터
환영! 환영! 조선 민족은 연합군이라면 미국이든 소련이든, 영국이든 해방의 은인으로 여겼다. 그러나 그들을 '자선가'로 보는 환영은 오래가지 않았다.

도 미군은 일본 경찰이 일반인의 외출과 접근을 금지시키라는 미군의 명령을 충실히 수행했을 뿐이라고 그들을 두둔했다.

조선 사람들은 바로 하루 전에 발표된 맥아더의 경고를 무시했었다. 맥아더는 분명히 '북위 38도선 이남의 조선의 영토와 조선 인민에 대한 최고 통치권'은 자신의 손 안에 있다고 말했다. 따라서 조선 인민은 미군의 모든 명령에 복종해야 하며 그렇지 않으면 엄벌을 피하지 못할 것이라고 적힌 포고문을 발표했다. 그 포고문은 미군의 처음 진주가 위용을 떨쳤던 것처럼, 비행기에서 뿌려져 38선 이남 땅에 퍼졌다.

9월 9일 아침 미군은 서울로 이동했다. 이날 오후 4시 중앙청(당시는 총독부) 제1회의실에서 역사적인 항복조인식이 거행됐다. 아베 총독은 할복자살 미수로 상처 입은 몸을 부축 받으면서 천천히 입장했다. 조인식이 끝나고 4시 35분 중앙청 앞뜰의 국기 게양대 앞에서 미군 군악대의 취주와 중앙청 울타리를 둘러싼 군중들의 박수소리가 울려 퍼지는 가운데 일본국기가 내려지고 성조기가 올랐다. 미군정의 출발이었다.

미군이 진주할 때 소지하던 포켓북
한국에 대한 간략한 정보가 담겨 있다.

미군정 외에는 용납될 수 없다

1945년 9월 9일 오후 4시,
조선총독부 제1회의실에서
열린 일본의 항복문서
조인식

1945년 10월 10일, 미군정 장관 아놀드 소장이 기자회견 석상에서 다음과
같이 말했다.

"북위 38도 이남의 조선에는 오직 하나의 정부가 있을 뿐이다. 이 정부
는 맥아더 원수의 포고와 하지 중장의 정령과 아놀드 소장의 행정령에 따
라 정당히 수립된 것이다. 자칭 조선인민공화국이라든가 자칭 조선공화
국 내각은 권위와 세력과 실체가 전혀 없는 것이다. 만일 이러한 고관대
작을 참칭하는 자들이 흥행적 가치조차 의심할 만한 괴뢰극을 하는 배우
라면 즉시 그 극을 폐막하여야 할 것이다."

아놀드 소장은 이를 '명령의 성질을 가진 요구'라고 했다. 미군정의 공
식 부인 성명으로 인민공화국은 졸지에 실없는 조직이 되고 말았다. 여운
형은 실속도 없이 이름만 거창하게 붙였다가 공연히 미군정에 탄압의 빌
미만 제공했다고 비판받았다. 그러나 그것은 엄밀히 말하면 꼬투리였다.
미군정이 인공을 지목한 진정한 이유는 다른 데 있었다. 아놀드의 말과
달리 인공의 '권위'는 확고하고 '세력'은 막강하며 '실체'가 확실했다.

미군은 한반도 남부에 진주한 지 일주일도 되지 않아서 이 사실을 확인
했다. 미군에게 남조선은 "불꽃만 갖다 대면 즉시 폭발할 화약 상자"처럼
보였다. 인공 지방조직인 인민위원회는 민중의 지지를 받으며 대부분 지
역을 실질적으로 통치했다. 도시 지역에서는 '노동자위원회'가 공장도 운
영했다. 경북 영양군에서는 군민 80%가 인민위원회에 소속되어 인민위원
회가 국내 극빈자를 위한 쌀 구입비로 170만 원이라는 거금을 거둘 정도
로 기반이 강력했다.

(좌) 정부 기관을 부인하는
하지 성명서

(우) 9월 6일, 조선인민
대표자회의 결정 내용과
인민위원 명단을 실은
건준 전단

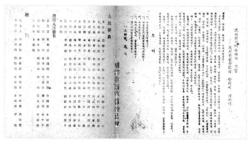

미군은 이러한 인민위원회의 행위를 묵과할 수 없었다. 이들 행위는 민중이 스스로 자주독립국가 건설을 위해 노력한 데서 나왔지만 미군이 볼 때는 "소련의 첩자들이 그들의 이념을 남조선 전체에 퍼뜨리는 활동"이었다. 미군은 공산주의자뿐만 아니라 중도 민족주의자 등 인민위원회에 가담한 모든 자들을 '소련 첩자'로 여겼다.

평양 주둔 일본 사령관이 항복문서에 서명하는 모습 왼쪽에서 두 번째가 치스차코프 소련 제25군 사령관

남한 땅을 점령한 미군정은 처음부터 일본에 협력했던 사람들 말에 귀를 기울였다. 그들은 대부분 지주이거나 보수적이었다. 일제강점기 시대 관료와 경찰도 다시 그대로 고용했다. 독립운동가 출신이거나 진보적 성향 인물들은 철저히 배척했다.

일본 점령군 사령관 맥아더와 그의 참모들은 하지를 비롯한 남한 주둔군 지휘관들에게 점령의 제1차적 목표는 "공산주의에 대한 방벽을 구축하는 것"이라며 지극히 간단하고 명료하게 명령했다. 또한 방벽을 38도선뿐만 아니라 남쪽 곳곳에 쌓으려 했다. 인공에 선제공격이 필요했기 때문이다. 결국 미군정과 인공·인민위원회 지지세력은 충돌할 수밖에 없었다. 미군은 장갑차를 앞세워 전국의 인민위원회를 무력으로 해체하기 시작했다. 인공과 인민위원회는 미군의 압도적인 무력을 막아낼 힘이 없어 간판을 내리고 말았다. 그러나 1947년 7월 조선신문기자회가 서울시내에서 조사한 한 여론조사에 따르면, 이때까지도 인공과 인민위원회는 약 70% 정도의 지지를 얻고 있었다.

미국 맥아더와 소련 치스차코프 포고문 1호의 비교

	맥아더 사령관 포고문	치스차코프 사령관 포고문
주요 내용	· 북위 38도선 이남 조선 영토와 조선 인민에 대한 통치의 모든 권한은 당분간 본관(맥아더)의 권한하에 시행한다. · 정부 등 모든 공공기관에 종사하는 직원과 고용인은 별도의 명령이 있을 때까지 종래 업무를 수행할 것이며 모든 기록 및 재산을 보호 보존한다. · 군정 기간 영어를 모든 목적을 위해 사용하는 공용어로 한다.	· 조선 인민은 자유와 독립을 찾았으며 이제는 모든 것들이 여러분에게 달렸다. · 소련군은 조선 인민이 자유롭게 창조적 노력에 착수할 만한 모든 조건을 만들어 놓았다. · 소련군 사령부는 모든 조선 기업의 재산을 보호하며 정상적 작업을 보장하기 위하여 백방으로 원조할 것이다.
발표 당시 상황	· 1945년 9월 9일, 38도선 분단이 확정되고 일본이 항복문서에 서명한 지 1주일 뒤 발표 · 남한 주민만을 대상으로 함	· 1945년 8월 15일, 한반도 분단에 대한 인식이 없는 상태에서 발표한 뒤 8월 16일, 분할 점령에 동의 · 한반도 전체 주민을 대상으로 함

03
모스크바 삼상회의와 찬반탁논쟁

즉각 독립의 열망은 무산되고 분열만 남다

해방 후 한국인의 가장 큰 소망은 즉각적인 독립과 자주국가 건설이었다. 그러나 미국, 소련, 영국은 1945년 12월 모스크바에서 회의를 갖고 한국민의 열망을 고려하지 않은 채 한반도에 신탁통치를 실시할 수도 있다는 데 합의하였다. 이에 한국민들은 강하게 반발하며 반탁운동을 전개했다. 그러나 좌익정치세력은 '조선에 임시정부를 수립한다'는 첫 번째 조항을 강조하면서 '모스크바 삼상회의 총체적 지지' 입장으로 선회하였다. 그러면서 정국은 '신탁통치를 결사 반대한다'는 우익과 모스크바 삼상회의 결정을 수용하자는 좌익으로 갈라져 격렬하게 대립하기 시작했다.

미소 양군에 의한 분할 점령이 해방 직후 한국민이 만난 첫 번째 시련이라면, 신탁통치를 둘러싼 대립은 한국민을 내부적으로 분열시킴으로써 실질적으로 분단으로 가는 길을 열었다.

제1차 미소공동위원회

● 1945년

12월 17일
미·영·소 3국 모스크바에서 외상회의
개최

12월 27일
동아일보, 신탁통치 실시 오보

12월 28일
모스크바 회담 결정 내용 공식 발표

12월 29일
김구, '신탁통치반대국민총동원위
원회' 결성

12월 30일
한국민주당 송진우 수석총무 암살

12월 31일
임시정부 내무부, 임시정부의 포고령
에 해당하는 국자國字 1호와 2호 발표

● 1946년

1월 3일
조선공산당, 모스크바 삼상회의 결정
지지 집회

1월 4일
김구, '비상정치회의주비위' 소집과
임시정부 확대

1월 12일
임시정부 주도로 우익 세력 대규모
반탁 시위

1월 23일
좌익, 모스크바 삼상회의 지지 결의대
회 대규모로 개최

2월 1일
비상국민회의 결성

2월 8일
대한독립촉성국민회 결성(총재 이승
만)

2월 9일
북한, 북조선임시인민위원회 발족
(위원장 김일성)

2월 14일
남조선국민대표민주의원 발족
(의장 이승만)

3월 1일
3·1운동 기념행사(우익은 서울운동
장, 좌익은 남산)

3월 20일
제1차 미소공동위원회 개최

5월 7일
제1차 미소공동위원회 결렬

미국의 태도는 … 조선은 국민투표로써 그 정부의 태도를 결정할 것을 약속한 점에 있는데, 소련은 남북 양 지역을 일괄한 일국 신탁통치를 주장하여 …

1945년 12월 27일자 《동아일보》 기사가 나가자 곧 거리에 벽보와 신문 호외가 거리를 가득 메우기 시작했다. 이미 10월, 미 국무부 극동국장 빈센트의 '신탁통치 발언'으로 사람들은 크게 긴장하고 있었다. 이 우려가 현실이 되자 사람들은 분노했다. 곧 반탁운동의 물결이 넘쳐흘렀다.

그러나 신탁통치를 결정했다고 알려진 미·소·영 모스크바 삼상회의 내용은 《동아일보》 보도 다음날인 28일에 발표되었다. 결정 내용이 언론에 전해진 날은 29일이었다. 소련이 신탁통치를, 미국이 즉시 독립을 주장했다고 보도했으나 실제는 뒤바뀐 내용의 오보였다. 이 기사 때문에 격렬한 반탁운동이 일어나고 반소 감정이 급격히 악화되었다.

모스크바 결정은 신탁통치와는 거리가 있었다. 신탁통치 또한 남조선 사람들이 그토록 치를 떨며 반대하고 나선 '신新을사보호조약'과는 거리가 멀었다. 즉, 자주독립국가 건설을 위해 1차적으로 한국(조선)인들로 이루어진 '임시 조선민주주의 정부'를 세우고 이를 잘 후견하여 완전한 독립국가로 나아갈 수 있도록 한다는 것이었다.

《동아일보》를 비롯한 우익 신문들은 '임시정부 수립문제, 미소공동위원회(약칭 미소공위), 조선의 정당·사회단체 참가, 최고 5년의 기한'과 같은 중요한 결정 사항은 하나도 보도하지 않았다. 오로지 제2의 을사보호조약인 신탁통치가 시작된다는 말만 늘어놓았다. 그러자 소련은 미군정 당국이 남한에서 심각한 왜곡 보도를 방치한다며 미국에 강력히 항의했다. 결국 하지 장군까지 나서 "지금 조선에는 신탁통치가 실시된 것이 아니라 앞으로 수립될 통일정부와 미소공동위원회 사이에서 정식으로 신탁통치의 가부가 결정될 것이다. … 신문 보도의 논조가 독립 과정에 지장

모스크바 삼상회의를 보도한 《동아일보》
기사(1945년 12월 27일자)

을 주어서는 안 될 것"이라는 성명서를 발표했다. 그러나 오히려 왜곡 보도 내용을 기정사실화하게 되었다.

여기에다 '미국은 즉시 독립 주장, 소련은 신탁통치 주장'이라고 되풀이 보도했다. 그러자 1946년 1월 26일, 미소공위 소련 측 대표 스티코프는 신탁통치를 주장한 것은 미국이며 소련은 즉시 독립을 지지했다고 폭로했다. 스티코프의 주장은 사실이었고 번스 미 국무장관과 애치슨 차관 또한 이를 인정했다. 언론이 정반대로 보도하고 있었다.

그러나 미국은 모스크바 삼상회의에서 내놓은 입장이 공개되면 한국민이 미국과 일본이 다름없다고 취급할까 봐 사실이 알려지지 않기를 바랐다. 그래서 미군정은 국책에 위반된 보도가 연일 나와도 수수방관했다.

미군정은 자신들을 공격했다며 《매일신보》를 폐간시킨 전력이 있었는데도 《동아일보》의 의도된 오보에 대해서는 아무런 조치를 취하지 않았다. 이는 사실 1945년 12월 27일자 《동아일보》의 악의적 오보가 같은 날 미군기관지 《성조기Stars and Stripes》의 "번스 장관이 신탁통치에 대한 소련의 열망과는 달리 즉각적인 독립을 촉구하기 위해 모스크바로 갔다"라는 내용을 그대로 옮겨 놓은 것이기 때문이었다.

스티코프
1945년 4월, 연해주 군관구 군사평의회 위원으로 부임하면서 한국문제에 개입하기 시작하여 연해주 군관구 정치담당부 사령관, 북한주재 초대 소련 특명전권대사를 지냈다. 1·2차 미소공위 소련 측 수석대표로 나서 미군정과의 협상에서도 실질적 영향력을 행사했다. 그는 군인이자, 노련한 정치가라고 평가받았다.

모스크바 삼상회의 결정 요지

1. 조선(한국)을 독립국가로 재건하기 위해 임시적 조선 민주정부를 수립한다.
2. 조선 임시정부 수립을 돕기 위해 미소공위를 개최한다.
3. 미·영·소·중 4개국이 공동관리하는 최고 5년 기한의 신탁통치trusteeship(후견제)를 실시한다.

신탁통치의 진원지

신탁통치를 처음 주장하고 마지막까지 관철시킨 나라는 미국이었다. 루스벨트 대통령은 한반도 주변에 강대국들이 있고 일본의 오랜 지배 때문에 즉시 독립하여 국가를 운영할 능력이 없다고 보았다. 그 때문에 강대국의 신탁통치 후 독립시키는 것이 미국의 이익에도 부합한다고 판단했다. 얄타 회담에서는 신탁통치 기간을 30~40년으로 주장했으나 스탈린이 즉각 독립시키는 것이 옳다고 주장하여 결국 합의하지 못했다. 1945년 말 모스크바 삼상회의에서도 소련은 즉시 독립을 주장하여 기간이 5년으로 줄었다. 미국은 소련이 주장한 조선의 정치·사회단체가 참여하는 조선 임시정부 수립을 받아들임으로써 합의했다.

친일파의 극적인 부활

임시정부의 포고령
신탁통치 소식이 전해진 이틀 뒤인 12월 30일, 임시정부 내무부는 임시정부의 포고령에 해당하는 국자國字 1호와 2호를 발표하여 전국민 파업을 지시한다. 국자 1호에는 전국 경찰직 공무원이 임시정부에 배속된다는 조항이 있었다. 임시정부가 미군정으로부터 행정권을 접수하려는 시도였다. 미군정은 이를 '일종의 쿠데타'로 받아들여 김구를 소환하여 강하게 추궁했고, 임시정부의 시도는 결국 좌절되었다.

남조선에서 신탁통치 반대 운동은 거세게 타올랐다. 민족 자주와 즉각 독립의 열망은 너무도 강렬했고, 예속과 식민지 지배는 소리만 들어도 치가 떨렸다. '신탁통치'라는 말에 한국민이 터뜨린 분노는 강력했다.

김구는 이런 민중의 정서를 잘 알고 있었다. 김구 자신의 정서적 바탕 또한 실제 이와 같았다. 민족자존과 독립을 지킬 수 있는가 아닌가의 여부가 가장 중요했다. 급기야 김구는 "임시정부를 우리의 정부로 세계에 선포하여 정식 승인을 요구한다"고 선포했다. 나아가 "신탁통치는 절대 받아들일 수 없으며, 미소 양군이 즉시 철퇴할 것을 연합국에 통고한다"고도 선언했다. 하지만 이는 하지 장군의 말처럼 일종의 '쿠데타'였다.

김구는 순수한 열정으로 행동했지만, 그의 행위는 무모했다. 게다가 친일파 집단이 반격할 때를 호시탐탐 노리고 있었다. 정치권에서는 부일 협력으로 민중의 눈총을 사 기를 펴지 못하고 있던 한국민주당(약칭 한민당)

반탁 삐라

김구 주도로 경교장 앞에서 열린 신탁통치 반대 시위

이 그런 집단이었다. 친일파들은 해방 뒤 숨도 제대로 쉬지 못하고 지내야 했으나 이들에게도 기회가 왔다. '반탁=즉시 독립=미국=애국', '찬탁=식민지 연장=소련=매국'이라는 등식이 성립되었던 것이다. 이는 매국노와 애국자가 뒤바뀐 것이었지만 이들에게는 중요하지 않았다.

친일파들에게는 신탁통치를 둘러싼 분쟁이 천우신조의 기회를 제공했다. 이들은 사력을 다했다. 정의와 진실은 필요 없었다. 모스크바협정을 지지하는 좌익 세력을 소련의 앞잡이, 매국노, 나라를 팔아먹는 빨갱이로 몰아갔다.

이 과정에서 우익이었으나 현실 상황을 고려하여 '신탁에 신중한 입장'을 취한 송진우조차도 테러로 목숨을 잃었다. 그리고 친일파들은 극적으로 부활했다. 다 죽었던 목숨이나 마찬가지였던 친일파들이 '우익 민족주의자', '반소반공 애국자'라는 이름으로 새 옷을 입고 부활했다.

암살당한 송진우
일제강점기 때 동아일보 사장을 역임한 송진우는 해방 후 한민당의 수석총무로 추대되어 보수정치 세력의 중심 인물이 되었다. 12월 29일 밤 경교장에서 임시정부 요인들과 회담하면서 미군정청과는 충돌을 피해야 한다는 신중론을 펴고 자택으로 돌아온 뒤 다음날 30일 이침 한현우 등 6명에게 습격받아 암살되었다.

모스크바 삼상회의
결정 지지 시위

공산당의 결정적인 패착

좌우의 분열을 풍자한
《서울신문》(1946년 1월
27일) 만평

1946년 1월 3일, 서울운동장에 사람들이 몰려들었다. 조선공산당이 주최하는 '신탁통치 반대를 위한 시민대회'가 열리기로 예고되어 있었다. 그런데 주최 측이 갑자기 집회 주제를 반탁에서 찬탁(모스크바 결정 지지)으로 바꿔버렸다. 참석한 시민들은 어리둥절했으나 곧 찬탁 대열에 합류했다. 공산당의 영향력 아래 있던 사람들은 신탁통치가 아니라 독립을 지원하는 후견제이며, 임시정부 수립을 통해 그 문제를 협의할 수 있다는 설명을 받아들인 것이다.

왜 이런 일이 벌어진 것일까? 1945년 12월 말, 공산당 지도자였던 박헌영은 비밀리에 38선을 넘었다. 그는 평양에서 김일성과 소련군 민정사령관 로마넨코를 만나 모스크바 삼상회의의 진상을 들었다. 박헌영은 모스크바 협정의 주된 결정 사항은 조선 임시정부 수립이고, 신탁통치가 아니라 후견제이며, 지금의 국제 현실에서 미소의 협조를 받지 않고서는 독립을 이룰 수 없는 것이 현실이라는 설명을 수용했다. 1946년 1월 2일, 서울로 돌아온 그는 반탁시위를 모스크바 심상회의 결정 지지(조선 임시정부 수립) 집회로 바꿀 것을 지시했다.

신탁통치 반대 등
각종 벽보를 보는 시민들

그러나 조선공산당은 이미 애국과 매국의 기준이 뒤바뀌어 혼동된 대중의 마음을 돌이키기 힘들었다. '찬탁=소련=매국'이라는 등식이 대중의 머릿속에 가득 찼다. 그리고 '즉시 독립'이라는 구호는 달콤하기만 했다.

물론 조선공산당을 비롯한 좌익 정치세력들이 민중의 신임을 완전히 잃은 것은 아니었다. 당시 좌파는 마지막까지 일제에 굴복하지 않고 치열하게 싸운 '독립투사'로 대중의 지지를 확보하고 있었다. 1946년

1947년 3·1절 행사를 따로 치른 좌우익 시위대의 충돌을 막기 위해 나선 경찰

1947년 6월, 지방에서 주민들이 반탁 집회를 마치고 시위하는 모습

1월 23일, 서울에서만 30만 명이 넘는 군중이 '모스크바 삼상회의 지지결의 대회'에 참석했다. 이는 기껏 몇 만 명 수준을 넘어서지 못하는 우익의 반탁 집회와는 비교가 되지 않을 정도로 큰 규모였다.

그들은 가장 강력한 조직 기반을 확보한 정치세력이었다. 1946년 8월 미군정 여론조사 결과, 당시 국민들은 정치적으로 대중정치(85%)를 선호하며, 사회주의(70%, 자본주의 14%, 공산주의 7%)적 지향이 강한 것으로 나타났다. 그럼에도 신탁통치 분쟁 과정에서 친일파들이 부활하여 '애국자'라는 이름으로 포장한 반공 세력, 우익 세력과 경쟁하게 되었다. 이처럼 신탁통치를 둘러싼 갈등이 불거지면서 마침내 좌우 대립 시대가 열린다.

미군정의 언론보도 조작

《뉴욕타임스》의 존스턴 기자는 1946년 1월 5일, 박헌영이 기자회견에서 "소련 일국의 신탁제를 지지하며, 10~20년 내에 소련연방에 합병되어야 한다"고 말했다고 보도했다. 그러나 박헌영은 실제로는 "조선인이 조선인을 위해 다스리는 조선을 원한다"고 말했다. 이에 박헌영의 기자회견장에 같이 있었던 다른 기자들은 사실과 다르다는 공동성명을 발표했다. 그럼에도 문제가 된 기사의 보도 자료를 신문사에 돌린 미군정청 홍보국장 존 뉴먼 대령은 기사 정정을 요구하는 버치 중위의 요구를 무시했으며, 하지는 존스턴의 보도가 맞다는 성명을 계속해서 발표했다.

(좌) 1차 미소공위에서
연설하는 스티코프 사령관

(우) 1947년 2차 미소공위
개최 기간에 평양을 방문한
브라운 미국 측 수석대표가
김일성과 만나고 있는 모습

외길 수순, 미소공위 결렬

1946년 3월, 임시정부 수립을 논의하기 위해 미소공위가 처음 열렸다. 모스크바 삼상회의 결정에 따른 조치였지만 위원회는 처음부터 삐걱거렸다. 소련 측 대표는 반탁운동에 참여했던 단체와 개인들은 임시정부 수립을 위한 협의 대상에서 빼자고 주장했다. 우익 배제 전략이었다.

그러나 미국은 반탁도 '표현의 자유'에 속하므로 배제 대상이 되어서는 안 된다는 논리를 폈다. 미국은 협의 대상 단체 20개에 유명무실한 우익 단체들은 모두 포함시켰으나 좌익은 기껏 3개 단체만 집어넣었다. 당시 가장 큰 조직력을 자랑하던 전국노동조합전국평의회(약칭 전평)와 전국농민조합총동맹(약칭 전농) 등 대중 단체마저도 빼버렸다. 좌익 배제 전략이었다.

미국과 소련의 행동 방식은 똑같았다. 둘 다 자기에게 유리한 방향으로 끌고 가기 위해 억지 논리를 폈다. 소련 대표단장 스티코프는 "소련 대표단이 특정한 인사들을 협의 대상에서 제외할 것을 주장한 주원인은 소련이 조선의 가까운 이웃이므로 소련에 우호적인 임시 민주정부가 조선에 수립되는 것에 관심을 갖고 있기 때문이다"라고 말했다. 이 말을 뒤집으면 "미국 대표단이 좌익을 배제하려 한 것은 미국에 우호적인 임시 민주정부가 한반도에 세워지기를 바랐기 때문이다"라는 미국의 생각이 된다.

이런 상황이었으니 공동위원회가 제대로 될 리 없었다. 이것은 결국 미소공위의 목적이었던 '통일 임시정부 수립'이 점차 어려워지고 있다는 것을 의미했다. 더욱이 공동위원회 본회의가 시작되기 전인 2월 9일, 북한에

1947년 6월 1일,
**공식 기념촬영을 한
미소공위 대표들**
왼쪽부터 존 웨커링 미군 준
장, 코르쿨렌코 소군 대좌,
둔킨 소련 측 위원, 아더 번
스 미군정 경제고문, 존 하
지 중장, 스티코프 상장(소
련 대표단장), 앨버트 브라
운 소장(미 대표단장), 레베
데프 소장, 캘빈 조이너, 발
라사노프 소군정 정치고문,
윌리엄 랜던 미군정 정치고
문, 로렌스 링컨 미군 대령

서는 북조선임시인민위원회가 수립되었다. 이는 북한이 선수를 쳐서 공
동위원회에서 논의될 임시정부의 정권 형태를 인민위원회로 못 박으려는
한 것이었지만 결과적으로 분단 정권의 씨앗이 되고 말았다.

1946년 5월, 미소공위가 결렬되자 남한에서는 이승만이 단독정부 수립
을 공언하기에 이른다. 이때 이승만은 남한만의 단독정부가 필요한 이유
로 미소공위 결렬과 더불어 북한 임시인민위원회를 들었다. 미소공위가
결렬되면서 통일 임시정부 수립에 먹구름이 끼기 시작했다. 이 무렵 전
세계적으로 미소를 중심으로 하는 국제적 냉전 체제가 빠르게 구축되기
시작하여 한반도의 이념 대결을 더욱 격화시켰다. 이 가운데 한반도 정국
은 급속히 남북 분단으로 치닫기 시작했다.

미소공동위원회를 풍자한
《조선일보》(1946년 1월
13일) 만평

공동위원회 결렬의 책임

미소공위는 강대국들이 부당한 서로의 야욕을 관철시키려고 고집했기 때문에 결렬되었다. 그러나 결국 이
것은 소련이나 미국을 탓할 것이 아니다. 외세를 탓할 것이 아니라 우리 민족 자체를 탓해야 한다. 민족 자체
가 찬탁이냐 반탁이냐로 갈라져서 한쪽에서는 신탁통치를 반대한다면서 삼상회의 보이콧이다, 미소공동위
원회를 불참하자고 주장하고 다른 한쪽에서는 삼상회의 결정 지지를 외치면서 결국은 임시정부 수립에 반
탁 진영을 제외해야 한다고 주장하는 등 민족 내부가 분열되니 양 진영을 대표하는 공위가 성사될 수 없었
다. 공위 결렬의 원인은 결국 미국과 소련 대표들에게 있는 것이 아니라 우리에게 있다.

― 좌우합작위원회 서무부장 권태양

04
9월총파업과 10월항쟁

"우리에게 쌀과 토지를 달라"

해방과 함께 38선 이남 지역에 들어온 미군은 대한민국 임시정부나 전국적으로 자치적으로 조직된 인민위원회를 인정하지 않았다. 대신 미군은 군인들이 직접 통치하는 군정을 실시했다. 그런데 미군정은 조직의 안정성을 내세워 민중의 원성이 높은 일제강점기 친일관료와 친일경찰을 청산하지 않고 다시 등용했다. 그 결과 해방된 나라는 다시 친일파가 활개치면서 과거 독립운동가를 탄압하는 상황이 나타났다. 그리고 역시 일제강점기 때 원성이 높았던 공출供出을 다시 시행하면서 특히 농민들의 불만이 쌓여갔고, 결국 1946년 하반기에 전국적으로 '추수秋收폭동'으로 폭발했다.

10월항쟁 때 희생된 사람들

● 1945년

10월 5일
미군정, 일제강점기 때 강제 실시되었
던 식량 공출제도와 배급제 폐지
(쌀값 폭등)

11월 19일
미군정, '미곡통제에 관한 건' 발표
(미곡 자유시장 폐지)

11월 6일
전국노동조합평의회(전평) 결성

12월 8일
전국농민조합총연맹(전농) 결성

● 1946년

1월 25일
미군정, 미곡수집령 공포
(식량 유통 재통제)

2월 19일
민주주의민족전선 결성

2월 20일
정당등록제 실시

4월 25일
조선민주청년동맹 결성

5월 7일
제1차 미소공동위원회 결렬

5월 8일
조선정판사 위조지폐 사건 발생

9월 6일
공산당·인민당·신민당 좌익3당,
합당준비위원회 결성

9월 7일
박헌영·이강국 체포령
이주하·홍남표 검거

9월 18일
쌀값 급등

9월 22일
부산철도구 노동자 파업
(9월총파업 시작)

9월 25일
남조선총파업투쟁위원회 결성

10월 1일
대구에서 대규모 시위 발생
(10월항쟁의 시작)

10월 15일
박헌영 반대파, 사회노동당 창당

11월 2일
화순 광산노동자 2천여 명, 경찰과
충돌

11월 23일
남조선노동당(남로당) 결성(위원장
허헌, 부위원장 박헌영, 이기석)

● 1947년

3월 22일
24시간 총파업(3·22총파업)

● 1948년

2월 7일
남로당 주도로 남한단독선거 반대 전
국 총파업, 시위('2·7구국투쟁')

정치적 억압자가 된 미군정

일제가 패망했다는 소식을 들은 한국민들은 이제 일본인과 일본인에 빌붙어 살면서 동족을 괴롭히던 친일 세력들도 응당한 처벌을 받을 것이라고 믿었다.

그러나 이 땅을 점령한 미군들은 친일 관료들을 그대로 미군정의 관리로 등용했다. 한국 민중은 처음에는 이를 이해할 수 없었으나 행정 업무에 익숙한 사람들을 써먹는 일이 편할 것이라고 생각했다.

그러나 일제 식민지 지배의 최일선에서 조선인을 괴롭히던 친일 경찰을 다시 받아들이는 것은 도무지 이해할 수 없었다. 더욱이 독립운동가를 체포, 고문하는 일을 전담하던 악랄한 고등계 형사 출신들까지 다시 받아들이는 것에 민중은 분노했다.

이렇게 해서 군정 경찰이 된 친일 경찰은 또다시 좌파인사를 탄압하고 민중을 억압하며 한국민 위에 군림했다. 한국 민중의 가슴속에 미군정에 대한 불신과 분노가 조금씩 쌓여갔다.

식민지 통치로 고통 받은 한국인들은 일제의 패망과 함께 곧 자주독립국가가 세워지고 나라를 세우는 일에 한국인 스스로 자유롭게 참여할 수 있을 것이라고 생각했다. 하지만 미군정은 남한의 유일한 통치자로 군림

했고 민중의 힘으로 만든 인민위원회는 모두 부정되었다. 인민위원회가 해산을 거부할 경우에는 탱크까지 앞세운 미군의 강력한 공격과 무력 진압이 뒤따랐다.

　이 과정에서 인민위원회는 모두 파괴되었고, 많은 항일투사들과 좌파 인사들이 또 다시 미군정 감옥에 갇혔다. 미군정은 조선총독부를 대신한 점령군이며 억압자라는 사실이 금방 드러났다.

1945년 9월 9일,
일본의 항복문서 조인식이
끝난 후 중앙청 앞 일장기가
내려지고 성조기가 게양되
었다.

직　위	경찰 총수(명)	총독부 경찰 출신(명)	비율(%)
치안감	1	1	100
청　장	8	5	63
국　장	10	8	80
총　경	30	25	83
경　감	139	104	75
경　위	969	806	83
총　계	1,167	949	82

1946년, 군정 경찰 간부 중
친일 경찰 비율

민중의 원성 대상이 된 미군정

적산
적의 재산, 즉 일본인 소유 재산을 말하며 일본인들이 떠난 다음 미군정에 귀속되었다고 해서 귀속재산이라고도 한다. 1948년 시점에서 귀속재산의 가치는 3천억 원 정도로 당시 정부 예산의 10배에 달했다.

해방 후 정치 과제가 자주독립국가 건설이라면 경제 과제는 식민지 시대의 반봉건적 경제구조를 청산하고 근대적 민족경제를 건설하는 일이었다. 이를 위해 가장 1차적으로 농지개혁이 시급했고 일본인이 소유했던 적산敵産을 적절하게 처리하는 일이 요구되었다.

당시 인구의 다수이던 농민의 85%가 소작농이었다. 그러니 농지를 개혁하여 이들 소작농민에게 농사지을 땅을 분배하는 문제가 무엇보다 시급했다. 또한 일본인들이 소유했던 재산들은 식민지 지배의 결과, 조선 민중의 고혈을 짜내어 얻어진 결과였다. 따라서 이를 민중의 생활 향상과 산업 발전에 기여할 수 있도록 올바르게 불하해주는 것이 무엇보다 중요했다.

그러나 미군정은 지주와 친일 관료의 당인 한민당 출신들이 요직을 차지하고 있었기 때문에 민중의 '세기적 열망'이라고 표현되었던 농지개혁을 시행할 생각조차 하지 않았다. 적산의 경우에도 공장과 산업체에서 일하던 관리자나 노동조합 관련자들은 철저히 배제하고 미군정과 한민당, 이승만과 가까운 인사들이 관리인으로 지정되었다. 일본인들이 내팽개치고 도망간 공장을 노동자들이 자발적으로 나서서 관리하던 자주관리 기업의 경우에도 군정 당국은 그 경영권을 빼앗아 이런 인사들에게 관리권

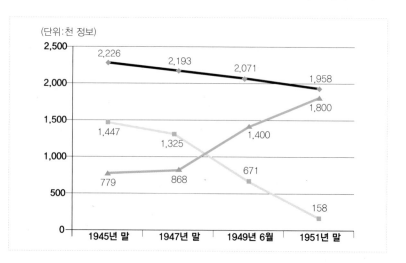

해방부터 농지개혁 시행 전후 토지 소유 추이
(자료 : 한국농촌경제 연구원, 《농지개혁사연구》)

을 넘겨주었다.

이렇게 지정된 관리인들은 공장의 정상 가동에는 관심이 없고 그 과정에서 얻는 재물에만 관심을 쏟았다. 그래서 "귀속재산은 망하고 관리인은 비대해진다"는 이야기가 유행할 정도였다. 1947년부터는 귀속재산을 팔아넘기는 일이 시작되는데, 이 역시 소수의 군정 당국과 유착한 사람들에게 혜택이 주어졌

주요 경제 정책	결과
귀속재산	일본인의 재산은 미군정에 귀속(미군정법령 제33호) 상무부 – 기업체의 실질적 관리 장기 연부 상환 조건
미곡 정책과 잉여농산물 도입	쌀의 자유 판매 허용(미군정법령 제2호) 자유 상품시장의 자본주의 제도를 시도 실패(쌀값 폭등) 1946년 5월~1947년 8월까지 1년 3개월 동안 식량 341만 3천 석 수입
원조 정책	미군정하 인플레이션과 공업 생간의 위축에 대해 소비재 중심 원조로 이를 해결하고자 함

미군의 주요 경제정책과
그 결과

다. 그러나 그마저도 헐값에 국유재산이 민간으로 넘어갔다.

그뿐만 아니었다. 미군정기 한국 사회는 공업 생산이 정상화되지 않고 반봉건적 소작제가 온존하면서 농업생산력이 정체되어 생필품과 쌀 등 식량이 절대적으로 부족했다. 이런 상황에서도 군정 당국은 통치 비용을 조달하기 위해 화폐를 마구 찍어내 악성 인플레이션이 계속되었다. 악덕 자본가들은 군정 경찰·관료들과 합작하여 미곡을 사재기하고 물가 상승을 조장했다. 당연히 쌀값이 천정부지로 올라갔으며, 물가는 하늘 높은 줄 모르고 치솟았다.

그러다 보니 미군정 시기 대중 집회나 시위 때마다 "쌀을 달라"는 주장이 매번 빠지지 않고 약방의 감초처럼 등장했다. 쌀 문제는 미군정기 사회·경제적 문제의 핵심을 차지했다. 그런데도 군정 당국은 쌀을 일본으로 밀반출하여 한국의 식량 사정을 악화시켰을 뿐만 아니라 일제강점기에 자행되던 식량공출제도까지 부활시켜 민중의 분노를 샀다.

살인적 물가와 저임금, 광범위한 실업자들, 기아선상의 생활, 여기에 친일파 재등장, 경찰과 우익청년단의 폭력, 강간·폭력·절도 등 미군의 도를 넘는 범죄 행각, 그리고 미소공위 결렬 이후 극심해진 미군정 당국의 좌파 세력 탄압 등이 겹치면서 미군정은 1년도 채 못 되어 남한 민중으로부터 심각한 원성을 사는 대상이 되었다.

물가 폭등과 임금 하락
1946년 3월 소매 물가는 해방 직전에 비해 30배 이상 올랐다. 급격한 물가 상승 때문에 도시의 식량 사정은 갈수록 악화되었다. 당시 공무원 평균 월급이 425원이었는데, 쌀 한 말의 가격이 700원에 육박했다.

노동자 총파업과 농민봉기

미군정과 공산당 등 좌익의 관계는 해방 직후에는 그다지 나쁘지 않았다. 좌익 세력들이 미국을 조선을 해방시킨 민주국가로 보고 미군정에 협조하겠다는 태도를 보였기 때문이다.

그러나 미군정과 좌익의 사이는 금방 나빠졌다. 미군정이 좌익이 중심이 된 인공을 부정했을 뿐만 아니라 신탁통치 문제를 둘러싸고 좌익 세력에 대한 언론공작 등을 일삼았기 때문이다. 결정적으로는 1946년 5월 15일의 '조선정판사 위조지폐사건'을 계기로 미군정이 좌익에 대한 대대적 탄압에 들어가면서 관계가 파탄나고 말았다.

조선공산당은 일제강점기 조선은행의 지폐 인쇄소인 정판사가 있던 건물에서 기관지 《해방일보》를 인쇄했다. 그런데 1946년 5월 15일, 수도경찰청장 장택상이 "조선공산당 인사들이 정판사에서 약 1천 2백만 원 어치의 위조지폐를 찍어 유포한 사실이 드러나 관련자들을 체포했다"고 발표했다.

경찰은 조선공산당이 활동 자금 마련과 남한 경제를 교란하기 위해 이런 일을 저질렀다고 주장했다. 조선공산당은 조작된 사건이라며 혐의를

10월항쟁 당시의 사진을
보도한 2010년 10월 5일자
《매일신문》

강력히 부인했으나 관련자들은 결국 유죄를
선고받았다.《해방일보》사장 권오직은 38선 이
북으로 도피했고 지휘 책임자로 지목된 이관
술은 체포되어 무기징역을 선고받았다.

　이 사건 이후 미군정의 공산당 탄압은 노골
화되고 공산당은 '신전술'을 채택하여 미군정
에 대한 유화적 태도를 버리고 공격 자세를 취
했다. 그러나 이러한 방침 전환에 미군정의 좌익과 민중운동 탄압이 가속
화되고 그 과정에서 대중운동의 기반이 파괴되는 등 문제가 심각해졌다.

　1946년 9월 24일 새벽, 부산 철도관구 내 조합원 7천여 명이 파업을 시
작했다. 다음날 9월 25일, 파업은 서울 용산 철도관구로 옮겨붙었고 이는
다시 4만여 철도 조합원의 총파업으로 확대되었다. 흔히 전평의 '9월총파
업'이라고 불리는 사건의 시작이다. 그들은 임금 인상과 해고 반대, 노동
조건 개선, 쌀 배급 보장 등의 경제적 요구와 더불어 노동운동 자유, 민주
인사 석방 등의 정치적 요구를 내걸었다. 이들 노동조합의 파업은 정치적
성격이 있었다.

재판정에 도착한 정판사
위폐사건 관련자들(위)과
재판정에 선 이관술
조선공산당 재정부장(아래)

　철도 조합원의 총파업 투쟁은 학생들의 동맹 휴학, 대중 시위 등과 결
합되면서 전국으로 확산되어갔다. 특히 10월 1일, 대구에서 시위 도중 경
찰의 과잉 진압으로 시민이 사망하면서 민중의 분노에 불길이 당겨졌다.
대구에서 시작된 노동자들의 시위는 주변의 군으로 확산되면서 농민들이
중심이 된 민중 봉기로 발전했다. 대구에서의 시위는 곧 진압되었으나 농
민 봉기는 경북 지역으로 확산되었고, 다시 경남과 전남, 서울과 경기도
등 수도권을 거쳐 전북과 충청도로 불타는 벌판처럼 퍼져 나갔다.

신전술

박헌영의 공산당이 미군정
에 적극적인 공세로 전환하
기로 한 전술이다. 이때부
터 공산당은 전평과 전농 등
의 대중조직을 정비하고 민
중의 불만을 선동하는 한편,
정권을 인민위원회로 넘기
라는 등 과격한 주장을 펼쳤
다. 새로운 전술 방침에 따
라 전평의 1946년 9월총파
업 투쟁이 시작되었다.

　10월에 시작된 38선 이남의 민중 봉기는 3개월 이상 계속되면서 남한
전역으로 퍼져 나갔다. 전국에서 수백만 명이 참가한 시위와 봉기 과정에
서 1천여 명 이상이 희생되고 수만 명이 검거, 투옥되었다. 10월항쟁은 군
정의 사회경제 정책이 대중적 지지를 받지 못하고 미군정이 민중의 적이
되고 있다는 것을 단적으로 보여준 사건이었다.

민중운동의 기반 파괴 및 미군정의 정국 주도권 장악

한편 노동자들의 총파업과 농민 봉기로 전평과 전농, 민주주의민족전선(약칭 민전) 등 대중조직이 심각한 타격을 입었다. 특히 전평은 우익청년단의 폭력 테러와 경찰의 탄압으로 적지 않은 조직이 파괴되었다.

농민 조직도 큰 타격을 입었다. 투쟁 과정에서 노출된 지방 좌익 세력은 산속으로 들어가 야산대 등을 조직하여 활동했고 후에 무장유격대로 발전했다. 좌익 세력은 10월항쟁 중에 공산당과 인민당, 신민당이 합당하여 남조선노동당(약칭 남로당)으로 통합했으나 대중적 기반을 상당히 상실했다.

10월항쟁 이후 민중운동은 점차 정치·무장투쟁으로 중심을 옮겨갔다. 1947년 3·22총파업투쟁과 1948년의 2·7구국투쟁이 대표적이다.

물론 일상 요구를 담은 경제투쟁도 꾸준히 전개했다. 농민운동의 경우에는 1947년 이후 소작쟁의가 3천 건 이상 증가했다. 노동운동도 직장폐쇄철회투쟁, 해고반대투쟁, 임금인상투쟁 등 경제적 요구 투쟁을 꾸준히 전개했다.

미군정의 강경 진압으로 민중운동은 막대한 희생을 입었다. 미군정 경

"'대구 10월사건' 유족에 국가배상" 판결

1946년 식량정책 항의 민간인학살
"경찰, 정당한 이유 없이 불법행위"
희생자 60여명 소송 잇따를듯

1946년 발생한 이른바 '대구 10월 사건'의 희생자들에게 60여년 만에 국가가 손해 배상을 해야 한다는 첫 판결이 나왔다. 1946년 10월 대구와 경북 등지에서 미군정의 식량 공출제도 등에 항의해 시위와 파업을 벌였다는 이유로 '빨갱이'로 몰려 학살당한 이 사건의 피해자 유족들이 국가를 상대로 낸 손해배상 청구 소송에서 처음으로 승소했다. 다른 피해자 유족들의 소송이 잇따를 것으로 보인다.

부산지법 민사8부(재판장 심영달)는 10월 사건 때 학살당한 장아무개·이아무개씨의 유족들이 국가를 상대로 낸 손해배상 청구 소송에서 "국가는 정씨와 이씨 유족한테 각각 5억9600만원과 3억9000만원을 지급하라"고 지난 16일 판결했다.

재판부는 '10월 사건'은 진실·화해를 위한 과거사정리위원회의 2010년 3월 조사 결과와 법정에 나온 참고인과 관련자의 증언으로 미뤄볼

때 경찰의 불법행위가 인정된다"고 밝혔다. 또 "경찰이 정당한 이유와 적법한 절차 없이 국민의 기본권인 신체의 자유와 생명권, 적법 절차에 따라 재판을 받을 권리를 침해했고, 공무원들의 위법한 직무집행으로 희생자와 유족들이 입은 손해를 배상할 의무가 있다"고 덧붙였다.

이 사건은 미군정의 친일관리 고용과 모자란 혁자연 및 강압적 식량공출 시행 등에 의한 노동자·농민 등이 파업과 항의시위를 벌인 게 발단이다. 경찰이 대구 등에 모인 수천명을 향해 발포했고, 시위가 확산하자 미군정은 10월2일 계엄령을 선포해 진압했다. 하지만 시위는 같은 달 6일 경북 철곡군 등에 이어 12월까지 남한 전역으로 확산됐다. 이후 시위가 잔잔했지만 검찰은 당시 시위 참가자들과 가족들을 붙잡아 총살했다.

정씨와 이씨는 49년 6월에 희생됐다. 정씨는 당시 철도노동자였던 형이 파업에 참가했다는 이유로, 이씨는 시위 참여를 호소하는 홍보물(이른바 '삐라'를 붙이고 심부름을 했다는 이유로 경찰에 끌려간 뒤 철곡면 석적읍 심곡리 뒷산 골짜기로 끌려

가 사살됐다.

과거사정리위원회는 2008년 1월~2010년 3월 '대구 10월 사건' 민간인 희생자 조사를 벌여 60여 명이 경찰에 희생됐다고 발표하고 "국가는 민간인 희생자와 유족들한테 위령·추모사업 지원, 가족관계등록부 정정, 역사기록 수정 및 등재, 평화인권교육 강화 등 적절한 조치를 취하라"고 권고했다. 정씨와 이씨의 유족들은 2011년 4월과 지난해 5월 소송을 냈다.

정씨의 아들인 정도곤(64)씨는 "항상 때 아버지가 돌아가신 뒤 친척들로부터 '빨갱이 자식'이라며 손가락질을 받고 매를 맞아 고향을 떠났다. 정부는 국가가 저지른 잘못을 지금이라도 인정하고 10월 사건 희생자와 유족을 위한 특별법을 재정해야 한다"고 말했다.

소송을 이끈 변영철 변호사는 "국가권력이 친일 인사들을 등용하고 빼가 고픈데도 강제로 쌀을 거둬가는 정부에 항의한 민간인을 학살한 것이 명백히 잘못됐다는 것을 법원이 인정한 것이다. 유족들의 아픔을 덜어주기 위해서라도 국가는 항소를 하지 말아야 한다"고 밝혔다.

부산/김광수 기자 kskim@hani.co.kr

찰의 강력한 대처와 진압 작전으로 좌익의 공세는 좌절되었다. 이후 미군정은 좌익 세력과 민중운동의 대중적 기반을 파괴함으로써 정국 주도권을 확실히 장악할 수 있게 되었다.

미군정의 공세는 계속되었다. 1947년 8월, 미군정은 민전과 전평 사무실을 폐쇄하고 간부 천여 명을 대대적으로 검거하면서 탄압의 고삐를 바짝 죄었다.

이 무렵 미소공위는 완전히 파탄이 나서 미국은 남한만의 단독선거를 준비하기 시작했다. 이에 따라 좌익 세력과 민중운동 또한 단독정부 수립 반대로 투쟁 방향을 정하여 나아갔다.

조선신문기자회 여론조사
1947년 7월 3일 1시간 동안 서울시내 10개소에서 2,495명을 대상으로 한 설문조사 결과, 미군정의 지속적인 통제정책에도 인민위원회는 여전히 대중의 지지를 받고 있는 것으로 나타났다. 국호를 묻는 질문에 '조선인민공화국'이 1,708표(약 70%)로 '대한민국'이라고 답한 604명(24%)보다 압도적으로 많았고, 정권형태에서도 인민위원회가 1,757표(약 71%)를 얻었으며, 토지개혁 방식에서도 민전 등 좌파가 주장한 '무상몰수 무상분배' 방식이 약 67% 정도의 지지를 얻었다. (《조선일보》 1947년 7월 6일, 2면)

전국노동조합평의회(전평)

해방 직후부터 산업 · 지역별 노동조합 조직이 결성되기 시작하고, 이를 바탕으로 1945년 11월 5일, 허성택을 의장으로 하여 전국조직으로 결성되었다. 전국에 223개 지부와 1,757개 분회를 두었으며, 55만 명의 조합원을 망라했다.

전국농민조합총연맹(전농)

농민들은 해방 직후부터 자발적으로 농민위원회, 농민조합 등 다양한 형태의 농민조직을 결성했다. 이를 바탕으로 1945년 12월 8일 전국농민조합총연맹(전농)이 결성되었다. 회원은 330만여 명이다.

민주주의민족전선(민전)

1946년 2월 좌익세력이 정당과 사회단체를 총망라하여 미소공위에서 논의되는 조선임시정부에 참여할 목적으로 결성했다.
여운형·박헌영·허헌·김원봉·백남운 등 의장 5명과 부의장 10명이 있었고, 의장단을 포함한 상임위원 73명, 전국에서 선출된 중앙위원 305명으로 구성되었다. 민전은 8개조의 강령과 37개 조항에 달하는 행동지침을 발표했다. 주요골자는 '모스크바 삼상회의 결정 지지, 비상국민회의 반대, 미·소공동위원회 지지, 친일파·민족반역자 처단, 토지문제의 민주적 해결, 8시간 노동제 실시' 등이었다.

전평, 전농, 민전의 결성

05
좌우합작운동

노선과 분열을 넘으려는 시도

미소공위가 참여 대상 문제를 두고 대립하다가 결렬되자 좌우합작운동이 모색되었다. 좌우의 양극단을 견제하고 중도세력을 중심으로 이념을 넘어선 민족적 통합을 실현하기 위한 것이었다. 좌우합작운동은 남한에서의 좌우합작을 바탕으로 남북연합을 실현한다는 목표가 있었다. 처음 좌우합작운동은 좌우 극단세력을 견제할 필요성을 느낀 미군정의 지원을 바탕으로 순조롭게 발전할 수 있었다. 하지만 국제적으로 냉전 기류가 강화되고 한반도 정세가 급변하면서 좌우합작운동의 기반이 약화되었다. 미군정은 애초의 의도를 실현할 수 없게 되자 좌우합작에 대한 반응이 부정적으로 바뀌었고 좌우 양측으로부터의 견제와 공격도 심해졌다. 그런 외중에 운동의 중추 역할을 하던 여운형이 암살당하면서 좌우합작운동은 그 동력을 상실하고 만다

남조선과도입법의원 개원식

합작과 연합

김규식 좌우합작위원회
위원장(1881~1950)
미국 유학을 마치고 돌아와
연희전문학교에서 강의하다
1913년, 중국으로 망명하여
신한청년단, 상하이 임시정
부 구미위원부歐美委員部 위
원장, 민족혁명당 주석, 충
칭 임시정부 국무위원을 역
임했다. 해방 후 귀국한 뒤
에는 민주의원 부의장, 미소
공동위원회 한국대표로 활
동했고, 1차 미소공위가 결
렬되자 좌우합작운동을 추
진했으나 성과를 내지 못했
다. 그 후 남조선과도입법의
원 의장을 지내고 1947년
10월에는 민족자주연맹 위
원장으로 활동하다 1948년
4월, 김구 주석과 함께 남북
협상에 참가했다.

신탁통치 문제를 둘러싸고 좌우 갈등이 심화되었고, 이러한 갈등과 대립
은 미소공위에서도 계속되었다. 미국과 소련이 서로의 이해관계를 관철
하기 위해 우익과 좌익의 입장을 대변하는 언행을 하는 바람에 좌우 갈등
은 더욱 증폭되었다. 결국 좌우 세력의 갈등과 미소 간 견해 차이로 1차
미소공위는 1946년 5월 6일, 무기 휴회에 들어가고 말았다.

이렇게 되자 좌우의 중도 온건 세력들은 위기의식을 느끼게 되었다. 좌
우가 향후 대립 관계를 해소하지 못하고 계속해서 평행선을 달리게 되면
미소공위는 결국 깨지고 말 것이며, 그렇게 될 경우 한반도의 분단이 가
시화될 수 있다고 본 것이다.

여운형·김규식·안재홍 등의 중도 인사들은 1946년 5월 14일부터 6월
14일까지 3차에 걸쳐 회동을 가지고 이를 바탕으로 7월에 김규식을 위원
장으로 한 좌우합작위원회를 출범시켰다. 좌우합작위원회에는 중도 우익
계열에서 김규식·안재홍·원세훈·최동오·김붕준·김약수 등이 참석했고,
중도 좌익 계열에서 여운형·허헌·성주식·장건상·이영·정노식·정백·이강
국 등이 참석했다.

그러나 좌우합작위원회는 토지개혁과 주요 산업의 처리, 친일파 청산,

1947년 12월 10일,
공식 해산 5일을 앞두고
기념촬영한 좌우합작
위원회 위원들

左右合作

신탁통치, 인민위원회와 입법의원 문제 등 당시의 현안을 놓고 내부적으로 계속 이견을 노출했다. 대체로 민전의 좌우합작 5원칙과 우익의 좌우합작 8원칙이 충돌하는 형국이었다. 민전은 "무상몰수·무상분배에 입각한 토지개혁, 친일파와 민족 반역자 제거, 정권을 인민위원회로 넘길 것" 등을, 우익측은 "임시정부 수립 후 친일파 처리, 신탁통치 반대, 유상몰수·유상분배의 토지개혁" 등을 주장했다.

좌우합작위원회는 우여곡절과 진통 끝에 1946년 10월 7일, 좌우합작 7원칙에 합의했다. 해방 후 극도의 분열상을 노출하던 좌우가 상호 일정한 양보를 통해 합의한 것은 매우 의미 있는 일이었다. 그러나 이것을 현실화하는 데는 적지 않은 난관이 도사리고 있었다.

좌우합작 7원칙

1. 모스크바 결정에 의한 남북통일의 임시정부를 좌우합작으로 속히 수립할 것
2. 미소공위의 재개를 적극 추진시킬 것
3. 토지는 조건부 유상몰수하여 농민에게 무상으로 분여하고, 주요 산업 국유화 및 노동법령 제정, 지방자치, 통화 및 민생 안정 등을 도모할 것
4. 친일파, 민족 반역자를 처리안을 합작위원회에서 작성, 입법기관에 회부, 검토 시행할 것
5. 남북을 통하여 피검된 애국 정치가의 석방을 기하는 동시에 일체의 테러를 근절할 것
6. 입법기관의 설치 및 운영 방법을 좌우합작위원회에서 작성할 것
7. 언론, 출판, 집회, 교통, 투표 등의 자유를 보장할 것

좌절

트루먼독트린
1947년 3월 미국 대통령 해리 트루먼이 의회에서 선언한 미국외교정책에 관한 원칙으로, 공산주의 세력의 확대를 저지하기 위해 유럽 국가들에 경제원조를 제공한다는 것이 핵심내용이다.

무엇보다 좌우의 불신이 컸고 좌우의 극단을 제어할 힘이 중도 세력에게는 없었다. 당시 가장 조직력이 강력하던 공산당은 '유상몰수 토지개혁'에 반대했다. 한민당은 친일파 문제 때문에 부정적 입장을, 김구의 한국독립당(약칭 한독당)과 이승만은 모호한 태도를 나타냈다. 공산당과 한민당이 반대 입장을 표명하고 김구와 이승만도 기회주의적 태도를 보임으로써 7원칙의 실현이 현실적으로 어려운 상황에 처하게 되었다.

그런데 좌우합작위원회가 7원칙에 합의하기 직전에 시작된 민중 봉기로 정국이 급격히 냉각되었다. 9월 노동자 총파업과 10월항쟁 과정에서 미군정·우익 세력과 공산당·민전 사이에 심각한 유혈 충돌이 발생했고, 그 결과 좌우의 협조 관계는 위기 상황을 맞이했다.

내부 갈등과 충돌도 문제였지만 더욱 심각한 문제는 한반도의 운명을 좌우할 미국과 소련의 관계였다. 공위가 결렬된 다음 미소는 형식상 공위를 재개하기 위해 노력한다는 행동을 취했지만 진심은 다른 데 있었다. 1946년 말·1947년 초 미소의 갈등은 한반도뿐만 아니라 전 세계 차원에서 심화되며 냉전이 구축되고 있었다. 그 때문에 1946년 말경부터 미소는 한반도에서 협조관계를 포기하고 자신이 점령한 지역에서만이라도 각자에게 우호적인 정부를 세우는 방향으로 방침을 선회했다.

미소 간 냉전으로 약소민족이 피해를 보는 국제 현실을 풍자한 1947년 9월 15일자 《만화행진》 시사만평

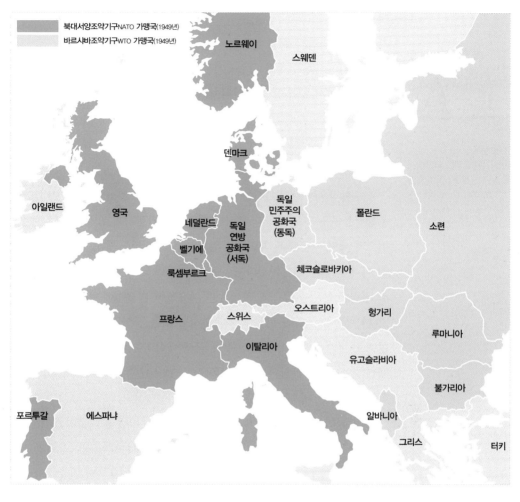

북대서양조약기구NATO 가맹국(1949년)
바르샤바조약기구WTO 가맹국(1949년)

노르웨이　스웨덴

덴마크

아일랜드　영국　네덜란드　독일
연방
공화국
(서독)　독일
민주주의
공화국
(동독)　폴란드　소련

벨기에

룩셈부르크　체코슬로바키아

프랑스　스위스　오스트리아　헝가리

이탈리아　유고슬라비아　루마니아

포르투갈　에스파냐　알바니아　불가리아

그리스　터키

유럽에서 시작된 냉전의 구도

　　1947년부터 냉전이 본격화되면서 한반도에서 미소의 협조 관계는 끝이 났고 미군정은 좌우합작위원회에 대한 지원도 철회했다. 그 뒤 2차 미소공위가 재개되었으나 곧 결렬되고 말았다. 설상가상으로 위원회의 기둥이었던 여운형이 1947년 7월 19일에 한지근에게 암살당하면서 좌우합작은 끝났다. 1946년 10월, 좌우합작위원회의 합의는 너무 늦은 감이 있었고 좌우의 대결을 첨예하게 만든 10월항쟁과 겹치면서 시기적으로 운도 나빴다.

동상이몽

38선 블루스
미소 간의 협의를 38선을 두고 추는 블루스에 비유한 《동아일보》(1947년 1월 1일) 만평

좌우합작위원회의 최종 목표는 좌우 이념을 넘어 한반도의 모든 정치 세력을 통합하여 통일적인 독립국가를 건설하는 것이었다. 이를 위해 1차적으로 이남에서 좌우합작을 성사시키고, 이를 바탕으로 남북연합을 실현한다는 계획을 가졌다. 국제적으로 냉전 체제가 들어서기 시작하고 있었고 내부적으로 남북 분할과 좌우의 심각한 이념 갈등이 판치던 당시 상황에서 이를 극복할 수 있는 유일한 길은 좌우합작밖에 없었다.

좌우합작운동은 초기에는 상당히 성공적인 듯 보였다. 무엇보다도 좌우합작운동은 좌우 양극단 세력의 영향력을 약화시키고 정국의 주도권을 쥐고자 했던 미군정의 의도와도 일정하게 맞아 떨어졌다. 반탁 데모를 통해 아예 정권을 접수하겠다고 나서는 김구나 극단적인 반소반공 논리로서 점령군 사령관 하지와 부딪치는 이승만이 미군정에는 여간 골칫거리가 아니었다. 철저한 반공주의자 하지도 주둔군 사령관으로서 소련과의 협조 관계를 유지해야 했기 때문에 극우 세력의 지나친 독주는 심각한 문제였다. 그 때문에 남한에서는 미국이 한때 좌우합작운동을 이끌던 김규식을 밀고 있으며 대안으로 생각한다고 보기도 했다.

그러나 미국이 좌우합작운동을 지원한 것은 박헌영 때문이었다. 하지 사령관은 "우리는 애초부터 좌우합작에 공산주의자들이 참여하리라고는 생각하지 않았다. 그러나 만약 우리가 공산주의자들로부터 민족주의적인

1차 미소공위 쟁점

쟁점	미국 주장	소련 주장
	신탁통치 반대는 표현의 자유이므로 반탁단체들도 위원회에 참여시키자.	신탁통치 반대는 모스크바 삼상회의 결정을 반대하는 것으로 이들 단체는 위원회 참가 불가
1. 위원회 참여 대상	공동성명 5호 : 반탁운동을 했지만 지금부터라도 삼상회의 결정을 지지하면 참여시킨다.	
	계속 신탁통치 반대 단체 참여 주장	삼상회의 결정 반대 단체 참여 반대
2. 위원회 참여 단체수	남한은 25개 정당, 사회단체가 위원회 참가	25개 사회단체 중 좌익 단체는 3개뿐이라 균형이 맞지 않음

좌파를 분리시킬 수 있다면, 우리는 공산주의자들의 세력 기반의 붕괴를 통해 그를 약화시킬 수 있다"고 말하며 미군정의 의도를 정확히 했다.

간단히 말하면 여운형을 비롯한 중도 좌파를 공산당과 분리시키는 것이 미국의 가장 중요한 의도였다. 반면, 여운형과 김규식 등 좌우합작을 주도한 이들은 중도 세력을 강화하여 통일적인 정부 수립의 기반을 마련한다는 생각이었다. 한마디로 동상이몽이었다. 미군정의 지원은 한계가 있었고 상황이 바뀌면 언제든 철회할 수 있는 수단이었다. 그리고 실제로 그렇게 되었다.

좌우합작운동은 당시로서는 가장 이상적 선택이었지만 현실적으로는 그 노선을 실현할 수 있는 힘이 부족했다는 점이 한계였다. 그러나 그 힘의 한계도 결정적이라기보다는 상대적인 면이 있었다. 사실 냉전이 깊어지지 않고 한반도에서 미소의 협조 체제가 유지되어 통일 임시정부가 세워졌더라면 중도파가 권력의 정점에 접근하는 데 가장 유리할 수도 있었기 때문이다.

남한의 초대 대통령이 된 이승만도 명망성을 제외하면 대중적 기반은 없었다. 하지만 그는 미소 냉전에 따라 미국 입장이 남한 단독정부 수립으로 귀결되면서 권력에 접근할 수 있었다. 반면, 여운형은 가장 대중적 기반이 강했으나 미군 진주 이후에는 약화되었다. 박헌영은 미군정 체제 아래서도 가장 강력한 조직 기반이 있었다. 그러나 미군정이 공산당을 불법화하고 그에게 체포령을 내리자 월북을 선택해야만 했다.

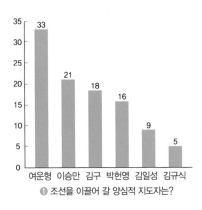
❶ 조선을 이끌어 갈 양심적 지도자는?

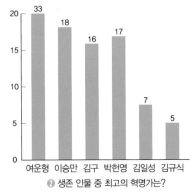
❷ 생존 인물 중 최고의 혁명가는?

1945년 11월, '선구회'의 해방 후 첫 여론조사 결과 (중복 투표, 합계는 100%가 되지 않음)

06
남북협상

통일정부가 가망 없다고?

미소공위가 결렬되자 미국은 한반도 문제를 유엔으로 가져갔고, 유엔은 남한만의 단독정부 수립을 위한 5·10단독선거를 결정했다. 그러자 남로당과 민전 등 단선단정을 반대하는 세력들이 강력한 단독선거 저지 투쟁에 나섰고, 남한은 한치 앞을 내다볼 수 없는 극한 대결 속으로 빠져들었다. 미군정과 이승만·한민당의 단독정부 수립 일정이 착착 진행되면서 분단이 가시권에 들어왔다. 그러자 김구는 38선을 베고 쓰러질지언정 분단으로 가는 길을 막겠다는 단호한 의지를 천명하고, 김규식과 함께 통일정부 수립을 위해 남북 지도자의 정치 협상에 나선다. 그렇게 해서 1948년 4월, 평양에서 통일정부를 위한 남북연석회의가 개최되기에 이르렀다.

남북연석회의 지지 평양 시민 시위

나에게 마지막 독립운동을 허하라!

1948년 4월 19일 아침부터 김구가 지내고 있는 경교장으로 군중이 몰려들었다. 이들은 4월 20일로 예정된 김구의 평양행, 즉 남북협상을 위한 북행길을 막기 위해 나선 청년들이었다. 그들의 만류는 간곡했다.

"선생님, 기어코 가시려거든 저희들을 죽이고 가십시오."

그러나 김구는 단호했다. 그는 군중을 향하여 이렇게 호소했다.

"나는 독립운동으로 내 나이 70여 년이 되었다. 더 살면 얼마를 더 살겠느냐. 여러분은 나에게 마지막 독립운동을 허락해달라. 이대로 가면 조국은 분단될 것이고, 서로 피를 흘리게 될 것이다."

"누가 뭐라 해도 좋다. 북한의 공산당이 나를 미워하고 스탈린의 대변자들이 나를 시베리아로 끌고 가도 좋다. 북한의 빨갱이도 김일성도 우리들과 같은 조상의 피와 뼈를 가졌다. 그러니까 나는 이 길이 마지막이 될지, 어떻게 될지 몰라도 이북의 우리 동포들을 뜨겁게 만나봐야 한다."

그러나 군중은 막무가내였다. 김구는 도저히 앞으로 한 걸음도 나설 수가 없었다. 그래서 하는 수 없이 경교장 뒷문을 통해 북행길에 올랐다. 그리고 아들 김신과 비서 선우진만 대동한 채 4월 19일 오후 6시 45분에 38선을 넘었다.

서산대사가 자주 읊었다는 시가 새겨진 비석
김구는 남북협상을 전후하여 이 시를 자주 썼다고 한다. 이는 자신의 북행길이 역사에 남을 것임을 시사했다.

38선을 넘기 전 김구 일행
오른쪽에서 첫 번째가 유중열 기자다.

"혁명가 김구 씨는 기어코 38선을 넘었다. 때는 6시 45분 너웃너웃 저물어가
는 황혼 속에 한 발 넘어서면 멀리 바라다보이는 곳이여. 역 정거장 녹슨 철
길 위로 오지도 않는 기차를 기다리는 '시그널'의 붉은 등불이 눈물 속에 아
롱거린다. … 고요한 38선에 스미는 듯 어둠의 장막이 내려왔다. 이북 마을
에 등불이 반짝인다. 달이 뜨고 하날에 별도 반짝인다. 기어코 이루어질지어
다. 남북회담 성공을 상징하는 희망의 별인가. 김구 씨가 떠난 하늘 아래로
별은 반짝인다."

— 조선통신사 유중열, 《우리신문》 1948년 4월 21일자

남한 7거두 성명서 (1948년 3월 11일)

독립이 원칙인 이상, 독립의 희망이 없다고 자치를 주장할 수는 없다는 것은 왜정하에서 충분히 인식한 바
와 같이, 우리는 통일정부가 가망 없다고 단독정부를 주장할 수는 없는 것이다. … 연합국의 적이었던 독일
의 분할은 그렇다 치더라도 적국이 아닌 조선의 분단은 국제 정의에도 어긋난다. 유엔의 부당한 결정에 의
해 우리 민족은 남북으로 갈라져 미소의 대리전쟁을 떠맡아 형제자매가 서로 총검을 겨누고 동족상잔을 자
행할 중대한 위기에 놓여 있다.

— '김구·김규식·조소앙·김창숙·조완구·홍명희·조성환의 성명서' 중에서

김구의 성명서

미군 주둔 연장을 자기네의 생명 연장으로 인식하는 무지 몰각한 도배들은 국가와 민족의 이익을 염두에 두
지 아니하고 박테리아(이승만을 가리킴)가 태양을 싫어함이나 다름없이 통일정부 수립을 두려워하는 것이다.
그리하여 그들은 음으로 양으로 유언비어를 조출하여 단선단정의 노선으로 민중을 선동하며 유엔위원단을
미혹케 하기에 전심전력을 경주하고 있다. 미군정의 난익卵翼(보호) 속에서 육성된 그들은 경찰을 종용하여
서 선거를 독점하도록 배치하고 인민의 자유를 유린하고 있다. 그래서 그들은 태연스럽게도 현실을 투철히
인식하고 장래를 명찰하는 선각자로 자임하고 있다. 그러나 이러한 선각자는 매국매족 일진회식의 선각자
일 것이다.

— '삼천만 동포에게 읍고함'에서

남북협상지지 '문화인 108인의 지지성명' (1948년 4월 14일)

"조국은 지금 독립의 길이냐? 또는 통일의 길이냐? 하는 분수령의 절정에 서 있다. 이같이 막다른 순간을 당
하여 식자적 존재로 자처하는 우리는 민족의 명예를 위하여, 또는 문화인의 긍지를 위하여, 민족대의의 명분
과 국가자존의 정도를 밝히어 진정한 민족적 자주독립의 올바른 운동을 성원코자 하는 바이다. (중략) 양군
의 동시 철퇴를 실제적으로 가능케 할 기본토대를 짓기 위하여 우선 우리는 우리 자신의 체제를 단일적으로
정비·강화하자!"

38선을 베고 쓰러질지언정

1948년 4월 22일, 평양시 모란봉 기슭에 자리한 모란봉 극장에서 남북연석회의가 사흘째 진행되고 있었다. 이때 김구가 한독당의 조소앙·조완구·엄항섭, 민주독립당의 홍명희, 민족자주연맹의 원세훈·김붕준·최동오·윤기섭·신숙·송남헌과 함께 회의장에 모습을 나타냈다. 참석자들은 열렬한 환호와 박수를 보냈다. 이에 김구는 답했다.

"조국이 없으면 민족도 없고, 민족이 없으면 정당·주의가 무슨 소용이 있겠는가. 그러므로 현 단계에서 우리 민족의 과업은 통일독립을 쟁취하는 것이다. 따라서 우리의 투쟁 목표는 어느 쪽이든 단선단정을 막는 것이다."

그러나 이날 이후 김구는 더 이상 연석회의장에는 참석하지 않았다. 연석회의는 '미리 다 준비된 잔치에 참례'만 하는 꼴이라고 생각한 때문이었다. 그는 단독정부를 막기 위해서는 남북 정치 지도자 사이의 실질적 협상이 필요하다고 생각했다. 단독정부를 저지하겠다는 김구의 의지는 단호하고도 결연했다.

"나는 통일된 조국을 건설하려다가 38선을 베고 쓰러질지언정 일신의 구차한 안일을 위하여 단독정부를 세우는 데는 협력하지 않겠다."

연석회의에서
연설하는 김구

남한만의 단독선거를 막을 방법은 남북협상밖에 없다고 생각했다. 1948년 2월 16일, 김구는 김규식과 함께 남북정치지도자 사이의 정치협상을 제안했다. 상황은 절박했으나 일은 순탄하게 진행되지 않았다. 김구의 제안에도 북은 좀체 반응을 보이지 않았다.

김구의 마음은 다급했다. 김구는 비서를 통해 김일성에게 '삼천만 동포에게 읍고함'이라는 자신의 성명서와 메시지를 보내는 등 여러 경로를 통해 북의 의사를 타진했다.

그러나 당시 이북에서는 반탁으로 일관하며 좌익과의 대결에 앞장선 김구를 이승만과 똑같이 '반동'으로 낙인찍고 있었다. 그 때문에 거리 곳곳에 이승만과 김구를 규탄하는 벽보와 구호가 도배질 되어 있었다.

김구와 김규식이 제안하고 거의 한 달이 지난 뒤에야 북으로부터 반응이 왔다. 먼저 북한의 민전에서 독자적으로 '정당사회단체연석회의'를 제안했다. 이와 함께 '김구·김규식 선생에게 보내는 답신'을 통해 '남북지도자 간 정치협상'을 약간 수정하여 '남북지도자연석회의'를 제안했다.

김구와 김규식은 고심 끝에 제안을 받아들이기로 했다. 자칫 북한이 만들어 놓은 잔칫상에 초대되어 들러리가 될 수도 있다고 생각했으나 통일정부를 위한 마지막 기회로 여기고 수용했다.

쑥섬사적지와 통일전선탑
1948년 4월, 남북제정당사회단체연석회의가 폐막된 후 5월 초 대동강 쑥섬에서 남북지도자협의회(쑥섬협의회)와 '4김숲회담'이 여러 차례 열렸는데, 북한은 이를 기념하여 1990년 이곳에 '쑥섬혁명사적지'를 조성했다. 이곳에는 남북연석회의에 참석한 정당 56개와 사회단체 대표의 이름을 새긴 통일전선탑이 세워져 있다.

통일운동의 첫 걸음을 내딛다

성시백(1905~1950)
1928년 상하이로 망명하여 조우언라이와 인연을 맺고, 충칭 임시정부 요인과도 교류한 그는 해방 후 평양에 들어가 조선공산당 북조선분국 사회부 부부장으로 있으면서 '김일성의 특사'로 남북을 오가며 활동했고, 1948년 4월 남북협상 때도 연락업무를 담당했다. 1950년 5월 간첩혐의로 검거되어 6월 27일 김삼룡·이주하 등이 총살된 다음 날 총살됐다.

이승만의 '대세에 몽매한 조소거리가 될 것'이라는 조롱이나 미군정의 냉소는 충분히 예상된 일이었다. 일부 언론에서는 "김구의 주장은 소련을 대변하는 것으로 이러한 인물은 지도자로서의 자격이 모자랄 뿐 아니라 크렘린의 앞잡이로 간주하지 않을 수 없다"고 상투적 반공 모략을 했다. 그러나 김구는 북으로 출발하는 날 새벽부터 "김구 선생 북행 결사 반대!"를 외치는 반공데모대 탓에 뒷문으로 나와야 해서 마음이 불편했다.

그러나 북행길이 암담할 것 같다는 김구의 걱정은 남북연석회의 과정에서 말끔히 씻겨나갔다. 김구 일행은 모란봉극장을 거쳐 황해 제철소 등 이곳저곳을 방문하며 활기 넘치게 활동하는 북한 사람들의 생활 모습을 보았다. 또한 김구 개인으로서는 안창호의 동생이자 젊은 시절 연인이던 안신애도 만났다.

하지만 가장 큰 성과는 김구·김규식·김일성·김두봉이 만나 남북의 정치 현안을 논의한 '4김 회담'과 남북지도자 15명이 함께 만난 '남북지도자협의회'로 각각 두 차례씩 진행되었다. 그 외에도 김일성과 남에서 올라간 인사들 사이에 개별 회담도 여러 차례 진행되었다. 이러한 회담을 통해 남북 정치지도자들은 대체로 다음과 같은 내용에 합의했다.

**남북연석회의 시기
남북 지도자들의 회동·회담**

4월 24일	4월 25일	4월 26일	4월 27일	4월 28일
황해 제철소 시찰 남측 대표 20여 명	연석회의 지지 시민대회 34만 군중 시위	제1차 4김 회담 김일성, 김두봉, 김구, 김규식	제1차 남북지도자협의회 남북 요인 15인	김규식·김일성 개별 회담 김규식이 지도자 회담의 의제 제안
연석회의 종료 기념 종합 공연, 공연 후 김두봉 초청 요담－김일성, 김두봉, 김구, 김규식, 홍명희, 조소앙, 조완구 등	**대회 후 김일성 주최 초대연**－김일성, 김구, 김규식, 홍명희, 허헌 등	**남북 지도자 연회, 지도자협의회 필요성 제기**－북로당 대표 및 백남운, 홍명희, 조소앙, 엄항섭 등		

4월 29일	4월 30일	5월 1일	5월 2일	5월 3일	5월 4일
김구, 주영하에게 문제 제기 김구, 지도자협의회 인원 구성에 문제 제기	제2차 4김 회담 김일성, 김두봉, 김구, 김규식	5·1절 경축 시민대회 인민군 열병식과 37만 시민 행진	쑥섬 회동(야유회) 남북 요인 15인, 성시백	비공식 개별 회담 (작별 인사) 김일성·김구, 김일성·김규식 회담	비공식 개별 회담 김일성·홍명희 회담
	제2차 남북지도자협의회－남북 요인 15인	**대회 후 남북 지도자 회동**－김일성, 김구, 김규식, 홍명희, 허헌 등			

남북연석회의에 참석한 김일성, 김두봉, 김책 등 주요 정치 지도자들

첫째, 남과 북에서 외국군대는 즉시 철수해야 한다.

둘째, 외국군 철수 후 남북은 내전과 무질서를 반대한다.

셋째, 남북정당사회단체협의회를 소집하여 임시정부를 수립하고 총선거를 통해 입법기관을 선출한 다음 헌법을 제정하고 통일정부를 수립한다.

넷째, 남조선의 단독선거를 반대한다.

김구는 김일성과 따로 만났을 때, 어떤 일이 있어도 남조선의 단독선거를 반대할 것이니, 북조선도 단독정부를 세워서는 안 된다는 점을 신신당부했다. 김구와 김규식은 여러 일정을 끝낸 뒤 5월 5일 서울로 귀환했다. 그러나 그로부터 5일 뒤 남한만의 단독선거가 치러졌다. 김구의 결연한 평양행도, 남북지도자회의도 5·10선거를 저지할 수는 없었다. 하지만 그럼에도 김구와 김규식은 이 과정을 '독립운동의 신新발전'으로 규정지었다. 그들은 공동성명에서 "첫술에 배부를 수 없는 것"이지만, 이 정신을 바탕으로 통일운동을 계속해나가겠다고 했다.

통일독립촉진회統一獨立促進會
김구와 김규식은 남북협상을 마치고 돌아온 후 7월 21일 통일운동의 역량 결집과 민족문제의 자주적 해결을 목표로 통일독립촉진회를 결성하여 활동한다. 9월에 이 단체는 "국토를 분할한 남북에서 양개의 정권이 수립된다는 것은 외세로써 민족의 자결원칙을 유린하는 것인 동시에 조선민족 최대의 비극이다. 이에 우리는 자주민주통일독립을 지향하여 국민운동을 강력히 추진할 것이니 애국동포는 공동분투하자"라는 선언을 발표했다.

김구·김규식 성명서
남북 제정당·사회단체 연석회의는 조국의 위기를 극복하며 민족의 생존을 위하여서는 우리 민족도 세계의 어느 우수한 민족과 같이 주의와 당파를 초월하여 단결할 수 있다는 것을 또 한 번 행동으로써 증명한 것이다. … 우리 민족통일의 기초를 존정尊定할 수 있게 했으며, 자주적·민주적 통일조국을 건설할 방향을 명시했으며, 외력의 간섭만 없으면 우리도 평화로운 국가생활을 할 수 있다는 것을 확증했다.

— '평양에서 귀환한 김구·김규식의 공동성명'(1948년 5월 6일)

07
대한민국 정부 탄생

단독정부가 수립되다

미소 간 대립이 깊어지면서 세계적 차원에서 냉전 체제가 구축되었다. 냉전의 가장 큰 피해자는 한국이었다. 미소공위가 결렬되자 미국은 한국문제를 유엔으로 넘겼고, 유엔에서는 미국의 주도 아래 남한만의 단독선거를 결정했다. 단선단정을 반대하는 세력들의 격렬한 반대 투쟁과 남북협상 등의 노력에도 1948년 5월 10일, 단독 총선거는 저지되지 않았다. 단독선거 후 헌법이 제정되고 정·부통령이 선출되었다. 그리고 8월 15일, 마침내 대한민국 정부가 공식 출범했다. 대한민국은 비록 단선단정으로 출발했지만 우리 역사에서 최초의 민주공화국의 출현이라는 중대한 역사적 의미를 지닌다.

초대 대통령 취임식

탁월한 선견지명

1946년 6월 3일, 이승만은 전라북도 정읍에서 대중들을 모아놓고 이렇게 주장했다.

"무기 휴회된 미소공위가 재개될 기색이 보이지 않고 통일정부를 고대하나 여의치 않게 되었으니 남쪽만이라도 임시정부 혹은 위원회 같은 것을 조직하여 38선 이북에서 소련이 철퇴하도록 세계 공론에 호소하여야 할 것이니 여러분도 결심해야 할 것이다."

이때는 비록 미소공위가 일시적으로 중단된 상태이기는 해도 언젠가 재개되면 결국 합의를 이룰 수 있을 것이라는 생각이 지배적이었던 시기였다. 그런데 이승만은 1차 미소공위가 1946년 5월 6일, 무기 휴회를 선언하자 곧바로 남부 지방 순회에서 강연하는 과정에서 이 같은 발언을 했던 것이다.

1945년 10월 이승만의, 귀국을 알리는 호외(위)와 단독정부를 시사한 이승만 정읍발언 보도 기사(아래)

그러나 이승만의 발언이 나오자 비판이 거세게 쏟아졌다. 당시 한국인들은 분단을 기정사실로 인정하고 고착시키는 단독선거나 단독정부에 대해서 도저히 인정할 수 없는 심정이었다. 비판 여론이 거세지자 이승만은 한발 물러섰다. 이승만 자신이 단독정부를 주장하는 것은 아니고, 하루라도 빨리 미소공위가 재개되기를 바라는 마음을 그렇게 표현한 것이라며 발뺌했다.

하지만 결과적으로 이승만은 '탁월한 선견지명'을 보여주었다. 그의 말처럼 불과 2년도 채 안 되어서 남한만의 단독선거를 실시하여 단독정부를 세웠던 것이다.

1947년 3월, 미국 트루먼 대통령은 상하 양원 합동 연설을 통해 소련과의 대결을 선포하고 나섰다. 이것이 흔히 말하는 '트루먼 독트린Truman Doctrine'이다. 트루먼은 이때 "미국의 목적은 소수파가 독재정치를 강요하는 공산 침략주의에 대항하여 자유민주주의 제도와 영토 보전을 위해 투쟁하는 세계의 모든 국민을 원조하는 것"이라고 선언하고, 그리스와 터키 등 공산주의 세력과 내전 상태에 있는 국가들에 군사·경제적 원조를 제공한다고 발표했다. 이는 곧 소련 등 공산주의 진영과의 본격 대결을 선언한 것으로써 미국이 세계적 차원에서 자유민주주의 체제를 수호하기 위해 정치·군사적 개입을 하겠다는 것이었다.

이를 계기로 미소 간 냉전 체제는 본격화되었다. 냉전이 본격화되면서 한반도의 분단도 가시적 상태로 접어들었다. 이승만은 또 다시 나섰다.

"미국은 30일 내지 65일 이내에 남조선 독립정부 수립을 허용하고 유엔 가입을 지원하는 동시에 대사격의 미국 고등판무관을 파견할 것이다."

1947년 4월, 미국을 방문하고 돌아온 이승만은 이러한 주장을 계속하고 다녔다. 그는 미국 방문으로 이미 미국 정계는 소련과의 대결을 주장하는 강경파들이 주도하고 있다는 것을 알 수 있었다. 이제 소련과의 협조는 없을 것이고 따라서 더 이상 미소공위 재개도 끝났다고 보았다. 그래서 단독선거와 단독정부 수립을 위해 본격적으로 발 벗고 나섰다. 그 뒤 미소공위가 일시 재개되었으나 곧 최종 결렬되고 말았다. 이승만이 세상을 보는 눈은 보통이 아니었다. 여론은 여전히 그를 비판적으로 보았지만, 그래도 상관없었다. 정치는 현실이고 권력을 잡는 사람이 최고였다.

1948년 10월 28일자 미 CIA 보고서의 이승만 평가
"이승만은 한국 독립에 득이 된다고 생각하는 것은 늘 행동에 옮기는 참된 애국자다. 그러나 그는 한국에 득이 되는 것과 자기 자신에게 득이 되는 것을 동일시하는 경향이 있다. 자신을 곧 한국처럼 생각한다. 그는 생애를 한국 독립에 바치면서 자신이 한국을 통치한다는 궁극적 목적을 가지고 있었으며, 이 목적을 추구하는 과정에서 개인적 성취를 위해 기꺼이 활용할 만한 것이 있다면 어느 것이든 써먹는 데 주저함이 없었다. 한 가지 중요한 예외가 있다면, 공산주의자와의 타협만큼은 늘 거절했다는 것이다. 바로 이 점 때문에 이승만은 한국인들 사이에서 반공주의의 상징적 존재가 되었다."

1945년 10월 20일, 미군정청 앞에서 열린 '서울시민 미군 환영 대회'에서 연설하는 이승만 왼쪽에는 선글라스를 쓴 미 군정사령관 하지 중장이 앉아 있다.

미국의 거수기, 유엔에서

상황은 이승만의 예상대로 돌아갔다. 2차 미소공위는 한바탕 쇼였다. 미국도 소련도 협력할 생각이 없었다. 미국이 먼저 속내를 보이며 비장의 카드를 내보였다. 한국문제를 유엔에서 처리하자고 제의한 것이다.

그러나 소련은 미국의 제의를 받아들일 수 없었다. 미국의 텃밭이던 당시 국제연합, 즉 유엔에서 미국이 추진하면 되지 않던 일은 없어 유엔을 미국의 '사교클럽', '거수기'라고까지 불렀다. 사실 미국은 혼자서 하기에 명분이 부족하거나 부담이 되는 일들은 모두 유엔 이름으로 처리했다. 소련은 모스크바 협정 위반이며 약속 파기라고 강하게 비난하며 반대했으나 미국은 아랑곳하지 않고 유엔에 안건을 상정하고 처리했다.

1947년 11월 13일, 유엔 정치위원회는 유엔 한국 임시위원단의 감시 아래 인구 비례에 따라 남북 총선거를 실시하고 여기서 선출된 대표로 통일 정부를 구성한다고 결의했다. 미국의 안이 그대로 통과된 것이다. 이에 대항하여 소련도 안을 내놓았다. 한반도에서 미소 양군이 철수하고 한반도 문제는 한국인들에게 맡기자고 했으나 통과될 리가 없었다.

1948년 1월 8일, 유엔 총회 결의에 따라 유엔 한국 임시위원단이 한국

(좌) 《새한민보》 해방 2주년 특집호(1권 제5호) 표지 만평
《새한민보》는 동아일보 출신 설의식이 창간한 시사지로, 이 만평은 해방 2주년을 지난 시점의 한반도가 놓인 처지를 잘 묘사했다.

(우) 중앙청 공보부가 발행한 화보
유엔 한국임시위원단을 환영하자는 내용이 담겼다.

을 방문했다. 그러나 이승만과 김성수 등을 제외하고는 대부분 이들의 활동에 부정적이었다. 북한측은 아예 이들이 발도 들여놓지 못하게 했고 남로당도 이들과 아예 접촉도 하지 않았다.

위원단은 이승만·김구·김규식·조만식·김성수·김일성·김두봉·박헌영·허헌 등을 만날 예정이었다. 그러나 이승만·김구·김규식·김성수밖에는 만나지 못했고 이들의 주장도 각기 달랐다. 이승만과 김성수는 남쪽만이라도 총선거를 강행할 것을 주장했으나 김구와 김규식은 위원단이 통일정부 수립을 위한 남북지도자회담 개최에 협조해달라고 요청했다.

1948년 2월 26일, 유엔 소총회는 "유엔 한국위원단이 접근할 수 있는 지역"에서만이라도 선거를 치를 것을 결의했다. 남한만의 단독선거가 결정되었다. 그러나 이 결정은 유엔 한국 임시위원단이 만나기로 예정했던 한반도 지도자 9명 가운데 겨우 2명만 지지했을 뿐이다.

1949년 3월, 수색 사형장에 나온 김종석 소령(위 왼쪽), 김종석과 이야기를 나누는 미군사고문관 제임스 하우스만 대위(아래)
여순반란 작전을 실질적으로 구상하고 총지휘한 하우스만은 김종석을 정보장교로 키우려고 했고, 마지막까지 전향을 권유했으나 김종석을 이를 거절했다.

숙군

대한민국 정부가 출범하기 이전부터 국방경비대 내에서 각 부대 내의 좌익을 축출하기 위해 부대 단위의 소규모로 시작되었다. 1948년 10월 여순반란이 일어나자 육군본부 정보국은 토벌군에 소속된 좌익 혐의자들을 조사하여 토벌군 내에 침투한 최남근 중령·김종석 소령 등 남로당 계열 150명을 적발했다. 숙군은 1949년 3월경 일단락되었는데, 숙청된 인원은 1,496명에 달했다. 숙군은 6·25전쟁 직전까지 소규모로 계속되었다.

제주 4·3사건과 여순사건

2000년 국회는 제주 4·3특별법을 제정했고, 이에 기초하여 2003년 정부 차원의 진상조사보고서가 발간된다. 특별법은 4·3사건을 1948년 '3·1절 경찰발포사건으로 시작되어 1954년 9월 한라산 입산금지령이 풀릴 때까지 제주도에서 발생한 무장대와 토벌대 간의 무력 충돌과 토벌대의 진압 과정에 무고한 주민이 희생당한 사건'으로 공식 규정했다. 진상조사보고서를 통해 희생자의 80% 이상이 토벌대에 의해 학살되었으며, 전체 희생자의 3분의 1이 10살도 안 된 어린이와 노인, 부녀자였다는 사실이 밝혀졌다.

정부는 제주도민의 희생을 기려 2014년 '4·3 희생자 추념일'이란 명칭으로 국가기념일로 지정했다. 한편 1948년 10월에는 제주도민의 시위를 토벌하기 위해 출동 명령을 받은 여수의 제14연대가 '반란(봉기)'을 일으켜 한때 여수와 순천 일대를 점령하기도 했다. 이것이 바로 여순사건이다.

유혈 속에 치러진 선거

좌익은 유엔의 결정에 반대하며 격렬한 반대투쟁을 전개했다. '2·7구국투쟁'으로 불리는 대규모 시위와 함께 한반도 남쪽의 정세는 혼란스러워졌다.

제주도에서는 4·3봉기를 시발로 하여 경찰·우익청년단과 단선반대 세력 사이의 대립이 격화되면서 대규모 민간인 학살사건이 일어났다. 끝내는 세 곳 가운데 두 곳의 선거가 무효화되었는데 이것이 바로 제주 4·3사건이다.

김구와 김규식을 비롯하여 여러 우익 및 중도 민족주의 인사들도 단선단정을 반대하며 통일정부를 논의하기 위한 남북협상에 나섰다.

이러한 반대 속에서도 5·10총선거는 무난히 치러졌다. 선거는 공정하지도 자유롭지도 않았지만 95.5%라는 높은 투표율을 기록했다는 사실이

서울 성북구 개운사에 설치된 투표장
입구에 향보단鄕保團 원들이 완장을 차고 서 있다. 향보단은 1948년 5·10선거의 "평화적 실시를 목적"으로 조병옥 경무부장의 지시로 조직됐다가 선거가 끝난 후 해체되었다. 그러나 5·10선거가 끝난 5월 13일 유엔 한국위원단 임시의장의 명의로 된 유엔 한국위원단 59호 성명에서 "금번 선거는 일부세력이 불참하였고 향보단이 투표소를 감시한다는 명목하에 자유분위기를 파괴했으므로 본 선거 효과에 대하여서는 보류한다"라는 발표로 일시 물의를 빚기도 했다.

5·10총선거를 홍보하는 포스터(좌)와 이승만 대통령, 이시영 부통령, 이범석 국무총리 등 초대 각료들의 모습이 담긴 전단(우)

중요했다. 이는 애초 선거 자체가 불투명했던 상황과 비교하면 일단은 단선 세력의 성공이었다.

선거 결과 또한 단독정부를 주도하는 세력인 이승만과 한민당에게 그다지 좋은 것은 아니었다. 무소속 85석, 이승만의 독립촉성중앙협의회(약칭 독촉중앙회) 55석, 한민당 29석, 지청천의 대동청년단 12석, 이범석의 민족청년단(약칭 족청) 6석, 기타 13석이었다. 무소속 가운데에는 이승만과 한민당 계열이 많았다. 그런데 이들은 이승만과 한민당의 평판이 좋지 못하자 무소속으로 나온 것이었다. 이 사실에서 단정 세력이 국민의 신임을 얻지 못했음을 알 수 있다.

5·10총선거에 출마한 후보들의 선거공보물

5월 31일, 제헌의회는 이승만을 의장으로 선출했다. 7월 17일, 초대 헌법을 제정 발표했고 7월 20일에는 국회에서 이승만을 대통령으로, 이시영을 부통령으로 선출했다. 그리고 8월 15일, 중앙청에서 미군정 폐지와 대한민국 정부 수립을 공식 선포하고 이를 축하하는 기념행사를 치렀다.

현실과 역사의 역전

제헌헌법을 기초한
유진오의 헌법 해설서

해방 후 나라를 세우기 위한 노력이 진행되었는데 그 과정에서 많은 정치가들이 권력의 정점을 차지하기 위해 각축을 벌였다. 처음에는 여운형이 정치 주도권을 잡았으나 오래가지 못했다. 반탁투쟁 과정에서 우익에서는 김구가 정치적 주도권을 행사했고, 좌익에서는 박헌영이 주도했다.

그러나 이들은 모두 대한민국 정부 수립 과정에서 탈락되거나 배제되었다. 여운형은 암살로, 김구는 단독정부를 반대하며 불참하여서, 박헌영은 공산당이 불법화됨에 따라 월북하여 남한 정계에서 권력과 멀어졌다.

최후 승리는 이승만에게 돌아갔다. 김구가 반대한 단독선거로 세워진 정부였지만, 헌법에서는 상하이 임시정부의 법통을 계승한다고 천명해야 했다.

이승만은 초대 대통령이 된 지 12년 뒤 추악한 독재자로 고국에서 쫓겨나 하와이로 망명하여 쓸쓸한 말년을 보냈다. 반면 김구는 통일운동과 미군 철수, 토지개혁 등을 주장하며 자주독립국가를 위해 노력하다가 권력의 하수인 안두희에게 암살당했으나 해방 70년이 되는 지금까지도 절세의 애국자로 추앙받고 있다. 현실에서는 패배했으나 역사에서는 승자가 된 것이다.

제헌헌법 기초 위원들

대한민국은 남쪽만의 분단국가, 남쪽에서조차도 김구·김규식 등의 남북협상파와 중도 세력을 제대로 포섭하지 못한 채 출발했으나 우리 역사상 최초의 민주공화국이라는 점에서 새로운 역사의 출발점이었다. 그러한 역사적 의미는 "대한민국은 민주공화국이다"라고 규정한 초대 헌법 제1조에 고스란히 녹아 있다.

제헌헌법 전문

유구한 역사와 전통에 빛나는 우리 대한국민은 기미 3·1운동으로 대한민국을 건립하여 세계에 선포한 위대한 독립 정신을 계승하여 이제 민주독립국가를 재건함에 있어서 정의 인도와 동포애로써 민족의 단결을 공고히 하며 모든 사회 폐습을 타파하고 민주주의 제도를 수립하여 정치, 경제, 사회, 문화의 모든 영역에 있어서 각인의 기회를 균등히 하고 능력을 최고도로 발휘케 하며, 각인의 책임과 의무를 완수케 하여 안으로는 국민 생활의 균등한 향상을 기하고, 밖으로는 항구적인 국제 평화의 유지에 노력하여 우리들과 우리들의 자손의 안전과 자유와 행복을 영원히 확보할 것을 결의하고 우리들의 정당 또는 자유로이 선거된 대표로서 구성된 국회에서 단기 4281년 7월 21일 이 헌법을 제정한다.

미국 CIA의 '한국의 생존에 대한 전망Prospects for Survival of the Republic of Korea' 보고서 속의 이승만 평가

이 보고서는 1948년 9월 27일, 작성된 초안을 국무부, 육군부, 공군부, 해군부 회람 후 수정과정을 거쳐 10월 28일에 최종 작성됐다. 첫 번째 부록 제목이 '이승만의 됨됨이Personality of Rhee Syngman'다.

"이승만은 또 자신이 가는 길에 방해가 된다고 생각되는 사람이나 단체가 나타나면 누구든 가리지 않고 배제시켰으며thrust aside, 그런 시도를 하는데 조금도 주저하지 않았다. 이승만은 결국 자만심vanity 때문에 미국에서 활동할 때든 한국에 돌아갔을 때든 자신이 추구하는 사적 이득을 위해서라면 언제든 말을 바꾸곤 했다. …

이승만은 독립된 한국의 한쪽 체제에서 막강한 권력을 행사하는 대통령이 되었다. … 그는 가능하면 자신의 생각이 간섭받지 않기를 원하겠지만, 정부가 생존하느냐 못 하느냐는 전적으로 미국의 원조에 달려 있으며, 그 돈이 어떻게 쓰일 것인지 합당한 대답을 듣지 않은 채로는 미국도 그 돈을 지원할 수 없다는 사실을 분명히 알고 있다. 그러나 위험은 상존한다. 이승만의 지나친 자아의식inflated ego이 그를 망가뜨릴 수 있으며, 새로 탄생한 한국 정부를 최소한 궁지에 처박을 수도 있고, 미 국익에 손상을 끼칠 수도 있다.

그를 통제할 수 있는 한 가지 요인이 있다면 그것은 국회이다. 이승만으로서는 화들짝 놀랄 일이겠지만, 국회는 '고무 도장' 노릇만 하지는 않겠다고 했다. 이승만은 국회가 무시하거나 짓밟아버릴 수는 없는 존재라는 것을 배워가는 중이다."

08
조선민주주의
인민공화국 수립

또 하나의 정부가 등장하다

해방 후 소련군의 진주와 함께 북한 지역에서는 공산주의자들의 주도 아래 새 국가 건설을 위한
준비 작업이 진행되었다. 항일빨치산 출신의 김일성의 주도 아래 토지개혁 등 제반 '민주개혁'
이 진행되었고, 이를 바탕으로 북조선인민위원회를 출범시켰다. 1946년 8월 공산·신민 양당의
합당으로 북조선노동당(약칭 북로당)을 결성하여 정치지도력도 강화했다. 남한에서 5·10 단독
선거를 통해 1948년 8월 대한민국 정부를 공식 출범시키자, 북한도 이에 대응하여 9월 9일 조선
민주주의인민공화국 정부를 공식 출범시켰다.

선거하는 북한 주민들

8월 16일
평남건국준비위원회 결성

8월 17일
조선공산당 평남지구위원회 결성

8월 27일
평남인민정치위원회 결성

9월 3일
현준혁 암살

9월 19일
김일성 등, 원산 도착

10월 8일
김일성과 박헌영 만남

10월 10일~13일
'조선공산당 서북 5도 당원 및 열성자
연합대회' 개최. 조선공산당 북조선
분국 조직 결정(책임자 김용범)

10월 14일
'소련군 및 김일성 장군 환영 평양시
군중대회' 개최

11월 3일
조만식, 조선민주당 결성

11월 19일
이북, 5도 행정국 조직

● 1946년

2월 9일
북조선임시인민위원회 수립

3월 20일
북조선임시인민위원회, 20개 정강 발
표

3월 8일~30일
토지개혁 시행

7월 22일
북조선민주주의민족통일전선 결성

6월 24일
'북조선 노동자 및 사무원에 대한
노동법령' 공포

7월 30일
'북조선 남녀평등에 대한 법령' 공포

8월 28일~30일
북조선노동당 창립대회
(위원장 김두봉)

10월 1일
북조선김일성대학(현 김일성종합대
학) 개교(총장 김두봉)

11월 3일
북조선 도·시·군 인민위원회 위원
선거

12월 6일
건국사상총동원운동 시작

12월 10일
황해도 재령군 농민 김제원 애국미
헌납

● 1947년

2월 22일
북조선인민위원회 출범

6월
애국가 제정(박세영 작사, 김원균
작곡)

● 1948년

4월 19일
남북제정당사회단체연석회의 개막

6월 29일~7월 5일
제2차 남북지도자협의회 개최

8월 21일~26일
해주 남조선인민대표자대회 개최

8월 25일
북한 지역 최고인민회의 대의원 선거

9월 9일
조선민주주의인민공화국 출범

김일성 장군 환영 대회

1945년 10월 14일, 평양시 기림리 공설운동장에서 대규모 군중집회가 열렸다. 그날 그 자리에 참석한 인원이 8만 명이라는 이야기도 있고, 30만 명이라는 주장도 있었다. 평양시민뿐만 아니라 주변에서 사람들이 몰려들었다. 집회의 명칭은 '김일성 장군 환영 평양시민대회'였다.

'김일성 장군'은 일제강점기에 전설적 항일운동의 영웅으로 알려져 있었다. 중국 만주와 국경을 맞대고 있는 이북 지역 사람들에게는 그의 이름이 특히 친근했다. 일제강점기 시기 그를 직접 만난 사람들의 인터뷰나, 그의 이름을 널리 알린 '보천보 전투' 소식 등이 《동아일보》 등 국내 신문과 잡지에 보도됐기 때문이다. 그에 대한 한국인들의 기대감은 부풀대로 부풀었다.

그에 대한 기대감이 과장되면서 신화가 탄생하기도 했다. 축지법을 써서 신출귀몰하게 두만강을 넘나들며 항일투쟁을 벌였다는 이야기가 항간에 떠돌았다. 그 김일성이 해방 후 2달이 지난 뒤에야 비로소 대중 앞에 모습을 드러냈던 것이다. 그의 모습을 보려고 몰려든 군중의 표정에는 흥분과 호기심이 역력했다.

1945년 10월 14일, 군중 집회의 경비병

1936년 6월 4일 벌어진 보천보전투를 다음날 보도한 《동아일보》 호외

1945년 10월 14일 연설하는 김일성
자신의 공식 정치 데뷔 무대 '김일성 장군 환영 평양시민대회'에서 "힘 있는 사람은 힘으로, 지식 있는 사람은 지식으로…"라면서 민족통일전선을 강조했다.

마침내 김일성이 연설을 위해 무대에 등장했다. 뜻밖에도 33세의 젊은 청년이었다. 말쑥한 양복 차림이었다. 그는 일반적 인사말과 함께 연설을 시작했다.

"친애하는 동포 여러분! 나는 오늘 이처럼 우리를 열렬히 환영해주는 데 대하여 여러분에게 뜨거운 감사를 드립니다. 해방된 조국에서 동포들과 이렇게 만나게 되니 참으로 기쁩니다. 우리는 조국 광복의 역사적 위업을 실현하고 여러분과 만날 오늘을 위하여 오랫동안 일제 침략자들과 싸웠습니다."

그런데 이때 군중 속에서 웅성거리며 "가짜다"라는 말이 나왔다. 전설적인 항일 장군이라고 생각하기에는 그가 너무 젊었던 것이다. 그럼에도 김일성의 연설은 계속되었다. 그는 자주독립국가 건설을 위해서는 각계각층의 인민들이 힘을 모아 민족통일전선을 이루어야 한다고 강조했다.

"힘 있는 사람은 힘으로, 지식 있는 사람은 지식으로, 돈 있는 사람은 돈으로 건국사업에 이바지하여야 하며, 참으로 나라를 사랑하고 민족을 사랑하고 민주를 사랑하는 전 민족이 굳게 단결하여 민주주의 자주독립국가를 건설해나가야 합니다."

북한 사회를 50년 동안 통치하며 '태양'과 같은 존재, 신 같은 존재로 자리 잡게 될 태풍의 눈이 등장했다.

고향집에 간 김일성
김일성은 '가짜설'이 나돌자 10월 14일 행사를 마치고 귀국 후 처음으로 평양 만경대에 있는 가족들을 방문했다.

김일성의 본명과 가명
김일성의 본명은 김성주이며, 1930년대에 '한별', '김일성', '김동명' 등의 가명을 사용했고, 1945년 9월 귀국 직후에는 '김영환'이란 가명으로 활동했다.

1945년 10월 14일, 평양공설운동장에서 열린 환영대회 전경

항일빨치산 부대와 88여단

1940년 10월 23일 김일성은 부대원들을 이끌고 만주를 탈출하여 소련 극동 지역으로 넘어갔다. 1932년 최초의 유격대를 조직하여 항일빨치산 투쟁에서 승승장구하며 그 명성을 떨쳤으나 거머리처럼 달라붙는 일본군의 토벌 공세를 더 이상 견딜 수 없는 지경이 되었다. 소련은 '위대한 사회주의 조국'이라고 했으나 만주에서만 생활하고 싸웠던 김일성과 그의 부대원들에게는 낯선 땅이었다.

중소 국경을 넘은 것은 그들만이 아니었다. 1930년대 내내 만주 지역에서 항일투쟁을 벌이던 중국인과 조선인 빨치산 부대원들이 모두 몰려들었다. 그들은 모두들 동북항일연군의 여러 부대원들이었다. 하바롭스크 근교에 야영을 마련한 항일빨치산 부대들은 조직을 재편성하여 '동북항일연군교도려'를 결성했다. 여기에는 김일성 외에 최용건·김책·강건(강신태)·김일·최현 등 후에 북한 정권의 핵심이 되는 인물들이 대거 소속되어 있었다. 교도려는 형식상 소련 극동군 산하 부대로 편제되었다. 그렇게 해서 '88특별여단'이라는 이름이 붙었다. 당적으로는 중국공산당의 지도를 받았으나 소련군의 한 부대로 편제된 것이다.

1947년 항일빨치산 대원들과 함께 만경대 고향집을 방문한 김일성과 김정일 (뒷줄 가운데)

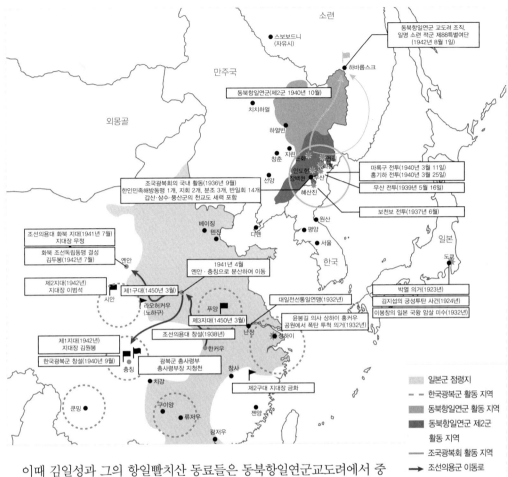

이때 김일성과 그의 항일빨치산 동료들은 동북항일연군교도려에서 중
요한 직책을 차지하고 소련 극동군 지휘관들과 깊은 관계를 맺었다. 해방
후 소련의 대북 정책을 실질적으로 장악한 스티코프와 그의 밑에서 실무
를 총괄하던 로마넨코를 만났다. 또한 김일성은 소련이 대일전에 참전하
기 얼마 전 모스크바를 방문하여 스탈린·몰로토프와 함께 소련 최고 권력
자로 활동하고 있던 즈다노프Zhdanov도 만났다.

김일성이 이때 맺은 소련 지도부와의 관계는 그가 한반도 북부에서 권
력을 장악하는 데 중요한 밑거름이 되었다. 김일성이 귀국한 다음 소련군
으로부터 받은 환대와 배려는 각별했다. 김일성을 대중 속에 크게 부각시
킨 '김일성 장군 환영 평양시민대회'는 이들 소련군의 첫 작품이었다.

1930~1940년대
무장독립전쟁

천지개벽과도 같은 토지개혁

1946년 3월, 북한 지역에서 천지가 개벽하는 일이 벌어졌다. 북한 최고의 작가로 대접받는 이기영은 소설 '개벽'에 이렇게 썼다.

토지개혁을
선전하는 포스터(위·아래)

"토지를 농민들에게 값없이 나눠준다니 세상에 이런 일도 있을까? 실로 이 것은 고금에 처음 듣는 말이다. … 그러나 세상이 아무리 변한다 하더라도 땅덩이가 떠나갈 줄은 몰랐다. 천지개벽을 하기 전에야 그런 일이 없을 줄 알았었는데, 토지개혁이란 정말 눈에 안 보이는 개벽을 해서 하룻밤 사이에 이 세상을 뒤집어엎었다."

평생을 자기 땅을 한 뼘도 가져보지 못하고 지주 밑에서 소작농으로 고 생하던 농민들에게 토지개혁은 천지개벽과도 같았다. 그러나 처음 무상 으로 토지를 준다고 했을 때 농민들은 믿지 않았다. 두렵기도 했다. 그동 안의 인정도 무시할 수 없었다. 선뜻 내키지 않아서 머뭇거리는 농민도 있었다. 지주의 집을 빼앗아 머슴에게 문패를 달아주고 "당신 집이니 그 곳에서 살아라"고 해도 달아나는 사람도 있었다. 하지만 땅을 갖는 것은 무엇보다도 큰 기쁨이었다. 그것은 농민들에게는 '세기적 열망'이었다. 마

1947년 2월, 북조선
인민위원회 수립 축하 행사

토지개혁을 지지하는
북한 농민들의 시위

침내 농민들은 토지개혁을 열광적으로 지지하고 받아들이기 시작했다.

북한의 토지개혁은 삽시간에 끝났다. 불과 20여 일 만에 100만 325정보 토지가 몰수되어 72만 4,522호의 농민들에게 98만 1,390정보 토지가 무상으로 분배되었다. 농민들에게는 '천지개벽'을 이끈 지도자가 구세주였다.

그러나 이러한 개벽 과정에 혼란도 있었다. 인구의 4%에 불과하지만 전체 농경지의 58.2%를 소유했던 이들, 땅을 강제로 빼앗긴 대지주들이 저항했다. 저항이 격렬했던 곳에서는 일본군이 버리고 간 무기를 들고 소련군과 총격전까지 벌이기도 했지만 역부족이었다. 그들은 최후의 저항 대신에 38선 이남으로 피신하는 길을 선택했다. 이렇게 남하를 선택한 인구가 최소 수십 만에서 백 만에 이르렀다. 북한 체제의 '야만성'을 체험한 이들은 반공전선의 전사가 되었다. 세계에서 가장 급진적이었던 '북한 혁명'의 또 다른 면이다.

북한 〈토지개혁법령〉에 따른 북한 토지개혁의 핵심 내용

첫째, 일제의 소유토지와 친일파, 민족 반역자들의 소유지 및 5정보 이상을 가진 지주의 토지, 계속 소작을
　　　주고 있던 모든 토지를 무상으로 몰수하여 토지가 없거나 적은 농민들에게 무상으로 분배한다.
둘째, 농가의 가족 수와 노력자 수에 따라 토지를 분배하며 분여된 토지의 매매와 저당, 일체 소작제도를 금
　　　지한다.
셋째, 몰수한 산림, 관개시설, 과수원 및 농민들이 경작하기에 불리한 일부 토지는 국유화한다.

민주기지 노선과 민주개혁 전략

1946년 2월 8일, 평양에서는 '정당·사회단체 및 행정국 인민위원회대표협의회'가 개최되었다. 여기서 북조선임시인민위원회를 수립하기로 결정했는데 위원장에는 김일성이 선출되었다.

당과 행정기관을 장악한 김일성은 자신의 지론이었던 민주기지노선을 실현하기 위해 본격적으로 나섰다. 김일성은 소련군이 점령한 북조선을 정치·경제·군사적으로 튼튼히 꾸려 전체 조선혁명의 근거지, 민주기지로 만들어야 한다고 주장했다.

김일성의 민주기지노선은 만주에서 행하던 항일빨치산 투쟁의 유격 근거지 경험에서 나온 것이었다. 김일성이 박헌영을 만난 자리에서 공산당 중앙을 소련군이 진주하던 평양에 세우자고 한 것도 마찬가지였다.

북조선임시인민위원회는 북조선을 민주기지로 만들기 위해 '민주개혁'을 강력히 추진했다. 3월 20일, 임시인민위원회 이름으로 20개 정강 정책이 발표되었다. 이어서 토지개혁, 중요 산업의 국유화, 남녀평등권 법령, 노동자 및 사무원에 대한 법령 등도 잇달아 공포됐다. 북한 사회가 질풍

20개 정강
북조선임시인민위원회는 3월 23일, 일제 잔재의 숙청, 국내 반동 세력과의 투쟁, 기본권의 보장, 대기업의 국유화 및 개인 상공업의 장려, 지주의 토지 몰수, 8시간 노동제 확립 등을 주요 내용으로 한 20개 정강을 발표하여 개혁의 방향을 제시했다.

1946년 5월 1일,
평양에서 열린 노동절
행사의 주석단 모습

명칭	인민정치위원회 / 인민위원회	인민위원회	5도행정국	북조선임시 인민위원회	북조선인민위원회	조선민주주의 인민공화국
시기	1945년 8월 15일 ~10월 초	1945년 10월 8일 5도인민위원회연 합회의 이후	1945년 11월 19일 조직	1946년 2월 9일 조직	1947년 2월 출범	1948년 9월 9일
정권의 성격	좌우연합에 의한 도 차원 지방정권 기관. 좌익 우세(평남, 황해도 제외)	좌우연합에 의한 도 차원 지방정권 으로 전체적으로 좌익 우세	도인민위원회 사 이의 행정상 보조 를 위한 협의 기구	중앙주권기관. 인민민주주의독재 기능을 수행한 인 민정권으로 규정	프롤레타리아 독 재 기능을 수행한 인민정권으로 규 정	사회주의 역량과 남한의 민주주의 역량이 통합된 인 민정권으로 규정
정권의 주요 임무	일제통치기구 대 체한 지방정권. 행정과 치안 담당	지방인민위원회 조직 정비	행정상의 보조와 산업 복구 및 관리	반제반봉건민주주 의 개혁 실시	사회주의적 개혁 실시	사회주의적 혁명 과 남한에서의 반 제반봉건민주주의 혁명 수행

북한 정권 기관 변천 과정

처럼 변하며 불과 몇 달 사이에 남한과 다른 세상이 되었다.

이런 일들은 권력기관이 없으면 도저히 추진할 수 없었다. 해방 후 북한 지역에서도 자생적으로 각지에 인민위원회가 결성되었다. 그러나 이들을 통합적으로 이끌 중앙 기관이 없어서 혼선이 빚어졌다. 임시인민위원회는 각지 북조선인민위원회를 통합, 지도할 중앙 기관 역할을 했다. 38선 이북에서는 독자적으로 인민정권을 수립하기 위한 발걸음이 분주히 시작되고 있었던 것이다.

조선공산당평안남도 위원회가 발간한 북조선 임시인민위원회 지지 전단

1946년 11월 3일,
도·시·군 인민위원회
선거를 앞두고 청진 중앙
거리에 세워진 선거홍보물

인민위원회를 위한 이북의 첫 선거

1946년 11월부터 1947년 3월까지 북한 전역에서 각급 인민위원회 선거가 실시되어 선거열풍이 몰아쳤다. 도·시·군 선거는 1946년 11월 3일, 리(동) 선거는 1947년 2월 24일~25일, 면 선거는 3월 5일에 각각 실시되었다. 임시인민위원회는 선거없이 구성되었으나 '임시' 두 글자를 떼는 일에는 절차가 필요했다.

그러나 선거를 치러본 경험이 전혀없는 인민들에게는 보통 일이 아니었다. 인민들 대부분이 문맹이라는 점이 가장 큰 걸림돌이었다. 유권자들이 글을 읽고 쓸 수 있도록 도와주는 일들이 진행되었다. 입후보자들 가운데도 문맹인 경우가 있었다. 글도 모르는 무식쟁이가 인민위원이 되었다는 따가운 눈초리를 피하기 위해서는 피나는 노력이 필요했다. 선거 선전 대원들이 이들에게 며칠 밤을 새우다시피하며 글자를 가르쳤다.

투표 연습을 하기도 했다. 선거는 백색함과 흑색함에 각각 찬성과 반대 표를 넣는 방식이라 사람들이 흑색함에 투표용지를 잘못 넣을까봐 찬성표를 던지는 법을 가르쳤던 것이다.

1947년 초 면·리 인민
위원회 선거 홍보 포스터

인민위원회 선거공보를
보는 함경남도 주민들

1946년 말 아이를 업은 여성, 할머니 등이 밤에 한글을 배우는 모습(좌)과 문맹 퇴치를 홍보하는 포스터(우)

일부 지역에서 소란이 있었으나 선거는 무사히 끝났다. 도·시·군 인민 위원에 3,459명이 선출되었다.

1947년 2월 22일, 북조선인민위원회가 정식으로 출범했다. 이로써 이 북 지역에 중앙 권력기관이 탄생하게 되었다. 북한은 이 북조선인민위원 회를 '우리나라에서의 첫 프롤레타리아 독재 정권'이라고 정의했다. 이것 은 곧 북조선에서 본격적으로 정권기관을 세우기 시작했으며, 정부 수립 으로 가는 발걸음을 떼었다는 뜻이기도 하다.

1946년 말부터 북한은 국가적 차원에서 '문맹퇴치운동'을 시작했다. 당 시 북한 성인인구의 90%(약 230만여 명) 정도가 글을 읽고 쓰지 못하는 문 맹 상태였다. 소련군이 진주하면서 38선 이북에서는 학교에서 러시아를 가르치기 시작했다.

(좌) 1946년. 러시아어를 배우는 평양 정의여고 학생

(우) 사진 속 학생이 자기라고 증언하는 김옥숙 할머니
그는 1950년 월남하여 서울 에 살았다.

조선민주주의인민공화국의 출범

인공기와 애국가
북한은 해방 후에도 계속 태극기를 사용하다가 1947년 11월 현재 인공기를 만들었으며, 1948년 9월 8일, 공식 국기로 제정했다. 북한 애국가는 1947년 6월, 월북 시인 박세영 작사, 노동자 출신 음악가 김원균 작곡으로 2절로 만들어졌다. 1절 가사는 "아침은 빛나라 이 강산 은 금에 자원도 가득한… 몸과 맘 다 바쳐 이 조선 길이 받드세"로 되어 있다.

남한에서 5월 10일, 단독선거가 실시되자 북한은 이에 대응하여 1948년 6월 29일~7월 5일, 평양에서 제2차 남북지도자협의회를 개최했다. 이 자리에서 김일성은 이렇게 역설했다.

"지체없이 조선 인민의 의사를 대표하는 전 조선 최고 입법기관을 수립하고 조선민주주의인민공화국 헌법을 실시하자."

북한도 남한처럼 북한 정부를 세우겠다는 것이었다. 북한으로서는 이미 준비가 다 되어 있었다. 집권당도 있었고, 군대도 있었다. 권력기관도 있었고, 헌법도 이미 초안을 마련해놓은 상태였다. 총선거만 실시하면 될 일이었다.

다만 문제가 있다면 1차 남북지도자협의회에 참석했던 김구와 김규식이 북으로 오지 못했다는 점이었다. 김구와 김규식은 이 문제를 논의하기 위해 홍명희를 남으로 보내달라고 했으나 북으로서는 그렇게 할 수 없었다. 자칫 홍명희를 남으로 보냈다가 그를 잃어버릴 수 있었기 때문이다. 각기 남과 북에 단독정부를 세우는 마당에서 홍명희 같은 인물은 북의 정당성을 주장하는 데 중요한 의미가 있었다. 김구는 성명서를 내고 북한의 행위를 이렇게 비판했다.

"국토 분단과 민족 분열을 막자고 4월에 평양 회담을 가졌고 앞으로도

1948년 9월 9일에 수립된 '조선민주주의인민공화국'의 초대 내각 성원들
앞줄 오른쪽부터 허정숙 문화선전상, 박일우 내무상, 박헌영 부수상 겸 외무상, 김일성 수상, 홍명희 부수상, 김책 부수상 겸 산업상

계속 통일을 모색하자고 약속해놓고, 이제 와서 남한에서 단정이 수립되니 북한에서도 단정을 수립하겠다는 것은 민족 분열 행위가 아닌가."

이러한 비판에도 북한은 선거를 감행했다. 그 대신 북한은 이북 지역뿐만 아니라 이남 지역에서도 선거를 실시한다는 명분을 내세우기로 했다. 남한 지역에서의 선거는 남로당이 중심이 되어 비밀리에 진행되었다. 7월 중순부터 비밀선거를 통해 인민 대표가 1,080명 선출되었다.

남로당은 이남에서 유권자의 77%가 선거에 참여했다고 발표했다. 미군정과 이승만 정권이 두 눈 부릅뜨고 지켜보고 있는 상황에서 치러진 지하 선거의 수치로서는 믿을 수 없는 기록이었다. 온갖 편법이 동원된 결과였지만 어쨌든 선거를 치렀다는 물증을 남긴 것이 중요했다.

이북 지역 선거는 8월 25일에 실시되었다. 남한 지역 대표를 선출하기 위한 남조선인민대표자대회도 8월 21일~26일, 해주에서 개최되었다. 그리고 9월 9일, 조선민주주의인민공화국 정부 수립을 세상에 선포했다. 이로써 한반도에는 대한민국과 조선민주주의인민공화국이라는 2개의 정부가 들어섰고 민족 분단도 현실화되었다.

조기천의 '백두산'은 북한에서 "탁월한 전략가인 김일성 장군의 형상을 그려내고 있는 작품"으로 널리 알려져 있다. 평론가들은 이 작품을 "그 웅장한 스케일과 민족적 긍지를 드높이는 묘사로 가히 공화국의 건국서사시라 할 만하다"고 평가한다.

1948년 8월 25일, 실시된 최고인민회의 선거 홍보 포스터

북한 건국서사시 '백두산' 오오 조상의 땅이여! / 오천년 흐르던 그대의 혈통이 / 일제의 칼에 맞아 끊어졌을 때 / 떨어져나간 그 토막토막 / 얼마나 원한의 선혈로 뒹굴었더냐? / 조선의 운명이 칠성판에 올랐을 때 / 몇 만의 자식 밤길 더듬어 / 백두의 밀림 찾았더냐? / 가랑잎에 쪽잠도 그리웠고 / 사지를 문턱인 듯 넘나든 이 그 뉘냐? / 산아 조종의 산아 말하라 / 해방된 이 땅에서 / 뉘가 인민을 위해 싸우느냐? / 뉘가 민전의 첫머리에 섰느냐?

38선을 넘고 있는 '남조선인민대표'들 이들은 남한 지역의 비밀선거를 통해 선출되었다.

09
반민특위

이승만, 친일파 청산을 무산시키다

1948년 9월, 국회에서 반민족행위자를 처벌하기 위한 특별법이 통과되었다. 반민족행위특별조사위원회(약칭 반민특위)가 1949년 초부터 본격적인 활동을 개시하자 이를 방해하기 위한 공작도 잇따랐다. 반민특위를 방해하는 공작의 주범들은 이승만 내 친일 세력들이었다. 방해 공작은 관제 데모, 협박 전화, 테러 위협 등 온갖 방법이 총동원되었다. 국회의장, 반민특위 위원장 등 고위 인사에 대한 대규모 암살 음모까지 계획되었고, 이승만 대통령까지 노골적으로 제동을 걸고 나섰다. 그래도 반민특위가 굴하지 않자 이승만 정부는 경찰을 동원하여 반민특위를 습격, 강제해산시키는 쿠데타를 감행했다.

반민족행위특별조사위원회 법정

1948년, 민족정경문화
연구소가 펴낸
《친일파군상》(위)과
1949년, 고원섭이 엮어
펴낸 《반민자죄상기》(아래)
정부가 수립되면서 친일파 처
단에 대한 관심도 높아졌다.

반민자 첫 공판
1949년 3월 28일 반민자
첫 공판을 받기 위해 정동
특별재판소 대법정에 들어
가는 친일 경찰 노덕술. 경
성방직 대표 김연수, 중추원
참의를 지낸 최린. 일제 남
작 서훈 받은 이풍한 (왼쪽
부터. 아래는 왼쪽부터 이기
용(일제 자작), 박흥식(화신
백화점 사장), 김태석(일본
고등계 형사과장), 이종형
(조선총독부 경무부 촉탁).
〈주간서울〉 1949년 4월 4
일자.

반민족행위자 처벌을 반대한다!

1948년 9월 7일, 국회에서 반민족행위자를 처벌하기 위한 '반민족행위처벌법(약칭 반민법)'이 통과되었다. 재석 의원 141명 중 찬성 103표, 반대 6표로 압도적 지지를 받았다. 이는 정부가 수립된 지 한 달도 안 된 시점이었다.

이승만 정부는 '반민법'에 반대했지만 이것을 거부할 경우 정부가 제출한 양곡매입법안이 통과되기 어려운 상황이었다. 그 때문에 9월 22일, 반민법을 서명·공포했다.

그러나 곧바로 친일파들이 반격을 시작했다. 친일파 청산은 그리 간단하지 않았다. 친일 세력들은 돈과 조직을 동원할 수 있었다. 정부 내에도 경찰, 군인, 관료 등 요직을 장악하여 막강한 힘을 자랑하고 있었다.

9월 23일, 서울운동장에서 '반공구국 총궐기 및 정권이양 축하 국민대회'라는 대규모 집회가 열렸다. 그럴듯한 명칭과는 달리 실제로는 전날 정부가 서명, 공포한 반민법을 반대하기 위한 집회였다.

대회를 주최한 《대동신문》 사장 이종형에게 반민법 제정은 기가 찰 노릇이었다. 이승만 대통령은 반민법을 강력히 반대했다. 국무회의에서도 대통령 뜻을 받들어 국무위원 전원이 반민법을 거부하기로 결정했다. 그런데 일이 꼬여 양곡수매법과 맞바꾸어야 하는 상황이 되었다. 그러나 이종형은 자신들 힘을 믿었다.

친일파의 영향력이 막강하다는 사실은 이날 집회에 이범석 국무총리가 참석한 데서도 쉽게 알 수 있다. 사실 이 집회도 정부가 적극 지원해주었다. 동회장과 경찰이 나서서 "대회에 나오지 않으면 좌익이다, 배급 통장을 빼앗겠다"고 위협하면서 시민들까지 동원했다.

물론 변수가 없는 것은 아니었다. 사실 이승만은 국내에 조직 기반이 거의 없었다. 이승만 정부는 친일관료가 없으면 정권 유지가 힘든 형편이었다. 이승만이

이승만이 특경대를
해산시켰다는 내용의
신문 기사

권력을 장악하고 대통령이 되어 정부를 움직이는 것은 이들 덕분이었다. 특히 이승만 정부의 경찰은 친일파의 아성이었다. 이승만은 일제강점기에 독립운동가를 탄압하는 일로 악명 높던 노덕술을 반민특위가 구속하자 "노덕술 등은 공산당을 잡는 기술자며, 그들을 처단하려는 것은 공산당의 짓이다"라며 그의 석방을 요구했다.

친일 경찰은 반공애국 경찰로 둔갑하여 이승만 정권을 지탱하는 중추가 되고 있던 것이다. 그러니 이승만이 반민특위를 싫어할 수밖에 없었다. 이승만은 자신의 권력을 생각할 때 반민특위라는 자체가 싫었다.

"친일파를 징벌하기 위해 특별법을 제정한다는 것은 직업적으로 총독 정치에 종사한 많은 동포들의 사기를 떨어뜨리는 결과를 가져온다." 좌익 세력이 축출당하면서 정치뿐만 아니라 경제·경제·사회·문화 등 대한민국의 모든 분야에서 친일파가 중심을 장악하게 되었다.

재북인사릉의 이광수 묘비
1950년 북으로 끌려가다 사
망한 이광수의 묘는 현재 평
양의 재북인사릉에 있다. 북
한은 그의 친일 행적에 대해
비판적이지만 근대문학사에
끼친 업적은 높이 평가한다.

나는 공산당을 토벌했을 뿐이다

친일파로 체포된 사람들의 반응은 다양했다. 최린처럼 "민족의 이름으로 최린을 광화문 네거리에서 처단해달라"며 눈물로 참회하는 사람도 있었다. 독립군을 토벌하는 데 혁혁한 공을 세운 이성근은 "내가 바로 친일파"라고 담담하게 자신의 죄상을 인정했다. 화신백화점 사장으로 유명했던 박흥식은 공소사실을 끝까지 부인했다.

이처럼 면면이 다채로웠지만, 재판을 인정하는 점에서는 한결같았다. 그러나 이종형만은 달랐다. 이종형은 자신이 독립운동에 일생을 바친 애국투사라며 억울해했다.

"나는 기소 사실의 근본부터 반대한다."

"공산당을 토벌했다고 재판하는 이 법정에서는 나는 재판을 받지 못하겠다."

이종형은 자신이 3·1운동에 적극 가담했다고 주장했다. 민족 지도자라는 33명도 기껏 많아야 3년을 살았고 1년도 채우지 못한 경우가 허다했지만, 자신은 무려 9년이나 옥살이를 했다고 주장했다. 하지만 그의 독립운동 관련 기록은 어디에도 남아 있지 않다. 그가 실제로 감옥에 오래 있었다면 그건 아마도 주체할 수 없는 혈기 때문이었던 것 같다. 그가 경찰서에서 일본인 순사를 2명이나 때려 죽인 일도 있었기 때문이다.

"우리 국민은 문맹자도 많고, 경제 자립도 어려워 일본과 싸워 이길 힘이 없습니다. … 나는 민족을 위해 친일하였소. 내가 걸은 길이 정경대로는 아니오마는 그런 길을 걸어 민족을 위하는 일도 있다는 것을 알아주오."

"까마득하던 조국의 광복이 뜻밖에 얼른 실현되어 이제 민족 정기의 호령이 펑펑히 이 강산을 뒤흔드니… 오직 공손히 법의 처단에 모든 것을 맡기고, 그 채찍을 감수함으로써 조그만치라도 국민 대중 앞에 참회의 표시를 삼는 것 외엔 다른 것이 없다."

이광수(위)와 최남선(아래)의 상반된 법정 최후진술

이종형은 출옥 후 만주로 건너갔다. 그는 그곳에서 '공산당 토벌'에 앞장섰다. 그런데 당시 만주에서 공산당 활동을 하던 사람들은 독립운동가들이었다. 그러나 그에게는 친일이나 반일은 중요하지 않았다. 오로지 '공산당 토벌'이 중요했다. 그는 일본 관동군의 밀정 노릇을 하면서 그 일을 계속했다. 그가 밀정으로서 관동군에 넘긴 '빨갱이'가 250명이나 되었다. 이 가운데 17명은 그가 직접 처형했다.

이종형

이종형은 이렇게 생각했다. 자신은 공산당을 토벌한 애국잔 데, 반민특위 위원들은 빨갱이를 독립운동가로 둔갑시키고 자신에게 '독립운동자나 그 가족을 상해한 자' 또는 '밀정행위로 독립운동을 방해한 자'라는 죄를 뒤집어씌우고 있다는 것이다. 이종형이 보기에 재판정에 서야 할 사람들은 반민법을 만든 '국회에 있는 공산당 프락치', '김일성의 앞잡이들'이었다. 재판장이 폐정을 선언하자, 그는 이렇게 소리쳤다.

"나를 이렇게 모함하는 자들을, 내가 백일하에 풀리는 날, 나를 이같이 모함한 한민당, 빨갱이, 중간 회색분자를 토벌하겠다."

반민특위에 체포된 박종표도 일본군 헌병으로 많은 독립운동가들을 고문한 사실을 인정했지만 '명령과 강요'로 했다며 변명으로 일관했다. 그리고 반민특위가 사실상 와해된 후 1949년 8월에 풀려났다. 11년 뒤인 1960년 3월 15일 밤 마산경찰서 경비주임이던 박종표는 "최루탄이 눈에 박힌 괴이한 형상의 시체를 발견했다"는 연락을 받고, 순경 등과 함께 마산세관 앞 해변으로 가 돌덩이 여섯 개를 달아 시체를 가라앉혔다. 그가 수장시킨 주인공이 바로 4·19혁명의 도화선이 된 마산상고 김주열 학생이었다. 친일헌병에서 '애국경찰'로의 변신이 가져온 비극의 한 장면이다.

불발탄이 된 암살 음모

1948년 11월 17일, 최난수 수도경찰청 수사과장은 자신의 사무실에서 백민태를 만나고 있었다. 백민태와는 초면이 아니었다. 최 과장은 며칠 전 노덕술 전 수사과장, 홍택희 사찰과 부과장, 박경림 중부서장과 함께 그를 만나 일차로 의사를 타진한 바 있었다.

백민태는 전문가로 이 일에 적격이었다. 일본군 치안시찰관 암살 공작에 가담했고, 만주의 일본군영을 폭파했다. 베이징 광릉극장의 폭탄투척 사건으로 체포되어 사형선고를 받았으나 나흘 후 일본이 항복하는 바람에 풀려난 전력도 있었다.

최난수는 암살 계획을 구체적으로 제시했다.

"반민특위 활동이 시작되면 정부 요로에서 일하고 있는 많은 저명인사가 해를 입게 되고, 특히 빨갱이 소탕에 앞장서고 있는 경찰 간부도 피해를 보게 된다. 특위 위원 가운데는 좌익의 조종을 받는 사람들이 있다. 김웅진·노일환·김장렬 의원이 극렬파다. 당신은 이 세 의원을 납치한 뒤 그들에게 '나는 국회의원을 하기보다 이북에 가서 살기를 원한다'는 내용의 글을 쓰게 해 이를 대통령과 국회, 그리고 신문사에 발송한다. 그런 뒤 세 의원을 38선 모 지점까지 데려가 인계하라. 이것으로 당신의 일은 끝난다.

친일 경찰의 대표격 노덕술(앞줄 왼쪽 첫 번째)과 최난수(앞줄 왼쪽 세 번째) 노덕술과 최난수는 일제강점기 시기에 고등계 형사로서 악명을 떨치다가 해방 후에는 경찰이 되어 반민특위를 파괴하는 데 앞장섰다.

그 다음은 경찰이 맡는다. 애국 청년들이 그들을 살해하고, 국회의원 3명이 조국을 배반하고 월북하려는 것을 적발해 사살했다고 말하면 모든 일은 끝난다."

그러나 백민태는 이 사실을 김준연·조헌영 두 국회의원에게 알렸다. 그는 명단에 적힌 암살 대상자는 3명이 아니고 모두 15명이나 되었는데 그 가운데 자신이 존경하

반민특위 조사기록과
김상덕 위원장 도장

는 인물도 끼어 있었기 때문이라고 말했다. 그 명단에는 김병로 특별재판부장, 신익희 국회의장, 김상덕 반민특위 위원장 등의 거물들도 포함되어 있었던 것이다. 백민태의 폭로로 이 사건은 만천하에 공개되었고, 최난수와 홍택희는 구속되어 징역 2년을 선고받았다.

일본 경찰·헌병 관련	이종형(관동군 밀정), 노덕술(수도청 수사과장), 이구범·최연(전 수도청 부청장), 이성엽(김제 경찰서장), 이안순(전북도경 사찰과장), 서영출(경주 경찰서장), 최운하(서울시경 사찰과장), 조응선(종로경찰서 사찰주임)
문인	이광수(소설가), 최남선, 김동환(시인)
관료·지주 자본가	최린·이승우(중추원 참의), 박흥식(화신 재벌), 장헌식(이왕직 장관), 방의석(함경도 자동차왕), 문경기(애국옹), 김갑순(공주 땅부자), 김연수(경성방직 사장), 이풍한(남작), 이성근(충남지사), 이기용(고종의 당질, 자작)
친일 단체 간부	김대우·이각종(황국신민서사 창안·시행), 손영목(국민총력연맹 후생부장 겸 학병모집부장)
친일 종교인	엄창섭(총독부 학무국장), 정인과·양주삼·정춘수(신사 참배)
여성	배정자(이토 히로부미 양녀·밀정) 외

반민족행위 조사특별위원회
검거 친일파 명단

남로당의 프락치라고?

1949년 5월 20일, 검찰은 국회의원 이문원·이구수·최태규를 구속했다. 이들이 남조선노동당(약칭 남로당)의 국회프락치라는 명목이었다.

사건은 여기서 끝나지 않았다. 6월 20일부터는 국회 부의장 김약수를 비롯하여 국회의원 11명이 모두 같은 혐의로 구속되었다. 이 사건으로 구속된 이들은 1심 재판에서 모두 유죄를 선고받고 고등법원에 항소하여 재판을 진행했다. 그러던 중 6·25전쟁이 발발하면서 사건은 종료되었다.

인민군에 의해 정치범으로 풀려난 이들은 대부분 월북한다. 전쟁이 끝난 뒤 월북하지 않은 서용길은 무죄를 받기 위해 소송 속개를 주장했으나, "법원재난에 기인한 민·형사사건 임시조치법"(1950년 3월 22일 제정)에 따라 백지화된 사건에 대해서는 더 이상의 이의를 제기하지 못했다. 이로써 국회프락치 사건의 진실은 역사 속에 묻히게 되었다.

그런데 국회프락치 사건을 담당했던 당대 최고 반공검사 오제도는 1992년 4월 8일, "국회프락치 사건의 증거가 있느냐?"는 질문에 "증거는 없다"라고 대답했다. 그러면서 "중요한 것은 증거가 아니라 그들의 주장

정부가 발표한
국회프락치 사건 관련자

이 당시에 공산당이 아니면 주장하지 않던 내용이라는 데 있다. 그러한 주장은 당시에는 공산당만이 하는 것인데, 이는 그들이 남로당과 연계되었다는 것을 보여주는 것이 아니고 무엇이냐?"라고 말했다.

당시 경찰이 내세운 유일한 증거는 연락원 정재한이었다. 경찰은 그를 개성에서 검거하고 그의 몸에서 남로당 공장조가 박헌영에게 보내는 소장파 의원 활동 보고가 적힌 비밀 암호 문서를 발견했다고 발표했다. 그러나 그녀는 끝내 재판에는 모습을 드러내지 않았다. 군사재판에서 사형을 선고받고 곧바로 형이 집행되었기 때문이다. 결국 이 사건은 전형적인 심증 수사와 물증 없는 판결로 종결되고 말았다.

그런데 오제도가 말한 '공산당이 아니면 주장하지 않던 내용'이란 바로 외국군 철수, 남북협상 지지 등을 의미했다. 김구도 이들과 같은 주장을 폈는데 그 또한 6월 26일, 경교장에서 육군 소위 안두희에게 암살당했다.

그렇다면 두 사건 사이에는 어떤 연관성이 있는 것일까? 문제는 국회 프락치 사건으로 구속된 국회의원들이 반민법 제정과 반민특위 활동에 열성적이었다는 사실이다. 이 사건으로 반민특위는 국회 안에서 지지 기반을 상실하고 만다.

▲ 첫 군사재판에 나오는 안두희

◀ 안두희의 총에 암살당한 김구 주석의 영결식 모습

대낮의 습격 사건

롯데백화점 맞은 편 국민은행
앞에 있는 반민특위터 표식

국회프락치 사건 뒤 친일 세력들은 기세가 올랐다.

"공산당과 싸운 애국지사를 잡아간 반민특위 조사 위원들은 빨갱이다."

"반민특위 안에 있는 공산 분자를 먼저 숙청하라!"

그들은 시위대를 동원하여 반민특위 본부를 포위하는 행위도 서슴지 않았다. 이러한 관제 데모대의 배후에 있던 국회프락치 사건의 주역 최운하 시경 사찰과장은 그 사실이 발각되어 반민특위에 구속되었다.

6월 6일, 서울 남대문로 2가에 있는 반민특위 본부에 중부경찰서장 윤기병이 지휘하는 무장 경찰이 출동했다. 그들은 특경 대원을 비롯한 반민특위 요원들을 모조리 체포하고 무기와 서류, 자동차와 피의자를 심문한 증거 용품까지 깡그리 압수했다. 이로써 반민특위의 무장은 해제되고 활동은 무력화되었다.

그러자 신익희 등 국회의장단과 내무위원장·국방위원장 등 국회 대표 5명이 경무대를 방문하여 이를 항의하며 협조를 구했다. 그러나 이에 이승만이 "특경대 해산은 내가 지시했다"고 단호하게 말했다.

반민특위 습격 사건이 있은 지 20일 뒤인 6월 26일, 국회 소장개혁파의 정신적 지주 김구 주석이 암살되었다. 더 이상 특위활동이 불가능해진 반민특위 위원들은 모두 사표를 제출했다. 새 위원장에는 반민법을 거부하려던 이인 전 법무장관이 앉았다. 이인은 '관대한 처리'를 주장했는데 여기서 관대한 처리란 '아무도 처리하지 않는 것'을 의미했다.

	중 국	프랑스	한 국
사법 처리	4만 5,000건	5만 5,331건	221건
집행 선고	1만 4,932명	6,763명	41건
사형 집행	359명	767명	0명
비 고	'한간(중국 친일파)' 재산 몰수 후 항일경비로 사용(항일구국강령)	공민권 박탈 4만 6,646명 최고위층 18명도 사형	구형 41건 모두 무죄 또는 병보석으로 풀려남(반민특위 해체)

각국의 친일파, 나치 협력자
청산 현황

마지막 반민특위 조사부
책임자 회의
반민특위 특별조사기관 등
의 폐지안 통과 17일 전인
1949년 9월 5일 반민특위
조사부 책임자 회의 참석자
들. 왼쪽 원안은 이원용 반
민특위 조사관 겸 총무과장.

해방된 지 4년이 지난 뒤에야 어렵게 마련된 친일파 청산과 민족정기
확립의 기회는 이렇게 무산되었다. 그러나 친일파 청산 문제는 끊임없이
한국 사회의 과제로 남았고, 반민특위가 해산된 지 반세기 이상 지난 2000
년대에 와서야 다시 친일파 정리 문제가 본격적으로 제기되었다. 그렇게
해서 2005년, 대한민국친일반민족행위진상규명위원회(약칭 친일진상규명위
원회)가 만들어져 3차에 걸쳐 친일 행위자 명단을 발표하고 그들의 친일
행위를 조사한 보고서가 발간되기에 이르렀다.

친일진상규명위원회
2005년 5월 31일, 대통령
소속으로 발족하여 2009년
11월 30일까지 존속했다.
그러나 친일 행위자의 범위
를 엄격하게 제한함으로써
민간단체의 조사 결과나 친
일파 연구자들의 연구 결과
와는 상당한 차이를 보였다.

한국의 반민특위와 프랑스의 나치 협력자 대숙청

1949년 9월까지 반민특위가 취급한 682건 가운데 체포자는 305명, 미체포자는 173명, 자수는 61명이었다.
이 중 559명이 특별검찰에 송치되고 202명이 기소되었으나 대부분 풀려났다. 최종 재판 결과는 사형 1명, 무
기징역 1명을 포함하여 징역형이 12명, 공민권 정지 18명, 무죄 6명, 형 면제 2명이었다. 하지만 이들도 감형,
형 집행정지 등으로 1950년까지는 모두 석방되어서 친일파 처벌은 사실상 없는 것이나 마찬가지였다.
반면 프랑스는 나치 협력자로 조사를 받은 사람 150만~200만 명 가운데 징역형에 처해진 사람이 3만 9,900
여 명이고 사형선고가 2,071건이었다. 비시Vichy 프랑스의 라발 수상부터 나치 장교를 상대한 창녀에 이르기
까지 친나치 사범에 대해서는 용서도 가차도 없이 처벌이 가해졌다. 이 숙청 작업을 지휘한 드골은 비록 우
파였지만 반나치 세력에 속하는 인물이라면 그가 설령 공산주의자이거나 사회주의자라 하여도 서슴지 않고
손잡았다. 이 '반나치연합'이 오늘날 프랑스 민주주의와 프랑스 통합의 기초가 되었다.

10
6·25전쟁

500만 명이 피를 흘렸지만…

남북에 두 개의 정부가 세워진 뒤 38선에서는 무력 충돌이 끊임없이 벌어졌다. 남한 내부에서는
대대적인 좌익 소탕 작전과 4·3사건, 여순 사건 등에서 민간인 학살이 있었다. 남한 사회를 뒤
흔들어놓기 위한 유격대의 남파 활동이 계속되었다. 그리고 1950년 6월 25일, 북한군의 전면적
인 남침 공격으로 한반도는 전화에 휩싸였다. 전쟁은 북한 지도부의 생각과는 달리 속전속결로
끝나지 않았고, 그 때문에 한반도는 초토화되었다. 남북 사이의 내전으로 시작된 전쟁은 미국과
중국 등 주변 강대국들이 개입하는 국제전으로 발전했다. 전쟁으로 남북한 군인과 민간인, 미군
과 중공군 등 500만 명이 죽거나 다치는 참상이 빚어졌다

파괴된 서울

질풍처럼

국방장관 신성모는 북진통일은 식은 죽 먹기라고 호언했다. 이승만 대통령의 명령만 있으면 "점심은 평양에서 먹고 저녁은 신의주에서 먹을 수 있다"고 했다. 미 군사 고문단장 로버트 준장도 "한국군은 북한의 침공을 충분히 저지할 수 있다"며 장담하기는 마찬가지였다.

1950년 6월 25일, 북한은 38선 전역에서 전면 침공을 개시했다. 그리고 3일 만인 27일 밤, 인민군 전위부대가 미아리를 넘고 있었다. 그 순간에도 이승만 정부는 '수도 서울 사수'와 '북진통일 임박'이라며 거짓말했다. 심지어 시민들 몰래 정부를 대전으로 옮긴 후에도 "정부는 서울을 사수할 것이며 시민들은 동요하지 말라"는 허위 방송을 계속 내보냈다.

28일 새벽 2시, 채병덕 육군 참모총장은 공병감에게 즉각 한강 인도교를 폭파하라고 명령했다. 하지만 한강교가 폭파되는 순간에도 한국군의 주력은 여전히 한강 이북에 머물러 있었다. 채병덕의 행위는 당시 국군과 국민들 사기를 땅에 떨어뜨리는 폭거였다.

침략을 저지하는 군대가 이런 상황이었으니 인민군에게는 장애물이 없는 것이나 마찬가지였다. 그들은 질풍처럼 내달렸다. 남으로 남으로 계속 전진했다. 전쟁 발발 사흘 만에 서울이 인민군 수중에 떨어졌다. 7월

1950년 6월 28일,
서울에 입성하는 인민군

말을 타고 전선 시찰에 나온
강건 인민군 참모장,
최용건 민족보위상,
김일 인민군 문화부장
(왼쪽부터)

말, 인민군은 벌써 낙동강 인근까지 진출해 있었다.

　전쟁을 시작한 북한 인민군대의 사기는 높았다. 특히 지도부는 조선 역사 최초로 계급적 착취 제도를 청산하고, 인민이 주인인 인민민주주의 제도를 북조선에 세웠다는 자부심이 있었다. 그들은 이러한 자부심과 자신감을 바탕으로 이제 친일·친미파와 봉건 반동들의 소굴인 남조선을 해방시켜 미완의 혁명을 완성시키는 '조국해방 전쟁'에 나서고 있었다.

　김일성 등 최고 지도부는 말할 것도 없고, 중간 지도부 역시 항일투쟁을 통해 실전 경험이 풍부했다. 특히 중국 내전이 끝나면서 여기에 참여했던 동북의용군이 귀환했는데, 이들은 전체 정규군의 3분의 1이나 되었다. 그들은 중국 내전 당시 갖고 있던 개인화기는 물론이고 소련으로부터 전차와 장갑차, 포 등 중화기까지 충원했으니 전력이 급상승한 것은 말할 나위 없었다. 그렇게 되면서 무기와 화력 면에서도 남한을 앞서고 있었다. 미군은 남한에서 이승만이 북침을 할까봐 무기 공급을 제한하고 있었다.

　이승만 정권의 조직적인 탄압과 공세로 남로당 최후의 지도부였던 김삼룡·이주하까지 체포되어 당조직이 와해되었으나 아직도 20만 당원이 건재했다. 인민군이 남침을 개시하면 남로당은 곳곳에서 봉기할 것이라고 남로당 최고 지도자 박헌영은 북로당의 김일성에게 호언한 바 있었다.

서로 꼭 끌어안고 있는
피난민 가족

북한이 점령 지역에서
인민위원회 선거를 하면서
뿌린 선거 독려 삐라

5·10선거에서도 보았듯이 남조선 인민들은 이승만과 한민당으로부터 등을 돌리고 있다는 내용이었다.

인민군 점령 지역의 인민들은 '해방군'에 열광하지 않았다. 그렇다고 적대적 태도를 보이지도 않았다. 인민군 통제 아래 혁명 정책이 시행되었다. 당 조직과 인민위원회가 복구되고, 남반부 인민들의 한이던 토지개혁이 시행되었다. '인민의 원수'를 처단하는 '인민재판'도 벌어졌다.

그러나 인민군 점령 지역에서 시행된 이른바 '혁명 정책'은 문제가 많았다. 선거를 실시했다고 하지만 인민위원회는 위에서 '내리먹이는 방식'에서 벗어나지 못했고, 토지개혁의 성과가 농민들에게 돌아가기도 전에 수확량의 25%를 미리 받았다. 수확량을 계산하기 위해 낱알까지 하나하나 세는 그들의 행위를 남조선 인민들은 이해하지 못했다.

6·25전쟁 발발 직전 남조선에서 농지개혁 법안이 최종 통과되었고, 일부 지역에서는 이미 시행되기 시작한 상황이었다. 이러한 김 빼기 탓에 북조선 인민들이 느꼈던 '천지개벽'과도 같은 토지개혁의 환희는 느낄 수 없었다. 의용군 모집도 처음에는 자원입대 형식을 동원했지만 결국은 강제 동원으로 바뀌고 말았다.

북조선 지도부는 이렇게 생각했다. 전쟁은 비상시국이다. 약간 무리하

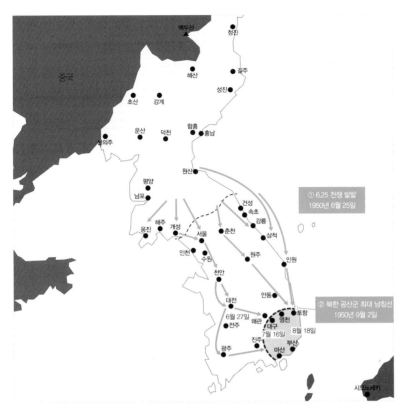

북한군 공격로

① 6,25 전쟁 발발
1950년 6월 25일

② 북한 공산군 최대 남침선
1950년 9월 2일

는 것은 어쩔 수 없다. 전쟁만 승리로 끝낼 수 있다면 모든 것은 그 다음에 해결할 수 있다. 이제 낙동강만 넘으면 되었다. 그런데 문제는 미군이었다. 걱정하던 미군의 참전은 생각 밖으로 신속했다. 방법은 미군이 전열을 정비하기 전에 전쟁을 끝내는 것밖에 없었다.

김일성은 계속 남조선을 빨리 점령하라고 다그쳤다.

(좌) 인민군의 서울 입성을
축하하는 6월 28일자
《조선일보》 호외
북한군이 남쪽 점령 지역에
주둔하면서 토지개혁을 실
시했다.

(우) 서울을 향해 진격하는
인민군

신속한 참전

미국으로서는 북한의 남침을 용납할 수는 없었다. 그것은 소련, 즉 세계 공산주의 세력의 팽창을 의미했다. 미국은 신속하고 민첩하게 행동했다. 이러한 상황을 이미 예견이나 하고 있었다는 듯이 행동했다. 전쟁 발발 다음날 바로 유엔 안전보장이사회(약칭 유엔 안보리)를 소집, 북한을 침략자로 규정하고 38선의 원상회복을 권고하는 결의안을 통과시켰다. 이때 소련은 불참했다. 그날 맥아더 사령관은 즉시 한국에 군대를 출동시키라는 명령을 내렸다.

7월 8일에는 맥아더가 총사령관인 유엔군을 조직하기로 결정했고 한국군 작전도 대전 협정으로 맥아더 손에 넘어갔다. 이승만은 종이 한 장에 서명하는 것으로 한국의 지휘권을 맥아더에게 넘겨주었다. 이렇게 되면서 남북 간 내전은 미국·한국(유엔군)과 북한 간 국제전으로 비화했다.

처음 미군은 북한군에게 호되게 당했다. 세계 최강국이라는 자부심에 먹칠만 당했다. 7월 5일, 스미드 특수 임무 부대는 오산 부근 죽미령에서 인민군과 맞붙었다. 여기서 미군 부대원은 3분의 1이 사망했다. 대전을 지키던 24사단도 인민군의 포위 섬멸 작전에 걸려 참패했다. 그러나 전쟁은 이제 시작일 뿐이었다.

한국전 참전을 결의하는 유엔 안보리 회의
소련 대표 말리크는 불참하여 거부권을 행사할 기회를 놓쳤다.

일부 폭파되지 않은
한강철교를 따라 한강을
넘는 사람들 모습

　미군은 일단 낙동강 계선을 굳게 지키며, 병력을 증강했다. 기회를 노
리겠다는 작전이었다. 이 무렵 인민군은 이미 한계에 이르렀다. 병참선이
길어지고 미군의 공중폭격이 강화되면서 원활한 작전 전개가 어려운 상
황이 되어가고 있었다. 8월 말, 미군이 인민군의 필사적인 5차 총공세를
막아냈다.

　이때에는 이미 전세가 역전되었다. 5차 공세에서 인민군은 사상자를 7
만 명이나 냈다. 인민군 지상군 병력이 9만 8천 명이었던 데 비해 유엔군
은 14만 2천 명이었다. 해군과 공군은 미군이 압도하고 있었다. 인민군 해
·공군이 궤멸되고 미군은 다시 세계 최강의 위용을 뽐냈다.

북진통일을 향해

9월 15일부터 인천 앞바다에 미군 함정 261척이 일제히 집중 함포사격을 개시하자 월미도 전체가 내려앉았다. 이렇게 해서 유엔군 총사령관 맥아더의 지휘 아래 유엔군이 일거에 전세를 뒤집었다.

인천에서 서울로 가는 길에 만난 인민군은 예상보다 저항이 완강하여 인민군 주력이 북으로 후퇴할 수 있는 시간을 벌어주었다. 이는 유엔군에게 후환이 되었다.

인민군이 뿌린 삐라(위)와 국군이 뿌린 귀순 권유 전단(아래)

그러나 9월 26일, 마침내 서울이 탈환되고 중앙청에 태극기가 올랐다. 이제 인민군을 추격하여 섬멸하고 북진통일을 완성하는 일만 남아 있었다. 38선 회복으로 끝내려던 유엔의 결의도 '통일' 완성으로 변했다.

그러나 남한 정부는 그동안 '북진통일'만 외쳤지 실제로 그에 필요한 준비는 하나도 하지 않은 상태였다. 비극은 북한 공산당에 너무 큰 원한이 있고 그동안 남한 땅에서 좌익 테러에 익숙하던 사람들에게 북한 땅 통제를 무방비로 맡긴 데서 비롯되었다. 경찰은 북한이 남한에서 행한 반혁명분자 처단의 1호 대상이었다.

멸공단과 서북청년단, 대한청년단 등은 대부분 북에서 공산당의 탄압을 피해 남으로 내려온 사람들이었다. 그들은 공산당과 북한 정권에 적개심이 있었고 보복할 명분도 있었다. 북한 최고 지도부는 전세가 역전되자 퇴각하면서 "유엔군 상륙시 지주支柱가 되는 모든 요소를 제거하라"고 지시했다. 그러자 인민군과 좌익 세력은 이를 구실로 무분별하게 살육 행위를 했다.

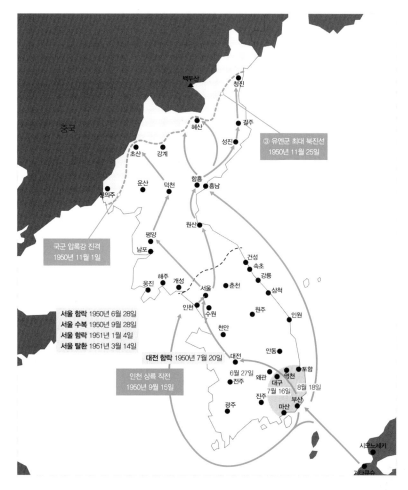

국군과 유엔군의 반격로

③ 유엔군 최대 북진선
1950년 11월 25일

국군 압록강 진격
1950년 11월 1일

서울 함락 1950년 6월 28일
서울 수복 1950년 9월 28일
서울 함락 1951년 1월 4일
서울 탈환 1951년 3월 14일

대전 함락 1950년 7월 20일

인천 상륙 작전
1950년 9월 15일

인천상륙작전을 지휘하는
맥아더 사령관(위)과
서울 수복 후 중앙청에
태극기를 올리는
국군 대원(아래)

전쟁 과정에서는 보복의 악순환이 반복되었다. 전쟁 발발 초기 남한에서 군경이 후퇴하면서 보도연맹원들과 형무소 좌익수들을 무차별적으로 학살하면서 그 씨앗이 뿌려졌다. 남한을 점령한 좌익과 인민군은 남한 우익과 군경에게, 다시 북한을 점령한 한국 군경과 우익청년단은 북한 공산당과 인민에게 보복했다.

11월 25일, 마침내 유엔군은 신의주·초산·혜산진·청진에 이르는 선까지 진격했다. 반공 승리의 그날이 눈앞에 보였다. 11월 24일부터 최후의 승리를 향한 유엔군 총공세, 일명 '크리스마스 공세 Home for(by) Christmas'가 시작되었다.

피리 소리

중국은 일찍부터 "미군이 38선을 넘을 경우 자국 안전에 대한 중대한 위협으로 간주, 이를 허용하지 않겠다"고 공언했다. 중국은 그들 공언대로 유엔군이 최초로 38선을 넘은 다음날인 10월 2일, 한국 파병을 결정했다.

중국은 기치로 항미원조보가위국抗美援朝保家衛國, 즉 미국에 대항하고 조선을 원조하는 것이 가정을 보호하고 나라를 지키는 것을 내걸었다. 중국군이 참전하여 한반도는 중국과 미국이 직접 맞붙는 전투장이 되었다.

미군이 크리스마스 공세를 막 펼치기 시작했을 때인 11월 26일, 압록강을 건너 북한 땅에 들어와 있던 중국군이 모습을 드러내며 모든 전선에서 기습 공격을 감행했다. 그런데 중국군의 대응은 일찍이 미군이 경험하지 못한 완전히 새로운 방식이었다.

"방비가 없을 때 공격하라. 뜻하지 않을 때 나가 쳐라."

칠흑같이 어두운 밤, 한 치 앞도 분간할 수 없는 순간 피리와 꽹과리 소리가 숲속 나무들을 흔들었다. 함성이 골짜기에 메아리치면서 사방에서 중국군이 나타났다. 사람들이 거대한 파도를 이루며 끊임없이 밀려드는 것 같았다. 10명이 100명으로, 다시 1,000명으로 보였다. 대대 하나에 공격받고도 연대 하나가 혼비백산하여 줄행랑치기 일쑤였다. 그런데 놀랍게도 중국군은 과거 일본군과 장제스 군대로부터 노획한 소총으로 만 무장한 상태였고 그들에게 있는 큰 무기라고 해봐야 소형 박격포가 전부였다.

담배를 나눠 피우는
인민군과 중국인민지원군
병사

문제는 중국군만이 아니었다. 후방에서는 인민군과 북한 주민들로 구성된 유격대가 괴롭히고 있었다. 유엔군이 진격하자 60만 노동당원 대부분이 달아나고 당원임을 감추기 위해 당증을 땅에 묻어버리거나 불태웠다. 조선민주당과 천도교 청우당원 중에는 유엔군에 협조하는 사람들도 적지 않았다. 그런 가운데서도 많은 주민들이 산속으로 숨어들어 유격전을 펴기 시작했던 것이다.

중국이 참전하자 유엔군은 후퇴해야만 했다. 유엔군과 한국군은 인민군을 쫓아 올라갔던 그 속도로 다시 후퇴했다. 배후가 끊기면서 흥남 철수 작전, 즉 육지로 후퇴를 포기하고 흥남에서 배로 철수해야 하는 일이 벌어졌다. 그리고 1951년 1월, 인민군과 중국군에 서울을 다시 내주었다. 이것이 1·4후퇴다.

흥남 철수

다시 전세가 역전되자 미국은 심각하게 대반격 카드를 검토했다. 11월 30일, 트루먼 미 대통령이 원자폭탄 사용을 고려하겠다고 말하자 영국 수상 애틀리가 미국으로 가는 등 세계 여론이 비난 일색으로 들끓었다.

그러나 맥아더는 이런 비판 여론에도 꿈쩍하지 않고 원폭 투하를 고집했다. 그는 후에 "나는 만주의 생명선을 따라 원자탄 30~50발을 줄줄이 투하했을 것이다. 50만에 달하는 중국 국민당군을 압록강 지역에 투입하고, 동해에서 황해에 이르기까지 60~120년 동안 효력이 유지되는 방사선 코발트를 뿌렸을 것이다"라고 회고하기도 했다.

하지만 맥아더의 구상은 영국의 강력한 반대로 실현되지 못했다. 맥아더를 비롯한 군부 강경파는 전쟁을 한반도에서 중국 대륙으로 확대시켜 중국과 정면으로 한판 승부를 벌이고 싶었다. 그러나 반전여론을 등에 업고서 전쟁을 제한하고 정치적으로 모색하려고 한 국무부에게 밀리고 말았다. 맥아더는 독단적 행동과 발언으로 트루먼에게 대항하다가 4월 11일, 해임되었다. 이로써 한반도에서 원폭 투하의 위험성은 사라졌다.

전쟁의 휴식

1952년 2월 28일, 거제도 포로수용소에서 포로들이 미 헌병에 맞서 완강하게 저항하는 사건이 발생했다. 미군은 포로들을 향해 집단 발포로 대응했다. 포로들의 폭동과 미군의 진압이 되풀이되었다. 급기야 포로들이 수용소장 도드 준장을 납치하는 사태가 벌어졌다. 후임 수용소장 콜슨이 사죄 각서를 쓰고서야 도드 준장을 돌려받았다.

미국은 국제적으로 통용되던 포로 송환의 일반 원칙인 '제네바 협정' 제118조, 즉 '자동 송환'을 무시하고, 포로들의 '자유의사'에 따라 송환지를 정한다는 주장을 들고 나왔다. 그리고 이를 실행하기 위해 '훈련된 공산주의자'를 분류하려 했으나, 북한과 그에 동조하는 포로들의 거센 저항에 직면했다. 이에 대해 포로 송환 정책을 제3의 전선, 이념 전쟁으로 인식하고 있던 미국이 택한 것은 무력 동원이었다.

1952년 5월 10일, 콜슨 준장이 '각서'를 써서 거제도 폭동 사태가 해결되어가던 때 휴전회담도 전쟁 포로 문제를 제외하고는 모두 해결된 상태였다. 하지만 이 문제 때문에 한반도에서는 희생이 무수히 뒤따랐다.

휴전회담장에서 설전이 벌어지는 동안 한반도에서는 학살과 파괴가 헤아릴 수도 없이 자행되었다. 육지는 휴전선을 사이에 두고 남북으로 갈라져 있어 오고갈 수 없었지만, 하늘은 미 공군의 독무대였다. 미 공군은 아무런 저항도 받지 않고 북한 영공을 자유롭게 날아다니며, 폭탄을 북한 땅 곳곳에 제한없이 쏟아부었다. 미국은 북한 도시 78개를 "지도 위에서 완전히 없애버린다"는 계획을 실행에 옮겼다. 특히 평양은 "전쟁이 끝난 뒤 형체를 온전히 보존한 집이 단 두 채밖에 없었다"고 할 정도로 파괴되었다.

거제도 포로수용소 폭동 진압 작전
미군이 최루탄을 쏜 뒤 방독면을 쓰고 공산군 포로 폭동을 진압하고 있다.

북한과 중국의
휴전회담 대표단

지상에서는 국군과 인민군이 밀고 밀리는 전투를 계속했다. 북한에서는 "단 한 치의 땅도 빼앗길 수 없다"는 당의 슬로건에 따라 수만 명이 목숨을 내던졌다. 남한군도 마찬가지였다. 모든 전선이 그랬지만 특히, 중부전선 일대는 남북 청년들이 흘린 피로 바다를 이룰 정도였다.

휴전회담이 진척되면서 미처 후퇴하지 못하고 지리산을 중심으로 유격구를 형성하며 싸우던 인민군 잔당들은 완전히 고립되었다. 중국군과 인민군이 재반격해왔을 때 유격대는 날카로운 배후가 될 수 있었다. 하지만 이제는 그들이 할 수 있는 역할이 더 이상 없었다. 노동당은 유격대를 해체하고 마을로 내려가 당 조직을 건설하라고 지시했으나 이를 수행한 사람들은 드물었다. 그들은 대부분 산에서 비극적 최후를 마쳤다.

1953년이 되면서 휴전 분위기가 무르익었다. 미국에서는 조기 휴전을 공약으로 내건 아이젠하워가 대통령에 당선되었다. 스탈린이 사망한 뒤 소련 신지도부 또한 더 이상 전쟁을 원하지 않았다. 북한도 전쟁을 계속할 여력이 남아 있지 않았고 중국은 전쟁에 계속 힘을 쏟기에는 신정부 앞에 놓인 과제가 너무 많았다.

4월 26일, 한동안 중단되었던 휴전 회담이 재개되었다. 양측은 귀국을 희망하는 포로는 송환하고 귀국을 반대하는 포로는 중립국 송환위원회에

지리산에서 훈련을 받는
남부군(위)과 1953년
9월 18일, 전투경찰대에게
사살된 이현상(아래)
남로당의 핵심 간부인 이현상은 여순 사건 후부터 지리산 지구에서 인민유격대 제2병단을 편성하여 활동했다. 6·25전쟁 때 유엔군의 반격이 시작되자 다시 지리산지구로 잠입하여 병력 약 8백여 명으로 조선인민유격대 남부군단(남부군)을 조직해 활동했다. 한국군의 토벌로 핵심 지도자 대부분이 사살되었는데, 그 수가 토벌기간에 사살·포로·투항 등을 포함해 1만 6천여 명에 달했다.

인계하여 자유의사를 확인하도록 했다. 그래도 결정되지 않은 포로들은 민간인으로 석방하도록 합의를 보았다.

그런데 또다시 이승만 대통령이 걸림돌로 등장했다. 6월, 이 대통령은 반공포로들을 일방적으로 석방해버렸다. 이는 "휴전을 절대로 반대하고 북진을 하여 이북 동포를 구출하고 실지를 회복하여 남북통일을 이루겠다"는 그의 평소 지론을 실천한 것이다. 미국은 이승만을 제거할 계획을 세웠으나 무력 동원하는 것을 포기하고 아이젠하워 대통령의 직접적 협박과 함께 방위 원조로 달랬다.

누구도 완전한 승리를 거두지 못한 채 휴전협정이 진행되었다. 미국은 엄청난 물량을 투입하고도 북한 정권을 무너뜨리지 못했다. 미국 역사상 승리하지 못한 최초의 전쟁이었다. 세계 최강의 미국으로서는 자존심에 타격을 입지 않을 수 없었다.

그러나 미국이 얻은 것도 있었다. 주한 미군을 한반도에 계속 주둔시킬 명분을 확보했다. 이번에도 이승만이 먼저 미국의 구미에 맞게 제안했다.

▲ 휴전협정문

▶ 휴전협정 조인식에서 서명하는 유엔군 수석대표 윌리엄 해리슨 중장
휴전협정에는 유엔군 측 해리슨 수석대표가, 북측 남일 수석대표가 조인하고, 여기에 마크 클라크 유엔군사령관, 김일성 조선인민군 총사령관, 펑더화이 중국인민지원군 사령관이 각각 서명했다. 한국 대표는 1950년 작전지휘권을 유엔군에 넘겼기 때문에 서명하지 못했다.

주한 미군의 계속 주둔과 한국군의 작전지휘권을 미군 손에 넘기는 것을 합법화할 수 있는 한미상호방위조약의 체결을 요구한 것이다. 그것은 주일 미군을 보완할 주한 미군의 존재와 반소반공 최일선으로서 한반도를 미국이 통제하는 것이 가능한 방안이었다.

1953년 10월 1일에 체결되고 1954년 11월 18일에 발효된 '한미상호방위조약' 제4조는 "상호합의에 의하여 미합중국 육군, 해군과 공군을 대한민국 영토 내와 그 부근에 배치하는 권리를 대한민국은 이를 허여許與하고 미합중국은 이를 수락한다"라고 규정했다. 이로써 휴전협정에 대한 걸림돌이 모두 제거되었다.

1953년 7월 27일, 미국의 해리슨 중장과 북한의 남일 대장은 판문점 휴전협정 조인식장에 들어와 인사도 나누지 않고 곧바로 자리에 앉아 서명을 시작했다. 북쪽을 향해 나란히 배치된 탁자 두 개 위에 놓인 협정 문서 각 18통에 양측 대표는 무표정으로 사무적인 서명을 계속할 뿐이었다.

정전협정문에는 조선민주주의인민공화국 최고사령관 김일성, 중국 인민지원군 사령원 펑더화이彭德懷, 국제연합군 총사령관 마크 클라크의 이름이 있었고 그 아래 참석자로 해리슨과 남일이 서명했다. 그러나 전쟁 당사자인 대한민국을 대표하는 이름은 어디에도 없었다. 해리슨과 남일은 각기 36번씩 서명했다. 거기에는 의식에 따르는 어떠한 극적 요소도, 강화에서 이야기할 만한 화해의 정신도 엿볼 수가 없었다. 이것은 어디까지나 '정전'일 뿐 '평화'가 아니라는 사실을 잘 보여주고 있었다.

7월 17일 오전 10시 12분 정각, 마침내 조인 작업이 끝났다. 해리슨과 남일은 마지막 서명을 마치자 마치 최후통첩을 내던지고 퇴장하듯이 대표를 데리고 조인식장을 나가버렸다.

전쟁은 끝났지만, 전쟁의 법적 종결에는 이르지 못했다. 1954년 제네바 회담이 실패로 끝나면서 평화협정의 체결에 실패한 것이다. 휴전은 말 그대로 언제든지 그만둘 수 있는 전쟁의 휴식이 되어버렸다.

1953년 8월 8일, 서울에서 열린 한미상호방위조약 조인식에서 서명하는 변영태 외무장관과 존 덜레스 미 국무장관

제네바 정치회담
1954년 4월 26일부터 6월 15일까지 한국 문제를 논의하기 위해 스위스 제네바에서 열렸다. 이때 의제는 두 가지였다. 첫째로 공산측은 중립국 감시위원단의 감시를, 유엔측은 유엔의 감시 아래 총선거를 주장했다. 둘째는 외국의 철수 문제였다. 공산측은 모든 외국군의 동시 철수를 주장했으나, 미국과 남한측은 유엔군의 철수를 거부했다. 결국 회의는 결렬되었다.

아직도 전쟁 중

3년 동안 22만 평방킬로미터의 좁은 땅덩어리에서 500만 명에 이르는 막대한 인명 피해를 가져온 이 끔찍한 전쟁은 남과 북이 다같이 내걸었던 통일은 더 멀어지고 오히려 분단이 강화되는 역설을 만들었다.

남북한 정권과 미군이 한반도에서 남북 주민들에게 저지른 죄악은 끔찍했다. 전쟁 과정이나 끝난 다음 두 정권은 상대방에게 불타는 적개심을 감추지 않았다. 양측은 이러한 적개심을 조금이라도 누그러뜨리는 사람은 '적의 스파이'로 몰아세우며 공포 분위기를 조성하기에 여념이 없었다.

전쟁이 끝난 뒤 남과 북은 상대방의 정체성을 조금도 인정하려 하지 않았다. 북에서는 김일성의 주체사상만이 진리였고, 남에서는 반공이 절대선이었다. 남북 사회에서는 순결한 충성심을 요구받았다. 여기서 한 치라도 벗어나면 가혹한 처벌이 기다렸다. 이 모든 것들이 통일을 명분으로 내걸면서 자행되었지만 그 결과는 분단을 더욱 고착시키는 것이었다.

500만 명이 흘린 피의 대가는 어디서도 보상받지 못했다. 수단과 방법을 가리지 않고 자신의 이데올로기만을 주입하는 이념 전쟁으로 남북 주민들은 고통받았다. 그러나 남북 집권자들은 반성하지 않았다. 오히려 상대방에 대한 예각만 날카롭게 세웠다.

6·25전쟁 시도별 민간인 인명 피해
(자료: 국방부 군사편찬연구소)

0〜5만
5만〜10만
10만〜15만
15만〜20만

경기도
12만 8,740명
강원도
13만 777명
서울
12만 9,908명
충청북도
7만 3명
충청남도
7만 5,409명
경상북도
9만 7,851명
전라북도
9만 1,861명
경상남도
7만 2,036명
전라남도
19만 3,788명
제주도
325명

※유족회·학자들은 100만 명 추정

한국군 피해		유엔군 피해		북한군 피해(추정)	
사망	13만 7,899명	사망	5만 7,938명	사망·부상	52만 2,000명
부상	45만 742명	부상	48만 1,152명	비전투 사상	17만 7,000명
실종	1만 9,392명	실종	1,047명	실종·포로	10만 2,000명
계	60만 8,033명	포로	5,773명	계	80만 1,000명
※학도병·경찰 제외		계	54만 5,910명		

중공군 피해(추정)		남한 민간인 피해		북한 민간인 피해	
사망	13만 5,600명	사망	24만 4,663명	사망	28만 2,000명
부상	20만 8,400명	학살	12만 8,936명	실종	79만 6,000명
실종·포로	2만 5,600명	부상	22만 9,625명	※1963년 북한 정부 공식 발표	
비전투 사상	60만 3,000명	납치	8만 4,532명		
계	97만 2,600명	행방불명	30만 3,212명		
		계	99만 968명		

미군에 의한 학살					
지방 이름	학살한 수	지방 이름	학살한 수	지방 이름	학살한 수
전남 여수	162명	경북 의성	17명	경남 의령	30여 명
충북 단양	300명	경북 울릉군 독도	150여 명	경남 사천	60여 명
경북 구미	100여 명	경남 창녕	60여 명	경남 마산	83명
경북 예천	50여 명	경남 함인	30여 명	전북 익산	120명

한국군과 경찰, 우익단체에 의한 학살					
지방 이름	학살한 수	지방 이름	학살한 수	지방 이름	학살한 수
경남 거창	719명	경북 대구	1,928명	강화	300명
경남 거제	593명	경북 문경	86명	대구형무소	162명
경남 함양	33명	전남 함평	524명	부산형무소	300명
경남 동래	677명	전남 여순 사건	2,633명	전주형무소	100여 명
경남 울산	267명	전남 나주 동창교	130명	청주형무소	500여 명
경남 충무	58명	전남 지리산 외공마을	400~700여 명	공무형무소	17명
경남 구포	188명	전북 순창	1,028명	※광주교도소, 목표교도소, 진주교도소에서도 유사한 처형 발생	
경남 산청	506명	제주	1,876명		

6·25전쟁 시기 민간인 학살 통계 (자료 : 2009년 진실화해를위한과거사정리위원회 보고서)

국민보도연맹 맹원증(위)과 부역자로 몰려 군경에 사살된 사람들(아래) 그중에는 순수 민간인도 다수 포함되어 있었다. 전쟁 중에 발생한 아픈 과거다.

휴전협정이 조인되고 60년이 넘었지만 아직도 전쟁은 끝나지 않았다. 연평도 포격 사건, 천안함 사건, 연평해전, 북핵, 미사일 시험, 주한 미군, 평화협정, 사드THAAD(고고도미사일방어체계), 키 리졸브Key Resolve 훈련 등의 단어는 한반도가 여전히 전쟁 중이라는 사실을 보여준다.

국민보도연맹 사건

국민보도연맹은 1949년 6월 5일 좌익 계열 전향자로 구성되었던 반공단체(가입자 수 30여만 명)로, 1948년 12월 시행된 국가보안법에 따라 '좌익사상에 물든 사람들을 사상전향시켜 이들을 보호하고 인도한다'는 취지 아래 이승만 정권의 대국민 사상통제 목적으로 결성되었다. 그런데 6·25전쟁이 나자 보도연맹원들이 북한군에 협조할 것을 우려해 정부는 이들을 예비 검속하거나 살해했다. 2009년 11월, 진실화해를위한과거사정리위원회(약칭 진실화해위원회)는 국민보도연맹원과 양심수 등 4,934명이 국가기관에 의해 희생된 사실을 공식 확인해 발표했다. 6·25전쟁을 전후한 시기 남한에서 학살된 민간인 수는 보도연맹원 10만여 명을 포함해, 적게는 30만 명에서 많게는 100만 명에 이를 것으로 추정된다.

2부

독재와 **민주**, 그리고 **산업화**

11
부산정치파동

독재의 서막을 열다

이승만 정권은 강력한 반공 정책으로 남로당을 제압하는 데는 성공했으나 사회불안은 계속되었다. 권력 배분을 두고 한민당과 갈라서면서 의회 내에서 정치 기반이 결정적으로 약화되었다. 2대 총선에서 남북협상파와 중도 세력이 약진하면서 이승만의 정치 위상은 근본적으로 위협받았다. 전쟁이 아니었다면 이승만의 재집권은 불가능했을 것이다. 하지만 이승만은 전시라는 비상 상황을 이용하여 부산정치파동을 일으켜 재집권의 발판을 마련했다. 이 사건은 이승만의 재집권을 위한 '친위쿠데타'로써 순조롭지 못한 한국 정치사의 출발점이 되었다.

헌병대에 끌려가는 국회의원 통근버스

● 1952년

1월 10일
정부, 전국에 방공비상사태 선포

1월 18일
국회, 대통령직선제 개헌안 부결

5월 14일
정부, 4차 개헌안(대통령 직선제,
양원제) 제출

5월 19일
국회 주변서 '백골단', '땃벌떼', '민중
자결단' 등 국회 해산 요구 난동

5월 25일
이승만, 경남·전남북에 계엄령 선포

5월 26일
국회 통근버스 견인, 의원 11명 구속
(부산정치파동 시작)

5월 29일
김성수 부통령 사임

6월 12일
관제 반민족 국회 해산 국민총궐기대
회 개최

6월 20일
반독재호헌구국대회 개최

6월 21일
발췌개헌안 심의 거부

6월 25일
유시태의 이승만 암살미수 사건 발생

6월 30일
관제데모대 국회의사당 시위

7월 4일
발췌개헌안 통과(찬성 163, 반대 0,
기권 3)

7월 19일
자유당, 대통령에 이승만, 부통령에
이범석 지명

8월 2일
제2대 대통령선거에서 대통령에 이승
만, 부통령에 무소속 함태영 당선

12월 2일~5일
미 대통령 당선자 아이젠하워 장군
내한

조선 왕족의 후예 이승만

1952년 1월 어느 날 허정이 경무대로 이승만을 방문했다. 이승만을 설득하기 위해서였다. 이승만을 만난 허정이 먼저 말문을 열었다.

"각하, 야당세가 압도적이어서 국회에서 개헌안이 통과되는 것은 불가능합니다. 국회에 대한 탄압보다는 의원들에 대한 유화작전이 오히려 야당세를 누그러뜨릴 수 있는 길입니다."

그러나 이승만은 짜증을 내며 말했다.

"나도 안 되는 줄 알아. 일단 부결되면 다른 방안 있어. 다 생각이 있어 하는 일이니 일단 제출하도록 하게."

사실 허정으로서는 이승만만큼 절실하지 않았다. 이승만에게는 대통령 자리가 걸린 문제였다. 이런 정치 상황에서는 다시 대통령이 된다는 것은 불가능했다. 대통령 선출권을 갖고 있는 국회와 사이가 너무 틀어져 있었고, 그를 지지하는 의원들도 많지 않던 상황이었다.

이런 상황은 이승만 자신이 국회를 너무 무시한 탓이었다. 사실 이승만

(좌) 1956년 8월 당시 세계 최대 규모로 남산에 세워진 이승만의 동상 4·19민주항쟁 후 해체된다.

(우) 1953년 10월, 서울운동장에서 열린 전국체육대회에 참가한 이승만 대통령 부부

은 한 당파의 우두머리가 되는 것이 싫었다. 자신은 봉건시대의 임금이었다. 신하들이 편싸움을 하면 임금은 높은 자리에서 조정해주는 역할을 해야지, 스스로 어느 한 편에 가담하여 싸움박질을 하는 것은 채신머리 없는 짓이었다. 그러나 채신머리를 지키는 것도 왕이 된 다음에 할 일이지 자리에서 쫓겨나면 모두 다 소용없었다.

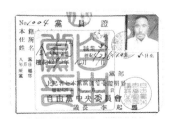

길은 이승만이 이기는가, 국회가 이기는가 둘 중 하나였다. 이승만 입장에서는 아예 국회에서 대통령을 뽑는 '권한'을 빼앗아오면 되었다. 그 방법은 대통령 직선제였다. 직선제를 하게 되면 국부國父인 이승만을 당해낼 인물은 아무도 없었다. 그렇게 되면 대통령 당선은 식은 죽 먹기였다. 그러나 문제는 국회였다. 국회가 헌법 개정에 동의해주어야만 대통령 당선이 가능하기 때문이었다.

1952년 1월 18일, 이승만과 허정의 예상대로 대통령 직선제 개헌안은 국회에서 쓰레기 대접을 받고 폐기되었다. 결과는 반대 143표 대 찬성 19표로 개헌을 위해 자신이 만들어낸 '원내자유당' 의원들마저 반대표를 던졌다. 이제 이승만은 자신이 생각한 비장의 카드를 꺼낼 때가 되었다고 여겼다.

자유당 당원증(위)과 이승만 대통령에게 충성을 강조하는 공보처 홍보물(아래)

최초의 여당, 자유당

1952년 2대 대통령 선거를 앞둔 이승만은 재집권을 위해 1951년 8월 15일, 농민과 노동자를 중심으로 한 창당 의사를 밝혔다. 이를 계기로 국회 안팎에서 새 정당 조직을 위한 움직임이 활발해졌으나 국회 내부와 외부에서 동시에 진행된 신당 결성 움직임은 1951년 12월 23일에 자유당이 두 개 창당되는 결과로 나타났다. 국회의원 중심으로 조직된 자유당은 '원내자유당'으로, 국회 외부에서 대중 단체를 기반으로 조직된 자유당은 '원외자유당'이라고 불렸다.

이범석을 부당수로 창당된 자유당은 초기에는 대통령 직선제 개헌을 강행하기 위해 대중을 동원하는 역할을 했다. 6·25전쟁이 끝난 후 자유당 핵심 세력이던 이범석계 인사들이 제거되어 이기붕을 중심으로 한 체제로 바뀌면서 자유당은 이승만 개인을 위한 사당私黨 성격이 강해졌다. 부정선거로 4·19민주항쟁이 일어나자 자유당은 명목상으로만 존속하다가 1961년 5·16군사쿠데타 직후 해산되었다.

치밀한 계략

이승만은 처음에는 한민당과 김구를 업고 좌파를 타도했다. 다음에는 한민당을 업고 김구를 쓰러뜨렸다. 다음 차례는 현재 상황에서 국회를 좌지우지하는 한민당이었다. 그들은 내각제로 개헌하여 모든 권력을 국회로 집중시키려고 했다.

그러나 이승만은 국민들 마음속에서 권위를 확실히 확보하고 있었다. 그에게는 경찰력을 비롯한 무력도 있었다. 이승만은 대통령 직선제로 권력을 대통령에게 집중시키고, 국회를 양원제로 분리하여 허수아비로 만들고자 했다.

이승만은 먼저 난데없이 지방의회 선거를 공포했다. 빨치산이 준동하므로 치를 수 없다던 지방의회 선거를 강행하겠다는 의사였다. 이 일에는 '원외자유당'을 이끌던 이범석이 제격이었다. '원외자유당'은 직선제개헌 투표에서 이승만을 배신했지만, '원외자유당'은 절대충성파였다. '원외자유당'은 원외에서 맴돌고 있었지만, 독촉국민회·대한청년단·대한노동조합총연합회·농민조합총연맹·대한부인회 등 각종 사회단체들이 결합했으므로 원내 어떤 정당보다 전국적으로 조직력망이 강력했다.

지방의회 선거에서는 각종 부정 선거 유형들이 모두 나왔다. 하지만 부정 선거 시비는 다음이고 결과가 중요했다. '원외자유당'은 시·읍·면 선거

(좌) 미국의 대한 식량 무상 지원을 홍보하는 미국 공보원의 1955년 홍보물

(우) 1953년 8월 유엔 구호 물자 인수식에 참석하여 치사를 하는 이승만 대통령
그는 전쟁 기간에도, 미국으로부터 식량 지원을 받는 어려운 상황에서도 재집권과 권력 강화에만 치중했다.

미국으로부터 한국민에게
800만석의양곡
지난 미곡추수 이래 지금까지
작년도의 **2배 이상**

에서는 56%, 도 선거에서는 70%의 의석을 얻어 압승했다. 이로써 국회에 대항할 수 있는 강력한 정치적 힘을 확보하게 되었다.

1952년 3대 부통령선거
이범석(1900~1972) 공보물
해방 후 조선민족청년단(족청)을 결성해 세력을 넓힌 이범석은 부산정치파동을 주도했지만 이승만 대통령과 미국의 견제로 제2, 3대 부통령 후보로 출마했으나 낙선했다.

선거가 끝나고 반민족의원성토대회, 반민주국회의원규탄대회, 민족자결권선포대회가 개최되었다. 그리고 관변 단체 18개로 결성된 '민중자결단'과 '백골단', '땃벌떼' 등이 명성을 떨쳤다. 그뿐만 아니라 지방의회의원들이 동원되어 "국회를 해산하라!", "내각제 개헌 주장하는 국회의원 소환하라!" 같은 결의문을 뿌리며 시위를 펼쳤다.

이런 와중에 이승만은 이범석, 홍범희, 문봉제를 각각 내무장관, 내무차관, 치안국장으로 임명했다. 수습책이라고 내놓은 것이지만 이들은 사실 정국을 난장판으로 만들고 있는 주동자였다. 그리고 1952년 5월 25일, 계엄이 선포되며 공작이 본격적으로 시작되었다.

5월 26일, 국회의원 47명이 타고 있던 국회 통근버스가 경남도청 정문에 들어섰다. 그때 갑자기 헌병이 버스를 저지하고 검문을 요구했으나 의원들이 거부했다. 실랑이가 1시간 가량 계속되던 가운데 군용 크레인이 나타나 실랑이를 벌이는 버스를 통째로 헌병대로 끌고 갔다. 그리고 국회의원 5명을 구속시키고 이어서 다시 6명을 더 구속시켰다. 국제공산당의 비밀 정치 공작에 연루되었다는 것이 혐의 내용이었다.

미국은 당황했다. 그러나 모든 무력은 미국 손에 장악되어 있었다. 이미 이종찬 육군 참모총장이 유엔군 동의가 없다는 이유로 병력 동원을 거부하여 이승만은 겨우 헌병대를 움직일 수 있었다. 미국은 발 빠르게 이승만에게 압력을 가하고 무초Muccio 대사를 본국으로 불러들였다. 이승만을 제거하기 위해 군부쿠데타 계획도 세웠으나 그 다음 대안이 없었다.

미국은 결국 '타협'을 택했다. 이때 장택상이 '발췌개헌안'을 들고 나왔다. 1)국회의 양원제, 2)대통령·부통령의 직접선거, 3)국무위원에 대한 국회의 신임투표제, 4)국무위원에 대한 국회의 개별적 불신임제, 5)국무총리에 의한 국무위원 제청권 등이 주요 골자였다. 언뜻 보면 대통령 직선제와 의원 내각제를 결합해놓은 것처럼 보이지만 이승만이 요구하는 사항이 그대로 관철된 안이었다.

공격하라! 공격하라! 공격하라!

장택상(1893~1969)
국무총리로 발췌개헌안을
주도했으며, 해방 후 수도경
찰청장과 초대 외무장관을
역임했다.

장택상의 발췌개헌안은 미국에서 인정하는 타협안이었다. 장택상은 이 방안을 갖고 다음날부터 움직였다. 우선은 설득하고 그래도 통하지 않으면 협박했다. 이승만도 여기에 가세했다. 미국이 직접 찬성 의사를 반대파 국회의원에게 전하기도 했기 때문에 장택상의 발언에는 무게가 있었다.

장택상은 6월 21일까지 발췌개헌안에 찬성하는 의원 123명의 서명을 받아 이미 승세를 잡았다. 볼셰비키가 말하지 않았던가. 승기를 잡은 자의 전술은 단 하나, 공격하라! 공격하라! 공격하라!

더구나 상대 한민당은 무장해제된 상태나 다름없었다. 그들에게 국민 대중 속에 깊이 뿌리박은 대중조직이 있던 것도 아니고 지금까지 그들이 기세를 올릴 수 있던 것도 미군정의 무력이 뒷받침되었기 때문이었다.

6월 20일, '반독재호헌구국선언대회'에 김성수·이시영·장면·조병옥·김창숙 등 지도 인사 60명이 다 모였다. 개회를 선포하자마자 백골단과 백골단으로 가장한 경찰이 쳐들어왔다. 의자와 화분, 돌멩이가 공중에 날아다니고 유리창은 산산조각이 났다.

6월 21일은 개헌안 심의가 있는 날이었다. 그러나 의원들이 보이콧하며 참석하지 않아 심의가 불가능했다. 그러나 생사존망의 상황에서 이런 방법으로는 근본적 문제가 해결될 수 없었다.

1952년 6월, 서울
충무로에서 열린 국회
해산총궐기대회에 모인
관제 시위대

6월 25일, 이승만에게 절호의 기회가 찾아왔다. 6·25전쟁 2주년 기념식에서 유시태가 이승만을 암살하려다 미수로 그친 사건이 일어났기 때문이다. 그 배후로 야당 민주국민당(약칭 민국당) 출신 국회의원 김시현이 지목당하여 구속되었다. 이를 빌미로 경찰은 연이어 백남훈·서상일·정용환·노기용 의원 등을 공범으로 체포했다. 야당으로서는 절체절명의 위기였다.

6월 30일, 관제 시위대가 국회를 완전히 포위하기에 이르렀다. 경찰은 등원을 거부하는 의원들을 강제로 연행하여 의사당에 감금시키며 정족수가 찰 때까지 기다렸다. 국제공산당 관련 혐의로 체포되었던 의원 10명까지도 석방하여 등원시켰다.

7월 4일, 185명 중 166명이 출석하여 정족수를 넘어섰다. 사복 군경 요원들과 무장 기동 경찰 2개 중대가 의사당 주변을 에워쌌다. 야간에 기립으로 표결하여 찬성 163표, 반대 0표, 기권 3표로 이승만이 완벽하게 승리했다. 그는 "자유당 대통령 후보 지명을 수락하지 않겠다"라며 승리에 너무 도취하지 않았다. 그러나 이승만의 속마음을 잘 아는 사람들이 가만히 있을 리 없었다. 그가 출마하기를 애타게 바라는 '우의마의' 데모대도 경무대 앞에 몇날 며칠동안 진을 치며 읍소泣訴했다. 마침내 이승만은 "국민의 뜻이라면 출마를 고려하겠다"고 입을 열었다.

결국 이승만은 2대 대통령 선거에 출마하여 득표율 74.6%로 당선되었다. 이로써 이승만 장기 집권이 시작되었다. 한편 부산정치파동을 총지휘한 이범석이 부통령 후보로 나섰으나 이승만과 미국의 견제로 낙선했다. 자유당에서는 아예 축출·제명되었고 통합야당인 민주당에도 정치 파동의 주범으로 낙인 찍혀 참여하지 못했다.

발췌개헌안에 서명하는
이승만 대통령(위)과
이승만 대통령 연설 중
총을 빼든 순간 현장에서
체포된 유시태(아래)

미국의 에버레디 작전Operation Ever-Ready

미국은 이승만 대통령의 돌출 행동에 불만을 품고 그를 제거하기 위해 '에버레디 작전'을 구상했다. 한국군이 유엔군의 작전권을 벗어날 경우 반항적 지도자들을 제거하고, 필요할 경우 유엔군 지휘 아래 군사 정부를 수립한다는 내용이었다. 미국은 이승만 대통령이 휴전을 반대하고 반공 포로를 석방하는 등 미국 정책에 반대되는 행동을 하자 이 작전을 실행할 것을 고려했으나 중단했다. 이승만을 대신할 만큼 강한 카리스마와 지도력을 가진 인물이 없었기 때문이다. 에버레디 작전은 이승만을 제거한 후 그 자리에 한국군이라는 대안을 제시한 것으로 1961년 5월, 군사쿠데타로 현실화 된다.

12
자유당과 민주당

야당의 반격이 시작되다

이승만은 발췌개헌으로 재선에 성공한 다음, 자유당과 정치깡패, 경찰력을 동원하는 노골적인 강압정치를 펼쳤다. 국회의원 선거에 경찰이 노골적으로 개입하여 자유당을 다수당으로 만들었으며, 자유당은 국회에서 야당의원의 매수협박과 억지논리를 동원하여 사사오입개헌을 통과시켜 영구집권의 발판을 마련했다. 이에 보수통합야당인 민주당은 "못 살겠다 갈아보자!"라는 슬로건을 내걸고 신익희·장면을 정·부통령 후보로 내세워 이승만·이기붕의 자유당과 정면대결을 펼쳤다. 하지만 선거 직전 신익희 후보의 급사로 장면만 부통령에 당선시키는 것으로 끝남으로써 정권교체에는 실패했다.

신익희 장례식

● 1951년

8월 15일
이승만, 신당 조직 의사 표명

12월 17일
이범석을 중심으로 원외 자유당 결성

12월 23일
소장파 의원 중심 원내 자유당 결성

● 1952년

8월 2일
제2대 대통령 선거에서 이범석 부통
령 후보 낙선

● 1953년

9월 12일
이승만, 족청계 축출 지시

5월
민주국민당 함상훈·신익희가 인도에
서 조소앙과 만났다고 성명

● 1954년

5월 20일
3대 총선에서 자유당 99석 확보 압승

11월 27일
국회, 개헌안(대통령 중임제 철폐 등)
재적의원수 3분의 2 이상 미달로
부결 선언

11월 29일
국회, 개헌안 부결 번복
(사사오입 개헌)

11월 3일
야당의원 단일교섭단체로
호헌동지회 결성

● 1955년

2월 18일
전 부통령 김성수 사망

4월 18일~24일
아시아 아프리카 회의 개최(반둥회의)
평화10원칙 발표

9월 19일
통합보수야당 민주당 출범

● 1956년

3월 31일
진보당 창당준비위, 정·부통령 후보
로 조봉암과 박기출 지명

4월 25일
민주당 신익희와 진보당 조봉암, 대통
령 선거 후보 단일화 회담

5월 2일
민주당, 한강 백사장에서 정견 발표회
개최(청중 30만)

5월 5일
신익희 민주당 대통령 후보, 전북
이리에서 사망

5월 15일
제3대 대통령, 제4대 부통령 선거에
서 대통령 이승만, 부통령 장면 당선

9월 28일
장면 부통령 저격 사건 발생

장면 부통령 저격 사건

장면 부통령 저격 사건 과정

이기붕
↓
임흥순
↓
이익흥
내무부 장관
↓
김종원
치안국장
↓
장영복
치안국 과장
↓
박사일
중앙사찰 분실장
↓
오충원
서울시경 사찰과장
↓
이덕신
성동경찰서 사찰주임
↓
최훈
↓
김상붕

1956년 9월 28일, 명동 시공관에서 민주당 전당대회가 열렸다. 이날 장면 부통령이 대회에서 연설을 마치고 제1 출입문을 열고 복도를 나가려는 순간이었다. '탕' 하고 권총소리가 들렸다. 2.6미터 앞에서 괴한이 장면을 향해 총을 쏜 것이었다. 총탄은 장면의 오른쪽 손바닥을 관통했을 뿐 생명에는 아무런 지장이 없었다.

범인은 그 자리에서 붙잡혔다. 28세 김상붕이었다. 범인 김상붕은 사건 직후 현장에서 "조병옥 만세!"라고 외쳤는데, 경찰은 이 사건이 민주당의 구파와 신파 간 내분으로 인해 벌어진 일인 양 발표했다.

하지만 국민들은 경찰의 발표를 믿지 않았다. 여론이 나빠지자 경찰은 김상붕의 배후는 민주당 성동지구당 간부 최훈이라고 밝혔다. 그러자 최훈의 부인이 암살을 지시한 배후가 따로 있다고 폭로했다. 최훈의 배후로 성동경찰서의 전직 사찰주임 이덕신이 체포되었다. 공판 과정에서 최훈은 이덕신의 배후에 치안국장 김종원이 있을 것이라고 주장했으나 김종원은 이를 극구 부인

피격 직후 다친 손에
급히 붕대를 감은
장면 부통령

1956년 12월 1일 장면 부통령 암살미수사건 공판 장면. 오른쪽부터 저격범 김상봉, 교사범 이덕신과 최훈.

했다. 국회 차원의 진상 조사단이 김종원 심복인 장영복 치안국 특수정보과장 등이 개입되어 있음을 밝혀냈지만 조사가 더 이상은 나아가지 못했다.

사건의 진상은 1960년 4·19 이후 드러났다. 그러나 당시에는 꼬리에 불과한 김상봉·최훈·이덕신 3명만 수사했을 뿐이고 3사람에게 모두 사형이 선고되었다. 그런데 자유당 정권 청산 과정에서 재판에 회부된 김종원이 자신이 배후라고 실토했다. 그러면서 자신의 뒤에는 당시 자유당 국회의원이자 서울시장을 지낸 임흥순이 있었다고 밝힌 것이다.

사실 이 사건의 최종 배후는 이기붕이었다. 이기붕은 석 달 전에 실시된 선거에서 장면에게 패배하여 부통령에서 낙선했다. 당시 82살이던 이승만이 죽으면, 자동으로 장면 부통령이 대통령직을 승계하게 되어 있었다. 이기붕과 자유당으로서는 불안할 수밖에 없었다.

하지만 이승만은 그렇게 일찍 죽지 않았다. 4·19혁명이 일어날 때까지도 86세로 장수했다.

장면 부통령(1899~1966)

장면은 일제강점기 때 부산세관장을 지낸 장기빈의 아들이다. 1925년에 맨해튼 가톨릭대학을 졸업하고 귀국하여, 가톨릭교 평양교구와 서울 동성상업학교 교장으로 활동하다가 해방 후 한민당에 입당하며 정계에 뛰어들었다. 초대 주미 대사를 거쳐, 1951년에는 국무총리가 되었으나 이후 자유당에 맞서 야당인 민주당 후보로 4대 부통령에 당선되었다. 4·19 이후 의원 내각제인 2공화국의 총리로 선출되었으나 1961년 5·16군사쿠데타로 9개월 만에 실각했다.

다 차려놓은 밥상

가짜 이강석 사건
1957년 8월 30일에 한 청
년이 경주 경찰서에서 자신
이 '이승만의 양아들인 이강
석'이라고 사칭한 사건으로.
이승만의 양자로 입적된 이
기붕의 아들 이강석이 얼마
나 막강한 권력을 행사했는
지 보여준다. 이 청년은 체
포된 뒤 "언젠가 서울에서
이강석이 헌병의 뺨을 치고
행패를 부리는데도 아무 일
도 없었던 것을 보았는데,
한번 흉내내본 것이었다. 권
력이 이렇게 좋은 것인 줄
비로소 알았다"라고 말했다
고 한다.

부통령 선거에서 패배한 이기붕은 기가 찼다. 이기붕은 이범석 국무총리
가 숙청되고 나서 2인자가 된 뒤, 죽을 힘을 다해 일했다. 이범석 일파 자
리에 전직 고위 관료들을 대거 기용하여 새로운 자유당을 만들었다. 이들
은 비록 친일파라는 약점이 있지만 이미 그것쯤은 문제가 되지 않았다.
그들은 일제강점기 때부터 실력을 닦은 행정 전문가들이었다.

이기붕은 1954년 제3대 국회의원 선거에서도 솜씨를 발휘하여 압승을 거
두었다. 자유당에서 116명이 당선된 데 비해, 야당인 민국당은 간신히 15명
만 당선되었다. 이 밖에 무소속 67명, 국민회 1명, 기타 1명이 뽑혔다. 비록
민국당이 부산정치파동에서 치명적인 타격을 받았고 전쟁으로 지주계급이
대거 몰락하여 민국당의 지지 기반이 무너졌다고는 해도 놀라운 승리였다.

이기붕은 여기에 만족하지 않았다. 선거로 빚을 진 의원에게는 자금을
지원하고 융자를 알선해준다고 구슬렀다. 그래도 말을 듣지 않으면 선거
사범으로 몰겠다고 협박했다. 이렇게 해서 137명이 확보되었다.

자유당 의원만 해도 개헌선인 136명을 넘겼다. 이승만이 "초대 대통령
에 한해 임기 제한을 두지 말라는 것은 받아들이지 않겠다"라고 했을 때,
이기붕은 그의 마음을 정확히 헤아리고 개헌 촉구 운동도 벌였다. 그의
노력 덕분에 이승만이 "개헌안에 이론이 있는 자는 민족과 국가를 보호하
려는 의도가 없다"고 말할 수 있는 분위기가 조성될 수 있었다.

반공 소동은 너무 자주 써먹어 식상하기는 했지만 그래도 여전히 위력을
발휘했다. "신익희가 인도의 뉴델리 공항에서 6·25
때 월북한 조소앙과 밀담하고 비공산 비자본주의
제3세력을 규합하여 남북협상을 추진하여 한국의
중립화 도모를 한 사실이 있다"라고 국회에서 폭
로한 것 역시 사실과 상관없이 효과가 컸다.

개헌을 추진하면서 결코 방심할 수는 없었다.
야당이 비록 전체 3분의 1에도 미치지 못하고 그마
저도 뿔뿔이 흩어져 있었지만 선거 당일에는 이탈

이승만과 이기붕 부부.
맨 왼쪽이 이강석

표가 나오지 않도록 도별로 암호 표기를 지시하기도 했다.

이기붕은 개표 결과를 보고 한순간 당황했다. 개헌선인 136명에 1명이 모자라 부결되었기 때문이다. 그러나 수학자들이 기막힌 논리를 제공해주었다.

"재적의원 203명의 3분의 2는 정확히 135.333…. 그러나 자연인을 소수로 나눌 수 없으므로 사사오입의 수학적 원리에 의하여 가장 근사치의 정수인 1백 35명임이 의심할 바 없다."

그리하여 하루만에 '부결'이 '가결'로 바뀌었다.

이 개헌안은 자유당 집권이라는 차원뿐만 아니라 이기붕 개인에게도 무척 중요한 의미가 있었다. 이 개헌안의 핵심은 이승만이 죽을 때까지 대통령직을 수행할 수 있도록 '초대 대통령에 한해' 3선 제한을 없애는 것이었다. 그러나 이기붕의 가슴을 울렁이게 만드는 조항이 따로 있었다.

"대통령 궐위 시 부통령이 승계한다."

이기붕은 이범석이 대단한 카리스마와 리더십, 조직을 갖고도 이승만의 말 한마디로 정치권에서 물거품이 되는 꼴을 똑똑히 보았다. 오직 이승만의 신하로 최선을 다할 뿐 결코 스스로 조직을 만들 생각은 엄두도 내지 않았다. 그렇지만 이승만이 죽은 다음에는 문제가 달랐다.

그런데 그 부통령 자리를 이기붕 자신이 아니라 장면이 차지해버렸다.

잡지 《인물계》에 실린 이기붕 삽화

자유당의 2인자 이기붕(1896~1960)

미국 유학 후 1934년에 귀국해 허정과 충북 영동의 광산에 투자하여 광산 사업을 벌이기도 한 이기붕은 해방 후 미군정청에 들어가 군정재판장의 통역을 역임하고, 민주의원 의장 이승만의 비서로 정계에 입문했다. 1949년 서울특별시장, 1951년 국방부장관을 역임했고, 이범석과 함께 자유당을 창당하여 '발췌개헌안' 통과에 일조했다.

1956년 자유당의 공천을 받아 부통령에 입후보하였다가 낙선하고, 1960년 3월 15일 제5대 정·부통령선거에서 자유당의 공천으로 부통령에 당선되었으나, '3·15부정선거'에 항거하는 4·19혁명으로 사임했다. 그 후 경무대관사 36호실에 피신하고 있다가 4월 28일 새벽 5시 40분경 맏아들 강석의 총격으로 집단자살해 비극적 최후를 맞이했다.

반쪽짜리 민주당

사사오입 개헌으로 정국 주도권을 확실히 잡았다고 생각한 순간부터 순탄하던 이기붕의 앞길에 먹구름이 끼기 시작했다. 수도 얼마 없고 그나마도 사분오열되어 있던 야당이 전열을 정비하기 시작한 것이다.

야당은 '호헌동지회'라는 이름으로 결집의 첫 발걸음을 내딛었다. 그리고 "이 위헌 사태의 과정에 가능한 모든 노력을 다할 것이며 호헌구국의 대의를 위하여 계속 투쟁할 것"을 선포했다. 12월 4일에 이르러서는 민국당·무소속동지회 소속 의원이 참여하여 원내 교섭단체로 등록했는데 무려 61명이었다. 여기에 현석호·김영삼·김관식 등 자유당 소속 의원 14명이 탈당하여 가세했다.

이들은 기세를 몰아 신당촉진위원회를 구성했다. 그러나 곧 자유민주파와 민주대동파로 나뉘었다. 혁신파의 참여 문제를 놓고 대립하며 분열했던 것이다. 신익희·조병옥·곽상훈 등 민국당 보수층은 참여를 반대하는 자유민주파였고, 서상일·조봉암·장택상·신도성 등은 참여를 찬성하는 민주대동파였다. 자유민주파는 공산당을 반대한다는 조봉암의 선언에도, 여론의 비판에도 주장을 바꾸지 않았다. 아예 '좌익 전향자'와 '독재부패행위가 현저한 자'는 발기 위원이 될 수 없다고 못 박았다. 결국 조봉암·장택

1955년 9월 서울 대성빌딩에서 모임을 가진 민주당 준비위원들. 앞줄 왼쪽부터 장면, 신익희의 모습이 보인다.

상·서상일·신도성 등 중진 15명이 빠졌다.

　민주당에는 의원이 33명밖에 참여하지 못했다. 호헌동지회 서명의원이 61명이었던 사실과 견준다면 격세지감이었다. '야당 세력 대결집'이라는 명분도 휴지 조각이 되고 말았다. 반면 자유 민주파는 그 길로 거침없이 나아갔다.

　1955년 9월 19일, 드디어 민주당이 결성되었다. 당 대표최고 위원에는 신익희가 선출됐다. 민주당은 창당선언문에서 "반공 반독재투쟁과 책임정치의 구현으로 자유경제체제의 균형분배 정책을 실시함으로써 국민민복을 기하려 한다"고 선언했다. 이를 위해 내각책임제 구현, 사회주의에 입각한 공정한 분배를 제지하였다. 당시 '서민 대중을 위한 정당', '협동·복지사회의 건설' 등을 내세운 자유당과 주장 면에서는 큰 차이가 없었다. 통일정책으로는 "민주우방과의 제휴로서 국토통일과 국제주의의 확립"을 제시했지만 자유당과 차이도 없었고, 구체성도 떨어졌다.

　그러나 한계가 많은 당이었지만 후에 태풍의 진원지가 된다. 국민 입장에서는 당장 눈앞에서 펼쳐지는 이승만의 독주가 주는 공포가 너무 커서 제대로 된 야당을 기다리기가 어려웠다. 어찌되었건 이승만과 맞서 싸워 줄 야당이 필요했다.

잡지 《인물계》에 실린 신익희 삽화

신익희는 일본의 와세다대학에 유학했고, 3·1운동 후 상하이로 망명하여 임시정부에서 내무차장·외무총장 등을 역임했다. 해방 후 귀국해서는 정치공작대·정치위원회 등을 별도로 조직하여 임시정부 세력과 결별하고 이승만과 손을 잡았다. 1948년 제헌국회의원에 당선되어 부의장과 의장을 지냈다. 1956년 민주당 공천으로 대통령에 입후보, 자유당 이승만과 맞서 호남 지방으로 유세 가던 중 열차 안에서 뇌일혈로 급사했다.

민주당 발기인대회

문제는 부통령

민주당의 유세차량에
붙은 선거포스터

후보를 정하는 문제로 당이 깨질 위기까지 갔지만, 타협하지 않으면 안
될 상황이었다. 민주당 구파의 신익희가 대통령 후보로, 신파의 장면이 부
통령 후보로 최종 결정되었다. 긴 말은 필요 없었다. 구호도 간단했다.

"못 살겠다, 갈아보자!"

1956년 5월 5일, 한강 백사장 유세에 모인 인파는 말 그대로 사상 초유
였다. 30만이라고도 하고, 40만이라고도 했다. 신익희 후보는 이곳에서 설
파했다.

"대통령을 서양 민주국가에서는 프레지던트라고 부른다. 프레지던트
라는 말은 심부름꾼이 되는 하인이란 말이다. 그러니 대통령 이외의 사람
들, 장관이니 차관이니 국장이니 무슨 경찰국장이니 군수니 하는 사람들
은 모두 국민의 머슴이나 마찬가지다. 그들이 일을 잘못해서 국민들이 나
가라 하면 나가야 하는 게 당연하다."

1956년 5월 5일
한강 변에 운집한 시민들
앞에서 연설하는
신익희 대통령 후보

신익희 후보의 연설은 불을 뿜었다. 군중은 열광했고 민주당원들은 흥
분했다. 정권 쟁취가 눈앞에 다가오는 것 같았다.

'서울의 열기를 전국으로!'

신익희 후보는 강행군을 감행하다 전북 이리(현재 익산시)로 선거 유세를 하러 가던 중 열차에서 뇌일혈로 쓰러졌다. 과로 때문이었다. 정권 교체를 눈앞에 두고 이런 일이 벌어지다니, 국민들은 비통해했다.

(좌) 1956년 민주당의
정·부통령 선거공보물
(중) 1956년 자유당의
정·부통령 선거공보물
(우) 이승만의 실정을 비판한
1956년 3월 28일자
민주당 성명서

조지훈의 시 '우리는 무엇을 믿고 살아야 하는가' (1959년)

"민주주의를 세운다면서 / 민주주의의 목을 조르는 폭력이, 정의를 탈피하는 곳에 / 버림 받은 지성이며, 짓밟힌 인권이여 / 너는 정말 무엇을 신념하고 살아가려느냐/ 무엇으로써 너의 그 아무것과도 바꿀 수 없는 궁지를 지키려느냐/ 그것을 말해다오. 그것만을 말해다오. 하늘이여! (중략) 육친의 죽음보다 더 슬픈 이 민주주의의 조종(弔鐘)이여!

신익희와 이승만

범임시정부 세력이었던 신익희는 해방 후 '남한단독정부 수립론'을 지지하면서 김구와 결별하고 이승만 진영에 가담한다. 그러면서 "자유주의와 공산주의의 이념적 갈등과 대립이 칼날 같은 정황에서 처음부터 하나의 정부를 기대하기는 지극히 어려웠기 때문"이라고 주장했다.

이승만과의 밀월은 오래가지 않았다. 첫 내각을 구성할 때, 신익희는 이승만에게 5·10총선거를 거부한 임시정부·한국독립당 인사들도 기용할 것을 건의했다. 이승만은 신익희의 건의를 받아들이지 않았다. 이에 신익희는 이승만과 결별하고, 중국에서 함께 독립운동을 했던 지(이)청천과 손잡고 대한국민당을 창당하여 야당의 길을 걷는다. 이후 국민당은 한민당과 통합하여 민국당이 되었고, 민국당을 기반으로 보수통합 야당인 민주당이 출현한다.

'있을 수 없는 패배'

흥분한 시민들과 청년 당원들이 유해를 경무대 앞을 거쳐 운구했다. 그런데 흥분과 탄식보다 이제 어떻게 할지가 더 중요한 문제였다.

조봉암이 부통령 후보 박기출을 사퇴시키고, 야당 후보 단일화를 요구했다. 그러나 민주당은 민주대동파가 아니라 자유민주파였다.

"이승만을 지지할망정, 조봉암과는 함께할 수 없다."

돌아온 답은 이랬다. 민주당은 결국 대통령 후보를 포기하고, 장면 부통령 후보만 내세웠다.

신익희가 급사할 줄 알았다면 이승만이 "국토통일에 성공치 못하고 있어 (국가)원수의 책임상 무심히 있을 수 없어 책임을 지고 물러나는 것이 좋을 것이다"라며 후보를 사퇴하겠다고 선언할 이유도 없었다. 물론 그것도 나름대로 가치는 있지만, 번복을 요구하는 시위를 조직하는 일은 번거롭고 품도 많이 드는 일이었다. 더욱이 그 방법도 너무 많이 써먹어 대중에게 먹히지도 않고 있었다.

아직 조봉암이 남아 있지만 이승만의 상대가 되지는 않았다. 이승만이

신익희 운구 행렬

득표율을 80%는 얻을 것이라는 게 지배적인 여론이었다.

문제는 부통령이었다. 정치에서는 오직 승리가 중요하므로 수단과 방법을 가리지 않는다. 이기붕이 이승만의 비서로 정치를 배우기 시작하면서 옆에서 보고 배운 정치 제1의 철칙은 이것이었다. 법을 무시하고 총력을 다한 투쟁이었다.

그러나 이게 웬일인가. 장면 401만 2,654표, 이기붕 380만 5,502표로 장면이 부통령에 당선되었다. 이기붕에게는 있을 수 없는 일이었다.

신익희 후보가 사망한 후
진보당 조봉암 후보
지지보다 신익희에 대한
추모 투표를 선전한 민주당

1956년 4월 25일,
대통령 선거 단일화를
논의하기 위해 회담장에
나온 민주당 신익희(왼쪽)와
진보당 조봉암 후보(오른쪽)
진보당 측에서 장면 부통령
후보가 사퇴하기를 요구하
여 1차 회담은 결렬되었다.

13
조봉암과 진보당

혁신정당의 이상과 좌절

보수 세력의 반대로 야당 통합 과정에서 배제된 조봉암 등 혁신 세력은 진보당을 결성, 이승만의 압제정치에 대항하며 혁신정치를 펴고자 했다. 특히 조봉암은 3대 대통령 선거에서 신익희의 급서로 인한 추모표까지 흡수, 216만 표나 획득하면서 이승만을 위협했다. 이에 이승만 정권은 이승만의 최대 정적으로 부상한 조봉암을 이북의 간첩으로 몰아 법의 이름으로 사형에 처하는 폭거를 자행했다. 조봉암은 혁신정당의 이상을 현실에서 실현하고자 이념적 변신과 함께 다양한 실천 노력을 경주했으나 이승만의 정적살해로 끝내 좌절하고 말았다.

진보당 재판

● 1952년

7월 10일
국회 정부의장 선거에서 조봉암
부의장 피선

8월 5일
조봉암, 제2대 대통령 선거에서
무소속 출마 차점으로 낙선

● 1956년

5월 15일
3대 대통령선거에서 낙선

11월 10일
진보당 창당 대회

● 1957년

10월 18일
국가보안법 위반으로 박정호 검거

● 1958년

1월 12일
진보당 간부 일제 검거 시작

1월 14일
이승만, 국무회의에서 "조봉암은 벌써
조치되었어야 할 인물"이라고 발언

1월 15일
검찰, 진보당 간부들이 박정호 등 14
명의 간첩단과 접선한 혐의 등이 있다
고 발표

1월 13일
조봉암 경찰에 자진 출두

2월 20일
특무대, 양명섭 간첩 사건 발표

2월 25일
정부, 진보당 등록 취소

7월 2일
유병진 판사, 1심 재판에서 조봉암에
게 간첩혐의 무죄, 국가보안법 위반
징역 5년 선고

7월 5일
'반공청년' 300여 명, '친공 판사 유병
진을 타도하자'며 법원 난입

10월
2심 재판에서 간첩죄 적용 조봉암에
게 사형 선고

● 1959년

2월 27일
대법원, 조봉암 사형 확정

5월 6일
박정호 사형 집행

7월 30일
재심 청구 기각

7월 31일
조봉암 교수형 집행

● 2007년

9월 28일
진실화해위, 조봉암 사건 재조사

● 2010년

1월 20일
재심에서 조봉암 무죄 선고

진보당 사건과 조봉암의 사형

유병진 판사의 소신
진보당 사건 1심 판사 유병진은 1958년 7월, 간첩죄와 국가보안법 위반 혐의로 기소된 피고 조봉암에게는 국가보안법 위반만 적용하여 징역 5년을. 나머지 피고인 17명에게는 무죄를 선고했다. 이 판결은 당시 큰 파장을 일으켜 "용공판사를 타도하라"는 시위대가 법원 청사 안으로까지 난입하기도 했다. 유 판사는 결국 그해 말 법관 재임용에서 탈락했다. 그 후 2년 뒤. 신문 인터뷰에서 "조씨가 받았다는 돈을 북한이 보내왔다고 인정할 만한 증거가 전혀 없었다"며 "내가 선고한 징역 5년이라는 것도 마음 아픈 판결이었다"고 말했다.

1959년 2월 27일, 대법원은 진보당 사건 최종 판결에서 이렇게 판시했다.

"평화통일은 헌법에 보장된 언론자유에 저촉되지 않고, 강령은 헌법에 위배되지 않으며, 진보당 전피고는 국가보안법에 저촉된 혐의는 없으나 … 조봉암 피고는 대남간첩인 양명산으로부터 돈을 받는 등 간첩 활동을 했다는 점이 인정되고…"

법원은 조봉암이 이승만의 북진통일 정책에 정면으로 반대하여 평화통일을 주장한 것이나 계획경제를 실시하여 복지국가로 나아가자고 주장한 것에 대해서는 무죄를 선고했다.

그런데 문제는 조봉암이 '간첩'이라는 것이었다. 조봉암이 공산주의자였던 것은 세상이 다 아는 사실이었다. 그의 전향 또한 그만큼이나 세상을 떠들썩하게 만들었던 것도 다 알고 있다. 공산당이라면 자다가도 벌떡 일어난다는 이승만도 그의 전향을 믿어 의심치 않았다. 초대 농림장관을 시켜 농지개혁도 이끌게 했다. 국회부의장으로도 활동했다.

조봉암이 북한과 연결되었다는 증거는 아무것도 없었다. 박정호 다만 특무대가 관리하던 이중 첩자 양명산(본명 양이섭)의 증언만 있을 뿐이었

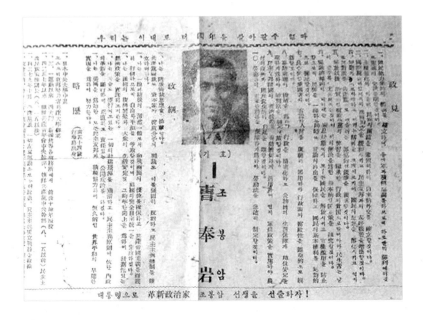

1952년 대통령 선거
조봉암의 선거공보물

다. 양명산은 남북 밀무역을 하며 조봉암과 개인적으로 친분이 있었다. 그런 양명산이 2심에서부터 진술을 번복했다.

"특무대에서 시키는 대로 거짓 진술을 했으며, 죽산(조봉암의 호)은 죄가 없다."

그러나 조봉암은 자신이 이승만의 정적으로써 죽임을 당하는 것이라는 사실을 알았다. 그래서 그는 자신에 주어진 운명을 담담하게 받아들이면서 이렇게 유언했다.

"이 박사는 소수가 잘 살기 위한 정치를 했고, 나와 동지들은 대다수 국민이 고루 잘 살게 하기 위한 민주주의 투쟁을 했다. 나에게 죄가 있다면 많은 사람이 고루 잘 살 수 있는 정치 운동을 한 것밖에 없다. 나는 이 박사와 싸우다 졌으니 승자에게 패자가 죽임을 당하는 것은 흔히 있을 수 있는 일이다. 다만 내 죽음이 헛되지 않고 이 나라의 민주 발전에 도움이 되길 바란다."

조봉암은 1959년 7월 31일, 사형이 집행되었다. 향년 61세였다.

진보당사건 2심 재판에 증인으로 나온 양명산
그의 진술은 조봉암 재판에 결정적으로 불리하게 작용했다.

진보당의 통일론

"오늘날에 있어서의 남한의 무력통일론도 이미 불가능하고 또 불필요한 것이다. 평화적 통일에의 길은 오직 하나 남북한에 있어서 평화통일을 저해하고 있는 요소를 견제하고 민주주의적 진보 세력이 주도권을 장악하는 것 뿐이다. … 그런 연후에 국제 정세의 진운에 발맞추어 제우방과의 긴밀한 협조하에 유엔을 통한 민주적이고 평화적인 조국 통일의 구체적 방안을 책정하려는 것이다."

진보당 강령

"자본주의는 그 고유의 특질인 대중적 수탈과 생산의 무정부성으로 광범한 근로민중을 희생시켰으며 … 볼셰비즘은 폭력적·독재적·팽창주의적인 것으로, 소비에트 독재하에서는 국가권력을 절대화하고 인간의 개성과 자유는 무시되기 때문에, 이는 진정한 의미의 사회적 민주주의가 아니다. … 민주적·평화적 방법에 의해 자본주의의 변혁을 달성하는 것이 … 우리의 근본적·사회주의적 입장…"

정적에 대한 사법 살인

조봉암이 형장의 이슬로 사라지고 30여 년이 흐른 1999년, 서울시경 조사
요원으로서 진보당 조직부장 전세룡을 조사했던 한승격이 "당시 경무대
로부터 조봉암을 잡아넣지 않으면 이승만 대통령의 재당선이 불가능하니
어떤 수를 쓰더라도 잡아넣으라는 지시를 받았다"라고 털어놓았다.

한승격 등은 이때부터 진보당의 강령과 정책·포고문 등을 수집한 뒤,
시경찰국 분실(일명 남일사)에서 이를 공산당 이론이나 북한 노동당 강령
등과 연계시키는 작업에 착수했다.

"당시 조직부장 전세룡으로부터 '북한 김일성의 지령에 따라 대한민국
의 전복을 획책했다', '죽산은 빨갱이, 간첩이다'는 자백을 받아내기 위해
3주가량 혹독하게 신문했으나 자백을 받지 못했다."

이승만 504만 6,437표(55.6%), 조봉암 216만 3,808표(23.9%). 조봉암이
너무 선전한 것이 문제였다. 당시에는 부정선거가 워낙 광범위하게 자행
되고 있었다. 조봉암은 후에 "선거에서 이기고 개표에서 졌다"는 말을 입
버릇처럼 했다.

서울시 망우리 공원묘지에
있는 조봉암 묘

어쨌든 조봉암은 2대 대선에서 11.4%를 얻어 2위를 했다. 3대 대선에도 진보당 후보로 출마하여 또다시 2위를 했는데 그 지지율은 2배 이상 상승했다. 비록 신익희가 사망하여 신익희에게 갈 표가 몰린 탓이라고는 하지만 이승만에게는 위협이 아닐 수 없었다.

반면 이승만 표는 74.6%에서 55.6%로 눈에 띄게 줄었다. 그러나 이 마저도 부정 투개표 의혹을 감안해야 했다. 게다가 부통령은 민주당의 장면이었다. 이승만으로서는 실로 위기였다.

조봉암은 1959년 7월 31일, 서대문형무소에서 교수형으로 생을 마감한다. 마지막 순간에도 술 한 잔과 담배 한 대를 거절당했다. 장면

조봉암이 쓴 '평화통일에의 길'이 실린 진보당 기관지 《중앙정치》 1957년 10월호

을 겨눈 총탄은 스쳤지만, '법의 칼'은 조봉암 목을 정확히 내리쳤다.

2011년 1월, 대법원 전원합의체는 죽산 조봉암에 대한 재심(진보당 사건)에서 간첩과 국가보안법 위반 등 주요 공소사실에 대해 재판관 전원일치 의견으로 무죄를 선고했다. 조봉암이 형장의 이슬로 사라진지 52년 만이다.

조봉암이 1946년 5월 박헌영에게 보낸 편지 내용

첫째, 인민위원회가 조직이나 운영 면에서 문제가 많다. 현금의 인민위원회는 비공산적 요소가 거의 없어 공산주의자들의 정치구락부에 지나지 않는다.

둘째, 민전에 공산당원이 과대히 침투하여 비당 군중의 능동적 행동을 스스로 제약하고 있다.

셋째, 모스크바 삼상회의 지지투쟁의 방침은 진실로 옳았지만, 기술적으로 졸렬했기 때문에 군중들로부터 배신자로 낙인찍혔다.

넷째, 무원칙하다.

다섯째, 종파적이다.

　　　　　　　　　　　　　　　　　　　　　　—《동아일보》1946년 5월 7일자

좌절된 진보 정치의 이상

조봉암은 1950년대 가장 중요한 한국 정치가다. 그의 행적은 진보 정치의 측면에서뿐만 아니라 한국 정치사 전반에서 매우 중요한 의미가 있다. 그는 일제강점기 시기 박헌영·김단야·임원근 등과 함께 한국 공산주의 운동에서 중요한 위치를 차지하는 인물이었다. 하지만 해방 후 박헌영과 결별하고 공산주의에서 사민주의자로 전향하여 남한만의 단선단정에 참여하여 소장개혁파의 리더가 되었다.

이승만·김구·김규식·여운형 등 거물들이 즐비했던 해방 정국에서 조봉암은 두각을 나타내지 못했다. 하지만 김구가 사라진 다음, 그는 대표적 야당 지도자가 되었고 1950년대에는 이승만의 최대 정적으로 부상했다.

한때 그는 이승만과 밀월 관계를 구가했다. 지주 정당인 한민당을 견제할 필요가 있던 이승만은 조봉암을 초대 농림부장관에 임명하여, 그의 과거 계급의식을 자극함으로써 한민당의 농지개혁안을 훌륭히 견제할 수 있었다.

그러나 조봉암이 공산주의에서 전향했지만 진보적 개혁주의자의 면모마저 버린 것은 아니었다. 그는 2대 대통령 선거에서 80만 표를 얻어 700만 표를 얻은 이승만에 이어 2위를 했다. 비교할 수 없는 격차였지만 조봉암은 자신의 혁신적 정견을 선명하게 제시하며 대중에게 깊은 인상을 남겼다. 그는 임시 수도 부산에서는 이승만과 호각지세로 선전했다.

하지만 조봉암의 인지도가 높아질수록 극우 반공 세력의 견제는 심해졌다. 그는 이승만에 대항한 유일한 정치인으로 부각되면서 이승만에게 다시 위험인물로 낙인찍혔다. 2대 대통령 선거 직후 김성주 사건 등으로 그의 주변에 '사신死神'이 어른거리기 시작했다. 조병옥, 김

제3대 대통령 선거 후보자별 득표 상황

	이승만	조봉암	무효표
서울	20만 5,253	11만 9,129	28만 4,359
경기	60만 7,757	18만 150	27만 1,064
충북	35만 3,201	5만 7,029	8만 9,517
충남	53만 531	15만 7,973	21만 2,067
전북	42만 4,674	28만 1,068	16만 9,468
전남	74만 1,623	28만 6,787	25만 7,768
경북	62만 1,530	50만 1,917	27만 5,275
경남	83만 492	50만 2,507	20만 5,338
강원	64만 4,693	6만 5,270	7만 9,710
제주	8만 6,683	1만 1,981	1만 2,252
합계	504만 6,437	216만 3,808	185만 6,818

준연·장면 등 보수야당 인사들은 1955년, 민주당을 만들면서 조봉암의 참여를 끝까지 반대했다. 이념적 거부감과 농지개혁 과정에서의 앙금, 정치 지도자로서의 견제 심리가 작용해서였다.

야당 통합에서 배제된 조봉암은 서상일 등과 손잡고 혁신 세력을 결집하여 진보당 창당에 나서지만, 결국 미국과 보수야당의 측면 지원을 받은 이승만에게 견제당하여 형장의 이슬로 사라지고 말았다. 공산주의자에서 진보적 민주주의자로, 혁명가에서 진보적 개혁주의자로 변신하며 새 정치를 펼쳐보려 했던 그의 이상은 끝내 현실의 벽을 넘지 못했다.

조봉암은 한국 현대 정치사에서 독특한 위치를 점하는 인물이다. 그는 이념과 현실을 결합시키려 했다는 점에서 여운형과 더불어 독보적이다. 조봉암이 여운형보다 현실을 중시했지만, 둘 다 민중을 중심으로 한 정치 이념에서 근본적으로 벗어나지 않았다는 점은 동일했다. 그는 당대 현실에서는 끝내 극우반공 세력에게 암살되는 비운을 맛보았지만 역사 속에서는 강한 생명력으로 살아남을 행운아다.

조봉암이 1954년에 발표한 '우리의 당면 과업' 표지

권대복 진보당 산하 학생단체 여명회 회장의 회고

"내가 처음으로 죽산을 만난 것은 1956년 여름이었다. 당시 나는 대학 졸업반 학생이었다. … 조그만 양옥집 2층으로 안내를 받아 올라갔다. 우리에게 다가온 죽산은 말없이 손을 내밀었다. 묵직한 악수였다. 그의 왼손이 나의 손등을 감싸는 순간, 내 가슴이 뭉클해지는 충동을 느꼈다. 왼쪽 손 새끼손가락과 무명지가 잘려나간 죽산의 손등이 보였다. 나는 자리에 앉자마자 그 사연을 물었다. 일제 당시 왜경의 고문에 의해 손가락 두 개가 잘려나갔다는 것이다. 나는 잠시 눈을 감고 말문을 잇지 못했다. 크지도 작지도 않은 단단한 체구였다. 그렇지만 순간적으로 풍기는 그의 모습은 무언가 강력하게 추구하는 신념과 의지로써 응결된 결정체였다.

(왜 공산당운동을 했냐고 묻자) 죽산은 '어허, 내가 공산당 운동을 했나, 우리나라 독립운동을 했지' 하면서 웃더니 말문을 이어나갔다. '미국에 건너간 독립운동가들은 미국의 보호를 받았고, 중국에 건너간 독립지사들은 장개석의 지원과 보호를 받았다네. 그러나 국내에서 독립운동을 하던 사람들은 혹독한 강압과 박해 속에서 어쩔 수 없는 극한 상황에 놓여 있었네. 그때 러시아 혁명에 성공한 레닌의 소비에트 정부가 피압박 약소민족의 해방을 위해 돕겠다고 하기에, 우리나라 독립을 쟁취하기 위해서는 지리적으로 우리와 가까운 소련의 도움을 받을 필요가 있겠다 싶어 그들과 가까이 하면서 공산당에 참여한 것이네. 그렇지만 그때 나의 지상 목표는 우리의 독립이지, 공산당 운동이 아니었네."

14
4·19혁명

썩어빠진 어제와 결별하자

이승만 정권의 폭주에 대한 불만이 누적되면서 계기만 주어지면 민중은 언제든 폭발할 가능성이 있었다. 3·15부정선거를 계기로 마침내 민중의 분노가 봇물처럼 터져나왔다. 마산에서 시작된 부정선거 규탄시위는 4월 11일, 마산 앞바다에서 김주열 학생의 시체가 떠오르면서 전국으로 확산되었다. 4월 19일, 학생들 시위는 시민들이 가세하면서 민중봉기로 발전했고, 4월 25일, 대학교수단 시위까지 이끌어내면서 이승만의 하야로 연결되었다. 마침내 학생과 민중의 힘으로 썩은 독재정권을 무너뜨리고 새로운 시대의 장을 열었다

시위에 나서 어린 학생들

고등학생들, 포문을 열다

1960년 2월 28일 일요일, 민주당 장면 부통령 후보의 유세가 예정되어 있었다. 경북고는 이날 전교생에게 3월에 있을 중간고사를 앞당겨 친다며 등교 지시를 내렸다. 대구 시내 다른 국공립 고등학교 7곳도 등교 지시가 내려왔다. 토끼 사냥이나 영화 관람과 같은 황당한 이유가 대부분이었다.

그러나 진짜 이유는 딴 데 있었다. 학생들이 민주당 유세장에 못 나가도록 하라는 당국 지시 때문이었다.

학생들은 분개하며 항의 시위를 벌이기로 계획을 세웠다. 1960년 2월 28일 낮 12시 55분, 경북고 학생위원장 이대우가 연단에 올라 격앙된 목소리로 결의문을 읽었다.

"백만 학도여, 피가 있거든 우리의 신성한 권리를 위하여 서슴지 말고 일어서라. 학도들의 붉은 피가 지금 이 순간에도 뛰놀고 있으며, 정의에 배반되는 불의를 쳐부수기 위해 이 목숨 다할 때까지 투쟁하는 것이 우리의 기백이며, 정의감에 입각한 이성의 호소인 것이다."

결의문 낭독에 고조된 학생들은 함성을 지르고 박수를 보냈다. 반독재 횃불이 대구에서 처음으로 불타오르는 순간이었다. 오후 1시, 학생 800여 명이 시내 반월당을 거쳐 도청으로 향했다. 도중에 학생들이 합류하면서 시위대는 1,200여 명으로 불어났다. 시위학생 120여 명이 체포되었지만

경북고생의 2·28대구학생시위
민주당 유세장에 못 가게 일요일에 등교를 시키자 항의 데모를 벌이기 위해 교문 밖으로 나서고 있다.

경찰은 시위가 확산될 것을 우려해 일부를 제외하고 대부분 석방했다.

그리고 3월 15일, 이번에는 마산 시민들이 일어섰다.

"협잡 선거 다시 하자!"

"내 표를 내놔라!"

시민들 항의는 격렬했다. 파출소가 불타고 자유당사가 부서졌다. 최루탄과 돌, 총탄이 날아다녔다. 3·15마산의거로 7명이 죽고 123명이 다치고 4명이 행방불명되었다.

이 행방불명자 중에는 그해 마산상고에 입학한 김주열이 있었다. 어머니가 아들을 찾아 마산 시내를 헤매며 만나는 사람들마다 아들 사진을 내보였다. 사람들은 애타는 모정에 가슴 아파했다.

그런데 4월 11일, 마산 중앙 부두 앞바다에서 홍합을 잡던 어부가 기겁하며 놀랐다. 소년의 시체가 쇠갈고리에 걸려 바다 위로 떠올랐기 때문이다. 시체는 깃이 달린 흰 메리야스와 회색 바지를 입고 있었고, 오른쪽 눈에 최루탄이 박혀 있었다.

이 소년은 당시 17세로 마산상고 학생이던 김주열이었다. 행방불명이던 김주열이 시체로 나타나자 시위는 다시 격렬해졌다. 12일, 그리고 13일에도 시위가 계속 이어졌다. 마산에서의 시위 소식은 부산방송을 통해 전국으로 퍼져나갔다. 드디어 서울에서도 학생들이 움직이기 시작했다.

김주열의 죽음은 4·19혁명의 직접적인 도화선이 되었다.

(좌) 4월 11일, 마산 앞바다에서 27일 동안 행방불명이던 김주열 학생이 눈에 최루탄이 박힌 채 마산 중앙 부두에서 발견된 모습

(우) 김주열 학생 영정

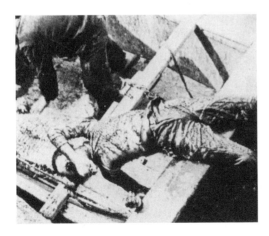

기상천외한 부정선거

86세로 연로한 이승만은 선거가 끝날 때까지도 아무런 문제가 없었다. 그런데 민주당의 대통령 후보 조병옥은 선거도 치르기 전에 선거운동 한 번 해보지 못하고 병으로 입원했다가 사망하고 말았다. 이렇게 되자 부통령 선거에서 이기붕과 장면이 다시 맞대결을 펼치게 되었다.

이승만 정권의 독주 아래서 장면은 너무 거인이 되어 있었다. 이승만은 국제 의전 행사에서 부통령이 앉을 자리도 내주지 않을 정도를 그를 무시하고 모욕했다. 실권은 하나도 없는 부통령이었지만 그 직함만으로도 장면은 이전과 비교할 수 없는 정치 거물이었다. 더구나 민주당은 1958년 제4대 민의원 선거에서 79석이나 얻었다. 이런 상황에서 어영부영할 이기붕이 아니었다. 그는 이미 장면에게 총을 겨눈 전력이 있었다. 이번에는 민주당 신파의 대변지로 불리던 《경향신문》을 표적으로 삼았다. 아예 신문을 폐간시키는 극단적 조치를 취했다. 《경향신문》이 허위 사실을 유포했다는 명분을 내걸었지만 이를 믿는 국민은 아무도 없었다.

그러나 자유당 정권과 경찰이 아무리 갖가지 방법을 다 동원해도 내무부장관 최인규의 말처럼 "과거의 정·부통령 선거 때 사망한 신익희에 대한 추모 투표와 조봉암의 실적을 보더라도 이번 선거에서 종래의 방식으로는 자유당 입후보자가 당선될 수 없었다"는 사실이 가장 문제가 되었다.

3·15선거를 앞둔 어느 날 이승만 정권의 내무부장관 최인규는 지방자치단체장들 불러놓고 훈시했다.

"이번 정·부통령 선거에서 종래의 방식으로는 자유당 입후보자가 당선될 수 없으니 어떤 비합법적인 비상수단을 사용하여서라도 이승만 박사와 이기붕 선생이 꼭 정·부통령에 당선되도록 하라. 국가대업 수행을 위하여 지시하는 것이니 군수와 서장들은 솔선하여 다음과 같은 부정선거의 구체적 방법을 완수하라. 서장들은 내가 시키는 대로만 하라."

대한반공청년단
1958년 1월 22일, 발족 당시에 총재 이승만, 부총재 이기붕, 단장 김용우었다. 1959년 8월 12일, 단장을 신도환으로 교체했다. 이어 대한멸공단 등 반공 청년 단체 9개를 흡수 통합한 뒤 89개 시·군단부를 조직했다. "우리 전단원은 국부 이승만 각하와 서민 정치가 이기붕 선생을 정·부통령으로 선출하기 위하여 엄숙히 약속한다"는 구호를 매일 외치고 다닌 이 단체는 이승만과 이기붕을 당선시키기 위한 전위대였다.

**보안법 파동을
보도한 신문 기사들**
1958년 5월 2일 총선에서 개헌 가능선인 원내 의석 3분의 2를 획득하지 못한 자유당은 국가안보법 개정을 추진했다. 야당은 이에 반대하는 장외 투쟁에 나섰다. 그해 12월 24일, 자유당은 신국가보안법을 야당의원 없이 날치기로 통과시켰다.

최인규는 이 자리에서 지방자치단체장들의 일괄 사표를 받았다. 비상한 각오만큼 부정선거 준비도 치밀했다. 핵심 내용은 이러했다.

3·15부정선거의
각종 증거물들

첫째, 40%를 먼저 투표하라. 여러 사정으로 선거를 하지 않을 사람을 40%로 잡고, 이 40%가 이승만·이기붕에게 투표한 것으로 만들어 투표 전에 미리 무더기로 집어넣는다.

둘째, 공개투표를 하라. 선거인을 3인조, 5인조, 9인조 등으로 편성하여 조장이 기표를 감시한다. 조장은 자유당원, 경찰관, 공무원 또는 그 가족과 매수자가 된다.

셋째, 완장 부대를 조직하라. 자유당계 유권자들에게 자유당 완장을 차도록 한다.

넷째, 야당 참관인을 몰아내라. 야당 참관인을 돈으로 매수할 수 있으면 돈으로, 이것이 안 되면 시비를 걸어 퇴장시키도록 소동을 피운다. 이것도 안 되면, 직계가족이 죽었다는 거짓 전화를 걸어 밖으로 끌어낸다.

그러나 그들은 이것으로도 마음을 놓지 못했다. 이강학 치안국장은 1960년 1월 30일, 전국경찰국장회를 소집하여 위의 부정선거 방법을 재차 지시하고 다음과 같이 덧붙였다.

첫째, 자유당 완장을 착용한 상당한 인원을 투표소 100미터 안팎에 배치하여 분위기를 자유당 일색으로 하여 야당측 유권자에게 심리적 압박을 가한다.

둘째, 투표함을 나를 때 투표함을 통째로 바꿔치기하고, 개표할 때 여당표 묶음에 야당표를 섞어넣고, 야당표를 여당표로 바꿔치기한다.

셋째, 개표가 끝난 뒤에는 투표 계산서를 조작한다. 자유당 후보의 투표 수를 83% 이상으로 한다.

하지만 일이 너무 잘 되어서 오히려 탈이 날 지경이었다. 자유당 표가 너무 많이 나와 조정·처리하기가 어려울 지경이었다. 그나마 이승만·이기붕의 득표수가 총유권자 수를 넘지 않은 선거구는 다행이었다.

피의 화요일

김수영이 4·19 후에 쓴 시 '우선 그 놈의 사진을 떼어서 밑씻개로 하자'의
첫 연이다.

우선 그 놈의 사진을 떼어서 밑씻개로 하자
그 지긋지긋한 놈의 사진을 떼어서
조용히 개굴창에 넣고
썩어진 어제와 결별하자
그 놈의 동상이 선 곳에는
민주주의의 첫 기둥을 세우고
쓰러진 성스러운 학생들의 웅장한
기념탑을 세우자
아아, 어서어서 썩어빠진 어제와 결별하자

시구처럼 확실히 어제와는 달랐다. 우선, "마산 사건의 책임자를 처벌
하라"에서 "이승만은 물러가라", "독재 정권 물러나라"로 구호가 바뀌었
다. 지방 고등학생들만의 시위에서 전국 모든 학교 학생들의 시위로, 고대

"이승만 하야하라"라는
현수막을 들고 시위하는
시민들

생 시위에서 모든 대학생과 시민들이 참여하는 항쟁으로 바뀌었다. 정권은 대한반공청년단과 정치 깡패가 폭력을 행사하는 것에서 경찰 발포로 대응 방식을 바꿨다.

4월 19일 오후 1시경, 데모대 선두는 효자동 전차 종점까지 진출했다. 1시 40분, 소방차 3대를 앞세운 데모대가 경무대 언덕길에 이르러 경찰과 거리가 약 10미터로 좁혀졌다. 그러자 경찰이 발포를 시작하여 일부 데모대가 쇠파이프와 돌멩이로 경찰을 공격했다. 경찰이 발포한 자리에서 21명이 사망하고 121명이 부상당했다. 서울신문사, 자유당 본부, 반공회관 등이 데모대의 습격을 받고 지서·파출소와 경찰서도 공격당했다.

서울 104명, 부산 19명, 광주 8명 등 전국에서 186명이 사망했다. 특히 어린 학생들이 많이 희생당했다. 초등·중학생은 19명, 고등학생은 36명이나 희생당했고 대학생 사망자는 22명이었다.

경무대 앞에서 총상을 입고 숨을 거둔 서울 문리대생 김치호는 "우리는 학교에서 배웠어요. 부정한 짓을 하면 안 된다구. 그래서 선거를 부정으로 한 사람들에게 선거를 공정하게 하라구 말했어요. … 학교 교과서가 주동자예요. 부정한 것을 그냥 보고만 있는 것도 부정이라고 가르치는 교과서가!"라고 외쳤다. 사람들은 불의에 대한 항거로 거리에 나왔다.

희생자는 학생들만이 아니었다. 조직을 이루지 않았기에 눈에 잘 띄지도, 공로를 인정받지도 못했지만 회사원·막노동꾼·무직자 등도 104명이나 희생되었다. 민중이 혁명 대열에 합류한 것이다. 당시 민중은 하루하루 고단한 삶에 지쳐 나날이 절망만 깊어가고 있었다. 당시 산업의 중심 삼백산업三白産業의 가동률은 제분공업 41.2%, 제당공업 22.5%, 면방직 70.2%로 형편없었다. 당연히 고용 인구도 1956년에 70만 명에서 1959년에는 60만 명으로 축소되었다. 보잘것없던 국민소득마저 더 줄었다.

4월민주항쟁 시기
직업별 희생자 수

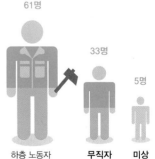

초중생	고교생	대학생	회사원	하층 노동자	무직자	미상
19명	36명	22명	10명	61명	33명	5명

피플 파워, 미국 그리고 하야

사태가 심각해지자 미국이 나섰다. 매카나기 주한 미 대사가 경무대로 이승만을 방문했다. 그 자리에서 매카나기가 이승만을 강하게 압박했다.

> **매카나기** 미국이 이번 사태(4·19)에 관심을 갖고 있는 것은 한국에 대한 우정과 선의의 결과다.
>
> **이승만** 이번 문제는 장면 한 사람에 의해 저질러진 것이다. 노기남 주교와 장 張이 한국의 헌법을 어기고 권력을 잡으려는 정치적 목적에서 가톨릭과 교회를 이용했다.
>
> **매카나기** 미국은 장이 혼자 문제를 일으킬 만큼 파워풀하다 생각하지 않는다.
>
> **이승만** 현 상황을 해결하기 위한 대사의 견해는 무엇인가?
>
> **매카나기** 정부와 국민 간의 진실한 관계 회복을 위해 빠른 시일 내에 헌법을 개정할 필요가 있다고 본다.

이승만은 끝까지 버티며 이기붕에게 책임을 모두 뒤집어씌우고 사태를 막으려 했다. 이것도 안 되자 새 내각을 구성하고 자유당 총재 자리를 내놓는 것으로 무마하려 했다. 스스로 물러날 생각은 눈꼽만큼도 없었다.

미국 입장이 확고하다고 판단한 이승만은 달리 방법이 없었다. 미국은 군대를 장악하고 경제원조로 재정을 틀어쥐어 정치권 인사 모두가 미국 눈치를 보고 있었다. 미국은 이승만을 압박할 수단이 있었다.

미국은 더 이상 이승만의 실정을 지켜보고만 있을 수 없었다. 이대로 가면 정국이 너무 불안정할 것이 명확했다. 4·19가 민중 봉기로 발전하고 발포로 대규모 희생자가 발생한 순간, 미국이 견딜 한계 상황을 넘어서고 말았다. 한국 정치 상황이 불안하다는 것은 대소반공 포위망 제1선이 흔들린다는 것을 뜻했다.

4월 19일, 비상계엄이 선포되자 주한 미 대

이승만의 국정 운영
1959년 8월 1일자 CIA 1급 기밀문서 '이 대통령의 정책과 국정운영이 약화되고 있음'은 "이승만 대통령의 국정 관여도가 약화되면서 중요 정책 결정 사항이 경무대 비서진과 권력 유지에 극단적 수단도 불사하는 자유당 강경파 손에서 움직인다"고 분석했다. 특히 "이 대통령은 1959년 5월 하순부터 정무에 관심을 쏟는 능력이 떨어지고 새로운 발상에 대한 가장 기초 개념조차 파악할 수 없어 보인다"고 지적했다. 월터 다울링 주한 미 대사도 1959년 8월 15일자 국무부 전문 보고에서 "요즘 이 대통령은 서류도 거의 안 읽고 사람도 안 만난다. 모든 것은 박찬일 비서와 프란체스카 여사가 결정하고 있다. 3년 전과 비교해 정신적 문제가 두드러지게 악화되었다"라고 했다.

퇴진 선언 전 매카나기 주한 미 대사와 만난 이승만

사관은 "시위자들이 데모로써 표현한 정당한 불만이 해결되기를 진심으로 바란다"는 성명서를 발표했다. 이승만 정권을 비난하고, 시위대 편을 든 것이다. 이어 매카나기 대사가 경무대에 들어서 이승만과 자유당 정권의 향방에 대해 논의했다. 4월 21일, 매카나기는 다시 이승만을 방문했다. 한국 정세와 4·19에 대한 미국 정부의 각서를 전달하고, 4·19 당일에 미 대사가 발표한 성명과 미국에서 전달된 러스크 국무장관의 각서 내용을 설명했다.

4월 25일, 전국 대학교수 4백여 명이 "4·19 의거로 쓰러진 학생의 피에 보답하라"는 플래카드를 들고 계엄령이 내려진 거리를 행진했다. 이 시위는 사전에 미 대사관이 신변을 보장해준 상태에서 벌어졌는데 자기 권좌만이라도 유지하려던 이승만에게는 치명타가 되었다.

대학교수들이 시위한 날 밤부터 데모가 격렬해졌다. 다음날 시위 군중은 서울 탑골공원에 있는 이승만 동상을 파괴하여 그 동상 목에 줄을 걸어 끌고 다녔다. 경무대에 이르는 길에는 수많은 사람들이 몰려들었다. 이날 아침 이승만은 "국민이 원한다면 하야를 하겠다"고 발표했다. 데모 군중 가운데서 뽑힌 '국민 대표' 5명이 이승만과 면담하며 하야를 강력하게 주장하고 난 직후 일이었다.

"학생의 피에 보답하라"고 쓴 플래카드를 들고 시위를 벌이는 대학교수들(위)과 4월 26일, 이승만의 하야 성명이 나오자 이승만 동상을 무너뜨리는 서울 시민들(아래)

이승만의 하야 발표문
- 국민이 원한다면 대통령직을 사임하겠다.
- 3·15 정·부통령 선거에 부정이 있었다 하니 선거를 다시 하도록 지시하겠다.
- 선거로 인연한 모든 불미스러운 것을 없게 하려고 이미 이기붕 의장을 공직에서 완전히 물러나도록 했다.
- 내가 이미 합의하여 준 것이지만 만일 국민이 원한다면 내각책임제 개헌을 하겠다.

이기붕과 이승만

이승만이 하야하는 과정에서 계엄사령관 송요찬이 눈부신 활약을 폈다. 데모가 다시 격렬해졌으나 시위대에 '발포'를 하지 못하게 명령했고 '국민 대표' 5명을 골랐다. 송요찬은 계엄 기간 내내 미 군사 고문단과 사무실, 잠자리를 같이 쓰면서 긴밀히 협조했다.

"만세! 민심이 이겼다."

당시 언론은 이승만의 하야를 이렇게 표현했다. 매카나기는 "내 생애 중에서 가장 중요한 날 가운데 하나"라고 기쁨을 감추지 않았다.

이승만의 하야 뒤 부정선거의 최고주범인 이기붕 가족들이 동반 자살했다. 계엄사령부는 그 사실을 발표했다.

"금일(4월 28일) 아침 5시 40분, 이기붕 씨, 박마리아 여사, 장남 이강석 소위, 차남 이강욱 군은 시내 세종로 1번지 소재 경무대 제36호 관사에서 자결했다. 동 유해는 자결 현장에서 검사와 의사의 검시를 끝마치고 수도 육군병원에 안치 중에 있으며 그 진상은 조사 중이다."

이승만 퇴진 선언에 "민의 학도는 승리했다"는 현수막을 들고 시위하는 학생들

(좌) 이기붕 가족이
살아 있을 때 모습

(우) 4월 28일에 자살한
이기붕 가족의 장례식

그리고 그로부터 한 달 뒤인 5월 29일 오전 8시 50분, 이승만은 부인 프란체스카만 동반한 채 CAT 전세기편으로 비밀리에 김포공항을 떠나 하와이로 망명길에 올랐다. 출발 직전 김포공항에는 허정 과도정부 수반과 이수영 외무차관이 전송 차 나왔을 뿐 아무도 없었다.

'자신은 원치 않았지만', '국민의 읍소에 따라' 대통령이 되고 또 그 국민 뜻에 따라 대통령에서 하야한, 그렇게 '국민'을 내세우기 좋아하던 이승만은 끝내 '국민'에게 자기 잘못에 대해 단 한 번도 용서를 빌지 않은 채 이국 땅 하와이에서 1965년 7월 19일, 숨을 거두었다.

이로써 이승만·이기붕의 자유당 독재 정권은 종말을 고했다. 그때부터 한국에는 새로운 과제가 주어졌다. 과거 독재 정권의 잔재를 깨끗이 정리하고 민주혁명을 완수하는 일은 그리 간단하지 않았다.

4·19 평가

4·19는 혁명인가? 의거인가? 아니면 민중항쟁인가? 4·19에 대한 평가는 아직 분명하게 내려지지 않았다. 4·19를 부르는 이름도 '4월혁명', '학생의거', '4월민주항쟁', '4월민중항쟁' 등 다양하다. 대학교수들은 "학생의 피에 보답하라"는 구호가 적힌 현수막을 들고 시위에 나섰는데, 이 현수막에 쓴 글씨는 당시 성균관대 사학과 교수이던 청명 임창순이 썼다. 그는 다음 해 민족자주통일중앙협의회' 통일방안심의위원으로도 참가했다.

4·19민주항쟁으로 쫓겨나
망명길에 오르는 이승만

15
제2공화국

껍데기는 가라!

학생과 시민 봉기로 이승만 정권이 무너진 뒤 권력을 잡은 것은 민주당이었다. 그러나 민주당은 수권정당으로서의 준비가 전혀 되어 있지 않은 상태였다. 민주당은 부정선거 주범과 자유당 독재정권의 유산을 청산하고 민생안정을 도모해야 했으나 구파와 신파로 갈라져 싸움을 벌이며 시간을 허비했다. 언론은 자유의 극단을 추구했다. 노동자와 민중은 생존권적 요구에 목말라했다. 학생과 혁신 세력은 통일지상에 목을 맸다. 장면 정권은 정치적 안정도 사회적 통제력도 확보하지 못했다. 민주주의를 찾아가는 과정에서 생긴 진통과 혼란을 빌미로 군부가 전면에 나서면서 제2공화국은 짧은 수명을 마감한다

1960년 장면 부통령의 시국강연회를 듣고 있는 시민들

● 1960년

4월 27일
과도정부 출범(수반 허정)

5월 3일
과도정부, '혁명적 정치개혁을 비혁명적 방법으로 단행' 성명 발표

5월 11일
거창양민학살사건 유족, 학살 당시 신도면 면장 박영보 생화장

5월 13일
김달호·윤길중 등 사회대중당 창당대회

5월 29일
경북지구 교원노조연합회 결성

6월 11일
내각책임제 개헌안

7월 28일
문교부, 4·19를 '4월혁명'으로 용어 통일

7월 29일
제5대 총선거에서 민주당 압승

8월 3일
대구에서 전국교원노조대회

8월 13일
윤보선 대통령 취임

8월 14일
김일성 수상, 8·15경축대회에서 과도적 남북연방제 제의

8월 19일
장면 총리 인준안 국회 통과

8월 23일
장면 총리, 첫 내각 구성

9월 3일
민족자주통일중앙협의회 준비위원회 발기

9월 24일
서울 시내 79개 남녀 중고등학교 신생활계몽대 결성

10월 11일
4·19혁명부상학생들 혁명입법 요구하며 민의원 의사당 점거

10월 13일
민주당 구파 분당해서 신민당 창당

10월 21일
맨스필드 미국 상원의원, 오스트리아식 중립화통일방안 제의

11월 1일
서울대 민족통일연맹 발기 대정부 사회건문의문 발표

11월 24일
사회대중당 결성(위원장 김달호)

12월 30일
경무대를 청와대로 개칭

● 1961년

1월 6일
장면 총리, 연두기자회견서 중립화통일·남북교류 반대

1월 8일
혁신당 결성(대표위원 장건상)

1월 21일
통일사회당 발족

2월 8일
한미경제원조협정 체결

2월 9일
부정축재처리법안 통과

2월 13일
《민족일보》 창간(사장 조용수)

2월 25일
민족자주통일중앙협의회 결성대회

3월 7일
정부, 데모규제법 마련

3월 22일
2대 악법(데모규제법과 반공법) 반대 성토대회

3월 23일
국방장관, 데모사태 악화되면 군 동원 경고

5월 5일
민족통일전국학생연맹 준비위, 남북학생회담 제안

5월 12일
장면 정부, '경제개발5개년계획' 발표

5월 16일
군사쿠데타 발생

자유가 폭발하다

1960년 10월 11일, 내각 책임하에서 권력의 심장부인 민의원 의사당에 군중 수천 명이 쳐들어왔다. 사흘 전에 있었던 부정선거 관련자 판결에서 8명이 무죄, 3명이 기각·면소 처분되고, 시경국장 유충렬에게만 사형이 선고되자 이것에 불만을 품어 의사당으로 몰려든 것이었다. 군중의 맨 앞에는 환자복에 목발을 짚은 4·19혁명 부상자 50여 명이 있었다. 군중은 본회의장으로 몰려가 의사 진행을 중단시켰다. 그리고 일제히 외쳤다.

"하루빨리 혁명 입법을 완성하라!"

부상자들은 위세가 당당했다. 의사당에 몰려든 이들은 '격렬한 국민감정'과 '지배적 분위기'를 대변했다. 정부에서는 반민주행위자 처벌을 위한 소급 특별법을 만드는 것 말고는 다른 방도가 없었다.

장면 총리는 이 일을 부끄럽게 여겼다. 민주당도 자신들이 정권을 잡는다고 모든 것이 끝나리라고 생각하지는 않았다. 국회 내각책임제 개헌안 기초위원회 위원장 정헌주는 이렇게 말했다.

"4·19의거의 영웅인 학생과 전국민은 단순히 정권 교체만을 요구하지 않고 … 정치 자유의 전면적 회복과 사회복지 향상을 위한 정치의 전면적 개혁을 절실히 요구하고 있다."

민주당에서 계속 주장해온 내각제는 이승만의 비극을 막는 핵심 사항일 뿐이었다. 권력 독점은 이제 불가능해졌다. 제2공화국 아래서 이승만 시대에는 상상조차 할 수 없는 자유가 주어졌다. 글이나 책 때문에 감옥

(좌) 7·29총선의 중요성을 홍보하는 전단

(우) "혁명입법 완성"을 주장하며 국회의사당 회의장에 들어가 단상을 점거한 군중

3·15부정선거
주범에 대한 재판
1961년 4월 17일 특별재판
부는 최인규 전 내무장관(왼
쪽 첫 번째)에게 사형. 이강
학 전 치안국장에게 15년을
선고했다.

을 가거나, 신문사가 폐간당할까 걱정할 필요가 없었다. 마음껏 데모하거
나 원하는 대로 조직을 만들어 가입할 수 있었다.

　5·16쿠데타로 민주당 정권이 무너지기 전까지 경찰 집계만으로도 하루
평균 3회, 모두 약 1,036회의 시위가 있었다. 이승만 시대가 반공으로 동
트고 반공으로 저무는 시대였다면 장면 시대는 시위로 동트고 시위로 저
무는 시대였다. 초등학생에서 경찰까지 연령·성별·직업을 가리지 않았다.
일간신문과 통신사는 이승만 시대에 비해 일곱 배나 늘어났다. 자유가 핵
폭발처럼 연쇄반응을 일으킨 것이다.

　민주당 만세! 장면 만세! 자유 만세!

허정 과도정부 수반

허정 과도내각

이승만은 사임하기 전 허정에게 행정권을 넘겨주었다. 허정은 일제강점기 미국에서 뉴욕한인학생회장, 북미
한인교민회장 등을 지내며 이승만과 각별한 관계를 맺었고 해방 이후에도 돈독하게 지냈다. 그는 이승만 밑
에서 국무총리·서울시장 등을 맡았으며 4·19 직전에는 외무장관으로 기용되어 과도정부 수반을 맡는다. 철
저히 '이승만의 사람'이었던 허정은 "혁명적 목표를 비혁명적 방법으로 수행한다"는 방침을 세웠는데 이는
결국 "아무것도 하지 않는다"는 말이나 마찬가지였다.

원조자 미국의 '자유'

1961년 2월 9일, 민의원을 통과한 '부정축재자처리법안'의 대상자는 다음과 같았다.

- 지위 또는 권력을 이용해 부정한 방법으로 축재한 자
- 3·15부정선거에 1천만 환 이상 정치자금을 제공한 자
- 지난 5년간 연 1천만 환 이상 탈세한 자
- 경쟁입찰에서 담합했거나 재산을 해외 도피한 자
- 뇌물수수로 연 600만 환 이상 이득을 취한 공무원

그러나 민주당 정부로서는 이 법안을 처리하고 싶지 않았다. 원래는 '탈세'만 문제 삼고 나머지 부정행위는 눈감고 넘어갈 작정이었다. 그 때문에 다른 소급입법들은 벌써 다 처리했지만 이 법안만 계속 미적거리며 뒤로 미루고 있었다. 그런데 국민이 문제였다. 국민에게 '혁명'이란 과거의 모든 부정과 단절하는 것을 의미했다. 과거 행태의 반복은 말할 것도 없고, 타협마저 용납되지 않았다.

그러나 진짜 심각한 도전은 다른 곳에서부터 왔다.

"이 법안이 그대로 참의원을 통과하면 사회에 일대 혼란을 불러들여 기업인의 손발을 묶을 것이다. 기업 활동을 가로막고 민족자본을 흐트러뜨리며 나아가 분열을 조장하는 이 법안을 제정하지 않기를 충심으로 진언한다."

미국의 경고

"한국의 4월 민주혁명은 계급 혁명이 아니며, 비민주적 이승만 독재 정권을 타도하는 데 있었다. … 미국의 원조가 사실상 한국 경제의 동맥 역할을 하고 있으니, 설사 부정 축재자들이 이 정권에서 원조 자금, 세금 포탈, 부정 금융 대부, 그리고 여타 수단과 집권당에 대한 아부로 인한 이권 취득으로 치부를 이루었다 하더라도 이의 국고 환원, 벌과금에 의한 부정 재산 회수가, 쿠바의 카스트로 정권이 사유재산을 몰수한 것과 같은 행위로 되어서는 안 된다."(1960년 8월 미국정부가 허정 과도정부에 보낸 서한)

전경련의 전신인 한국경제협회가 대한상의·무역협회·방직협회·건설협회와 뜻을 모아 법안을 반대하는 성명서를 발표한 것이다. 또한 미국은 이미 "카스트로 정권이 사유재산을 몰수한 것과 같은 행위가 되어서는 안 된다"라는 경고를 해둔 상태였다. '카스트로'를 빗대었지만 국민이 바라는 '부정 축재자 처리를 반대한다'는 경고가 분명했다.

경제는 장면 정권의 아킬레스건이나 다름없었다. 물가는 38%나 상승했고 실업률도 23.7%나 되었다. 경제성장률은 인구 증가율에도 못 미치는 2.1%까지 떨어졌다. 춘궁기 식량난을 가장 심하게 겪은 경상도에서는 이 모두를 정부의 무능 탓으로 돌리고 있었다. '경제지상주의'를 내걸었던 장면 정권의 처참한 성적표였다.

장면 정부는 결단을 해야 했다. 국민의 열망에 따를 것인가, 아니면 미국과 기업인의 요구를 따를 것인가 결단해야 했다.

미국 잉여 농산물을
한국에 들여오기로 결정한
한미농산물협정 조인식

1961년 2월 8일에 체결된 '한미경제원조협정' 제3조 1항과 제7조 7항 내용은 한국이 과연 주권국가인지 의심스럽게 만드는 내용이었다. 그걸 풀어서 쓰면 다음과 같다.

한국 정부는 미국에 원조와 관계된 자료를 마음대로 재검토할 수 있는 '자유'를 준다. 미국 정부는 원조를 자신의 마음대로 주고 싶으면 주고, 주기 싫으면 안 줄 수 있는 '자유'를 가진다.

미국은 남의 나라에 대해서도 '자유'를 구가하는 '자유'의 화신이었다. 무엇보다도 미국이 한국에 대해 자유를 구가할 수 있었던 큰 힘 가운데 하나는 경제원조였다.

당시 미국의 원조는 '한국 경제의 동맥'이었다. 원조 물자를 팔아 충당하는 대충자금이 국가 예산에서 52%나 차지했다. 원조 여부를 결정하며 1950년대 쉽게 원조를 베풀던 미국은 장면 정부 때에는 미국 뜻이 제대로 집행되는가 세세히 따지겠다고 나서며 마음에 들지 않으면 언제든지 원조를 거두겠다고 했다.

(좌) 1961년 2월, 한미경제협정 체결에 반대하는 시민들의 시위

(우) 미국의 대한 원조 추이(위)와 미국의 농산물 원조 규모(아래)

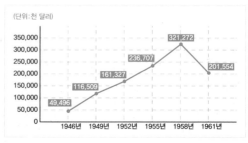

(단위:천 달러)

350,000
300,000
250,000
200,000
150,000
100,000
50,000
0

49,496 · 116,509 · 161,327 · 236,707 · 321,272 · 201,554

1946년 · 1949년 · 1952년 · 1955년 · 1958년 · 1961년

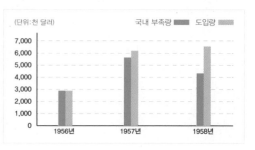

(단위:천 달러) 국내 부족량 ▮ 도입량 ▮

7,000
6,000
5,000
4,000
3,000
2,000
1,000
0

1956년 · 1957년 · 1958년

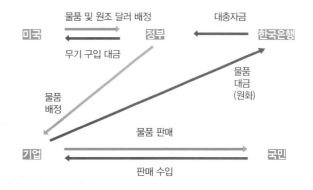

연도	세입규모(a)	대충자금(b)	b/a×100
1959년	455억 원	236억 원	52%
1960년	485억 원	218억 원	45%
1961년	614억 원	243억 원	40%
1962년	756억 원	286억 원	38%
1963년	749억 원	260억 원	35%
1964년	699억 원	224억 원	32%

(좌) 일반 세입에서 차지하는 대충자금의 규모

(우) 대충자금의 적립 과정

미국이 관리자나 심판자로 등장한 것은 새삼스러운 일은 아니었다. 이미 그 해 1월 1일, 한국 통화通貨의 가치를 평가절상하는 바람에 2달 사이에 물가가 15%나 껑충 뛰어오르는 난리가 벌어진 것이다. 결국 장면 정부는 미국의 압력에 두손 두발 다 들었다. 그렇게 해서 부정축재자처리법은 껍데기만 남게 되었다.

- 3·15선거에서 자유당에 스스로 3천만 환 이상을 제공한 자
- 공무원 또는 정당인으로서 부정하게 재산을 모은 자

이처럼 거죽은 남겨놓았지만 그마저도 너무 늦었다. 결국 5·16쿠데타가 일어날 때까지 부정축재자는 단 한 건도 처리하지 않았으니 말이다.

대충자금對充資金

2차 세계대전 후 미국의 대외원조 공여 조건에 따라 원조받는 나라 정부가 특별계정으로 적립하던 자국 통화를 말한다. 적립된 대충자금은 무상 증여라 원조받은 나라 소유였지만 원조국 동의 없이는 사용할 수 없었다. 따라서 원조국은 대충자금 적립제도를 통해 원조받는 나라의 경제 재건 과정에 영향력을 행사했다. 우리나라는 8·15광복 이후 민간 상업차관 도입이 일반화된 1965년까지 약 39억 달러 정도 경제원조를 받았다. 도입된 원조물자는 정부가 국내 시장에 공매하고 공매된 원조물자 판매대전은 대충자금으로 계정되어 적립되었다. 한국 정부는 미국 동의하에 대충자금을 전후 경제 재건을 위한 투융자 활동에 사용했다. 대충자금은 1950년대 후반 정부 세입의 50% 이상을 차지하기도 했으며, 정부 재정 지출의 주요 원천이 되었다. 전후 우리나라의 경제 재건을 위해 소요된 총 사업비에서 대충자금은 90% 이상을 차지했다.

통일은 어떻게 해야 하나?

'평화통일'은 간첩 활동=사형까지 가능하며, 동조자도 처벌할 수 있다. '배고파서 못살겠다, 밥을 달라'는 말은 반역자·동조자도 처벌 가능하다. 이것이 반공법이다.

공공건물에서 20미터 이상 떨어질 것, 경찰의 허가나 지도를 받을 것, 외국인의 집·건물 근처에는 서 있지도 말 것, 확성기를 사용하지 말 것, 이것은 데모규제법이다.

그러나 "오랫동안 자유당 정권 밑에서 억눌렸던 국민이 자유가 허락된 이때에 쌓이고 쌓였던 울분을 한 번은 마음껏 발산시키고 나서야 가라앉을 것은 어쩔 수 없이 뻔한 일이다"라고 생각하던 장면이 아무리 초등학생들이 "교사 전근 반대"를 외치고 어른들은 "데모 그만"을 외치는 시위로 밤낮을 지냈다고 한들 이승만이 휘두르던 칼을 다시 빼들 리 없었다.

그런데 '통일'이 문제였다. 통일 문제는 남한만의 문제가 아니라 북한과 관련이 있는 문제였고, 장면 정권은 이승만 못지않은 반공 정권이었다. 따라서 통일 문제에 대한 시각이 학생이나 혁신 세력과는 근본적 차이를 보일 수밖에 없었다.

이승만이 하야하자 학생들은 자신들이 누볐던 거리의 진정한 '질서'를 세우는 일부터 시작했다. 거리에서 학원으로 다시 들어간 학생들은 어용 학생 단체인 학도호국단을 자율적인 학생회로 바꾸고, 학내 비민주적 요소를 척결하는 투쟁을 벌였다. 게다가 이승만 독재가 가능했던 것은 국민이 무식했기 때문이라고 판단하고 '국민계몽운동'에 나섰다. 양담배를 불태우고 사치 추방 운동을 벌였다.

1960년 11월 18일, 학생운동의 대전환이 시작되었다. '서울대 민족통일연맹'이 조직되었다. 학생들은 3·1절 기념행사도 '통일촉진 민중궐기'로 치르고 "4·19혁명 제2선언문"에서는 '민족·민주혁명 수행의 앞길에는 깨어진 민족 통일이라는 커다란 숙제가 놓였다"고 선언했다. 그리고 1961년 5월 5일, '민족통일전국학생연맹 결성준비대회'가 열렸다. 이 자리에서 학생들은 '남북학생회담 개최'를 요구하기에 이르렀다. 파문은 컸다.

5월 13일, '남북학생회담 환영 및 민족통일촉진 궐기대회'가 열려 서울
운동장에는 1만 명이 넘는 군중이 모였다. 남북학생회담을 지지하며, 여
기에 덧붙여 '남북 정치 협상 준비'를 요구했다. 그리고 "이 땅이 뉘 땅인
데 오도가도 못하느냐. 가자! 북으로!! 오라! 남으로!!"라고 외쳤다.

한편, 1960년 9월 30일, 민족자주통일중앙협의회(약칭 민자통)는 학생들
보다 앞서 남북 정치협상을 요구하며 조직 활동에 나섰다. 민자통은 1961
년 2월 25일, 1,560명이 참가한 가운데 창립대회를 열고 정식으로 출범한
다. 당시 활동하던 혁신정당, 사회·청년단체 대부분이 결집한 최대의 통일
운동 단체였다.

통일행진곡(민자통가)
38선 마의 장벽 가로막혀도
/ 민족의 핏줄은 끊지 못한
다 / 사대의 노예들이 춤을
추어/ 정의에 사는 대중 나
라지킨다 / (후렴) 일어나라
동포여 대열에 서라 / 줄기
찬 투쟁으로 통일을 하자

민자통 참가 단체
민자통에는 사회당, 혁신당 일부, 사회대중당, 동학당 일부 등의 정당과 광복동지회 일부, 유도회 일부, 민족
건양회, 구국동지회, 민주민족청년동맹, 통일민주청년동맹준비위, 천도교 일부, 4월학생혁신연맹, 피학살자
유족회, 출판노조 일부, 교원노조 일부, 교수협회, 사회문제연구회 등의 사회단체가 가입했다
— 《민족일보》 1960년 2월 25일자

민자통 강령
1. 우리는 민족자주적이며 평화적인 국토통일을 기한다.
2. 우리는 민족자주역량을 총집결한다.
3. 우리는 민족자주의 처지에서 국제우호의 돈독을 기한다.

1961년 5월, "가자 북으로! 오라 남으로! 판문점으로!"라고 쓴 는 플래카드를 들고 서울 시내를 누비는 혁신 세력과 학생들

민주민족청년동맹
1960년 6월, 김상찬과 하상연 등 부산대 정치학과 교수 이종률 휘하 청년, 학생들을 중심으로 부산에서 결성되었다. 이후 대구와 서울로 점차 조직을 확대했다.

통일민주청년동맹
1960년 9월, 양춘우 등 서울대 신진회 회원들과 경남의 성민학회(김배영 등), 통일촉진회(우홍선 등) 청년들이 결성한 단체로 혁신정당 사회당의 외곽 단체로 활동했다.

민자통에는 통일사회당 등 일부 세력이 통일 방안에 대한 생각의 차이로 떨어져나갔지만, 진보당 사건 뒤 4·19혁명으로 되살아난 혁신정당들도 소속되어 있었다. 혁신정당의 경우 총선에서는 분열, 준비 부족, 반공이데올로기 공세 등의 원인 때문에 단지 6명만이 당선되는 참패를 당했지만, '통일'에 적극적으로 나선 공로를 국민들에게 인정받고 있었다.

혁신 세력에게 통일은 '민주사회주의의 지향', '미국과의 불평등한 경제관계 시정' 등 자신들의 주장을 실천하는 핵심 요소였다. 그들은 "조국통일은 민족 자주 원칙 하에 남북 협의와 국제적 협조로써 미소 양대 세력에 예속되지 않는 평화통일로 한다"는 데 합의함으로써 분열의 악습을 해결해가고 있었다.

그러나 민주당 정부는 학생과 혁신 세력의 통일 주장을 받아들일 수 없었다. 1961년 5월 7일, 신상초 민주당 대변인은 학생들의 움직임을 비판하는 성명서를 발표했다.

"정부 여당의 통한 방안은 대한민국의 헌법 질서에 따른 유엔 감시하에 북한만의 선거, 즉 이승만의 '무력북진통일'이 오늘날 '평화반공통일'로 용어가 바뀐 것에 불과하다. 남북학생회담은 '될 수도 없고 해봤자 소용도 없이 공산당에 이용만 된다.' 그러므로 학생들을 설득하여 학생회담 움직임을 중지시킬 방침이다."

그래도 밤에 횃불까지 들고 일어난 국민들의 거센 저항 때문에 정부는 반공법과 데모규제법을 포기하겠다고 답변했다. 하지만 통일 운동을 둘러싼 공방은 계속되었다. 그 이면에는 서로 메우기 힘든 깊은 골이 존재했다.

1961년 2월 25일, 민자통 결성대회에서 연설하는 장건상 혁신당 위원장

남북협상을 주장하는 민자통과 학생들에게 북한은 협상을 벌여야 할 '같은 민족'이었지만, 장면 정권에게 북한은 쓸어 없애야 할 '괴뢰'였다. 민자통과 학생들에게 통일은 외세 개입과 간섭이 없이 이뤄져야 할 일이었지만, 장면 정권에게 미국은 한국을 지키는 버팀목이었다.

혁신정당의 통일 정책

쟁점＼정당	통일사회당	사회대중당	혁신당	사회당
기본 방향	영세중립화	민족자주적 입장에서 영세중립화	민족자주적 입장에서 영세중립화	외세배격, 남북협상
국제 회담 중립화	남북한 당국이 참여하는 국제협상에서 한국의 영세중립화 보장	남북한 당국이 참여하는 국제협상에서 영세중립화 보장	남북한 당국이 참여하는 국제 협상에서 영세중립화 보장	남북협상 결정안을 유엔이나 국제 협상에 회부하여 찬동을 얻는 것 가능, 인도식 중립 가능
남북협상	김일성 일당 퇴진, 중립화를 전제 조건으로 남북한 당국 간에 전한국위원회를 구성하여 선거법 제정	남한 국회에서 선출된 민주주의적 제정당 사회단체 대표와 북한 당국에서 선출한 대표로 조국통일위원회 구성 총선거법 제정	남북 의회 대표, 정당, 사회단체 대표, 민족 지도급 인사 약간 명으로 전한국위원회를 구성하여 선거법 제정	남북 제정당 사회단체 간의 남북협상으로 통일의 모든 문제를 결정
선거 감시체	유엔에서 결정된 국제 감시하 총선	중립국으로 구성되는 국제 감시	유엔에서 결정된 중립국 감시	남북협상에서 결정
북한 정권, 통일 정책에 대한 입장	연방제 반대. 김일성 정권이 고물카나 티토식 정권으로 대체되어야 통일 가능	남한 정부의 통일 방안과 북의 연방제안에 대해 국민투표 제안. 북한정권 협의대상 인정	연방제와 선외군철수론 반대. 북한 정권을 협의 대상인 당국으로 인정	연방제 논의 가능. 북한 정권을 협상 대상으로 인정
통일국가의 체제	민주사회주의	민주사회주의	민주사회주의	사회주의

민주당의 자중지란

4·19혁명의 주역은 학생과 시민이었다. 그러나 과실은 민주당이 독차지했다. 1960년 7월 29일, 실시된 제5대 국회의원 선거에서 민주당은 민의원 233석 가운데 175석, 참의원 58석 가운데 31석을 차지했다. 게다가 무소속 당선자 가운데 많은 사람들이 민주당에 입당했다. 말 그대로 '민주당 천하'였다.

그러나 '민주당 천하'는 시작부터 비틀거렸다. 대통령은 구파 윤보선으로 일찌감치 합의했지만, 실권을 가진 국무총리 자리를 놓고는 대활극이 펼쳐졌다. 윤보선은 구파 김도연이 국회 비준에 실패한 뒤에야 신파 장면을 국무총리에 지명했다. 가까스로 총리가 된 장면은 또 신파로만 채워진 1차 내각을 결성했다.

구파는 머뭇거리지도 않고 분당 결단을 내리고 신민당을 결성했다. 그 바람에 민주당 정권은 국회의원 과반수도 확보하지 못한 약체가 되고 말았다. 그런 상황에서 신진 세력인 '신풍회'까지 내부에서 도전했다. 장면 정권은 9개월 동안에 내각을 3번이나 바꿨다.

구파는 신파의 정책이면 일단 반대했다. 윤보선은 대통령 자리에 앉아 있으면서도 구파 우두머리로서 행동했으며, 내각제의 상징적 국가원수가 아니라 대통령제에서의 실권을 가진 대통령처럼 행세했다.

신파와 구파는 이념이나 정책에 차이가 전혀 없었다. 고향, 출신, 경력 따위가 달랐을 뿐이다. 구파는 주로 친일 지주에 한민당 이래 야당 출신 사람들이었다. 신파는 친일 관료 출신에 민주당 창당 때 합류한 사람들이었다. 하지만 그들 모두 한때 이승만 밑에서 일하다 떨어져나왔다는 점

4월위기설을 소재로 다룬 《한국일보》 신문만평 1961년이 되면서 군사쿠데타를 예고하는 '3월 위기설', '4월위기설'이 심심찮게 거론됐으나 장면 정부는 이를 부인했다.

1960년 10월 1일에 열린 제2공화국 출범 경축식에 참석한 윤보선 대통령 내외와 장면 총리 내외

에서는 같았다. 그들은 '반이승만, 내각제' 목표가 달성된 뒤에 눈앞 연줄과 이해득실을 달리하며 갈라섰다. 결국 이들의 분열이 군사쿠데타의 빌미가 되었고, 그것을 진압하는 일마저 불가능케 했다.

1961년 5월 16일 낮, 쿠데타를 감행한 박정희 소장이 청와대로 윤보선 대통령을 찾아왔다. 그때 윤보선 대통령은 "올 것이 왔구나"라고 말한다.

윤보선 대통령은 매그루더 유엔군 사령관과 마셜 그린 주한 미 대리대사를 만났다. 그들은 이미 "장면 총리가 영도하는 합헌적인 정부를 지지한다"는 성명을 발표한 바 있다. 두 사람은 쿠데타군을 무력 진압하자고 주장하면서 이를 승인해달라고 말한다. 그러나 윤보선은 "국군끼리 전투를 벌여 서울이 불바다가 되면 북한 인민군이 기회를 노려 남침한다"면서 끝내 반대한다. 그린은 "각하의 이번 결정으로 한국에서는 오랫동안 군부 통치가 계속될 것입니다"라며 마지막으로 경고한다.

5월 17일 오후 2시, 윤보선이 "군사혁명위원회가 정부 기능을 대신한다"라는 성명을 발표한다. 한편, 이때 그린은 본국에 "윤 대통령은 장 총리를 몰아내고 싶어 가능한 법적 절차를 찾고 있다"라는 전문을 보낸다.

파벌 싸움에 눈이 먼 윤보선은 장면 총리보다 박정희 소장을 선택했다. 그 결과 그린의 경고대로 군사 정권은 그 뒤 30년이나 계속된다.

민주당 구파	민주당 신파
• 민국당 출신 • 김성수·조병옥·윤보선 등 지주 출신의 한민당 일부 세력과 신익희·지청천 등 상하이 임시정부 일부 세력이 연합	• 민주당 창당 때 합류 • 무소속이나 원내 자유당원이었으나 반이승만으로 돌아선 인물들로 관료 출신 • 고향은 주로 평안도, 미국에서 오래 살던 사람들

민주당 신파와 구파 비교

미 CIA의 예측
미 CIA는 1960년 11월 22일 작성된 '한국 정세에 관한 예상 보고서'에서 장면 정권이 2년 이상 버티기 힘들 것으로 전망했다. 국회에서 다소 우위에 있긴 하지만 당면한 숱한 문제를 제대로 풀지 못할 것이라는 예측이었다. 군사쿠데타 가능성에 대해서는 "한국 내 상황이 두드러지게 악화되어야만 군부가 민간정권을 대체하려 할 것"이라고 분석했다. CIA는 1961년 3월 21일자 보고서에서도 "한국 정치의 장기적 전망이 암울하다"고 평가했다.

제임스 하우스만 당시 유엔군 사령관 고문의 증언
"합헌정부를 지지한다는 매그루더와 그린의 성명은 제스처였다. 그 성명은 선거에 의해 선출된 정부가 쿠데타에 의해 무너지는 것을 미국이 방관했다는 얘기를 듣지 않도록 형식적으로 내놓은 것이었을 뿐 진의에서 나온 것은 아니다. 당시 주한미군은 어설픈 민주주의자였던 장면 총리에 대한 불만으로 가득 차 있었다. 미국은 오히려 쿠데타를 환영했으며 진압은 말도 안 된다."

—《경향신문》1995년 5월 11일자, 11면

16
5·16군사쿠데타

반혁명이 시작되다

역사에서는 혁명도 있고 반혁명도 있다. 4·19가 혁명이라면 5·16은 반혁명이다. 박정희 소장이 이끄는 군부 일부 세력은 사회혼란을 핑계로 무력으로 합법적인 정권을 뒤집어엎고 권력을 장악했다. 그러나 혁명을 표방하고 등장한 군부권력은 적나라한 맨얼굴을 드러냈다. 이들에게 붙여진 오명은 '구악보다 더한 신악'이었다. 중앙정보부, 정치정화법, 공화당 사전창당 등을 통해 집권기반을 마련한 박정희는 군복을 벗고 대통령 선거에 나서 승리한다. 그러나 박정희의 제3공화국은 쿠데타를 통해 집권한 군부정권이라는 태생적 한계를 안고 출발할 수밖에 없었다.

모두 부패하고 무능했다

1961년 5월 16일 새벽, 박정희 소장이 이끄는 군부 일부 세력이 한강 인도교를 건너 서울 시내로 들어와 중앙청과 육군 본부, 중앙방송국, 발전소 등 주요 시설들을 장악했다. 새벽 5시 중앙방송을 통해 '혁명'을 알리는 방송이 첫 전파를 탔다. 5·16 세력은 "군부가 궐기한 것은 부패하고 무능한 현정권과 기성 정치인들에게 이 이상 더 국가와 민족의 운명을 맡겨둘 수 없다고 단정하고, 백척간두에서 방황하는 조국의 위기를 극복하기 위한 것입니다"라고 주장했다.

지휘계통을 무시하고 행동을 일으킨 반란이었으나 그들을 제압해야 할 '기성' 정치인뿐만 아니라 군인들까지 부패하고 무능하고 무책임했다.

우선, 육군참모총장 장도영은 사전에 쿠데타 음모를 알고 있었으나 제대로 대처하지 못했다. 쿠데타가 현실화되자 우왕좌왕하며 기회주의적으로 굴다가 쿠데타 발생 12시간 뒤 군사혁명위원회 의장직을 수락한다. 이로써 쿠데타는 '권위'를 확보하게 되었다.

제1군 야전사령관 이한림 장군은 자신이 지휘하는 전투 사단 20개 중 한두 개만으로도 쿠데타군을 진입할 수 있었지만 말로만 쿠데타를 반대하다 사흘 뒤 반란군에 체포되어 서울로 압송되었다.

군사쿠데타의 정당성을 선전하는 전단지
장도영 명의로 작성되었다.

장도영의 양다리
5·16군사쿠데타 발발 당일 CIA는 신속하게 박종규 소령 등 쿠데타 핵심 세력과 접촉을 시도하는 한편 케네디 대통령에게 한국 상황을 보고했다. 5월 18일, CIA는 "장도영 육군참모총장은 미국과 쿠데타 세력 양쪽 모두에 우호 관계를 갖기 위해 조심스럽게 행동하고 있다. 그는 현재 군사혁명위원회 위원장으로 각광받고 있으나 그는 아마도 허수아비일 것이다. 쿠데타 지도자는 박정희 소장"이라고 보고했다.

5·16군사쿠데타 후 연설하는 장도영
그는 이후 군사혁명위원회 의장, 국가재건최고회의 의장, 국방부장관으로 추대되었지만 그해 6월 정변 주체 세력에게 해임되고 중앙정보부에 의해 '반혁명' 혐의로 기소된다. 이때 노태우 대위가 장도영을 체포 연행했다.

군 통수권을 가지고 사태를 수습해야 할 정부 수반 장면 총리는 수녀원으로 피신했다가 55시간 뒤 나타나 총리직을 사퇴하고 군사혁명위원회에 전권을 넘겨주었다.

장면 총리 소재를 알 수 없는 상황에서 명목상이지만 국가원수 윤보선 대통령은 매그루더 주한 미군 사령관과 그린 주한 미 대리대사의 쿠데타군 진압 요청을 반대했다. 그 뒤에도 10개월 동안 대통령직에 앉아 쿠데타의 합법성을 보장해주었다.

사실 사태가 일어나기 전 쿠데타 음모에 가담했던 이종태 대령이 이를 군 수사기관에 고자질했다. 장도영 참모총장이 제 역할을 했더라면 얼마든지 '사전 분쇄'할 수도 있었다. 게다가 반란을 준비하는 자들은 약체였다. 리더 박정희의 현직은 제2군 부사령관으로 한직에 머물러 있었다. 기획자 김종필은 군 하극상 사건과 숙군 파동으로 중령에서 강제 예편된 상태였다. 총병력 3,600명에, 행동 대원도 250명에 불과했다. 주모자급이라고 해봐야 12~13명 정도였다.

이런 상황에서 지휘권이 미국 손에 있었으니 사실 미국으로서는 선택 문제였다. 미 국무성은 이미 1개월 전부터 군사쿠데타 가능성에 대비한 정책 지침을 만들어놓고 있었다. 물론 박정희의 쿠데타 준비 상황도 꿰뚫고 있었다. 매그루더 주한 미군 사령관과 그린 주한 미 대리대사가 초기에 쿠데타를 반대한다는 성명을 발표했으나 미 국무부는 승인을 받지 않은 성명이라며 부인했다. 미국 정부는 '불간섭'이 원칙이라는 것이었다. 그러나 이는 쿠데타를 인정한다는 무언의 표현이었다.

5·16군사쿠데타 발생을 알리는 신문 기사

1960년대 초 주한 미국대사를 지낸 새뮤엘 버거의 5·16군사쿠데타 평가

"1961년 봄에 이르면 장면의 선출을 환영했던 열광은 우울과 좌절로 변했다. 민주주의에 대한 확신은 급속히 사라져갔다. 사회 곳곳에 만연한 무질서와 혼란으로 말미암아 공산주의의 영향력이 곧 남한에 뿌리를 내리게 되리라는 위협이 고조되었다. 이런 분위기 속에서 이미 이승만 정권 말기부터 군사쿠데타를 심각하게 고려해 온 군부의 집단 중에 하나 혹은 다른 집단이 조만간 권력을 잡고자 하리라는 것은 명백했다. 이 집단 중 하나가 1961년 5월 16일 무혈군사쿠데타를 일으켰다." – 새뮤엘 버거, '한국의 변혁:1961~1965(The Transformation of Korea, 1961~1965)' 중에서

혁명! 이벤트!

5월 21일, 군경의 엄호 아래 서울 시내를 행진하는 이정재와 '깡패' 200여 명

깡패들이 1만 3,300명이나 체포되어 "나는 깡패입니다"라고 적은 표찰을 달고 얼마 전까지 거침없이 누비던 거리를 행진해야 했다. 정치 폭력배의 우두머리 이정재와 임화수는 본보기로서 형장의 이슬로 사라졌다.

립스틱은 귀족적 수입 사치품으로 낙인찍혀 화형에 처해졌다. 뚜쟁이 440명이 체포되고 매춘부 4,411명은 집으로 돌려보내졌다. 다방·찻집·바·댄스홀도 문을 닫아야 했다. 고리대 부채도 폐기되었다. 합법적 이자율 안에서 정부가 지불을 보장한다고 선언했다.

부정축재자로 51명이 구금되고 57억 원이 넘는 돈이 국고로 들어왔다. 부패한 관리 4만 1천 명이 쫓겨났다. 3·15부정선거 지휘자 최인규 전 내무장관과 경무대 앞 발포 책임자 곽영주 경무대 경호실장이 사형당했다. 그러자 시큰둥하던 국민들 속에서 반응이 일어나기 시작했다.

게다가 반골 야당 잡지 《사상계》에 이런 글도 실렸다.

> 수백 년의 사회악과 퇴폐한 습성, 원시적 빈곤이 엉클어져 있는 이 어려운 조건 밑에서 정치혁명, 사회혁명, 도덕혁명을 동시에 수행한다는 것이 얼마나 어려운 일인가.

재건운동국민본부가 조직되어 너도나도 "재건합시다"를 외치며 '혁명'과 '재건'의 바람을 일으켰다. 여기에는 대학교수, 언론인들도 참가했다.

혁명 공약

5·16 혁명 공약

1. 반공을 제1의 국시로 삼아 반공 태세를 재정비 강화한다.
2. 유엔 헌장을 준수하고 미국을 비롯한 자유 우방과의 유대를 견고히 한다.
3. 모든 부패와 구악을 일소하고 새로운 기풍을 진작한다.
4. 절망과 기아에서 허덕이는 민생고를 해결하고 국가 경제를 재건한다.
5. 국토 통일을 위하여 공산주의와 대결할 수 있는 실력 배양에 힘쓴다.
6. 과업이 완수되면 양심적인 정치인들에게 정치를 이양하고 군 본연의 임무로 돌아간다.

모든 정치세력, 정치활동 금지

1962년 3월 16일, 정치활동정화법이 공포되었다. 최고 회의에서 추방된 전 군부 지도자와 군사 정권에 비판적인 언론인을 비롯하여 자유당·신민당·민주당 및 진보적인 군소 정당의 저명한 지도자, 전직 고위 관리, 부정축재자, 남북학생회담 관련 학생 지도부 등 무려 4,374명이 대상자가 되어 정치 활동이 금지되었다.

1963년 1월 1일, 일부를 제외하고 정치활동 금지가 풀렸다. 그러자 1월 3일, 신파와 구파가 함께 참여하는 민정당이 결성되었다. 얼마 뒤 이번에는 신파가 뛰쳐나갔다. 구파가 우세해지자 신파는 민주당을 재건하기 위해 탈당한 것이다. 많은 신파 인사들이 아직 장면이 정치활동정화법에 묶여 있어서 내세울 만한 지도자가 없자, 과도내각 수반이었던 허정이 결성한 신정당에 가입했다. 분파에 찌든 야당은 9월이 되도록 단일 대통령 후보를 내지 못하고 있었다.

한편, 군부도 분열했다. 1963년 2월 18일 대통령 선거에 출마할 것이라던 박정희 최고 회의 의장이 느닷없이 민정 불참을 선언했다. 김종필의 독주에 불만을 품은 쿠데타 세력 내부의 갈등이 심각하게 증폭됐기 때문이었다. 8기생과 대립하던 5~6기생들이 중심이 되어 박정희에게 군으로 돌아갈 것을 종용하고 나섰다. 김종필은 이들의 반발을 무마하기 위해 외유를 떠났으나 공화당 창당은 강행되어 총재는 정구영이, 의장은 김정렬이 맡았다. 반발한 반김종필 세력은 김재춘을 중심으로 자유민주당을 창당했다.

정치활동정화법

1962년 3월 16일 군사정부는 정치활동정화법을 공포했다. 최고회의에서 추방된 전 군부 지도자와 군사정권에 비판적인 언론인을 비롯해 자유당·신민당·민주당 및 진보적인 군소 정당의 저명한 지도자, 전직 고위관리, 부정축재자, 남북학생회담 관련 학생지도부 등 무려 4,374명이 그 대상자가 되었다. 그들은 정치활동이 금지되었다. 1963년 1월 1일 일부를 제외하고 정치활동 금지가 풀렸다. 그러자 1월 3일 민주당 신파와 구파가 함께 참여하는 민정당이 결성되었다.

구악에 젖은 공화당

1963년 2월 25일, 출국하는 김종필 전 중정부장
당시 미국은 김종필의 과도한 권력장악을 우려하는 의견을 여러 차례 표명했다. 1963년 1월 28일 버거 주한미국 대사의 비밀전문에 따르면 김현철 당시 내각수반과 나눈 대화를 요약한 후 "김현철 내각수반이 나에게 머리를 숙이기는 이번이 처음이다. 박정희가 김종필에게 계속 권력을 줄 경우 그에 반대하는 세력이 자신 혼자뿐이 아님을 김 수반은 알게 됐다. 그는 김종필이 당 요직을 맡는 것이 한국 정치의 안정과 정도正道와는 거리가 멀다는 인식을 나와 공유했다"라고 평가했다.

이른바 '5·16 주체 세력'의 첫째 목적은 '혁명'이었다. 혁명을 위해서 수단과 방법을 가릴 필요가 없었다. 권력을 장악하려면 당이 필요했다.

'5·16 주체 세력'은 공화당 사전 조직에 들어갔다. 이 역시 김종필 작품으로, 그의 조직 중앙정보부에서 추진했다. 정치 활동이 금지된 국가기관 중앙정보부가 위법이 명백한 '공화당 창당' 작업을 비밀리에 벌였다.

공화당 창당 작업의 주축은 '혁명 주체' 육사 8기생이었지만 소장 언론인과 교수, 중견 정부 관리들도 특별훈련원에서 조직 기술 교육을 받았다. 썩어빠진 '구 세대'를 대체할 '새 세대'를 육성하는 일이었다. 조직 원칙도 구 세대와는 확연히 달랐다. '파쟁'과 '분파' 자리에 강력한 민주 집중이 들어섰는데 이 일에는 엄청난 돈이 들었는데 사무국을 운영하는 데만 한 달에 약 70만 달러가 들었다. 당시 국민 10만 명의 한 달 소득이었다. 합법적으로는 도저히 모을 수 없는 엄청난 액수였다. 신악은 여기서 싹텄다.

1963년 2월 26일, 마침내 공화당이 공식 출범했다. 그러나 김종필은 바로 전날 '자의 반 타의 반' 외유를 떠나 그 모습을 지켜볼 수 없었다. 그가 구악으로 규정한 파쟁은 혁명 주체 내부에서도 전혀 다르지 않은 현상이 되었다. 2인자 독주를 견제하려는 움직임은 '혁명' 명분도 막지 못했다.

김종필이 떠난 공화당이 그의 본래 뜻대로 흘러갈 리가 없었다. 선거 승리를 위하여 지명도와 경험을 갖춘 자유당 무리가 공화당에 합류했다. 공화당 창당을 위해 신악을 저지르기는 했지만, 구악은 결코 '혁명 이념'과는 어울릴 수 없었다. 그러나 이들은 비주류를 형성하여 공화당의 대표적 구악 '파쟁'에 휩싸이게 만들었다.

1970년 6월 10일, 중앙정보부 창설 9주년을 맞아 한 자리에 모인 1960년대 중앙정보부장들
왼쪽부터 김재춘(3대), 김용순(2대), 김종필(초대), 김형욱(4대), 김계원(5대)

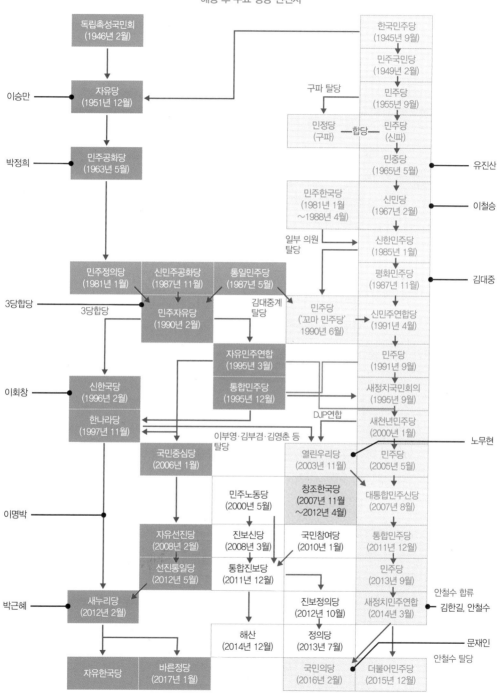

해방 후 주요 정당 변천사

독립촉성국민회
(1946년 2월)

한국민주당
(1945년 9월)

민주국민당
(1949년 2월)

구파 탈당

민주당
(1955년 9월)

이승만

자유당
(1951년 12월)

민정당
(구파)
ㅡ합당ㅡ
민주당
(신파)

민중당
(1965년 5월)

유진산

박정희

민주공화당
(1963년 5월)

민주한국당
(1981년 1월
~1988년 4월)

신민당
(1967년 2월)

이철승

일부 의원
탈당

신한민주당
(1985년 1월)

평화민주당
(1987년 11월)

김대중

민주정의당
(1981년 1월)

신민주공화당
(1987년 11월)

통일민주당
(1987년 5월)

3당합당

3당합당

민주자유당
(1990년 2월)

김대중계
탈당

민주당
('꼬마 민주당'
1990년 6월)

신민주연합당
(1991년 4월)

자유민주연합
(1995년 3월)

민주당
(1991년 9월)

신한국당
(1996년 2월)

통합민주당
(1995년 12월)

새정치국민회의
(1995년 9월)

이회창

한나라당
(1997년 11월)

DJP연합

새천년민주당
(2000년 1월)

이부영·김부겸·김영춘 등
탈당

국민중심당
(2006년 1월)

열린우리당
(2003년 11월)

민주당
(2005년 5월)

노무현

이명박

민주노동당
(2000년 5월)

창조한국당
(2007년 11월
~2012년 4월)

대통합민주신당
(2007년 8월)

자유선진당
(2008년 2월)

진보신당
(2008년 3월)

국민참여당
(2010년 1월)

통합민주당
(2011년 12월)

선진통일당
(2012년 5월)

통합진보당
(2011년 12월)

민주당
(2013년 9월)

박근혜

새누리당
(2012년 2월)

진보정의당
(2012년 10월)

새정치민주연합
(2014년 3월)

안철수 합류
김한길, 안철수

해산
(2014년 12월)

정의당
(2013년 7월)

문재인

자유한국당

바른정당
(2017년 1월)

국민의당
(2016년 2월)

더불어민주당
(2015년 12월)

안철수 탈당

구악보다 더한 신악과 중앙정보부

구악을 일소하고 새로운 기풍을 진작한다고 혁명 공약에 버젓이 내걸었던 5·16 세력은 금방 '구악보다 더한 신악新惡'이 되었다. 그들은 이른바 4대 의혹사건을 저질렀다.

첫째, 증권 파동 사건이다. 중앙정보부 요원 정지원·강성원 등이 증권 투자의 귀재 윤응삼을 앞세워 증권 조작을 통해 막대한 자금을 모은 사건이다. 조작으로 모은 돈이 67억 환이었는데, 이는 당시 통화량의 4%에 이른다고 알려졌다. 배후에는 김종필의 중앙정부가 있는 것으로 알려졌고, 돈은 공화당 사전 창당 자금으로 흘러들어간 것으로 추정되었다.

둘째, 워커힐 사건이다. 6·25전쟁 중 한국에서 사망한 주한 미군 사령관 워커 장군을 기리기 위해 지은 워커힐호텔 공사에 투입된 정부 주식 출자금 5억 3,590만 9,000여 환 중 워커힐 이사장 임병주(당시 중앙정보부 제2국 제1과장)가 막대한 금액을 횡령한 사건이다.

셋째, 새나라자동차 사건이다. 중앙정보부 차장보 석정선이 일본제 승용차를 불법 반입한 뒤 이를 시가의 2배 이상으로 판매해 거액의 폭리를 취한 사건이다.

넷째, 파친코(빠찡코) 사건이다. 한국에서 법으로 금지된 파친코 100대를 재일동포의 재산 반입인 것처럼 위장하여 세관원을 속여 국내로 수입한 뒤 서울 시내 33곳에 파친코장을 개설, 승인하려 한 사건이다.

이 모든 신악의 생산자는 중앙정보부였다.

중앙정보부는 5·16쿠데타 이전에는 없었던 조직으로 한국 사람들에게는 낯선 조직이었다. 5·16쿠데타 직후 김종필의 구상으로 조직되었다. 김종필은 동기 서정순·이영근·김병학 중령을 불러 "미국의 CIA와 일본의 내각조사실을 절충한 정보수사기관"을 만들려고 하는데, 관련 법을 만들라고 지시했다. 중앙정보부법은 1961년 6월 10일에 최고회의 법령으로 공포되었다. 쿠데타가 일어난 지 불과 25일 만의 일이었다. 이 조직은 처음 김종필이 근무했던 특무부대원을 토대로 3천 명으로 시작했지만, 3년 뒤인 1964년에는 37만 명의 거대한 조직으로 불어났다.

'정보수사에 관하여'라는 제한이 붙어 있었지만, 그 제한은 문서상의
것일 뿐, 중앙정보부장은 정부 내 모든 기관 소속 직원을 지휘·감독할 권
한이 있었다. 사실상 모든 정부 기관 직원을 아랫사람처럼 부려먹을 수
있는 무소불위의 권력 기관이 된 것이다. 군정 기간 동안, 그리고 박정희
집권 18년 내내 모든 길은 중앙정보부로 통했다. 군부가 정권을 지키는 최
후의 물리력이라면, 중앙정보부는 정권 안위를 지키는 신경망이었다.

모든 것을 책임진 중앙정보부에게는 할 일이 많았지만, 그 일을 할 만
큼 필요한 돈을 만들 수 있는 방법은 법 테두리 바깥에 있었다. 중앙정보
부의 사람들에게는 준법은 미덕이 아니었다. 일을 위해서는 불법이든 합
법이든 수단과 방법을 가리지 않는 추진력이 필요했다.

미국의 김종필 중앙정보부장 견제

"정치정화법, 증시조작, 화폐개혁 등 김종필과 그의 측근들이 시행한 정책들, 그리고 김종필의 점증하는 권
력과 영향력은 혁명정부 안에서 주요한 분열을 가져왔다. 6월과 7월 혁명정부 내 관리와 한국군을 지휘하는
몇몇 장성들이-우리의 사주를 받아-박정희에게 김종필을 내쫓거나 그의 권력을 줄이거나 하지 않으면 그들
이 김종필에 대항해서 행동을 취하지 않을 수 없노라고 통보했다. 박정희는 이 압력에 굴복했다. 김종필은 한
국중앙정보부장으로부터 해임되었다."- 새뮤얼 버거 주한 미대사의 보고서 '한국의 변혁:1961~1965' 중에서

사상 시비

'혁명'을 성공시킨 뒤에도 미국이 제일 먼저 관심을 기울인 문제는 바로 '반공'이었다. 미국은 결국 의심을 풀었으나 대통령 선거에서 다시 이 문제가 불거지고 말았다.

혁명 공약 제1조로 내건 '반공'은 구호만 요란하고 실속은 없는 반공이 아니었다. 공산주의자뿐만 아니라, 이른바 '중립'을 위장한 '용공 행위'까지 엄단하기 위해서였다. 장면 정권이 '빨갱이'들에게 밀려 포기했던 반공법을 간단하게 공포했다. 당연히 소급입법하여, '평화통일'을 주장했던 무리들을 남김없이 체포·구속·처형했다. 민족일보의 조용수 사장과 사회당 사건으로 최백근 조직부장도 사형에 처했다. 군사 정권이 여섯 가지 혁명 공약 중에서 유일하게 지킨 것이 바로 이것이었다. 그런데 윤보선이 이것만 문제 삼고 나왔다.

사실 박정희는 남로당에 가입했던 이력이 있었다. 이것이 문제가 되어 1948년 11월 11일부터 조사를 받았다. 그는 피의자였지만 '박정희 리스트'를 작성하여 수사관 못지않게 활약했다. 군부대 안 남로당원이 굴비 엮이 듯이 줄줄이 끌려들어 왔다.

1961년, 민족일보 사옥 앞에서 기념 촬영하는 조용수 사장(왼쪽 앞줄 가운데)과 사형 집행 직전 최백근 전 사회당 조직부장 두 사람은 "북한의 활동에 동조한 죄"로 1961년 12월 21일, 사형이 집행되었다. 2008년 1월 16일, 서울중앙지법은 재심에서 조용수에게 47년 만에 무죄를 선고했다.

그는 여기서 그치지 않고 여러 부대에 돌아다니며 남로당원들을 손가락으로 직접 가리켰다. 수사를 맡던 김창룡이 감격하여 박정희를 구명하는 데 발 벗고 나섰다. 당시 군 실세 백선엽·원용덕도 여기에 가세했다. 결정적으로 '한국군의 아버지'라는 별칭을 얻은 미군 정보장교 하우스만도 거들었다. 이렇게 해서 그의 '용공'은 깨끗이 정리되었다.

황태성은 좌익 운동을 하다가 전쟁 전에 북한으로 올라가 무역성 부상(차관)까지 지낸 인물이었다. 박정희가 쿠데타로 정권을 잡자, 그는 자신이 민족을 위해 큰일을 할 기회가 왔다고 생각했다. 그는 박정희를 만나려고 휴전선을 넘어 남으로 왔다. 많은 사람들이 무모하다고 말렸지만 그에게는 믿는 구석이 있었다. 박정희가 자신의 절친한 친구 박상희의 동생이었는데, 박정희는 자신에게 장래 진로까지 의논할 정도로 친하게 지냈던 것이다.

1961년 밀사로 내려와
사형당한 황태성
전 북한 무역성 부상

그러나 박정희는 과거에 연연하지 않고 "통일을 논의하자"는 황태성을 '간첩'으로 몰아 구속했다. 김형욱 정보부장 등이 그의 사형을 강하게 요구했다. 대통령 선거가 끝난 뒤 황태성은 "조국 통일 만세!"를 부르며 형장의 이슬로 사라졌다.

만주군관학교와 일본 육사를
졸업한 직후 박정희의 모습

그나마 윤보선이 용공 경력을 들고 나온 것은 박정희에게 천만다행이었다. 그의 치명적 약점은 용공이 아니라 친일이었다. 1943년 3월, 일제 괴뢰국 만주국의 신징군관학교 졸업식장에서 "대동아 공영권을 이룩하기 위한 성전에서 나는 목숨을 바쳐 사쿠라 같이 훌륭하게 죽겠습니다"라고 선서한 수석 졸업생이 바로 박정희였다.

박정희는 여기에 만족하지 않고 만주군관학교 수석 졸업생이라는 특전을 이용하여 일본육군사관학교에 편입했다. 민족의 현실을 생각하지 않는다면 조선 사람으로서는 최고의 출세였다. 일본 육사를 3등으로 졸업한 박정희가 배치된 곳은 만주 관동군이었다. 조선의용군이 활동하던 지역이었다. 박정희의 행적은 여전히 논란과 시시비비의 대상이 되고 있다.

아찔한 선거 결과

1963년 선거에서는 단지 15만 6,028표밖에 차이가 나지 않았다. 공화당으로서는 '혁명'이 국민들에게 거의 먹혀들지 않았다는 것이 증명되는 아찔한 순간이었다. 전체 선거비 가운데 공화당이 76.9%를 사용하고, 야당의 손발을 묶어놓은 채 치른 선거에서 얻은 성과로는 초라하기 그지없었다.

야당은 선전했다고 자위할 만한 성과를 거두었지만, 아쉬움이 컸다. 우여곡절 끝에 윤보선으로 실질적인 야당 단일화를 했지만, 허정과 송요찬이 조금만 더 일찍 사퇴했더라면 결과가 뒤집힐 수 있었다. 그렇지 않더라도 변영태·오재영 가운데 한 사람이라도 사퇴했으며 이길 수도 있는 선거였다.

야당의 선거전략도 문제였다. 박정희의 용공 시비가 오히려 일부 지역에서는 역효과를 거두어 몰표가 나오는 현상이 벌어졌다. 여순 사건처럼 학살과 용공의 아픔을 겪은 곳이었다.

국회의원 선거에서는 공화당이 32.4% 득표율을 얻고도 170석 가운데 110석을 차지하는 압승을 거두었다. 야당이 11개 정당으로 분열되었기 때문이었다.

미국은 매표행위와 불법행위가 국회의원 선거에서 눈에 띄었다며, 야당이 연합했으면 정반대의 결과가 나타났을 것이라고 평가했다.

제5대 대통령 선거 벽보

1963년, 5대 대통령
취임식에서 선서하는
박정희

군정이 끝났다. 대선과 총선을 통해 민간 정부가 들어섰다. '혁
명' 주체들은 자신들이 민간인이 되었다고 주장했다. 하지만 그
말을 실제로 믿는 사람들은 아무도 없었다. 군복을 벗은 군인
정부라고 생각할 뿐이었다.

박정희
470만 2,640표

윤보선
454만 6,614표

박정희와 윤보선의 득표율

미국의 초기 박정희 평가

"우리는 한국의 새로운 통치 세력이 등장했음을 인지했으며 그들의 민족주의적 정서와 미국으로부터 독립
적이고자 하는 열망이 건설적인 방향으로 돌려질 수 있다면 긍정적일 수 있는 가능성을 제공할 수 있다고
판단했다. 우리는 박정희가 자기 조국의 어려운 상황에 대해 깊은 이해를 가지고 있으며 지도력과 개인적인
청렴함을 지녔고 우리가 통치의 기본을 그에게 가르칠 수 있다고 판단했다."

- 새뮤엘 버거 주한 미대사의 보고서 '한국의 변혁:1961~1965' 중에서

17
한일협정

'제2의 이완용'이 되는 한이 있더라도…

한일수교회담은 박정희의 제3공화국 출범과 함께 가장 중요한 외교 현안으로 등장했다. 미국은 동북아지역 반공 전선을 강화하기 위해서는 한일수교가 필수적이라고 판단하고, 5·16직후부터 이를 강력히 주문했다. 경제개발 자금이 긴요했던 박정희 정권은 군정 시절 김종필·오히라 비밀 회담을 통해 한일협정의 기본 윤곽에 합의했지만, 그 내용이 언론에 밝혀지면서 굴욕적 한일회 담을 규탄하는 반정부 시위가 격화되었다. 박정희 정권은 결국 군대까지 동원, 반대 시위를 진압하면서 한일협정을 밀어 붙였으나 졸속 협정으로 수많은 문제가 잉태되었다.

민족적 민주주의 장례식

● 1961년

11월 12일
박정희 의장 – 이케다 수상 도쿄 회담

11월 14일
박정희 의장 – 케네디 대통령
정상회담

● 1962년

11월 12일
김종필 – 오히라 비밀 회담

● 1964년

3월 6일
민정당·민주당·자민당·국민의당 등
모든 야당과 사회단체 등 주요 인사
200명, 주축이 되어 '대일굴욕외교반
대 범국민 투쟁위원회' 결성

3월 24일
대일굴욕외교 반대시위 격화

5월 20일
서울대, 민족적 민주주의 장례식 열고
시위

6월 3일
서울 18개 대학교 학생 비롯 3만여
명, 도심 시위

6월 3일
계엄령 선포(6·3사태)

6월 5일
김종필 공화당 의장 사임

7월 18일
내무장관, 학생 데모 김정강 주동
'불꽃회'가 조종했다고 발표

8월 14일
김형욱 중앙정보부장, 도예종·양춘우
등과 언론인·학생 41명을 검거했다
고 발표(1차 인민혁명당 사건)

9월 12일
박한상 인권옹호협회장, 인혁당 사건
피고들 고문당했다고 발표

10월 28일
6·3시위 주동자 김중태·현승일·
김도현 등 선고 공판

● 1965년

2월 20일
기본관계 조약 가조인 및 양국 외상
공동성명 발표

4월 3일
한일 어업·청구권 문제 타결

4월 17일
한일협정반대 시민대회

4월 19일
국방부, 위수령 발동

5월 3일
민주당·민정당, 합당하여 민중당 창당

6월 22일
한일협정 조인

8월 14일
국회 비준(찬성 100, 기권 1,
야당 보이콧)

12월 18일
비준서 교환(서울) 및 협정 발표

김종필과 오히라

오히라 마사요시大平正芳 일본 외상에게 가장 골치 아픈 문제는 돈의 명목
이었다. 게다가 청구권이라니, 무슨 반성을 하란 말인가 하고 생각했다.
그래도 한국이 '배상금'이라고 드러내놓지 않아서 그나마 다행이었다. 어
쨌든 '반성'의 뜻이 담긴 명목은 그 어떤 것도 받아들일 수 없었다. 앞으로
맺게 될 모든 관계를 좌우할 공식 문서에 '사죄'의 뜻을 집어넣는다는 일
은 있을 수 없었다.

일본으로서는 '독립 축하'라는 말도 자존심을 많이 꺾고 선택한 것이었
다. 그래도 이 말은 과거를 잊고 한국이 잘되기를 바란다는 의미가 담겼
고 일본의 통 큰 배포를 보여주는 듯해서 그럴 듯했다. 하지만 속 좁은 조
선인들은 지나간 과거에 연연하며 '반성' 운운하고 있었다.

그런데 김종필은 달랐다. 젊은 나이에 '혁명'을 성공시킨 사나이다운
배포는 오히라의 상상을 뛰어넘었다. 김종필은 아예 돈의 명목과 관련해
서는 한마디도 입 밖에 내지 않고 오직 액수만 문제 삼았다. 오히라로서
는 다행스러웠지만 한편으로는 한국민을 어떻게 설득할 수 있을지 도리
어 걱정스러울 지경이었다.

1962년 11월 12일, 한국 중앙정보부장 김종필과 일본 외상 오히라는
비밀 회담을 가졌다. 역시 한국 청와대에서는 돈의 명목을 문제 삼았지만

**김종필 중앙정보부장과
오히라 일본 외상**
1962년 11월 12일, 일본 도
쿄에서 당면한 한일 간 문제
를 1963년 봄까지 타결하기
로 합의했다.

김종필은 영리하게 대처했다. 결국 한국에서는 청구권, 일본에서는 독립 축하금으로 이름을 붙이고 무상 공여 3억 달러, 재정 차관 2억 달러, 상업 차관 1억 달러로 총 6억 달러로 합의했다.

1961년, 박정희 의장이 케네디 미국 대통령을 만나러 워싱턴으로 가던 중 일본에 잠시 들러 이케다 수상과 회담을 한 지 꼭 1년 되는 날이었다. 이날, 일본 정계의 거두 오노 반보쿠大野伴睦는 김종필을 요정料亭 '지요산'에 초청했다. 그 자리에는 일본 자민당 8대 파벌의 우두머리가 다 모였다. 국가원수도 받기 힘든 대접이었다.

이로써 이승만 정권 때부터 지루하게 끌어오던 한일 수교 협상은 큰 산을 넘었다. 이제부터 이러한 틀에서 합의된 내용을 구체화하는 실무 협상만 남았다.

물론 이후에도 청구권을 둘러싼 양국 간 논란은 계속되었다. 일본 측은 '산출근거, 한국에 남겨 두고 온 일본 정부와 일본인들의 재산, 북한문제 등이 복잡하게 되기 때문에 곤란하다'며 '경제협력 조치로써 양국 간 청구권 문제가 해결될 것으로 간주한다'는 규정만 넣자고 고집했다. 한국 측이 이같은 주장을 거부하자 이케다 수장은 김종필-오히라 메모의 재가를 유보했고, 청구권 교섭은 다시 일본 측의 주도 아래 2년 반 동안을 끌려다녔다. 이 사실은 1964년까지 비밀에 부쳐졌다.

김종필-오히라 메모

한일회담 일지

1951년 10월 20일	1952년 2월 15일	1953년 10월 6일		1957년 12월 31일	1958년 4월 15일
1차 예비회담	**1차 회담 시작**	**3차 회담 시작**	…	**일본 정부,**	**4차 회담 시작**
재일한국인 국적 문제 의제 채택	기본 관계, 재일 한국인 법적 지위, 청구권, 어업 문제 논의	구보다 망언 "일본의 통치는 한국인에 유익"		**'구보다 망언' 취소**	4·19혁명으로 중단

1960년 10월 25일	1961년 11월 12일	1962년 11월 12일		1964년 6월 3일	1965년 2월 22일
5차 회담 시작	**박정희-이케다 회담**	**'김종필-오히라'**	…	**6·3한일회담 반대**	**한일 기본관계 조약 및**
5·16군사쿠데타로 중단		**메모**		**운동, 비상계엄 선포**	**부속협정문 조인**
		청구권, 평화선, 재일동포 법적 지위 등 합의		**12월 3일**	**12월 18일**
				7차 회담 시작	**비준서 교환 및 협정 발효**

민족적 민주주의 장례식

1964년 5월 20일, 서울대 문리대 교정에서는 기묘한 이름의 집회가 열리고 있었다. '민족적 민주주의 장례식 및 성토대회'였다.

박정희는 몇 달 전 대통령 선거에서 자신을 공산주의자라고 몰아붙이는 윤보선을 향해 "이번 선거는 민족적 이념을 망각한 가식된 자유민주주의 사상과 강력한 민족적 이념을 바탕으로 한 자유민주주의의 대결입니다"라고 응수했다. 이때부터 '민족적 민주주의'는 박정희의 트레이드마크 가운데 하나가 되었다. 학생들에게 박정희의 '민족적 민주주의'는 진정한 민족 민주의 죽음을 의미했다.

그래서 이날 학생들은 선언문에서 이렇게 외쳤다.

"국제 협력이라는 미명 아래 우리 민족의 치 떨리는 원수 일본제국주의를 수입, 대미 의존적 반신 불구인 한국 경제를 2중 예속의 철쇄로 속박하는 것이 조국 근대화로 가는 첩경이라고 기만하는 반민족적 음모를 획책하고 있다. 우리는 외세 의존의 모든 사상과 제도의 근본적인 개혁 없이는, 전국민의 희생 위에 군림하는 매판자본(예속자본)의 타도 없이는, 외세 의존과 그 주구 매판자본을 지지하는 정치 질서의 폐기 없이는, 민족 자립으로 가는 어떠한 길도 폐색閉塞되어 있음을 분명히 한다."

1964년 5월 20일,
'민족적 민주주의 장례식'을
마치고 시위는 서울대생들

김종필이 "한일회담은 3월 타결, 4월 조인, 5월 비준될 것이다"라고 하자마자 3월 24일, 이케다 수상과 이완용을 상징하는 허수아비가 불타고 고교생들이 미 대사관 앞에서 연좌 농성을 했다. 수만 명이 데모대에 참여했다. 박정희가 대통령이 되어 권력을 잡은 뒤 첫 시위였지만 그 규모는 4·19 이후 최대였다.

6월 3일, 아침에 이슬비가 내렸다. 10만 명이 넘는 군중이 시위에 나섰다. 핵심 주력은 광화문에 모인 시위대로 3만 명 정도였다. "박정희 타도!"를 외치던 그들은 경찰과 대치했다. 시민회관과 유솜USOM(주한미군경제협조처, USAID의 전신) 건물 앞 제1저지선을 뚫은 시위대는 제2저지선과 제3저지선을 뚫고, 오후 7시 30분경 제4저지선 앞 청와대 입구에 다다랐다.

박정희 정부는 계엄을 선포했다. 6월 5일자 《뉴욕타임스》는 계엄 직후 상황을 이렇게 전했다.

"군대가 한밤중에 출동하여 서울 시내의 대학, 경기장, 고궁, 관공서를 점령했다. 그들은 총검이 부착된 소총을 소지했고, 주요 도로에는 기관총을 설치했다. 집회와 시위는 완전 금지되었고 학교는 무기 휴교에 들어갔다. 야간 통행 금지령도 내려졌다."

한일회담 반대 운동을 주도한 김중태, 김도현, 현승일 등 서울대 민족주의 비교연구회 간부들을 수배한다는 내용의 벽보(위)

"누구를 위한 회담인가" 현수막을 들고 시위하는 학생들(아래)

1차 인혁당 사건
1964년 당시 중앙정보부는 도예종 등이 북한 지령을 받아 대규모 지하조직인 인민혁명당을 조직해 국가 변란을 기도했다고 발표했다. 도예종 등 13명은 재판에 넘겨졌고 유죄판결을 받았다. 도예종은 이후 1974년 2차인혁당사건에 다시 연루돼 사형 당했다.
서울고법은 2013년 11월 유가족이 청구한 재심에서 국가의 불법행위가 인정된다며 무죄를 선고했고, 2015년 대법원의 확정판결로 1차인혁당사건은 50년 만에 무죄가 확정되었다.

정권의 명운을 걸고라도

김종필뿐만 아니라 박정희도 '제2의 이완용이 되더라도' 반드시 한일협정을 성사시키고 말겠다는 각오였다. "절망과 기아선상에서 허덕이는 민생고를 시급히 해결"하겠다고 '혁명 공약'을 내세웠지만, 경제는 조금도 나아질 기미를 보이지 않았다. 최악의 경제 상황이었다. 1964년 말 현재, 공장 36%가 휴업하고 있었다. 특히 충청북도는 57%, 경상북도는 56%가 휴업 중이었다.

박정희 정권은 제1차 경제개발계획을 시작했지만 돈이 없었다. 미국의 무상 원조는 날이 갈수록 줄었다. 1960년에 2억 2,500만 달러였으나 1962년에 1억 6,500만 달러, 1963년에 1억 1,900만 달러로 줄고 1964년에 9,000만 달러도 되지 않을 전망이었다. 1965년에는 더 줄어들 것이 명확했다.

미국에서도 벌써 몇 년 전부터 달러가 부족한 상황이었다. 1950년대 미국이 반공을 위해 너무 많은 달러를 전 세계에 쏟아부어 재정 적자가 늘어났다. 미국은 소련과 군비 경쟁을 벌이고 제3세계에 대한 원조 경쟁에도 나서야 했으나 달러 위기에 재정 적자라는 후유증이 나타난 상태였다.

그러나 반공을 포기할 수는 없었다. 미국 달러 가치가 하락하고 미국 경제는 어려워졌지만 그 대신 일본이 경제 대국으로 부상하고 있었다. 미국에 없는 돈이 일본에는 있었다. 물건도 남아돌아 해외로 눈을 돌리지 않으면 경제가 버티기 힘들 정도로 과잉생산 상태가 되었다. 이제 한국은 미국 돈이 아니라 일본 돈을 쓰고 이 돈으로 '혁명 공약'을 완수하면 된다. 이렇게 한국은 일본을 지키는 보루가 되고 한국과 일본은 동아시아 공산주의라는 위협에 맞서는 친구가 된다. 이것이 미국의 계획이었다.

한일회담은 두 당사자보다도 미국이 더 나서서 서둘렀다. 박정희가 쿠데타로 정권을 장악하자, 케네디 대통령은 박정희 의장을 미국으로 불러들여 한일 수교를 강력히 요구했다. 이에 박정희는 "국민의 비난을 받더라도 정권의 명운命運을 걸고 한일회담을 성사시키겠다"고 약속했다. 미국의 요구는 일본에도 전달되었다. 케네디는 박정희를 만나기 전 이케다 수상을 만나 "안보 차원에서 일본은 한국의 반공 정부를 지원할 필요가 있으며, 이를 위하여 한일 교섭은 재개되어야 한다"고 했다. 이후 미 국무부와 주한 미 대사관 등에서는 쉬지 않고 한일 수교를 요구했다.

미국이 이렇게 한일회담에 강한 애착을 보인 것은 아시아 반공 전선을 강화하기 위해서였다. 미국은 2차 세계대전 후 일본을 공산주의 확산을 막는 '아시아의 방패'로 키웠다. 일본에 자신을 선제공격한 책임을 물어 25명만 처형했을 뿐, 아시아 침략에 대해서는 아무것도 추궁하지 않았다. 그 결과 아시아 침략 전범들이 정·재·관계 요직을 꿰차고 일본을 주무르게 되었다.

한일협정은 미국 국익뿐만 일본 국익에도 합치했다. 미국의 압박에 일본은 속으로 쾌재를 불렀다. 그 점은 이케다 수상 발언에서 잘 드러난다.

"특히 부산이 적화赤化될 경우 일본의 치안에 커다란 영향을 미칠 것이다. 남한의 반공 정부에 대해서 일본은 커다란 관심을 가져야 한다. 일본은 당장이라도 한국에 대해 적극적으로 지원할 의사가 있으며, 이를 위해서도 한일 교섭을 재개해야 한다."

사실 준비는 다 되어 있었지만 '일부 정치인의 분별없는 언동, 일부 언론의 무책임한 선동, 일부 학생의 불법 행동'이 문제였다. 정권 탈취 후 최대의 위기 상황이었다. 그러나 박정희는 '목숨 걸고' '혁명'했고, '목숨 걸고' 권력을 잡았고, 이제 '목숨 걸고' 권력을 지켜야 할 때가 되었다. '너무 관용적인 정부의 대응'은 이제 끝났다. 1964년 4월 21일, 버거 미국대사는 '단호한 조치'에 대해 의견을 묻는 박정희에게 "합헌 정부로서의 권위와 법질서를 유지하는 길 외에는 그 어떤 길도 있을 수 없다"며 군대 동원에 동의했다.

마침내 6월 3일, 버거 대사와 멜로이 주한 미군사령관이 헬리콥터를 타고 청와대를 다녀간 뒤 계엄령이 발동되었다. 군대가 동원되었고, 시위는 해산되었다.

겉과 속이 달랐다

박정희가 쿠데타를 일으키고, 처음 방문한 나라가 바로 일본이었다. 일본은 쿠데타 주역 박정희를 만나고 난 뒤, 확실히 자신이 생겼다. 대구사범학교·만주군관학교·일본육사, 학력만 보면 최적화된 일본 제국의 조선인이었다.

박정희는 만찬장에 만주군관학교 시절 교장을 불러 일본말과 일본식 예로 그를 모셨다. 그리고 일본인들을 향해 이렇게 말했다.

> 아무것도 모르고 경험조차 없는 우리는 다만 맨주먹으로 황폐한 조국을 재건하려는 의욕만 왕성합니다. 마치 일본 메이지유신을 성공시킨 젊은 지사들과 같은 의욕과 사명감을 가지고 그분들을 본받아 가난에서 벗어나 부강한 나라로 만들어가려는 것입니다.
>
> — 실록 박정희 시대, 《중앙일보》 1997년 10월 13일자

듣는 사람들은 귀를 의심했다. 본심이라면 더할 나위 없지만, 외교적 수사라고 해도 국가수반의 체통을 생각지 않는 발언이었다. '아들의 성공을 보는 아버지의 심정'을 느낀 사람도 있었다.

일본은 일이 진행되는 과정에서 항상 주도권을 잡았다. 두 나라 모두 미국의 압력을 받고 있었다. 일본도 하루빨리 일을 마무리짓고 싶었다. 그래도 한국은 너무 급했다. 처음에는 액수만 따지더니, 나중에는 그마저도 그만두었다. '빨리'만 외쳐댔다. 한국은 약자의 초조함도 감출 생각이 없었다. 그들은 돈에 어떤 '독약'이 묻었는지도 살펴보려 하지 않았다. 적어도 협상에 대해서는 한국은 아무것도 몰랐다. 돈만 받으면 그만이라는 태도였다.

그러나 문제는 한국민이었다. 그들은 과거사를 결코 잊지 않고 있었다. 일본의 행동을 꿰뚫어 보며 의심의 눈초리를 거두지 않았다. 형식적 제스처가 필요했다.

그래서 시나椎名 일본 외상이 "두 나라 사이의 오랜 역사 중 불행한 시간

"협정에 대한 반대는 한국인이 나약해서 일본에 종속될 수밖에 없다는, 잘못되고 위험한 신념에 기초한다."

박정희(위)와
나카소네 야스히로
일본 총리(아래)의 발언

"북한의 선제공격이 있을 때 유엔군이 파병되면 일본군도 이에 참여할 것이다. … 그 밖의 사태라도 미군이 작전하게 되면 미일안보조약에 따라 한반도에 일본군의 상륙이 가능하다. … 그리고 남한 내 일본인 재산에 위해가 가해진다고 판단될 때, 그 보호를 위해 우리 군대가 상륙할 수 있다고 생각한다."

이 있었음은 참으로 유감스러운 일로서 깊이 반성합니다"라고 말했다. 많은 사람들이 반대했지만, 시나 외상이 통 크게 '반성'을 입에 담았다. 그들은 실제로 전혀 그런 마음이 없었다. 그들에게는 진정으로 잘못했다는 의식도 전혀 없었다. 이는 모든 제국주의 침략자들의 공통된 사고방식이었는데 시나 외상이라고 다를 바 없었다. 그들의 사고의 기본 바탕은 이런 것이었다.

"대만을 관리하고, 한국을 합병하며, 만주의 5개 종족들 사이의 협력을 꿈꾸는 것, 이것이 일본제국주의라면 그것은 영예로운 것이다."

그러나 시나는 신념을 이루려면 돌아갈 줄도, 양보할 줄도 알아야 한다는 것을 알았다. 분노에 찬 조선인들을 달래주어야 했다. 겉과 속이 다른 것, 이것은 한국민에게는 악덕이지만 일본인, 특히 그중에서도 정치인에게는 필수 사항이었다.

미국의 한일협정 체결과 학생시위에 대한 평가

새뮤엘 버거 주한 미대사는 한일협정 체결로 받는 되는 일본 자금이 "한국 경제에 엄청난 이익이 될 것"이라고 평가하고, 1964년과 1965년에 일어난 학생 중심의 한일협정 반대시위에 대해 "학생시위에서 중요한 것은 시민대중들이 과거 이승만에 반대했던 것처럼 학생들을 지지하기를 거절했다는 점이다. 대중의 지원 없이는 학생들이 성공할 희망은 없다"라고 지적했다.

한일협정이 체결되다

1964년 6·3계엄령을 계기로 정부의 강경 대응에 학생과 시민, 야당은 밀렸다. 박정희 정권은 위기에서 벗어나고 있었다. 그래도 굴욕 외교를 반대한다는 목소리는 줄기차게 계속되었다. 대학 수십 개에 휴교령이 내려졌다. 협정을 반대하는 주요 야당 정치 지도자들이 모두 단식투쟁을 벌이고 있었다. 그런 가운데 1965년 6월 22일, 한일협정이 정식으로 조인되었다.

이승만이 선포한 평화선은 말할 것도 없고, 우리 측 40해리 전관수역 주장도 철회되었다. 일본의 주장대로 12해리 전관수역이 설정되는 것으로 합의를 보았다. 재일교포의 정치적 지위는 아무것도 보장받지 못했다. 오직 일본 정부의 '선의'에 그들의 운명을 맡길 수밖에 없게 되었다. 일제 강점기 동안 도둑질해간 한국 문화재는 모두 일본의 것이 되었다. 정신대와 사할린 동포, 원폭 피해 등에 대해서는 말도 꺼내지 않았다.

일제 침략은 단지 '양국 국민의 역사적 배경'이 되고 말았다. '한일합방' 무효화도 선언되지 않았다. 물론 오늘날에는 효과가 없지만 그 당시에는 분명 유효하고 합법이 되고 말았다. 모두 돈 때문에 벌어진 일이었다.

그렇다면 돈이라도 제대로 받았을까? 사람마다 차이는 있지만 대부분 한국이 청구권자금(일본은 그 명목마저도 인정하지 않았다)으로 3억 달러를 받은 것이 너무 터무니없다는 데 동의한다.

아무리 경제 발전 자금이 급하고, 미국이 압력이 있었다고 하더라도 한

1965년 6월 22일, 일본 도쿄에서 열린 한일 양국 전권대표들의 한일기본조약 조인식

한일협정의 '이미 무효 (already null and void)' 문장에 따른 해석 차이

구분	한국	일본
한일병합조약	1910년 당시부터 무효	1910년에는 유효. 대한민국 수립 (1948년 8월 15일)부터 무효
일제 강점의 성격	35년 지배는 불법 강점	35년 지배는 합법
일본이 제공한 무상 3억 달러의 성격	– 일제 강점과 관련 – 제정 및 민사상 청구권 해결 – 일본군 위안부 등 법적 문제는 미해결	– 식민 지배와 무관. – 독립 축하금 및 경협 자금 – 청구권 문제는 한일협정으로 완전 해결

국이 차분한 전략을 세워서 협상에 임했다면 그 정도로 굴욕적 협정을 체결하지는 않았을 것이다.

한국이 그토록 강한 국민들의 반대에도 1965년을 넘겨서는 안 된다며 강력히 밀어붙인 이유는 무엇일까? 국익 혹은 정권의 이해관계 때문이었을까? 아베 정권의 거침없는 우경화로 역사가 심각하게 왜곡되고 있는 지금 이 시점에서 다시 한번 한일협정을 돌아보는 일이 필요할 것이다.

김종필–오히라 메모와 최종 합의

김종필의 메모

1. 청구권은 3억 달러(무상 공여 포함)로 하되 6년 분할 지불한다.
2. 장기 저리 차관도 3억 달러로 한다.
3. 한국의 대일 무역 청산 계정 4천 6백만 달러는 청구권 3억 달러에 포함하지 않는다.

오히라의 메모

1. 청구권은 3억 달러까지 양보하되 지불 기한은 12년으로 한다.
2. 무역 계정 4천 6백만 달러는 3억 달러에 포함한다.
3. 차관은 청구권과 별도로 추진한다.

한일협정의 주요 내용

1. 무상 공여로 3억 달러를 10년에 나누어 제공하되 그 기한을 단축할 수 있다. 내용은 용역과 물품 한일 청산 계정에 대일 부채로 남은 4천 5백 73만 달러는 3억 달러 중에서 상쇄한다.
2. 대외 협력 기금 차관으로 2억 달러를 10년에 나누어 제공하되, 그 기간은 단축할 수 있다. 7년 거치 20년 분할상환, 연리 3푼 5리(정부 차관)
3. 수출입은행 조건 차관으로 1억 달러 이상을 제공한다. 조건은 케이스에 따라 달리한다. 이것은 국교 정상화 이전이라도 실시할 수 있다.(민간 차관)

18
베트남 파병

천재일우의 기회, 자금과 미국의 지지를 얻다

한일협정 체결 뒤, 또다시 박정희 정권에게 경제개발 자금을 확보할 수 있는 절호가 찾아왔다. 미국이 베트남 전쟁에 본격적으로 개입하면서 한국에 파병을 요청한 것이다. 박정희 정권은 북한과 대치하고 있는 남한의 안보 현실과 경제적 이득을 감안하여 미국의 요구에 적극 응했다. 베트남 파병으로 한국은 미국으로부터 상당한 군사 지원을 받을 수 있었다. 그리고 파월 장병들의 급여와 수당, 기업 진출 등 베트남 특수로 적지 않은 외화를 획득, 경제개발 자금으로 쓸 수 있었다. 그러나 한국은 국제사회에서 미국의 '용병'이라는 따가운 시선과 함께 베트남 민간인 학살이라는 원죄를 안게 되었다.

베트남 파병 장병들

● 1960년

12월 20일
남베트남 민족해방전선(베트콩) 결성

● 1964년

5월 9일
존슨 대통령, 한국군 베트남 파병
요청

8월 4일
미국, 통킹만 사건 발표

● 1965년

2월
한국, 2차 파병 환송대회

5월 16일
박정희 대통령 미국 방문

10월
한국군 3차 해병대 파병

● 1966년

1월 1일
험프리 미 부통령, 방한하여 베트남
지원 문제 협의

1월 29일
브라운 미국대사, 베트남 증파요청
조건 공식회담 각서 전달
(브라운 각서)

2월 28일
국무회의, 4차 파병안 결정

3월 7일
한미, 브라운 각서 서명

● 1968년

1월 30일
북베트남과 민족해방전선, 구정공세

2월 15일
한국군의 빈호아 민간인 학살 사건
발생

● 1973년

1월 27일
베트남 전쟁 휴전협정

3월
한국군 베트남 철수

통킹만 사건

통킹만 사건
미국이 북베트남 지역을 침
공할 구실을 만들기 위해
1964년 8월 4일, 만들어냈
다. 북베트남 밖 공해를 순
찰하던 미국의 구축함이 북
베트남 어뢰정의 공격을 받
았다는 사건이다. 2005년
10월, 《뉴욕타임스》에는 이
사건이 조작되었음 시사하
는 기사가 실렸다. 또한 사
건 전날 미군이 북베트남 영
토를 폭격했던 사실이 미국
국방성의 기밀문서를 통해
밝혀져 미국의 도덕성에 커
다란 오점을 남겼다.

1964년 8월 4일 오전, 미국 대통령 존슨은 세계가 깜짝 놀랄 내용의 담화
문을 발표했다.

북베트남의 통킹만 밖 공해상을 순찰 중이던 미국 구축함 매독스호는 북베
트남 어뢰정 3척의 공격을 받았다. 매독스 호는 항공모함 타이콘데로가 호
에 지원을 요청했고, 함재 전투기의 긴급 지원을 받아 반격을 가했다.

이것이 바로 '통킹만 사건'이다. 존슨 대통령이 담화문을 읽고 있을 즈
음, 미군 폭격기들은 이미 북베트남에 대규모 폭격을 감행하고 있었다. 첫
폭격에서 해군 전폭기 64대가 19도선 위에 자리 잡고 있는 항구 시설과
유류 저장 시설들을 폭파했다. 국방부는 북베트남 유류 공급 시설의 10%
가 파괴되었다고 평가했다. 미국은 선전포고도 없이 북베트남에 공습을
강행했다.

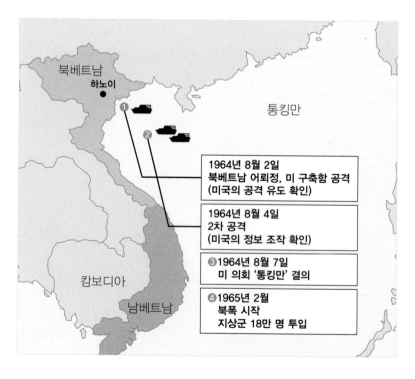

통킹만 사건과 영향

이듬해 1965년 2월, 미 공군기들이 북베트남을 또 다시 맹렬하게 폭격하기 시작했다. 이렇게 해서 미국은 남베트남 정부를 제쳐두고 전쟁의 주인공이 되었다. 그해에만 18만 5,000명의 미군이 참전했다. 1968년에는 미군이 54만 명으로, 가장 많이 참전했던 시기다. 미국은 베트남과의 전쟁에서 3,500억 달러의 전비를 쏟아부었고, 2차 세계대전 총투하량의 두 배가 넘는 폭탄 755만 톤을 뿌렸다.

1971년 6월 13일, 《뉴욕타임스》는 미 국방부 비밀문서를 입수, 분석하여 발표했다. 통킹만 사건의 발단이 되었다고 알려진 문제의 매독스호는 공해상에 있지 않았고, 북베트남 영해에 있었다. 그것은 남의 영해에 실수로 들어간 것이 아니었다. 공격을 유도하기 위해서 북베트남의 공격을 기다리고 있었다. 미국은 이 사건이 일어나기 6개월 전부터 북베트남 상공에 정찰기를 파견하고 북베트남 요인을 유인·납치하고, 소형 고속정으로 북베트남의 연안 시설들을 포격한다는 계획을 짰다.

엄청난 실수

**1966년 7월 8일자
《타임》 표지에 나온
맥나마라 국방장관**
2009년 7월 맥나마라가 93
세로 사망했을 때 《뉴욕타
임스》는 '무익한 전쟁의 설
계사 맥나마라 죽다'라는 제
목으로 그의 부고를 실었다.

베트남 전쟁 당시 미 국방장관이던 맥나마라는 미국을 베트남 전쟁의 수렁으로 몰아넣었다. 미국이 베트남 전쟁에서 펼친 작전도 통킹만 사건도 모두 그가 했다. 그런 그가 1995년에 회고록을 내서 세상을 뒤집어놓았다.

맥나마라의 회고록은 참회록이며, 여기서 그가 주장하는 판단착오 11가지는 다음과 같다.

1. 북베트남과 베트콩('베트남 공산주의자'에서 온 말로 남베트남민족해방전선의 무장부대를 말함)은 지정학적 이점을 활용하고 있었다. 그러나 미국은 이를 제대로 알지 못했다. 특히 북베트남이 남베트남을 공격하는 결과가 미국 안보에 미치는 영향을 과대평가했다.
2. 남베트남 지도부가 미국식 자유와 민주주의를 갈망하며, 죽기를 각오하고 북베트남과 싸울 준비가 되었다고 착각했다.
3. 베트남 민족이 그들의 믿음과 가치관을 위해 죽을 수도 있는 각오가 서 있다는 것을 미국은 몰랐다.
4. 베트남의 역사·문화·민중 정치 등에 대해서 너무 몰랐다.
5. 미국의 현대 첨단 무기, 군 조직, 치밀한 전략 등은 비록 재래식 무장이지만 사기가 충천한 북베트남과 베트콩에게는 별다른 효과가 없었다. 그런데 이를 지나치게 믿었다.
6. 미국 정부는 대규모 군사개입을 실행하기 이전에 의회와 국민들의 의견을 제대로 일치시키거나 수렴하지 못했다.
7. 대규모 군사개입을 한 뒤 베트남에서 일어나는 일을 국민들에게 제대로 알리지 못해 군사행동에 대한 미국 내 지지를 확보하지 못했다.
8. 미국의 안보가 직접 침해받지 않는 상황에서 베트남의 이익이 무엇인가를 국제 포럼 등을 통해 도출했어야 했다.
9. 미국 안보를 직접 위협하지 않는 전쟁을 독단으로 치렀다.
10. 베트남 문제가 빨리 해결될 수 없다는 사실을 간과했다.
11. 얼마나 많은 병사가 희생될지 제대로 몰랐다.

베트콩Viet Cong
1960년 12월 20일, 응오딘
지엠Ngo Dinh Diem 정권 타
도를 목표로 남베트남의 각
정당·사회단체·민족 단체를
비롯한 여러 세력이 모여 결
성된 민족통일전선으로, 정
식 명칭은 '남베트남해방민
족전선'이다.

한국군의 참전

미국은 베트남전에 유럽 국가들이 참전하기를 바랐다. 하지만 어느 나라도 미국 요청에 응하지 않았다. 그렇다고 미국 청년들을 무한정으로 전장에 내보낼 수도 없었다. 미국 내에서 일고 있는 반전 여론이 부담스러웠던 것이다.

한국은 이승만 정권 시절부터 베트남 참전을 희망했다. 박정희는 쿠데타 성사 뒤 미국을 방문하여 케네디를 만나는 자리에서 베트남 파병 의사를 먼저 밝혔다. 그러나 미국은 이를 받아들이지 않았다. 한국은 유엔 회원국도, 동남아조약기구 가입국도 아니었다. 아무래도 명분이 모자랐다.

그러나 이제 상황이 달라졌다. 선택의 여지가 별로 없었다. 한국군은 큰 전쟁을 치른 경험이 있는 데다가 반공 사상이 투철했다. 게다가 한국군 급여도 엄청나게 저렴했다. 미군의 6분의 1, 태국군·필리핀군의 5분의 1 수준이었다. 그러나 이 돈도 한국 내 군 장병들이 받는 급여보다는 무려 30배나 많았다. 돈이 급한 한국은 이것만으로도 감지덕지해야 했다.

1965년 10월, 해병대 2개 여단이 장도에 오르면서 전투부대 파병이 본격화되었다. 이전에 이미 1차, 2차 파병이 있었지만 비전투 병력만을 파견했다. 그 뒤 청룡·백마·맹호부대가 연속해서 파견되었다. 8년 동안에 장병 31만 2,853명이 참전했다. 그들은 대규모 작전 1,170회, 소규모 작전 55만 6,000회를 수행했다.

1965년 10월 27일, 베트남 전쟁에 파견되는 맹호부대 병사들을 태우고 항구를 떠나는 배

전투 병력을 파병하는 일은 한국에서 많은 진통 끝에 결정되었다. 총 의석 175명 가운데 찬성 95, 반대 27, 기권 3, 결석 50으로 간신히 과반수를 넘겼다. 그러나 박정희 정권은 파병에 대한 모든 비판을 금지시키면서, 전 국민의 지지로 둔갑시켰다. 정권과 막 형성되기 시작한 한국 재벌들이 전쟁 특수 이득을 챙기는 동안 파월 병사들은 하루 목숨값 1달러 50센트에 매달렸다.

너희들이 다 죽였어!

미군의 밀라이My Lai 마을
학살 사건

베트남 전쟁이 한창이던
1968년 3월 16일, 밀라이
마을로 미군 80명과 헬기 7
대가 들이닥쳤다. 미군은 모
든 주민을 마을 옆 도랑으
로 몰아넣고 4시간 동안 무
차별 사격을 가했다. 베트
남 당국은 504명이 학살되
었다고 추정했다. 미군이 동
료 병사들이 희생되자 민간
인 학살로 앙갚음한 것이다.
이 사실은 다음해 《뉴욕타
임스》의 시모어 허시 기자
의 보도로 세상에 알려졌다.

1965년 12월 22일, 작전 병력 2개 대대가 빈딘Binh Dinh성 꾸이년Quy Nhon
시에 있는 마을에 포탄 500여 발을 발사했다. 뒤이어 수색·소탕 작전이 전
개되었다. 이때 12세 이하 어린이 22명, 여성 22명, 임산부 3명, 70세 이상
노인 6명이 포함된 학살이 자행되었다.

"깨끗이 죽이고, 깨끗이 불태우고, 깨끗이 파괴한다."

"놓치는 것보다는 오인誤認 사살이 낫다."

"보이는 것은 모두 베트콩이다."

"물(민중)을 퍼내서 고기(베트콩)를 잡는다."

"어린이도 첩자다."

"땅굴이 있는 집에는 모두 베트콩이 산다."

이것이 그들의 전술 지침으로 대체로 몇 가지 유형으로 나뉘었다.

- 주민들을 한데 끌어모은 뒤 다시 몇 개의 그룹으로 나눈 다음, 기관총을
  난사해 몰살시킨다.
- 주민들을 한 집에 몰아넣고 총을 난사한 뒤, 집과 함께 죽은 자와 산 자를
  통째로 불태운다.
- 여성들을 돌아가며 강간한 뒤 살해하고, 임산부의 배에서 태아가 빠져나
  올 때까지 군홧발로 짓밟는다.
- 주민들을 마을의 땅굴로 몰아넣고 독가스를 분사해 질식시킨다.
  — 구수정, "아! 몸서리쳐지는 한국군", 《한겨레21》 1999년 5월 6일자

이런 일을 저지른 주인공은 베트남에 파견된 한국군이었다. 한국군이
가는 길에는 이런 끔찍한 일들이 잇달아 일어났다. 전쟁에서는 형편없이
패배하고, 단지 4,687명이 죽었으면서도 적을 4만 1천여 명이나 죽였다는
비밀이 바로 이것이었다. 실제로 민간인 학살은 이 보다 더 참혹했다. 한

국군에 의한 민간인 학살이 특히 심했던 베트남 중부 지역 곳곳에는 여전히 한국군 증오비가 세워져 있다. 학살 피해자들에 대한 사과와 어떤 보상도 이뤄지지 않았기 때문이다.

호찌민 묘에 헌화하는 노무현 대통령

그러나 한국 정부는 이 같은 사실을 공식적으로 부인하고 있다. 베트남 전쟁은 우리 양심에 상처를 남겼으나 그 상처는 아직도 아물지 않았다. 2015년 4월 7일, 서울 조계사에서 베트남전을 다룬 사진전 '하나의 전쟁, 두 개의 기억'이 열릴 예정이었으나 '월남전 고엽제 전우회'의 시위로 무산되었다.

김대중, 노무현 대통령의 베트남전 참전 유감 표명

1998년 김대중 대통령은 베트남을 방문했을 때 "본의 아니게 베트남 국민에게 고통을 준 데 대해 미안하게 생각한다"고 처음으로 유감 표명을 했다. 2001년 8월 쩐득루엉Trần Duc Luong 베트남 국가주석이 방한 했을 때도 "우리는 불행한 전쟁에 참여하여 본의 아니게 베트남 국민들에게 고통을 준 데 대해 미안하게 생각하고 위로의 말씀을 드린다"라고 말했다. 이에 대해 베트남참전전우회에서는 '망언'이라고 반발했고, 야당인 한나라당에서는 경솔한 말이라고 비판했다.

2004년 노무현 대통령은 베트남을 방문해 "우리 국민들은 마음의 빚이 있다"라고만 하고, 대신 한국 대통령으로서는 처음으로 호찌민 전 국가주석의 묘를 찾아 참배(헌화와 묵념)했다. 이명박 대통령(2009년)과 박근혜 대통령(2013년)은 보수층의 반발을 의식해 베트남 호찌민 묘를 방문했지만 헌화만 하고 묵념은 하지 않았다.

한국군 월남 증파에 따른 미국의 대한 협조에 관한 주한 미국대사 공한(브라운 각서)

1966년 3월 7일 미국은 한국군 월남 추가 파견을 위해 보상조치를 담은 문서를 당시 주한 미국대사 윈스럽 브라운을 통하여 한국 정부에 전달한다. 주요 내용은 다음과 같다.

1) 추가 파명에 따른 비용은 미국이 부담한다.

2) 한국 육군 17개 사단과 해병대 1개 사단의 장비 현대화를 지원한다.

3) 베트남 주둔 한국군을 위한 물자 용역은 가급적 한국에서 조달한다.

4) 베트남에서 실시되는 각종 건설·구호 등 제반 사업에 한국인 업자를 참여시킨다.

5) 미국은 한국에 추가로 AID차관(개발차관)과 군사원조를 제공하고, 베트남과 동남아시아로의 수출 증대를 가능케 할 차관을 추가로 대여한다.

6) 미국은 한국이 탄약 생산을 늘리는 데 필요한 자재를 제공한다.

천재일우의 기회

베트남 전쟁 덕에 많은 한국 사람들이 일자리를 제공받았다. 1963년부터 1970년 6월 말까지 해외 취업자 4만 3,508명 가운데 베트남에 취업한 사람이 2만 4,294명으로 선원을 제외한 해외 취업자의 70%를 차지했다.

베트남 특수로 한국은 외화 수입을 많이 올렸다. 1966년부터 1970년까지 베트남에서 모두 6억 2,502만 달러를 벌어들였다. 베트남 참전 전 기간에 걸쳐서는 모두 10억 달러 가량을 벌어들인 것으로 추정한다. 1967년의 경우 베트남 특수로 벌어들인 돈이 전체 수출액의 47%에 이른다. 1965~1970년, 베트남에 수출한 규모는 한국 수출 총액의 8.5%였다. 미국과 일본에 이어 세 번째였다.

미국은 참전하는 조건으로 한국에 차관 1억 5,000만 달러와 한국 상품의 대미 수출 확대를 약속했다. 베트남 특수로 신흥 재벌도 탄생했다. 한진그룹의 경우 1966년부터 1967년까지 한 해 동안 베트남에서만 71억 원을 벌어들여 '월남상사'라는 별명을 얻기도 했다.

한일협정으로 일본 자본이 들어오고, 베트남 특수가 눈에 띄기 시작한 제2차 경제개발 5개년계획 기간에는 계획 목표인 7.0%보다 3.5% 포인트가 높은 10.5%의 경제성장률을 기록했다. 정부는 1971년의 국민총생산 목표가 이미 1969년에 완성되었다고 발표하고, 경제성장률도 7%에서 10%로 올려 조정했다.

이렇게 해서 고도성장의 신화가 시작되었다. 드디어 '절망과 기아 속에서 허덕이는 민생고를 해결'하겠다는 '혁명 공약'을 실현할 수 있는 천재일우의 기회가 온 것이다.

박정희 정권의 성공은 경제적 측면에서만 거둔 것은 아니었다. 미국과의 관계는 전쟁 동지로서 '황금기'를 구가했다.

"베트남이 공산화되면 인도차이나반도가, 곧이어 아시아 전체가 공산화된다."

본국 송금 1억 9,511만 달러　현지 소비 4,084만 달러

수당 지급 2억 3556만 달러

베트남 전쟁 수당 및 송금 총액(965년~1973년)　참전했던 사람들은 자신이 받은 전쟁 수당의 82%를 조국으로 부쳤다.

	1964년	1965년	1966년	1967년	1968년	1969년	1970년
병 력	200	20,630	45,566	47,829	50,003	48,590	48,537
기동대대	-	10	22	22	22	22	22

가장 큰 걱정거리를 해결한 박정희는 가장 강력한 무기인 도미노 이론을 꺼내들었다. 이를 증명이라도 하듯이 무장 병력이 청와대 코앞까지 쳐들어오는 등 '북의 도발'이 눈앞에 생생하게 펼쳐졌다. 공포가 온 국민을 휘감으며, 안보와 반공은 넘볼 수 없는 성역이 되었다. 세계가 모두 한국군을 '용병'이라고 낙인찍고 만행을 규탄할 때에도 한국에서는 청룡·백마·맹호부대를 '자유 수호의 천사'라고 영웅시하기에 바빴다. 다른 표현은 곧 국가 안보를 저해하는 '용공' 행위나 다름없었다.

베트남 전쟁을 거치면서 군부는 박정희에 전폭 지지를 보내는 충성 부대로 거듭 태어났다. 과거 군사 정권 시절이었지만 군부가 박정희를 전폭 지지하지 않던 것을 생각하면 격세지감이었다. 군은 베트남 전쟁에서 풍부한 '실전' 경험을 쌓고 피의 대가로 미국의 지원을 받아 현대 군대로 변신했다. 무엇보다도 박정희가 불법으로 정권을 찬탈했다는 불명예스러운 이미지에서 벗어날 수 있게 해주었다. 군이 목숨으로써 국민들 생활의 숨통을 열어주는 은인으로 비춰지기 시작했다.

박정희는 이 천재일우의 기회를 꽉 움켜쥐었다.

'프레이저 보고서'의 베트남전 참전 대가

프레이저 보고서는 1976년, 미 의회 의원들을 상대로 한국 정부가 로비를 벌였다는 의혹이 제기된 '코리아게이트'를 계기로 만들어졌다. 여기에는 당시 도널드 프레이저 하원의원을 위원장으로 한 '프레이저위원회'가 미 의회·정보기관·사법기관 등의 자료를 최대한 모아 약 2년 동안 박정희 정부를 조사한 결과가 기록되어 있다.

프레이저 보고서에는 "미국이 한국의 월남전 참전의 대가로 사용한 총금액은 약 10억 달러다. 이 중 9억 2,500만 달러가 한국의 외화보유액으로 비축되었다"며 "한국 정부는 미국이 한국군에 제공한 참전 병사들의 급여를 편취했다. 돈은 정부로 송금됐지만, 군인들에게 지급된 수준은 낮다"라고 기록되어 있다. 당시 베트남 파병 한국군에게 지급된 전투 근무수당은 월 평균 117달러로 미군의 533달러에 비해 턱없이 적었는데, 심지어 비전투부대가 참전한 필리핀부대 445달러, 태국부대 405달러보다도 훨씬 적었다.

끝나지 않은 전쟁

영화 '하얀전쟁'(1992년)
베트남 참전 병사의 시각에
서 전쟁의 비극적 모습과 후
유증을 사실적으로 묘사하
고 있다. 안정효의 동명 소
설을 영화화했다.

한편, 베트남 전쟁은 적지 않은 사람들에게 지울 수 없는 상처와 후유증을 남겼다.

"녹슨 무공훈장만 바라보면 살 수는 없잖습니까? 두 시간 단위로 먹어야 할 만큼 망가진 제 몸과, 아직도 베트콩이 쫓아온다며 숨어 사는 형, 전쟁은 우리 가족의 모든 희망을 앗아갔습니다."

전국에서 유일하게 삼형제가 모두 베트남 전쟁에 참전하여 장안의 화제가 되었던 집안은 이렇게 만신창이가 되었다. 그래도 이 집안의 막내는 고엽제 피해가 그리 심한 편이 아니다. 총알이 관통한 탓에 신경통과 고혈압에 시달리기는 하지만 고엽제 피해는 몸이 울긋불긋한 정도로 그치고 있다.

베트남전 참전 용사들에게 고엽제 후유증은 정말이지 심각한 수준이다. 팔다리가 마비되고, 피부에 반점이 생기거나 썩어 들어가는가 하면, 무력증에 빠져 노동력을 잃어버리는 경우가 비일비재하다. 고통을 참지 못해 자살하는 사람도 있었다. 더욱 걱정스러운 것은 피해가 자신으로 끝나지 않고 자식들에게까지 유전되는 경우다. 심하면 자식의 하체가 마비되는 경우도 있었다.

집안의 둘째는 정신병자가 되어 20년 동안 산기슭에 천막을 치고 숨어 살았다. 그에게 낯선 사람은 다 베트콩이었다.

"베트콩 3만 명이 나를 잡으러 한국에 들어와 있다."

"나를 간첩으로 몰아 항복을 요구하지만 반드시 읍 소재지를 함락하고 재산을 되찾겠다."

그는 계속 같은 말을 되풀이했다. '자유수호'를 외치며 그를 베트남으로 데리고 간 정부는 그 사이 한 번도 그를 병원에 데려가지 않았다.

한국 정부는 베트남 전쟁이 끝난 지 20년이 지나서야 가까스로 고엽제 피해 실태를 조사하기 시작하는 등 소극적이었다. 그 뒤에도 한동안 처리 기준도 마련하지 못해 수많은 사람들을 고통스럽게 만들었다. 김대중·노무현 정부에 들어와서 비로소 이 문제에 대한 대책이 마련되었다.

"아무 말할 수가 없어, 무릎 꿇는 것 밖에는"
2015년 7월 26일, '베트남 평화기행'에 나선 명진 스님이 베트남 전쟁박물관에서 고엽제 피해자들과 만나고 있다. 명진 스님은 1972년 맹호부대 대원으로 참전했고, 제대 후 승려가 되었다. 베트남 민간인 학살사건에 대한 민간 차원의 치유 노력은 계속되고 있다.

그 결과 국가보훈처 자료에 따르면, 2007년 5월 31일, 2만 9,531명이 후유증, 8만 392명이 후유의증 결정을 받았다. 2세 환자도 62명이었다. 하지만 이는 상당히 엄격한 기준이 적용된 결과다. 미국의 경우 참전자의 12%가 고엽제 후유증에 시달리고 있다고 밝혀졌는데 이를 한국에 적용하면 3만 5,000명에 달한다.

베트남 전쟁이 끝난 지 40년이 넘었지만 고엽제 피해는 아직도 진행 중이다. 그런데 그 피해자들은 한국군이 죽인 자들은 '베트콩'이었다며 한국군의 학살 현장을 증언하려는 베트남인들을 가로막고 있다. 이를 보면 베트남 전쟁은 아직도 진행 중이다. 전쟁이 남긴 또 하나의 아픔이다.

공포의 고엽제
베트남 전쟁 당시 미군이 뿌린 고엽제로 불타버린 숲(베트남 전쟁박물관 소장)

고엽제

미군은 정글 속에서 이동하고 불현듯 나타났다가 정글 속으로 감쪽같이 사라지는 베트콩과 북베트남군 때문에 몹시 고전을 면치 못했다. 베트남의 정글은 너무 무성하여 밖에서는 아무것도 볼 수 없고, 현대적 관측 장비도 모두 쓸모없었다. 미군은 궁리 끝에 정글을 완전히 말려 죽이기로 작정했다. 그렇게 등장한 '에이전트 오렌지'는 보통 고엽제로 불린다. 고엽제에는 다이옥신이 들어 있어서 생물체를 완전히 말려 죽인다. 다이옥신 1그램으로도 2만 명을 죽일 수 있을 만큼 독성이 강력하다. 그러나 당시 병사들에게는 그런 사실이 전혀 알려지지 않았다. 그들은 고엽제 가루를 눈처럼 맞았고, 맨손으로 뿌렸다. 베트남인들도 고스란히 고엽제에 노출되었다. 미군은 베트남 전쟁 중 고엽제 2,400만 킬로그램을 뿌렸다. 여기에 들어 있는 다이옥신 양은 170킬로그램으로 무려 인간을 34억 명이나 죽일 수 있다.

19
위기의 한반도

전쟁 비상! 1968년

베트남 전쟁이 한창이던 1968년, 한반도에 일촉즉발의 전운이 감돌았다. 1월 21일, 북한군 특수 부대가 청와대를 노리고 남한에 침투하여 서울 외곽에서 총격전을 벌이는 사건이 일어났다. 그리고 이틀 뒤인 1월 23일에는 미국 첩보선 푸에블로호가 원산 근방에서 북한에 납치되는 사건이 벌어졌다. 그뿐만 아니다. 같은 해 10월에는 대규모 북한군 무장 부대 180여 명이 울진·삼척에 침투하여 민간인을 살해하고 군경과 교전을 벌였다. 이렇듯 1968년 6·25전쟁 이후 한반도에 초긴장 상태가 조성되면서 전쟁 위기까지 가게 된다.

통혁당 사건 재판

베트남이 끝이 아니다

휴전선 철책선 주변 수목과 풀을 제거하는 일은 늘 번거로웠다. 그런데 그 번거로운 일들을 한꺼번에 해결할 수 있는 방법이 생겼다. 미군 사병이 가지고 온 드럼통에 든 액체와 경유를 4대 6의 비율로 섞어 나무를 벤 밑둥치와 잡초밭 주위에 물뿌리개와 분무기 등으로 뿌렸다. 그것을 뿌리자마자 풀잎은 더욱 짙은 녹색으로 변하더니 며칠 뒤에는 말라 죽어버렸다.

시야가 훤해졌다. 이제 '적'이 침투하는 모습을 훨씬 쉽게 볼 수 있게 되었다. 땅에 뿌려진 것은 고엽제로, 베트남전에서 사용하던 이 고엽제를 한반도 휴전선에서도 사용한 것이다.

1968년 베트남이 열전을 치르고 있었다면, 한반도는 열전으로 가는 길목에 서 있었다.

김신조는 동료들의 시체를 바라보았다. 124군 부대는 남조선 해방을 위해 선발된 북한군 최정예들이 모인 특수부대였다. 그들은 1시간에 산길 12킬로미터를 달릴 수 있었다. 실전 훈련으로 도道 인민위원회 사무실을 습격하여 12명을 죽이고 '남조선 간첩'의 소행으로 조작할 수 있을 만큼 막강한 권력의 뒷받침을 받았다. 이런 그들에게 마침내 박정희의 목을 가져오라는 명령이 떨어졌다.

미국의 허 찌른 북베트남의 '구정공세'

1967년 11월까지 미군 약 50만 명이 베트남에서 전쟁을 치르고 있었다. 미국 내에서는 명분없는 전쟁에 대한 반전 여론이 높아지고 있었다. 바로 이즈음 북베트남의 보응우옌잡Vo Nguyen Giap 장군은 세계를 깜짝 놀라게 할 대담한 작전을 구상한다. 바로 '뗏Tet 공세', 즉 구정공세였다. 그는 1968년 베트남의 음력설인 1월 30일 총공세를 지시했다. 이날의 전투는 사이공시뿐만이 아니라 36개의 주요 도시와 마을 100여 곳, 군사시설 25개소에도 동시에 벌어졌다. 미군과 남베트남군은 이들을 맞아 2~3일 동안 치열하게 싸웠고 완전히 소탕할 때까지 한 달이 걸렸다.

미국 존슨 대통령은 3월 31일 마침내 북베트남에 평화 협상을 제의했다. 그리고 나흘 뒤인 4월 3일, 북베트남 정부는 미국의 제의를 수락했다. 북베트남은 구정공세에서 물리적으로는 패배했지만 정신적·심리적·정치적으로는 승리했다.

북한의 1월 21일 청와대 기습은 이러한 베트남의 구정공세와 맞물려 있었다.

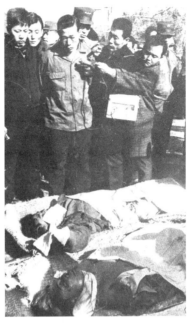

1968년 1월 21일, 남파 124군 부대원 31명은 청와대 1킬로미터 앞까지 도착했다. 그런데 도중에 살려둔 나무꾼 4형제가 신고하는 바람에 경계가 강화되어, 결국 목표물을 눈앞에 두고 발각되고 말았다.

총격전이 벌어졌다. 대부분 그 자리에서 사살되고 나머지도 도주하다가 사살되었다. 끝까지 살아남은 사람은 2명밖에 없었다. 1명은 도주하여 북으로 넘어갔고, 1명은 생포되어 남한에 남았다.

김신조는 생포되지 말고 죽어야 한다고 훈련받은 대로 죽으려 했다. 그러나 손을 들고 바위틈을 나오는 순간 혁명도, 가족도, 아무것도 생각나지 않았다. 살고 싶다는 욕망뿐이었다.

자하문 옆에 있는
최규식 경무관 동상
최규식은 1961년 1월 21일,
북한 124군 부대 소속 무장
공비 일당이 국군 방첩대를
사칭하며 검문을 피하려 하
는 것을 수상히 여겨 체포
명령을 내렸고, 이후 벌어진
총격전으로 순직했다.

경악스러운 상황

정부는 늘 경계하고 있었지만 청와대 습격이 현실로 다가오리라고는 생각하지 못했다. 경악할 일은 거기서 끝나지 않았다.

박종규 청와대 경호실장이 조사받던 김신조를 찾아갔다. 청와대에 대해 아는 대로 써보라고 했다. 김신조는 훈련받을 때 들은 대로 그림을 그려가며 청와대 내부 구조와 경비 인원, 화력 배치 등에 대해 적었다. 김신조가 상사하게 설명하자 박 실장의 얼굴은 창백해졌다.

북한에 시체를 넘겨주겠다고 하자, 북한은 예상 밖으로 나왔다. 그들은 자신들이 남파한 사람들이 아니기 때문에 시체를 넘겨받을 수 없다고 했다. 청와대 습격 사건은 자신들 소행이 아니라 '애국적인 남조선 인민들의 거사'라는 것이다. 책임을 떠넘기기 위한 얄팍한 술책이라고 비난하고 끝낼 수도 있지만, 그러기에는 무언가 찜찜한 구석이 있었다.

청와대 습격은 전쟁을 각오한 행위였다. 그렇다면 북한은 전쟁 준비를 다 끝냈다는 말인가? 특수부대는 왜 만들었을까? 도대체 '남조선 인민들의 거사'란 무엇을 말하는 것인가?

그 어떤 것도 분명하지 않았다.

북한의 만행을 비판하는
군사정전위원회

통일혁명당 사건

통일혁명당(약칭 통혁당) 사건의 주범 김종태·최영도 등은 북한을 다녀왔다. 조선노동당으로 입당했으며 공작금도 받아왔다. 사건 관련자만 해도 158명이나 되었다. 서울과 전라도에서 적발되었지만, 조직을 이곳에서만 만들었다고 믿기는 어려웠다. 관련자들의 면면도 만만치 않았다. 김질락과 이문규는 4·19와 6·3항쟁을 겪은 혈기왕성한 청년들의 리더였다.

통혁당은 김종태가 사형당한 지 반년 뒤인 1969년, 중앙위원회를 결성했다고 발표한다. 그 뒤 1985년, '한국민족민주전선(약칭 한민전)'으로 개칭했다고 선언한다. 그러나 남한 정보기관은 통혁당이나 한민전이 실체가 없는 북한의 선전 심리전 조직일 뿐이라고 판단했다.

냉정하게 보았을 때, 언론 발표처럼 '북괴의 하수인들'이라고 보기에는 어려웠으나 칼로 자르듯이 남과 북을 나눈다면 그들은 북쪽 편이었다.

1961년 김일성이 "남조선 혁명은 남조선 인민의 힘으로 해야 한다. 이를 위해서는 남한 내에 남한 사람으로 구성된 맑스·레닌주의 전위 정당을 결성해야 한다"고 주장할 때부터 그런 조짐을 알 수 있었다. 그래서 남한 정보기관은 그 점에 많은 주의를 기울여왔다. 하지만 그것을 확인하기 전까지는 이렇게까지 일이 진전되었을 것이라고는 생각하지 못했다.

통일혁명당의 주범
김종태(위)와
조국해방전선 책임자
이문규(아래)

(좌) 통혁당 사건 재판

(우) 사건 관련자
군법회의 재판 모습
왼쪽 끝이 신영복이다.

혁명의 근거지

동해 바닷가에서 울진·삼척 등지에 김신조가 말하는 특수부대가 그 모습을 드러냈다. 15명이 한 조가 된 무장 게릴라 8개였다.

그들은 땅을 점령하러 내려온 정규군이 아니었다. 산간 마을들을 무력으로 점령한 뒤, 공산주의와 북한을 고무·찬양했다. 혁명·계급의식을 고취시키는 선전 활동을 했다. 노동당 입당 청원서와 서약서 등도 받았다. 산간 지역을 혁명 기지로 만들겠다는 것이었다.

항일 시기 혁명 근거지 전술은 '김일성 혁명역사'에서 빛나는 한 장으로 칭송받고 있지만 1968년, 남한에서는 어림도 없었다. 지옥 훈련으로 단련되고 분산 전술로 맞서는 게릴라들이었지만 그때 남한에서 그들이 바꿔놓을 수 있었던 것은 없었다. 작전 실패만 존재할 뿐이었다.

남파된 게릴라 중에서 110명이 죽고, 5명이 생포되었으며, 2명은 자수했다. 그리고 70명은 다시 휴전선을 넘어 북으로 도망갔다. 이런 희생을 치르고도 남한에서 확보된 '혁명 근거지'는 단 한 곳도 없었다. 게다가 낙오된 게릴라들은 '혁명의 벗'이라고 말하던 이승복 어린이 일가를 무참히 살육하는 만행을 저질렀다.

간첩 찾아내기 운동 유인물

울진과 삼척에 침투했다가 생포된 무장 게릴라들이 기자회견하는 모습

남조선 해방과 통일전략계획

1968년 11월 21일, 국무총리 정일권이 국회 증언에서 말했다.

"북한은 이미 형식적인 평화통일론을 완전히 철회해 무력 통일을 내세웠고, 1970년대에 전면 도발을 재발시킬 가능성이 크다."

정일권의 말은 늘 하던 대로 국민의 안보 의식을 자극하는 발언이었지만, 그 내용은 정확했다. 북한에는 분명 전쟁을 꿈꾸던 세력이 존재했다. 인민무력부장 김창봉, 대남사업총국장 허봉학, 무력부부장 겸 특수작전국장 김정태가 그들이었다. '남조선 해방과 통일전략계획'에 그들의 원대한 야망을 담았으며, 1968년 소동은 그 야망을 실현하기 위해 구체적으로 한 행동에서 나왔다.

북한 군부의 군사적 모험주의자들은 1·21사건과 울진·삼척 사건의 주역이던 124군 부대 같은 특수부대를 238부대, 283부대, 567부대, 198부대 등 여럿 만들었다. 부대원은 3만~4만 명에 이르렀다.

이들은 1·21사건처럼 청와대, 중앙청, 국방부, 육군 본부, 도청, 철도·전력 시설 등을 습격하여 사회를 극도로 혼란에 빠뜨리거나 울진·삼척 사건처럼 남한 각 지역을 혁명 기지로 만드는 것이 중대한 과업이었다.

'남조선 혁명'의 또다른 한 축은 남조선 내 지하당이었다. 통혁당과 같은 조직을 더 짜임새 있고, 더 광범위하게, 그리고 무장력까지 갖춘 조직으로 만들 계획이었다. 남조선 내에서 벌어지는 '혁명'에 남한 국군이나 미군이 개입하면 북한 정규군이 전격 개입하여 다시 한번 '위대한 조국해방전쟁'을 일으키겠다는 생각이었다.

정일권의 판단은 정확했지만, 그것은 미래라기보다는 이미 지나간 일을 말하고 있었다. 정일권이 국회 증언을 하고 있을 무렵, 북한에서는 김창봉·허봉학·김정태를 향한 칼날 같은 수사가 진행되고 있었다. 김일성 지시에 따른 것이었다. 다음 해 1969년 1월 이들은 모두 숙청되었다. 이로써 북에서 불어오던 전쟁 열풍이 멈추었다.

전 조선노동당 고위간부 박병엽의 증언

군부강경파에 대한 노동당의 검열작업에 참가했던 박병엽은 "군부 강경파가 세운 '남조선 해방과 통일전략계획'은 전체 7단계로 되어 있었다. 시기적으로는 크게 준비, 실행, 결속단계로 나뉘어 있었다. 1967년부터 1968년 초반까지 약 1년은 준비 단계, 그 다음의 실행 단계는 1968년부터 1969년 사이의 기간에 해당한다. 실행단계는 여건조성 단계와 실제 실행 단계로 나누어진다. 마지막 결속 단계는 1970년대 초반으로 설정되어 있었다. 무장공비 대규모 남파는 7단계 중 3단계에 해당한다"라고 증언했다.

푸에블로호 사건

청와대 습격 사건이 일어나고 이틀 뒤인 1월 23일, 미국 초고성능 전파탐지 장비를 장착한 첩보함 푸에블로호가 북한에 나포되는 사건이 터졌다. 선원 82명이 끌려가고, 1명이 나포 과정에서 죽었다.

미국은 이를 '야만 행위이며 비인도적 만행'이라고 비난하고, 북한에 대해 "국제법을 유린하는 파렴치범"이라고 규탄했다. 이와 함께 즉각 핵 항공모함 엔터프라이즈호와 각종 함정 25척으로 구성된 제77특별기동함대를 내세워 원산 앞바다에서 무력시위를 벌이기 시작했다.

미 군용기 350대가 남한으로 날아 들어 당장 전쟁을 시작할 기세였다. "비무장지대를 넘어가서 북한의 6사단을 기습 점령한다. 북한을 공습한다. 북한 선박을 나포한다" 등의 여러 가지 초강경 대책이 모색되었다. 전쟁 불사의 분위기였으나 이런 위협에 물러설 북한이 아니었다.

결국 선택은 미국 손에 달려 있었다. 그러나 미국은 베트남 전쟁 이외에 새로운 전쟁을 또 시작하기는 어려운 형편이었다. 만일 한반도에서 또 다시 전쟁을 시작하면 지금 불고 있는 반전 여론은 더욱 걷잡을 수 없이 확산될 것이다. 북한은 그 자체로도 절대 만만한 상대가 아니었다. 그뿐만 아니라 전쟁이 나면 소련이 자동으로 참전한다는 '조소군사조약'이 엄연히 존재했다. 미국으로서는 도저히 전선 두 개를 감당할 수 없었다.

미국은 협상 길로 돌아섰다. 그러나 협상이 곧 평화를 의미하지는 않았다. 미국은 북한을 쑥대밭으로 만들겠다고 직접 협박할 뿐만 아니라 소련과 루마니아 등 북한의 우방을 통해서도 압력을 가했다. 엔터프라이즈호

판문점 돌아오지 않는
다리를 건너 남쪽으로
내려오는 부커 함장

는 원산 앞바다를 떠나지 않았다. 박정희는 미국의 협상 자체가 굴욕이라며, 남한 단독으로라도 보복 공격하겠다고 큰소리쳤다. 북한은 남한의 이런 태도에 할 테면 해보라는 식으로 나왔다.

결국 미국이 한발 물러섰다. 푸에블로호가 북한 영해를 침범하여 북한의 군사 및 국가 기밀을 탐지했다는 사실을 인정했다. 1968년 12월 23일, 미국 정부를 대신하여 푸에블로호 선장 부커 소령이 사과 문서에 서명한 다음에야 선원 83명(1명은 시체)이 나포된 지 325일 만에 풀려날 수 있었다. 이로써 1968년 내내 한반도에 불던 전쟁 열풍이 멈췄다.

(좌) 평양 대동강변에 전시된 푸에블로호
푸에블로호는 초기에 원산에 전시되었다가 1998년 대동강변으로 옮겨졌고, 2012년 말 다시 보통강변으로 옮겨 전시되고 있다.

(우) 푸에블로 나포를 반미선전 자료로 활용하는 북한 선전물

영해 침범 논란
사건 장소가 원산 앞바다(북위 39도 25분, 동경 127도 54분)라 했지만 북한측 영해를 침범했는지 공해상에서 나포당했는지는 북한과 미국의 주장이 엇갈린다. 원산 해안을 기준으로 하면 12해리(약 22km)가 넘지만 원산 앞바다의 작은 섬 여도를 기준으로 하면 12해리 이내의 해역이기 때문이다. 30년 만에 공개된 미국의 조사위원회 보고서에는 푸에블로 함이 북한의 영해를 11번 침입했다는 내용이 들어 있다.

조선일보 외신부장이던 리영희의 회고
"미국은 북한을 소련이 지배하는 괴뢰인 줄 알고 푸에블로호 석방을 위해 압력을 넣어달라고 부탁했다. 미국은 동시에 한반도 주변에 엄청난 군사력을 대놓고 '한판 치겠다'는 압력을 북한에 가했다. 1년에 걸친 어떤 압력도 먹혀들지 않았다. 결국 존슨 대통령이 공식 사과하고 함장이 각서를 쓰고서야 푸에블로호 승무원들은 석방됐다. 당시 존슨 미 대통령이 이 사건과 관련한 TV 연설에서 '북한은 소련의 이빨이 먹히지 않은 나라'라고 언급하는 것을 보고 북한이 괴뢰정권이 아님을 깨달았다"

열풍은 멎었지만

북한은 1962년, 4대 군사노선을 선언했다. "전군의 현대화, 전인민의 무장화, 전국토의 요새화, 전군의 간부화", 한마디로 나라 전체를 병영으로 만들겠다는 이야기였다.

1966년에는 경제건설과 국방건설을 함께 진행한다는 '병진노선'을 발표했다. 국방비와 방어 시설을 건설하는 데 국가 예산의 절반 이상이 들어가고 있었다. 인구 1,400만 명 중에 50만 명이 현역군인이고 100만 명이 예비군이었다. 주민 통제와 동원 체제가 강화되고 김일성 유일사상 체계 구축이 장도에 올랐다. 온건파는 실각하고 군부 강경파가 득세했다. 그 적자는 아닐지라도, 허봉학·김창봉은 이런 군사노선의 흐름이 낳은 아들이었다.

남한도 그에 뒤지지 않았다. 1965~1969년의 국방비 지출은 지난 5년보다 무려 3배가 늘었다. 미군의 군사원조와 현대식 무기 지급이 급속하게 늘었다. 남한의 많은 공장이 미국 군수물자 생산으로 쉴 새 없이 돌아갔다. 북한을 격퇴할 수 있다는 호언이 청와대에서 흘러나왔다.

한일 수교를 바탕으로 미국은 한·미·일 군사동맹을 추진했다. 공산주의의 위협에 대처한다는 명목이었다. 한·미·일 동맹 체제에 북한은 위기의식을 느껴 4대 군사노선이 생겨났다. 북한 군사노선에 또다시 남한은 무장을 촉진했다. 서로가 상대에 위협을 강조하면서 또 강력한 위협으로 군

노선	정책 목표
전군 간부화	군을 정치사상적, 군사 기술적으로 단련하여 유사시에 한 등급 이상의 높은 직무 수행
전군 현대화	군대를 현대적 무기와 전투기술 기재로 무장, 최신 무기를 능수하게 다루고 현대적 군사과학과 군사기술을 수행
전민 무장화	인민군대와 함께 노동자, 농민을 비롯한 전체 근로자 계급을 정치사상적, 군사기술적으로 무장
전국 요새화	방방곡곡에 방위시설을 축성하여 철벽의 군사요새로 건설

북한 4대 군사노선

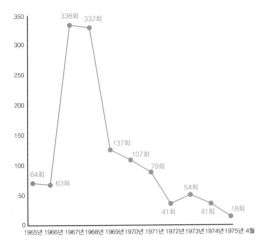
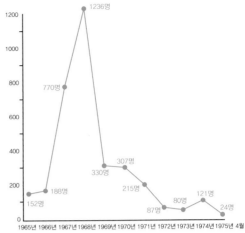

북한 무장 간첩 통계
출현 횟수(좌)와
출현 간첩 수(우)

사력을 증대시켰고, 내부의 정치적 억압 체제를 강화했다. 비록 1968년에 결정적이던 한반도 위기 상황은 가까스로 벗어났지만, 그 다음에도 악순환은 되풀이되었다.

1968년 위기 이후 남과 북에서는 각기 상대를 비방할 매우 유효한 선전 수단이 생겼다. 북에서는 푸에블로호가 반미 투쟁의 선전물이 되었다. 남에서는 김신조가 반공 전도사로서 전국을 누볐다. 해안가에는 철조망이 처지고, 향토예비군도 창설됐다. 그리고 청와대 주위 곳곳은 또 다른 '북괴'의 만행에 대비하여 일반인이 드나들 수 없는 지역으로 봉쇄되었다. 박정희는 그만큼 자신의 성역에 갇혀 국민과 멀어졌다. 청와대 주변이 조금씩 개방되기 시작한 것은 25년이 지나고 문민정부 출범 후 일이었다.

실미도 사건

1971년 8월 23일, 인천 앞바다 실미도에서 훈련 중이던 '특수병'들이 경비병을 살해하고 섬을 탈출했다. 그들은 버스를 탈취하여 경인 가도를 따라 총을 난사하면서 서울로 들어와 대방동에서 군경과 대치하다가 총격전 뒤에 폭사했다. 이들은 처음 약속과 다르게 처우가 낮고 훈련도 혹독한 데에 불만을 품고 난동을 피웠다. 이들은 사실 북한에 침투시켜 요인암살 작전을 펴기 위해서 만든 부대원들이었는데, 1·21사태와 울진·삼척 무장 공비 사건에 대해 복수하고야 말겠다는 박정희의 일념이 이런 비극을 빚어냈다.

20
3대 개헌과
7대 대통령 선거

영구 집권을 향한 발판을 마련하다

박정희 정권은 한일협정으로 받은 자금을 쌈짓돈으로 저임금에 기반한 수출주도형 경제정책을 강력히 추진했다. 여기에 베트남 참전으로 말미암은 베트남 특수까지 덧붙어 경제는 빠르게 발전했다. 박정희의 정치적 기반도 강화되어 무난히 재선에 성공했다. 하지만 박정희는 여기서 그만둘 생각이 없었다. 박정희는 장기 집권을 향한 3선 개헌을 강압적으로 밀어붙이고, 관권과 금권을 총동원하는 부정선거로 대선에서 가까스로 승리했다. 한국 민주주의의 앞날에 먹구름이 몰려들고 있었다.

3선 개헌 반대 시위 학생들을 진압하는 경찰

일사천리, 3선 개헌

신문에는 제대로 보도되지 않았지만, 1969년 7월 들어 신민당·학생·재야 세력이 합세한 개헌 반대 투쟁은 열기를 더해갔다. 7월 3일과 4일, 이틀 만에 부상자만 259명이나 생겨났다.

신민당 당수 유진오는 기자회견에서 호기롭게 주장했다.

"집권당 안에도 역사의 죄인이기를 거부하는 용기와 소신이 있는 의원들이 있어 3선 개헌은 국회에서 저지되고 말 것이다."

7월 29일 저녁, 야당의 조흥만·성낙현·연주흠 의원이 개헌 지지 성명을 발표했다. 김형욱이 적지 않은 정치자금을 들인 결과였다. 이에 신민당은 당을 해체해버렸다. 정당법에 따라 이들의 의원직은 상실되었다. 다시 '신민회'라는 교섭단체를 구성했는데 '배신자' 3명을 제거하기 위해서였다.

1969년 9월 14일, 야당의원들은 본회의장을 점거하고 방어벽을 쌓았다. 야당은 본회의장에 들어오지도 못하는데 개헌안을 어떻게 통과시킬 수 있을 것인가 하고 생각했으나 박정희 측근들의 생각은 달랐다. 의사당 안이면 되지 꼭 본회의장일 필요는 없었다. 국회 제3별관 3층 회의실에서 의사봉 대신 주전자 뚜껑을 사용한 국회의장 이효상의 사회로 개헌

▲ 3선 개헌을 반대하는
대강연회를 알리는
신민당의《민주전선》호외

▶ 1969년 7월 2일,
3선 개헌 반대 시위
학생들을 진압하는 경찰

안이 상정되었다. 찬성 122표, 반대 0표로 표결은 2분 만에 끝났다. 일요일 새벽 2시 30분, 이 시간에는 사람들 통행이 금지되던 시절이었기에 가능했다.

10월 17일, 국민투표가 실시되었다. 참여율 77.1%에 65.1% 찬성으로 3선 개헌은 확정되었다. 서울에서는 40%가 불참하고 참가자 중에서도 53%가 반대표였다. 사실상 박정희의 패배였다.

개헌안 통과 후 전국 공화당 지구당 요원 8,471명에 대한 논공 행상 잔치가 벌어졌다. 지역별로 찬성표 비율에 따라 포상금 60만 달러가 차등 지급되었다. 이때 살포된 자금은 1968~1969년에 도입된 차관 8억 8,640만 달러에서 나온 것으로 추정된다. 그 덕분에 3선 개헌을 앞두고 정부 관료와 공화당원의 씀씀이가 헤펐다. 전국에서 고무신, 막걸리 잔치판이 벌어졌다. 그해 GNP 성장률 15.9%, 농촌 가구당 소득 증가율 21%라는 사상 유례없는 경제 활황도 3선 개헌 통과에 한몫했다.

40대 기수들

1969년 11월 8일, 43세 김영삼은 기자회견을 열고 이렇게 선언했다.

"박정희 씨에 대한 도전자로서 평화적 혁명의 기수가 된다면 모든 것을 바쳐 투쟁하겠다."

두 달 뒤에 45세 김대중, 그 뒤를 이어서 48세 이철승이 출마를 선언했다. 신민당 대의원의 3분의 2를 거느리고 있다는 유진산 신민당 총재가 두 눈을 부릅뜨고 있는 상황에서 이런 선언이 나온 것은 반란이나 마찬가지였다.

유진산은 세상에 드러내놓고 분노를 나타낸 반면, 박정희는 부하 몇몇을 모아놓고 신경질을 부렸다. 유진산과 박정희는 여야로 나뉘어 있지만, 이 점에서 서로 통했다. 사실 둘의 마음이 통한 때는 한두 번이 아니었다.

유진산은 신문 만화 작가가 벚꽃이 그려진 광(화투 패)을 들고 있는 모습으로 풍자할 정도로, 사쿠라(여당과 야합하는 야당 정치인)로 유명했다. 뒤에서 돈 받는 걸 좋아했는데, 이는 협상 목적이기도 했다. 이런 그를 국민들이 좋아할 리 만무했다. 그 때문에 박정희는 유진산을 대통령 선거 상대 후보로 만들고 싶어 했다. 새로 중정부장이 된 김계원의 임무는 바로 유진산을 신민당 대통령 후보로 만드는 일이었다. 김계원은 부지런히 유진산 집을 드나들고 박정희는 유진산을 따로 청와대로 불러 투쟁을 독려하기도 했다.

하지만 박정희가 유진산을 좋아한 이유는 바로 국민이 유진산을 싫어한다는 점이었다. 이는 대통령 선거에서 두 번이나 패하고 3선 개헌마저 막지 못해 풀이 죽은 신민당이 재기하는 데 유진산이 적합하지 않은 이유이기도 했다.

박정희는 김계원의 공작이 무능했다고 탓했지만, 대세는 '공작'이나 '대사大蛇' 유진산의 '술수'로 막을 수 없는 법이었다. 유진산은 대통령 후보 경선에 나서지 않는 대신 후보 지명권을 요구했다. 자기가 지명될 리 없다는 것을 뻔히 아는 김대중이 이를 받아들일 리 없었다. 그러나 유진산은 지명을 강행하여 자기 계보의 적자 김영삼을 지명했다.

언론도, 국민도, 나아가 박정희까지도 김영삼 지명을 당연하게 생각했다. 김영삼도 마찬가지였다. 김영삼은 지명받은 그날 밤, 자택에서 후보 수락 연

유신을 예고하는 발언
김대중은 1970년 1월 24일, 출마 선언하면서 "싸우다 쓰러진 무명의 투사는 될망정 이익을 위해 사술만 농하는 마키아벨리는 되지 않겠다"라고 강조하고, "우리가 만일 1971년에 또 다시 박정희 씨의 당선을 허용한다면 이 나라는 영원히 선거 없는 총통시대가 올 것"이라며 1972년 '10월 유신'을 예고하는 발언을 해 주목받았다.

설문을 최종 검토하고 리허설까지 했
다. 열세에 몰린 김대중은 바로 그 시
간에 대의원들 숙소를 돌며 무차별 유
세를 벌였다.

1차 투표 결과는 김영삼 421표, 김
대중 382표, 무효 82표였다. 김영삼은
과반수를 얻지 못했다. 무효표는 이
철승의 표였는데 이철승이 김영삼과
의 사전 약속을 파기한 것이다. 2차

투표 결과는 김영삼 410표, 김대중 485표로 김대중이 역전했다. 이철승이
김대중의 손을 들어준 것이다. 그래도 김영삼은 흔쾌히 결과에 승복했다.

1971년 7대 대통령 선거
신민당 후보 경선에 나선
김영삼과 김대중의
선거공보물

"김대중 씨의 승리는 우리들의 승리이며 나의 승리이다. 나는 가벼운
마음으로 김대중 씨를 앞세우고 전국을 누빌 것을 약속한다."

야당이 분열 없이 단일 후보를 내세움으로써 박정희는 강력한 라이벌
과 맞부딪히게 됐다.

야당의 40대 기수들
1970년 9월 25일, 왼쪽부터
김대중, 고흥문, 이철승, 김
영삼 의원

바람이 불다

1971년 4월 18일, 서울 장충단에 엄청나게 많은 군중이 모여들었다. 신익희의 전설적인 한강 백사장 유세에 모인 숫자를 능가했다. 중앙정보부 관리들도 모여든 사람이 60만 명은 될 것이라고들 했다. 신민당 대통령 후보 김대중의 유세장에는 야당 바람이 불고 있었다.

김대중은 애초 자신도 예상하지 못한 성공을 거두고 있었다. 서울만 아니라 그가 가는 곳마다 '바람'이 일었다. 조직과 돈이 없는 야당이 기댈 언덕은 바람뿐이었다. 젊고 패기가 있으며, 인물이 훤하고 언변이 뛰어났다.

하지만 그의 가장 큰 무기는 '비전'과 '정책'이었다. 윤보선이 박정희의 사상을 물고 늘어졌던 것에 비하면 생각할 수 없을 정도로 발전한 선거운동이었다. 선거는 이제 정책이 별다를 것 없는 두 후보가 권력을 놓고 상대방을 헐뜯고 싸우는 이전투구가 아니었다. 어느 하나의 정책 방향을 선택할 수 있는 선거였다.

'향토예비군제 폐지 공약'은 김대중 바람을 일으킨 핵폭탄이었다. 격려·지지 편지가 신민당사와 동교동 집으로 하루에도 수천 통씩 날아왔다. 박정희는 "예비군 폐지는 남침을 유도하는 이적 행위"라며 국민의 안보 심리를

자극하며 맞섰지만, 김대중의 인기를 막지는 못했다.

향토예비군 폐지는 인기성 정책이 아니었다. 박정희의 안보 정책에 대항하는 김대중의 전체 안보 정책 가운데 하나였다. 김대중은 미·소·중·일에 대해 한반도 불가침조약을 요구하는 4대국 안전보장론, 기자단 교류, 서신 교환, 스포츠 교류 등 비정치적 분야의 남북 교류를 주장했다. '우리의 소원은 통일'이라는 노래조차 금지곡으로 묶여 있던 시절이었다.

"김대중이 피리를 불면 김일성이 춤을 추고, 김일성이 북을 두드리면 김대중이 곡조를 맞춘다."

박정희의 대응은 반공주의자다웠으나 치졸했다.

제7대 대통령 선거
김대중 후보의 통일론을
담은 소책자

경제 정책에는 '대중경제론'을 내걸었다. 경영과 생산, 분배 등 어디서나 대중이 참여하고 생산의 비약적 증대와 함께 분배의 공평을 기하는 정책이었다. '선 성장 후 분배'를 내세워 노동자는 일하는 기계에 지나지 않던 시절로서는 참으로 내용이 파격이었다. 김대중 후보 경제 정책의 골간이 된 '대중경제론'은 한국 선거사에 정책 대결의 장을 열었다. 박정희 캠프에서 대응책을 마련하느라 전전긍긍했다는 말도 들렸다.

'대중경제론' 탄생 비화

1971년 4월 27일 대선을 앞두고 경제학자 박현채는 정윤형(전 홍익대 교수), 김경광(김대중 후보 비서), 임동규를 온양 온천의 한 여관으로 불렀다. 4사람은 2주 동안 합숙하며 김대중의 대중경제론을 '100문 100답' 형식으로 편집했다. 박현채의 서울대 상대 후배 임동규는 당시를 이렇게 증언했다.

"제일여관인가 그랬다. 짐 싸들고 갔더니 논문 13편을 쫙 펴놓고 기다리더라. 한 보름간 합숙했다. 각자의 역할이 달랐다. 김경광 씨는 자료를 수집해왔고, 정윤형 교수는 정리했다. 머리 속에서 핵심을 뽑은 박 선생이 말로 불렀고, 내가 받아 적었다. '대중경제론'은 그렇게 탄생했다."

재일교포 형제 학원침투 간첩단 사건

김대중 장충단 유세가 있던 1971년 4월 18일, 군 보안사는 "선거를 틈타 정부를 전복시키려고 암약해온' 혐의로 재일교포 서승·서준식 형제 등 10명에게 구속영장을 신청했다. 서승이 김대중 후보의 측근 김상현의 집에서 하숙했던 점을 이용해 김대중 후보를 북과 연결된 것처럼 옭아매려는 시도였다. 후에 김상현 의원은 박정희가 질 경우 김대중 후보를 이들과 엮어서 선거 자체를 뒤집을 생각이었다고 증언했다. 형 서승은 고문에 못 이겨 경유 난로의 기름을 온몸에 끼얹었고 분신 자살을 시도하기도 했다.

지역감정과 관권의 힘으로

선거 결과는 박정희 634만 1,828표, 김대중 539만 5,900표로 94만 6,928표 차이였다. 박정희는 경북에서 92만 표를, 경남에서 58만 표를 얻어 전체 표차보다 무려 55만 표를 더 얻었다. 김대중은 전라도에서 63만 표, 서울에서 39만 표를 더 얻었다.

국회의장 이효상은 유세마다 앵무새처럼 "경상도 대통령을 뽑지 않으면 우리 영남인은 개 밥에 도토리가 된다", "신라 천 년 만에 다시 나타난 박정희 후보를 뽑아서 경상도 정권을 세우자"라며 지방색을 자극하는 발언을 떠들고 다녔다.

선거 막바지가 되자 대구와 부산에는 "호남인이여, 단결하라!", "호남 후보에게 몰표를 주자!" 등 유인물이 나돌고 구호가 전봇대에 붙었다. 이후락이 중앙정보부장으로 임명되어 선거 승리를 두고 고심하는 박정희를 안심시키려고 꾸며낸 첫 비책이었다. 비책은 성공적이었다.

그뿐만 아니었다. 재산이 2억 8,000만 원밖에 안 되던 공화당(신민당은 4,000만 원) 후보가 쓴 돈이 600억이라고도 하고 700억이라고도 했다. 보안사령관 강창성과 김종필은 이렇게 증언했다. 1969년 한 해 국가 예산은 5,242억이었다.

능률 극대화를 숭상하는 박정희에게 이런 비능률은 당연히 끝장내야 할 문제였다. 그 길은 두 길인데 상극이었다. 선거법을 엄수해서 돈 안 드는 선거를 할 것인가, 더욱더 근본주의를 추구해서 비능률의 원천 선거 자체를 없앨 것인가?

유세 기간 동안 김대중은 "이번에 정권 교체를 이루지 못하면 총통제가 실시될 것"이라고 주장했다. 이에 맞서 박정희는 "다시는 국민에게 표를 찍어달라고 나서지 않겠다"라고 선언했다. 사람들은 대부분 그가

1971년 대통령 선거 당시 박정희와 김대중의 호남과 영남 득표율 비교

박정희 36%

호남

김대중 64%

김대중 28%

영남

박정희 72%

	1971년	1987년	1992년	1997년	2002년	2007년
전북	김대중 61.5%	김대중 83.4%	김대중 89.1%	김대중 92.3%	노무현 91.6%	정동영 81.6%
전남	김대중 62.8%	김대중 90.3%	김대중 92.2%	김대중 94.6%	노무현 93.4%	정동영 78.7%
광주	–	김대중 94.4%	김대중 95.8%	김대중 97.3%	노무현 95.2%	정동영 79.8%
경북	박정희 75.6%	노태우 66.4%	김영삼 64.7%	이회창 61.9%	이회창 73.5%	이명박 72.6%
경남	박정희 73.3%	김영삼 51.3%	김영삼 72.3%	이회창 55.1%	이회창 67.5%	이명박 55.0%
부산	박정희 55.7%	김영삼 56.0%	김영삼 73.3%	이회창 53.3%	이회창 66.8%	이명박 57.9%
대구	–	노태우 70.7%	김영삼 59.6%	이회창 72.7%	이회창 77.8%	이명박 69.4%
울산	–	–	–	이회창 51.4%	이회창 52.9%	이명박 54.0%

"다시는 대통령을 하지 않겠다"고 말한 것으로 받아들였지만, '국민에게
표를 찍어달라고 나서지 않고서도' 대통령이 되는 길이 없지는 않았다. 그
것은 비용도 적게 들고 여러 가지 면에서 대단히 능률적이었다.

박정희의 1971년 대선 비용

1971년 국가 예산이 5,242억여 원으로 공화당 정권이 예산의 1할이 넘는 액수를 털어넣은 선거가 1971년 박
정희 – 김대중 대결이었던 것이다. 바로 그해 공화당의 명목상 재산이 2억 8,000만 원, 신민당이 4,000만 원,
전경련의 선관위 정치자금 기탁액이 모두 3,000만 원(공화 1600만 원, 신민 1400만 원으로 나누었다)뿐인 점을 살
펴보면 실로 엄청난 자금 살포였다.

당시 중정 국장을 지낸 B씨의 얘기가 실감난다.

"연탄 1장 20원, 커피 50원, 정부미 80킬로그램이 7,000원, 입석버스 요금 15원 시절에 600억 원을 쓴다는 건
과연 문제였다. 하지만 '집권 전쟁'에선 질 수 없다는 집권 세력이 있는 한 71년이나 87년이나 무제한 자금
살포전이 되고 마는 건 정해진 이치. 나라고 뭐고 눈이 뒤집혀 정권만 얻자는 식인데 …"

— 김충식,《남산의 부장들 1》, 폴리티쿠스, 296쪽

21
7·4남북공동성명

통일의 3대 원칙을 선언하다

1960년대 후반 국제 정세가 변화하면서 미국은 아시아의 안보는 아시아 스스로 지켜야 한다는 '닉슨 독트린'을 발표했다. 이에 따라 미국과 중국이 관계 개선에 나서고 중국과 일본이 수교를 향해 나아가는 등 국제사회에 데탕트가 조성되었다. 한반도 주변 국제 관계가 변하자 남과 북은 충격을 크게 받았다. 이에 대응하여 남북은 대화에 나섰으며 1972년 7·4남북공동성명에 합의하게 된다. 7·4공동성명은 버릴 수 없는 통일의 원칙을 마련했다는 점에서 획기적 의미가 있는 사건이었다.

남북조절위원회 회담 장면

● 1969년

7월 25일
닉슨 독트린 발표

● 1971년

8월 12일
최두선 한국적십자사 총재, 남북적십
자 대표회담 제의

8월 14일
북한적십자사, 남북적십자 대표회담
수락

9월 20일
남북적십자 예비회담(판문점)

9월 22일
남북 최초 직통전화 가설

● 1972년

1월 4일
외무장관, UN과 동구권 외교 강화 등
안보외교 3대 지침 발표

1월 1일
닉슨 미대통령, 주베트남 미군 7만
추가 철수 발표

2월 27일
미중 정상회담에서 평화5원칙 합의

3월 28일
중정국장 정홍진, 평양 비밀 방문

4월 19일
북한 김덕현, 서울 비밀 방문

5월 2일
이후락 중앙정보부장, 평양 비밀 방문

5월 26일
동·서독 일반통행협정 정식 조인

5월 29일
박성철 부수상 서울 비밀 방문

7월 4일
남과 북, 남북공동성명 발표

7월 5일
문공부, 북괴를 북한으로 호칭하고
김일성에 대한 중상비방 삼가 각 부처
공보관에 지시

10월 17일
박정희, 10월 유신 선포

12월 27일
북한, 사회주의헌법 제정

● 1973년

6월 23일
남한 6·23선언, 북한 5대 강령 발표

8월 8일
김대중 납치 사건 발생

8월 28일
북측 조절위원회 회담 결렬 선언

땀에 젖은 극약 캡슐

1972년 5월 3일, 평양에는 소나기가 퍼붓고 있었다. 자정이 다 되었을 무렵, 유장식 노동당 연락부장은 숙소에 갑자기 나타나 이후락에게 다짜고짜 가자고 했다. 어디로, 왜 가야 하는지 아무런 말도 없었다.

이후락은 서울을 떠나오면서 이미 죽음을 각오했지만, 막상 죽음이 눈앞에 닥칠지도 모른다고 생각하니 공포가 밀려왔다. 여러 차례 비밀 접촉으로 저쪽 심중을 충분히 파악하고 결행한 밀행이었다. 하지만 자신의 목숨을 보장해줄 수 있는 장치는 아무것도 없었다. 오로지 저쪽에 대한 믿음뿐이었다. 극약 캡슐을 쥔 이후락 부장 손은 땀에 젖었다.

이후락이 김일성 집무실에 도착한 것은 1972년 5월 4일 밤 12시 15분경이었다. 김일성이 노동당 정치위원회 확대상무위원회 회의가 끝나자마자 이후락을 불렀다. 김일성은 이후락이 서울로 돌아가기 전에 합의를 이끌어낼 자신이 있었으나 시간이 부족했다.

김일성이 말문을 열고 이후락이 답했다.

"우리는 통일 문제의 외세 의존 반대입니다. 우선 이것이 박 대통령과 의견 일치입니다."

"박 대통령께서도 항상 우리 민족 문제는 제3국이 왈가왈부할 문제가 아니라고 말씀하시고…. 수상님, 싸움을 하지 않기 위해 제가 온 것 아닙니까?"

"옳습니다. 싸움으로 문제가 해결되지 않습니다. 박 대통령께도 전하십시오. 싸움하지 말고 비방도 말자…. 조국 문제, 평화적으로 해결해야 합니다."

이날 회담에서 7·4남북공동성명의 뼈대가 되는 '민족 대단결', '평화통일', '외세 배제' 등에 의견을 같이했다.

1972년 7월 4일 오전 10시, 이후락 중앙정보부장은 내외신 기자회견을 열었다. 이후락 부장은 먼저 "실은 평양에 다녀왔다"고 운을 뗀 다음, 남북대화의 진전 과정을 설명하고 남북이 합의한 내용을 발표했다. 합의 사항은 평양에서도 동시에 발표

남과 북의 밀사 교환
1972년 5월 3일 이후락 중앙정보부장이 김일성 수상과 만나 악수하고 있다(위). 이에 대한 답방으로 서울에 온 북한 박성철 부수상이 청와대를 예방해 박정희 대통령과 만나 악수하고 있다(아래). 정부는 이후락의 방북에 대해 미 대사관에 미리 알려줬지만, 박성철의 서울 방문에 대해서는 사전통고 하지 않았다.

되었다. 이렇게 해서 '자주·평화·민족 대단결'이라는 통일의 3원칙과 함께 이를 실현하기 위한 기구로 남북조절위원회를 설치한다는 7·4남북공동성명이 발표되기에 이르렀다.

당시는 보통 사람들은 '통일'이라는 말도 꺼내기 힘든 시절이었다. 그 때문에 공동성명 내용은 일반인들에게는 도무지 실감이 되지 않았다. 하지만 눈치 빠른 사람들은 그것이 새로운 변화의 소리이며 통일을 향한 첫걸음이 될 것임을 알았다.

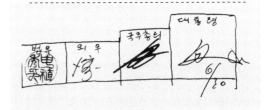

'특수 지역(북한)' 방문에 관한 박정희 대통령의 친필 훈령(위)과 7·4남북공동성명에 대한 박정희 대통령과 김종필 총리의 승인 서명(아래)

1972년 7월 4일, 7·4 남북공동성명을 발표하는 이후락 중앙정보부장

수상한 조짐들

이후락이 평양을 방문하기 전 이미 남북적십자회담이 열리고 있었다. 1971년 8월 12일, 대한적십자사 최두선 총재가 '남북 이산가족 찾기 회담'을 제의하고 이틀 뒤 북한적십자사가 이를 수락했다. 그렇게 해서 그해 9월부터 판문점에서 회담이 열리기 시작했다. 분단 26년 만에 남과 북이 공식적으로 처음 만나 대화를 시작하게 된 것이다.

그것은 1970년 8월 15일, 박정희 대통령이 북한을 향해 다음과 같은 선언을 발표하면서 일어난 변화였다.

"민주주의와 공산 독재 중 어느 체제가 국민을 더 잘 살게 할 수 있으며 그럴 수 있는 여건을 가진 사회인가를 입증하는 개발과 건설과 창조의 경쟁에 나설 용의는 없는가를 묻고 싶은 것입니다."

대한민국 대통령으로서는 처음으로 북한의 존재를 인정한 셈이었다. 그러한 발언은 명백히 실증법 위반이며 반공법 위반이었다. 집권층 내부에서도 적지 않은 반발이 있었지만, 새로운 결단이 필요한 시기였다. 그러한 결단의 요구는 내부보다 외부에서 먼저 왔다.

역사적인 첫 남북적십자 회담을 보도한 《한국일보》 1972년 8월 30일자 호외

이미 과거의 적들이 악수를 시작하고 있었다. 서독이 소련과 불가침조약을 맺고 미국 대통령 닉슨이 베이징으로 날아갔다. 닉슨 대통령과 키신저 국무장관은 중국과의 관계를 개선하여 소련을 견제하고자 했다.

미국은 베트남 전쟁에서 치욕스러운 패배를 당할 것이 분명해진 상황에서 더 이상 직접적으로 군사개입을 할 수 없다고 판단했다. 미국의 힘에도 한계가 있었다. 미국은 아시아 안보는 아시아가 책임져야 한다는 내용의 '닉슨 독트린'을 발표하고 데탕트 정책을 추진했다.

미국의 정책 전환은 한반도에도 곧바로 영향을 미칠 수밖에 없었다. 미국이 6·25 때 했던 것과 같은 역할을 다시 기대하기 힘들어졌다는 것을 의미했다. 이에 따라 미국은 1971년 3월, 주한 미군 6개 사단 가운데 1개 사단 약 2만 명을 감축하기로 결정했다.

박정희 정권의 발등에는 불이 떨어졌다. 이제는 '때려잡자 김일성, 무찌르자 공산당!'으로 대변되는 원색적 반공주의만으로는 살아갈 수 없게 되었다. 이런 상황에서 주한 미 대사 포터는 미 의회에 참석하여 "남북한 간의 대화의 영역을 발견하기 위해 노력했으며, 이를 위해 조용한 토의를 계속해왔다"고 증언했다.

김일성은 박정희의 8·15선언에 대해 "위기에 빠진 미국과 박정희의 시간 벌기 작전이며, 영구 분열 책동"이라고 비난하고 냉소했다. 그렇지만 김일성도 1년여 뒤에는 "민주공화당을 포함한 남조선의 모든 정당·사회단체와 접촉할 용의가 있다"며 화답을 보내왔다.

미국과 중국의 접근은 북한에도 충격스러운 일이었다. 강대국들이 자국의 이익을 위해 언제든지 등을 돌릴 수 있다는 국제사회의 냉엄한 현실을 확인한 것이다. 같은 민족끼리 통할 수 있는 길을 찾아야 했다.

닉슨 독트린
1969년 7월 25일, 미국 대통령 닉슨이 의회에 보낸 외교교서에서 밝힌 아시아 정책이다. "베트남 전쟁과 같은 미국의 직접 군사개입은 회피한다. 해외에 주둔하고 있는 미군은 단계적으로 철수한다. 강대국의 핵 위협을 제외한 내란이나 침략에 대하여 아시아 각국은 협력하여 대처한다. 동맹국의 자주 국방 노력을 강화하고 미국은 이를 측면 지원한다"는 등의 내용을 담고 있다.

(좌) 1970년 4월 5일, 평양을 방문하여 김일성 수상에게 남한과의 대화를 제안한 저우언라이 수상

(우) 1972년 2월 21일, 중국을 방문하여 마오쩌둥 주석과 첫 정상회담을 가진 미국 닉슨 대통령

남북조절위원회

이후락이 김일성과 합의한 뒤 서울로 돌아와 회담 결과를 보도했을 때, 박정희는 불쾌하다는 반응을 보였다.

"이북이 이야기하는 자주라는 것은 미국 나가라는 소리 아닌가. 아무래도 이후락이 이북에 가서 놀림당하고 온 것 같아."

박정희의 친필 훈령에는 평화통일만 있었을 뿐, 자주나 민족 대단결 같은 것은 언급조차 되어 있지 않았던 것이다. 박정희뿐만 아니라 남한 내에서 많은 사람들이 우려감을 나타냈다.

당장 남북 사이에 문제가 생겼다. 북한 부수상 박성철은 7·4남북공동성명을 발표하는 자리에서 "미군은 모든 침략 무기를 걷어가지고 지체 없이 물러가야 한다"고 주장했다.

하지만 제갈공명과 조조의 지혜를 합쳐놓은 것 같다고 해서 '제갈조조'라는 별명을 얻은 이후락이 적당한 응수를 준비해놓지 않았을 리 없었다. "유엔은 외세가 아니다"라는 것이 그의 논리였다.

김종필 국무총리도 국회에서 남북공동성명에 대한 정부 입장을 설명하면서 "국제연합은 외세가 아니다", "7·4남북공동성명이 북한과의 공존

1972년 11월, 평양에서
열린 제2차 남북조절위원회
공동위원장회의에서
'남북조절위원회 구성 및
운영에 관한 합의서'에
서명하는 이후락과 박성철

을 말하는 것은 아니다", "반공법·국가보안법은 폐기하지 않는다"라고 밝혔다. 이러한 발언은 공동성명에서 남북한이 합의한 조국 통일의 3대 원칙과 정면으로 어긋나는 내용이었다.

이런 상황에서 남북조절위원회가 잘될 것이라고 기대하기는 어려웠다. '자주'만이 문제가 된 것이 아니었다. 정치·군사 문제와 비정치·비군사 문제를 다루는 순서를 놓고도 싸움은 계속되었다. 남측은 비교적 갈등이 적은 비정치·비군사 분야에서부터 먼저 협상을 시작하자고 했다. 접근이 비교적 쉬운 문제를 통해 성과를 보이고 상호 신뢰가 쌓이면 이를 바탕으로 정치·군사 분야로 옮겨가면 된다는 주장이었다. 그러나 북한은 모든 불신이 정치·군사 문제에서 비롯되었으며, 공동성명까지 발표된 마당에 또다른 신뢰를 이야기하는 것은 적절치 않다는 주장을 폈다.

서울 측 대표 명단		
공동위원장	이후락	중앙정보부장
부위원장	장기영	전 부총리
위원	최규하	대통령 특별보좌관
위원	강인덕	중앙정보부 제9국장
간사 위원	정홍진	중앙정보부 협의조정국장
평양 측 대표 명단		
공동위원장	김영주	노동당중앙위원회 조직지도 부장
위원장 대리	박성철	제2부수상
부위원장	유장식	노동당중앙위원회 조직지도부 부부장 겸 대외사업부장
위원	이완기	내각 참사
위원	한웅식	노동당중앙위원회 정치위원회 책임지도원
간사 위원	김덕현	노동당중앙위원회 정치위원회 책임지도원

남북조절위원회 구성 명단

7·4남북공동성명 지지와
남북적십자회담 촉진
국민 궐기대회 장면

결렬되다

평화통일 외교정책 선언
1969년 10월 서독의 새 총리가 된 빌리 브란트 (사민당 당수)는 동방정책을 추진하기 시작해 다음 해에는 동독과 정상회담을 한다. 1971년 10월 25일에는 유엔이 중화인민공화국을 유엔의 새로운 중국 대표로 인정한다. 또한 북한은 1972년을 '외교의 해'로 선포하고 적극적인 대외외교에 나선다. 이러한 상황에 대응해 박정희 대통령은 1973년 6월 23일 남북한 유엔 동시 가입, 공산주의 국가에의 문호 개방 등이 담긴 '6·23선언'을 발표했다.

남북은 한 치의 양보도 없이 대치했다. 극적 타결의 기대는 번번히 깨졌다. 그리고 1973년 8월 28일, 평양측 공동위원장 김영주는 "평화통일을 주장하는 애국적 민주 인사를 탄압하고 있기 때문에, 우리는 이후락을 비롯한 남조선 깡패들과는 마주 앉아서 국가 대사를 논할 수 없다"며 결국 회담이 결렬되었음을 선언했다.

북한은 김대중 납치 사건을 지목하며 대화를 중단하겠다고 선언했다. 이 사건은 국가기관이 스스로 '깡패'임을 보여준 사건이었음이 분명하다.

박정희가 1973년에 발표한 "유엔과 국제연합 기구에 남북한이 동시에 가입하자. 이념과 체제를 달리하는 모든 국가에게 문호를 개방한다. 남북한의 상호 내정을 간섭하지 말자"는 6·23선언 또한 마찬가지였다.

김일성이 볼 때 박정희가 조선 책동과 영구 분열 책동을 획책하고 있는 것은 1970년 8·15선언에서부터 그대로 드러났다. 그렇게 늘 비난하면서도 협상을 시작했다. 그런데 또 그걸 문제 삼아 협상 결렬을 선언한다면 그 이유의 진실성은 의심받을 수밖에 없었다. 북한이 7·4남북공동성명을 추진하게 된 것은 국제 정세의 변화를 계기로 박정희 정권을 고립시키려 했던 것이다. 하지만 그게 여의치 않자 북한은 이를 결렬시키기로 했다.

북한 조국통일 5대 강령 발표

1973년 6월 23일, 박정희가 6·23선언을 발표하자, 김일성은 바로 그날 저녁 5대 강령을 발표했다.

- 남북 간의 군사적 대치 상태 해소 및 긴장 상태 완화
- 정치·군사·외교·경제·문화 등 다방면적 합작과 교류 실시
- 통일 문제를 위한 대민족 회의 소집
- 고려연방국 국호에 의한 남북연방제 실시
- 고려연방국 단일 국호에 의한 유엔 가입

의도와 결과

1972년 10월, 남한에서 '남북대화를 굳게 뒷받침'하기 위하여 10월 유신이 단행되었고 1972년 12월, 북한에서 사회주의헌법이 공포되었다. 7·4남북공동성명이 발표된 지 몇 달도 지나지 않은 때였다. 이번에도 남북이 분단 정권을 수립할 때처럼, 남한의 참을성이 조금 부족했다.

7·4남북공동성명에 대한 이러저러한 비판도 남북조절위원회 결렬 탓에 생긴 남북 간 더욱 깊은 불신과 대립을 충분히 표현하지는 못했다.

10월 유신의 연출자 이후락의 통찰력은 '평화통일' 훈령밖에 주지 못했던 박정희를 훨씬 능가하는 면이 있다. 후에 이후락은 7·4남북공동성명에 대해 이렇게 언급했다.

"누가 뭐래도 남북통일 뼈대는 7·4성명 정신으로 되돌아가지 않을 수 없을 것이다. 오늘날 남북 어느 쪽도 7·4성명이 무효라고 하지 않는 것은 그걸 버리면 배신자로 낙인찍힐까 두려워하기 때문이 아닌가."

그런데 이후락 스스로가 인정하는 그의 생애 최대 업적인 7·4남북공동성명의 가장 열성 지지자는 아이러니하게도 중앙정보부에 가장 큰 피해를 본 장준하와 문익환이었다.

"박정희를 제외한 그 누구도 대한민국의 대통령 자격이 있다"며 박정희에게 그렇게도 비난을 퍼부었던 장준하는 7·4남북공동성명의 열렬한 지지자가 되었다. 장준하가 사망하자 민주화운동의 최일선에 나서서 민주 통일 운동의 지도자가 된 문익환 목사는 "7·4공동성명과 이에 따른 반향에 충격을 받아 한국 신학의 주제는 '남북통일'이어야 한다는 것을 깨닫게 되었다"라고 했다. 그의 등장은 '민족 부재'의 통일 협상에서 민족 대축전의 통일 협상으로 가는 신호탄이었다.

문익환과 윤동주
(사진 뒷줄 왼쪽 둘째 셋째).
문익환, 윤동주, 정일권은 북간도 용정 광명중 출신으로 가까운 사이였다. 장준하는 일본 유학시절 문익환과 일본신학교에 함께 다녔다. 그러나 네 사람의 운명은 엇갈렸다.
장준하는 학병으로 끌려갔다 탈출하여 광복군으로 활동했다. 해방 후 《사상계》를 창간하고 반유신운동의 선봉에 섰다 의문사했다. 문익환은 일본 유학 중 학병 거부로 퇴교하고 한신대를 나와 목사가 되었다. 이후 민주화운동과 통일운동에 투신한다. 윤동주는 항일 시인으로 일본 유학 중 체포되어 해방을 6개월 남기고 후쿠오카형무소에서 짧은 생을 마감한다. 반면 만주군관학교를 나온 정일권은 해방 후 국군에 투신했고 박정희 정권에서 총리를 지내며 다른 친구들과 다른 길을 걸었다.

22
10월 유신과 유신 체제

"짐이 곧 국가요"

박정희는 3선 개헌으로 장기집권의 발판을 마련했으나 대선에서 신민당 김대중 후보의 돌풍에 고전해야 했다. 국민은 박정희의 장기 집권에 염증을 내기 시작했고, 경제 상황도 악화되었다. 이에 박정희는 더 이상의 선거가 필요하지 않은 방법을 찾아냈는데, 그것은 유신체제라는 한국 민주주의의 장송곡이었다. 유신체제는 박정희 일인의 종신집권 체제로서 자유민주주의 체제의 종언을 의미했다. 그러나 군과 경찰, 정보기관을 동원한 폭압 정치에도 불구하고 이에 저항하는 학생, 지식인, 종교인, 노동자 등의 민주화운동은 계속되었다.

통일주체국민회의 회의

● 1971년

10월 2일
오치성 내무장관 해임안 통과
('10·2항명파동')

10월 5일
수도방위사령부 소속 헌병, 고려대
난입 고련반대 농성학생 강제연행

1월 10일~14일
전국대학생 5만여 명 고대 난입군인
처벌 요구시위

10월 15일
서울에 위수령 선포(11월 9일 해제)

11월 12일
중정, 내란음모혐의로 서울대 전 학생
간부 4명 구속

12월 6일
박정희, 국가비상사태 선포

12월 9일
베트남 참전 청룡부대 1진 귀국

12월 27일
국가보위법 날치기 국회 통과

● 1972년

8월
유신공작 계획 완료

10월 17일
유신헌법 국민 투표

12월 15일
통일주체국민회의 초대 대의원 선거

12월 23일
장충체육관 대통령 선거

12월 27일
박정희, 제8대 대통령 취임

● 1973년

1월 24일
닉슨 미 대통령, 베트남평화협정 발표
(28일 종전)

2월 27일
제9대 국회의원 선거(공화당 73, 신민
당 52석, 무소속 19)

8월 8일
도쿄에서 김대중 납치 사건 발생

8월 9일
워터게이트 사건으로 닉슨 사임

비밀공작팀 가동

1971년 12월 6일, 박정희 대통령은 '느닷없이' 국가비상사태를 선언한다. 이어 12월 21일, 정부는 '국가보위에 관한 특별조치법(약칭 국가보위법)'을 국회에 제출했다. 야당은 박정희에게 '광범위한 비상대권을 부여'하는 이 법을 '독일 히틀러 시대의 수권법授權法', '군국주의 일제의 국가동원법'에 비유하며 저지하기 위해 강력히 저항했지만, 공화당은 12월 27일 새벽 백두진의 사회로 날치기 통과시켰다.

유신헌법 서명

국가보위법의 주요 내용은 다음과 같다.

1) 대통령은 국가비상사태를 선포할 수 있다.

2) 경제 규제를 명령하고 국가 동원령을 선포한다.

3) 옥외 광고나 시위를 규제한다.

4) 언론·출판에 대한 특별 조치를 취한다.

5) 특정한 근로자의 단체행동권을 제한한다.

6) 군사상 목적을 위해 세출예산을 조정할 수 있다.

박정희에게 초헌법적 비상대권을 부여한 이 법은 유신 쿠데타의 전주곡이었다.

국가비상사태 선언 후 5개월이 지난 1972년 5월 초순 중앙정보부 안가 궁정동 밀실에서는 은밀한 비밀 사업이 진행되고 있었다. 유신을 위해 준

1972년 10월 17일,
유신헌법 국회 통과

비 작업을 구체적으로 들어간 것이다. 공작팀은 입법·사법·행정 3권을 박정희 1인에게 집중시키는 유신헌법 초안을 마련하는 한편, 개헌 방법과 발표 시기, 발표 방법 등 유신 마스터플랜을 준비했다. 이 작업에는 김정렴 비서실장과 이후락 정보부장을 비롯하여 청와대에서 홍성철·유혁인·김성진 비서관, 행정부에서 신직수 법무부장관, 그리고 헌법학자 한태연·갈봉근 등이 참여했다.

작업 결과는 매주 박정희 대통령과 이후락 중앙정보부장, 김정렴 비서실장의 3인 회의에 보고되었다. 회의에서 제기된 새 아이디어와 보완점은 다시 궁정동으로 전달되어, 재차 손질을 거쳐 청와대로 올려졌다.

1972년 8월경에는 마스터플랜이 마무리되었다. 그때부터 신직수 법무장관, 김치열 중정차장 등이 새 헌법의 구체적 골격을 짜나갔다. 실무 작업에는 노태우 정부에서 검찰총장과 법무부장관을, 박근혜 정부에서 청와대 비서실장을 지낸 김기춘 검사를 비롯해 10여 명이 참여했다.

그렇게 해서 유신 준비 작업이 밀실에서 6개월 동안 치밀하게 진행되다가 마침내 10월 17일, '10월유신'으로 발표되었다. 한국 민주주의의 사망진단서였던 유신 체제는 이처럼 극소수 인사들이 박정희의 지휘를 받아 계획하고 준비한 '어둠의 자식'이었다.

박정희는 유신을 선포한 뒤에 그간 악역을 맡아온 이후락을 경질하고 그 자리에 법무 참모 신직수를 앉혔다. 신직수 중앙정보부장 재임 기간 (1973년 12월~1976년 3월)에 벌어진 중정의 대표적인 사법 공작이 바로 민청학련과 2차 인혁당 사건이다.

10월 유신 발표
"급변하는 국제 정세와 남북 관계, 국내 정치 상황에 효과적이고 능동적으로 대처하기 위해서는 일대 개혁이 필요하다. 한국적 민주주의를 토착화할 그 개혁의 내용은 정상적인 방법으로는 오히려 혼란만 부추길 뿐이다. 따라서 부득이하게 '약 2개월 간 헌법 일부의 효력을 중지시키는 비상조치'를 취하지 않을 수 없다. 국회를 해산하고, 정당과 정치 활동을 금지한다. 그동안 비상 국무회의가 정지된 헌법의 기능을 담당할 것이다."

99.9% 찬성

1972년 12월 27일, 장충체육관에서 박정희는 대통령에 취임한 지 불과 1년 6개월 만에 다시 한번 대통령 취임식을 했다. '수십 만 군중 속에서 간첩이 순사 옷을 입고 나타나 총 한 방 쏘는 위험'이 넘쳐나는 무질서는 완전히 사라졌다.

전국을 돌아다니며 국민들을 상대로 연설을 늘어놓아야 하는 유세는 늘 불만이었다. 국정에 쏟아야 할 시간과 국가기관의 힘을 쓸데없는 곳에 쏟아붓는 심각한 낭비였다. 이런 문제도 이번에는 깨끗하게 해결되었다. 1년 예산의 10%를 써버리는 엄청난 비용 손실도 물론 없어졌다.

가장 큰 즐거움은 낙선 가능성을 완전히 제거했다는 점이었다. 물론 선거에서 졌다고 순순히 물러날 생각은 없었지만, 그래도 선거에서는 질 뻔했다. "정권을 도둑맞을 뻔했다", '체육관 선거'라는 비아냥이 귀에 거슬렸지만, 선거에 져서 정권을 잃을 가능성이 생기는 것보다는 훨씬 나았다.

선거 결과는 99.9% 찬성이었다. 대의원 2,359명 중에서 무효표가 단 2표만 나왔을 뿐이었다.

이제 통일주체국민회의가 국민을 대신하여 대통령을 뽑게 되었다. 이들은 대통령을 뽑는 매우 중요한 국가 대사를 맡은 만큼 엄정하게 선출되었다. 각 지역 경찰서장·시장·군수·중앙정보부원 등이 자료를 만들고, 중

1972년 10월, 통일주체국민회의 대통령을 선출하는 유신헌법이 제정되고, 두 달 후인 12월 23일 제8대 대통령 선거가 간선제로 치러졌다. 박정희는 99.9%의 지지로 대통령에 당선되었다.

앙정보부가 선정 작업에 직접 나섰다. 국민투표로 대의원이 되었지만, 선거 과정에서 그들이 밝힐 수 있는 것은 오직 유신 과업에 대한 열렬한 지지 의사와 수행 의지뿐이었다.

당시 유신을 반대하는 일은 자살행위에 가까웠다. 이렇듯 철저한 과정을 거쳐 대의원이 되었어도 그들의 '국가관'은 여전히 의심받았다. 중앙정보부는 그들에게 정기적으로 안보 교육을 시켰다. 박정희 찬양 교육을 시켰으며, 박정희에 대한 지지를 노골적으로 요구했다.

박정희는 통일주체국민회의 대의원(약칭 통대)들이 투표할 때 지지를 호소할 필요가 없었다. 단지 일장 훈시를 통해 다시 한번 유신 과업에 대해 상기시키고 교육시키면 그만인 셈이었다.

박정희의 통대 선거는 역사에 남을 기록으로, '전무'했으나 '후무'하지는 않았다. 1978년에 이들은 자신들이 세운 기록을 새로 고쳤다. 단지 무효표 1표만 나왔을 뿐이다. 나머지는 전원 찬성이었다. 김일성의 '99.9% 투표, 99.9% 찬성'이라는 경이적인 선거 기록을 비난할 수 없는 상황이 되었다.

통일주체국민회의 집회 공고

통일주체국민회의법 제14조의 규정에 의하여 통일주체국민회의 집회를 아래와 같이 공고한다

一. 집회일시 一九七二년十二월 二十三일 오전十시
二. 집회장소 서울특별시 중구 장충동 二가 산14번지 장충체육관
三. 의안의 제목 대통령 선거

一九七二년十二월十八일
통일주체국민회의 의장 박정희

1972년 12월 23일
8대 대통령 선거를 위한
통일주체국민회의
개최 공고문

유신헌법의 통일주체국민회의 관련 조항

제36조 ① 통일주체국민회의는 국민의 직접선거에 의하여 선출된 대의원으로 구성한다.

　　　② 통일주체국민회의대의원의 수는 2,000인 이상 5,000인 이하의 범위 안에서 법률로 정한다.

제39조 ① 대통령은 통일주체국민회의에서 토론 없이 무기명투표로 선거한다.

제40조 ① 통일주체국민회의는 국회의원 정수의 3분의 1에 해당하는 수의 국회의원을 선거한다.

　　　② 제1항의 국회의원의 후보자는 대통령이 일괄 추천하며 후보자 전체에 대한 찬반을 투표에 붙여
　　　　재적대의원 과반수의 출석과 출석대의원 과반수의 찬성으로 당선을 결정한다.

제41조 ① 통일주체국민회의는 국회가 발의·의결한 헌법 개정안을 최종적으로 의결·확정한다.

짐이 곧 국가요

"호네누키노곤냐쿠다骨抜きのこんにゃくだ."

박정희는 무척 불쾌하여 일본말로 중얼거렸다. 미국이 닉슨 대통령의 중국 방문을 유신과 연결시키는 것을 반대하더니, 이번에는 일본이 일본·중국 수교와 다나카 수상의 중국 방문을 유신과 연결시키는 것을 반대했다. 이렇게 되면 '알맹이도 빠지고 뼈다귀도 빠져 흐물거리는 어묵처럼 되어버린 꼴'이었다.

논리가 아무리 정연해도 힘으로 몰아붙이는 미국과 일본의 요구를 거절하기란 쉽지 않다. 하물며 '화해와 긴장 완화가 독재 강화의 이유'라는 기상천외한 논리를 내세워 미국과 일본의 요구를 무시한다는 것은 애당초 불가능한 일이었다.

이제 남는 것은 '남북대화', '전쟁 위협', '무책임한 야당의 정략과 파쟁' 등밖에 없었다. 그러나 이것도 말이 되게끔 만들기가 쉽지는 않았다. '남북대화'는 이미 결렬되었으므로 논리적으로 따지자면 유신도 그에 따라서 철회되어야 했지만, 오히려 더 강화되기만 했다. 일사 분란한 체제의 북한에는 남한 역시 일사불란한 대오로 대항해야 한다고 주장했다.

그렇지만 일사분란한 체제가 결코 전쟁 승리의 절대적 요인이 될 수 없다는 것은 2차 세계대전에서 충분히 증명되었다. 미군 2만 명이 철수했지만, 아직 4만 명이 건재했다. 또 미군이 빠져나간 자리는 한국군의 현대

유신시대와 청년 문화의 시련

우드스톡 열풍은 한반도라고 비켜가지 않았다. 신중현은 전자 기타를 미친 듯이 쳐대며 록을 부르고 송창식·한대수는 통기타를 치며 포크를 불렀다. 이들은 모두 머리가 치렁치렁 길었으며, 깃이 크고 몸에 꼭 맞는 셔츠와 나팔바지를 입었다. 그리고 여성들은 미니스커트를 많이 입었다.

록과 포크는 대부분 금지곡이 되고 트로트만이 살아남았다. 살아남은 가수들은 히피풍 노래를 짧게 깎은 머리 모양을 한 채 불러야 했다. 머리가 긴 남성들은 거리에서 경찰에 잡혀 머리를 깎이고, 미니스커트를 입은 사람들은 치마가 무릎에서 얼마나 올라갔나를 검사받아야 했다. '반전과 인권'이라는 우드스톡의 근본정신이 빠져나간 청년 문화였지만, 유신은 퇴폐 물결에 대한 일본 군인 정신으로 이마저도 받아들이지 않았다.

화로 보충하여 안보에 조금도 허점이 보이지 않았다. 미국은 한반도를 결코 포기하지 않았던 것이다. '무책임한 야당의 정략과 파쟁'은 분명 야당의 고질적 병폐였다. 하지만 이것 역시 중앙정보부가 깊숙이 개입하여 부추기고 있었다는 점이다.

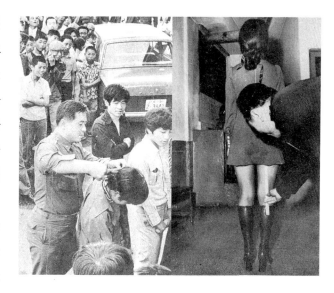

장발과 미니스커트 단속
유신 때는 무릎 위 7cm 짧은 치마도 처벌 대상이었다.

박정희는 대통령을 뽑는 권한을 국민에게서 빼앗아 자신의 수족들 모임인 통일주체국민회의에 주었다. 또 긴급조치권과 국회해산권, 국회의원 3분의 1과 법관을 임명하는 권한을 가져갔다. 게다가 한 선거구에서 국회의원 둘을 뽑게끔 선거제도를 바꾸었다. 야당 당선자가 아무리 많아도 3분의 1을 넘지 못하게 하기 위해서였다.

이렇게 되면서 박정희는 더 이상 대통령이 아니게 되었다. 5·16이 대통령 권력을 탈취하기 위한 쿠데타였다면, 10월 유신은 대통령 자리를 박차고 '짐朕'의 자리에 앉고자 하는 쿠데타였다. 1972년이라는 시대를 살았던 사람들은 "짐이 곧 국가요"라는 절대왕정의 논리를 그럴듯한 말로써 포장할 수 없었다.

금지곡 수난시대

유신체제 때는 일제강점기만큼이나 우리 가요사에서 가장 암울했던 시기였다. 1975년 긴급조치 9호를 발표한 정부는 공연활동의 정화대책을 발표한다. 대중가요에 대해서는 흘러간 노래나 당시 발표된 노래를 가리지 않고 모두 재심을 실시해 국가안보와 국민총화에 악영향을 줄 수 있는 것, 외래풍조의 무분별한 도입과 모방, 선정·퇴폐적인 것들을 골라내 나와 있는 음반까지 폐기토록 했다. 이때부터 1986년까지 군사독재 시절 금지된 국내외 가요는 총 2,139곡에 달한다. 당시 대표적인 금지곡으로는 김민기의 '아침이슬', 송창식의 '왜 불러'와 '고래사냥', 이미자의 '동백 아가씨' 등을 들 수 있다.

살기, 납치, 생환

김대중 납치 사건 재구성

1973년 8월 8일

- **오후 1시**
  도쿄 팰레스 호텔
  22층에서 오후 11시
  괴한 6명에게 납치

- **오후 11시**
  승용차로 5~6시간 이동.
  모터보트로 옮겨짐

- **오후 12시**
  큰 배로 옮겨진 후 수장의
  위협을 느꼈다고 밝힘

8월 11일

- **오전 11시**
  53시간 항해하여
  한국 해안 도착

- **오후 8시**
  모터보트로 상륙 후
  의사 진료와 주사 2대.
  승용차로 이동

8월 12일

- **오전 8시**
  11일 밤중 어떤 집에 도착.
  약 3정을 먹고 깨보니 이
  층집

8월 13일

- **오후 8시**
  서울 출발 전 범인들이
  '구국 동맹 행동 대원'이라
  밝힘. '해외에서 국가를 비
  난하는 자는 처단하겠다'

- **오후 10시**
  눈을 가린 채 2시간 가량
  승용차로 집 근처 도착.
  3분 후 안대 떼고
  집으로 돌아옴

**김대중 납치 사건 중정 요원
지휘 계통 및 역할**

1973년 8월 8일 오후 1시가 조금 지난 즈음, 김대중이 양일동과 만났다 헤어지고 호텔 방을 막 나왔을 때였다. 갑자기 괴한들이 나타나 김대중을 끌고 다른 방으로 들어갔다. 그들은 마취 약을 적신 손수건으로 김대중의 코를 틀어막으며 목을 짓누르고 양손을 뒤로 꺾어 로프로 묶었다. 그러면서 유창한 한국말로 "조용히 하지 않으면 죽여버리겠다"고 위협했다. 뒤에 그 자리에서 김동운 주일 한국 대사관 1등서기관 지문이 채취되었다.

납치한 김대중을 태우고 호텔에서 부둣가까지 간 차는 요코하마 주재 한국 총영사관 부영사 유영목의 것이었다. 김대중을 태운 배는 중앙정보부의 공작선 용금호였다. 김대중은 이 배에서 바다에 던져지기 직전까지 내몰렸으나 미국이 적극 개입하여 가까스로 목숨을 건졌다.

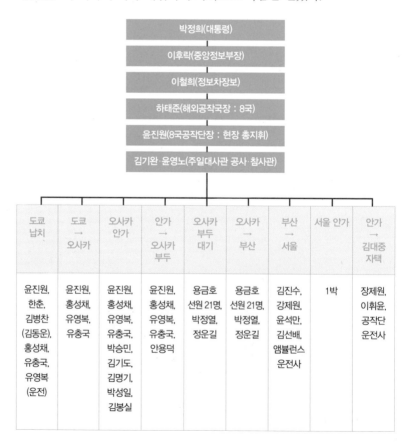

박정희(대통령)								
이후락(중앙정보부장)								
이철희(정보차장보)								
하태준(해외공작국장 : 8국)								
윤진원(8국공작단장 : 현장 총지휘)								
김기완·윤영노(주일대사관 공사·참사관)								
도쿄 납치	도쿄 → 오사카	오사카 안가	안가 → 오사카 부두	오사카 부두 대기	오사카 → 부산	부산 → 서울	서울 안가	안가 → 김대중 자택
윤진원, 한춘, 김병찬 (김동운), 홍성채, 유충국, 유영복 (운전)	윤진원, 홍성채, 유영복, 유충국	윤진원, 홍성채, 유영복, 유충국, 박승민, 김기도, 김명기, 박성일, 김봉실	윤진원, 홍성채, 유영복, 유충국, 안용덕	용금호 선원 21명, 박정열, 정운길	용금호 선원 21명, 박정열, 정운길	김진수, 강제원, 윤석만, 김선배, 앰불런스 운전사	1박	장제원, 이휘윤, 공작단 운전사

박정희는 10월 유신을 선언하면서 누구든 자신과 어깨를 겨루는 일은 용납하지 않겠다고 단단히 마음먹었다. 10월 유신 전에도 김성곤 등 '공화당 4인방'은 박정희에게 항명했다가 중앙정보부에 끌려가 폭력을 당하고 정계에서 쫓겨난 일이 있었다. 여당 내에서도 감히 박정희 명령에 토를 다는 것조차 용납되지 않게 되었다. 박정희는 온 나라가 정부 여당처럼 되기를 원했다. 중앙정보부는 야당 의원들도 잡아다가 '간첩·좌경분자를 다루듯이' 악랄한 고문으로 박정희에게 순종하라고 요구했다.

박정희는 자신의 정적 김대중을 그냥 둘 수는 없었다. 그에게는 박정희의 통치를 무너뜨릴 힘이 있었다. 7대 대통령 선거에서 그 가능성을 충분히 보여주었다. 박정희는 그 누구도 자신의 권위에 도전하는 행위를 받아들일 생각이 없었다. 김대중은 살기 위해서는 무릎을 꿇어야 했으나, 도리어 일본에 망명하여 박정희를 강력히 비판하고 다녔다.

납치에서 풀려난 후 가진 기자회견에서 절박했던 순간들이 떠올라 눈물을 흘린 김대중

김대중 납치 사건

김대중은 후에, 납치 당시 미 CIA 서울 책임자였던 그레그에게 자신의 목숨을 빚졌다면서 고마움을 깊이 표시했다. 그레그는 김대중이 용금호에 갇혀 있을 때인 8월 10~11일에 미국으로 보내는 전문에서 "한국 중앙정보부가 범인임을 알려주는 증거를 잡았다. 김대중은 아직 살아 있는 것 같으며, 우리는 그의 생명과 석방 기회가 상실되는 것을 결코 바라지 않는다"고 적었다. CIA는 서울과 도쿄, 그리고 용금호 사이에 오가는 통신을 감청하고 있었다. 미국은 김대중의 죽음이 몰고 올 정국 불안을 원치 않았던 것이다.

1998년 《동아일보》가 보도한 'KT공작요원 실태조사보고'라는 비밀 문건을 통해서 이 사건에 중앙정보부가 조직적으로 개입된 사실이 최초로 확인되었다.

1979년 3월 10일, 김재규 중정부장이 박정희 대통령에게 보고한 것으로 된 이 문건 하단에는 '대통령 각하 보고 필'이라고 적혀 있다. 따라서 최소한 박정희 대통령이 사건 발생 후 그 전모를 보고받았다는 것은 확인되고 있다. 국가정보원 과거사건 진실규명을 통한 발전위원회(약칭 국정원진실위)는 이 문건 내용과 사건 발생 후 사건 관련자들을 보호하고 김종필 총리를 일본에 직접 파견하여 사건을 수습하도록 했다는 사실 등을 종합하여 "박 대통령의 직접 지시 가능성과 최소한 묵시적 승인은 있었다고 봐야 할 것"이라고 결론지었다.

유정회와 불임 정당

박정희의 불안감은 단지 김대중 한 개인에게서 비롯된 것이 아니었다. 비상계엄을 펴고 국회를 없애버리고 정당 활동을 금지시키고 대학의 문을 닫아버렸다. 언론 검열을 통해 국민의 입도 닫아버렸다. 오직 유신 체제 찬양만을 허용한 가운데 치른 유신헌법 국민투표에서는 투표율 91.9%에 찬성 91.5%라는 경이적 기록을 세웠다.

그러나 비상계엄을 해제한 뒤, 1973년 2월 27일에 치른 국회의원 선거 결과는 참담했다.

의석수는 공화당 73석, 야당 54석이었지만 공화당은 단지 38.7%의 지지밖에 얻지 못했다. 신민당과 통일당 두 야당은 42.7%를 득표했다. 공화당 지지가 하락한 일은 충격스러웠다. 10월 유신을 결행하게 만든 한 요인이었던 1971년 총선거보다도 무려 10% 포인트나 지지율이 떨어졌다.

물론 위대한 유신헌법에 따라 대통령이 임명하는 국회의원 73명이 유신정우회(약칭 유정회)를 구성하게 될 것이기에 국회 안정에는 아무런 문제가 없었다. 유정회가 있는 한 야당이 선거를 통해 다수당이 될 가능성은 전무했다.

야당이 선거에서 아무리 선전하더라도 지역구 국회의원의 반 이상을

유신 선포 이후 계엄령이 선포되면서 서울 시내에 진주한 탱크

얻기가 어려웠다. 한 선거구에서 2명을 뽑으므로 여당은 거의 무조건 반은 당선자를 낼 수 있게 되어 있었던 것이다. 여기다 전체 의원의 3분의 1을 차지하는 대통령이 임명한 국회의원을 합치면, 야당이 얻을 수 있는 국회의원은 전체의 3분의 1을 넘을 수 없었다. 야당은 정권을 낳을 수 없는 '불임 정당'이 되고 말았다.

의석수만 중요한 것은 아니었다. 야당은 70여 일 동안 손발이 묶여 있다가 풀린 지 50여 일밖에 지나지 않았고, 중앙정보부의 야당 탄압이 극에 달했으며, 두루뭉술한 말로 유신반대를 표현하는 것 이상은 허용되지 않은 선거의 결과가 이렇다면 어떻게 해야 할 것인가. 첫 출발부터 국민에게 버림받은 유신 체제가 살 길은 더욱 강경하게 나가는 수밖에 없었다.

유신정우회 기념패

유신정우회

중앙정보부와 국군보안사령부 등 권력기관이 박정희의 유신 체제를 실질적으로 뒷받침했지만 형식상으로는 통일주체국민회의와 유신정우회가 주요 역할을 맡았다. 유신정우회는 1973년 3월 7일 통일주체국민회의에서 제9대로 선출된 국회의원들이 구성한 준정당의 원내 교섭단체다. 유정회는 정치적 조직이면서 정당도 아니고 사회단체도 아닌 특수성을 지녔다. 활동 목표를 유신헌법 체제의 수호 및 발전, 국회의 직능대표적 기능에 둔다고 했으나, 실제로는 대통령이 국회를 장악하기 위한 원내 전위부대로 거수기 역할을 맡았다. 유정회 소속 국회의원들은 대통령 비서실이 추천하여 대통령 추인으로 결정되었다.

23
사회주의헌법과
국가 주석

북에도 1인 영도 체제가 수립되다

전후 북한에서는 복구건설 방향을 두고 중공업우선주의와 경공업우선주의가 부딪쳤다. 이 문제가 종파투쟁으로 발전하면서 연안파와 소련파가 제거되는 계기로 작용했고, 그 이전에 있었던 남로당의 숙청과 함께 이제 모든 권력은 항일빨치산 계열이 독점하게 되었다. 1950년대 말부터 시작된 중소 분쟁의 와중에서 북한은 대외적으로 자주노선을 견지함과 동시에 내부적으로는 김일성의 주체사상을 정치적 지도이념으로 확립할 수 있었다. 북한에서 주체사상이 정치적 지도이념으로 자리잡아 가는 과정에서 김일성의 유일사상체계가 확립되었으며, 그것은 최종적으로 1972년, 사회주의헌법으로써 제도화되었다

1972년 항일빨치산 1세대들과 기념촬영하는 김일성 주석

남로당

1952년 12월 15일, 제5차 노동당중앙위원회 전원회의에서 김일성은 "일부 당원의 당성이 부족하다"면서 이를 극복하기 위한 투쟁을 벌여야 한다고 주장했다. 초점은 '자유주의적 경향과 종파주의 잔재들과의 투쟁을 통한 당의 통일성 제고'였다.

박헌영의 남로당 세력을 겨냥한 김일성의 공격이 시작된 것이다. 전원회의가 끝난 뒤부터 이 회의의 문헌토의 사업을 전당적으로 전개했다. 이과정에서 이승엽을 비롯한 남로당 계열의 핵심 인물 12명이 반국가·반혁명 간첩죄로 체포되었다. 뒤이어 박헌영도 같은 혐의로 체포되었다.

정전협정이 체결되어 전쟁의 총소리가 멎은 바로 직후인 1953년 8월 3~6일, 최고재판소 특별군사법정에서 윤순달(징역 15년)과 이원조(징역 12년)를 제외한 10명 전원에게 사형이 언도되었다. 박헌영도 1955년 12월에 열린 재판에서 사형이 선고되었다. 이른바 '박헌영·이승엽 반혁명 간첩 사건'이다.

이들의 죄목은 간첩 행위, 남한 내 민주 세력의 파괴 행위, 북한 정권 전복 음모 등 세 가지였다. 박헌영의 죄목에 대한 북한의 주장을 간단히 정리하면 대략 다음과 같다.

"박헌영은 일제강점기부터 미국 선교사 언더우드와 연결되어 미국의 간첩이 되었고, 1925년 조선공산당 사건으로 일제에 체포되었다가 공산당 지도자들을 밀고하여 풀려났다. 해방 후에도 미군정과 연결되어 남로당의 혁명 역량을 파괴했고, 한국전쟁 시기 남로당 계열을 사주하여 공화국 정부를 전복할 음모를 꾸몄다."

과연 이것은 얼마나 타당성이 있는 주장일까? 사실 일제강점기부터 미제의 간첩이 되었다거나 해방 후 의도적으로 남로당의 역량을 파괴했다는 식의 주장에 대해서는 많은 사람들이 믿지 않는다. 다만 전쟁이 사실상 실패로 끝나면서 북한의 권력을 두고 북로당 계열과 한판 붙기 위해 남로당 계열이 무장 역량을

준비한 사실은 연구자들도 인정한다. 이 일을 이승엽이 독단적으로 했을지, 박헌영의 묵인 또는 지시 아래 했을지는 여전히 논란이다.

이 사건으로 남로당 계열이 대부분 제거되었다. 그뿐 아니라 전쟁 중의 과오를 두고 내부 비판 과정에서 소련파의 지도자인 허가이가 자살했으며, 연안파 유력 인물이었던 무정과 박일우도 숙청되었다. 이로써 북한 권력에는 커다란 변화가 일어났다. 아직도 연안파와 소련파가 상당한 지분을 점하고 있었으나 항일빨치산 계열이 대거 약진했고, 김일성의 영향력이 급격히 강화되었다.

1948년, 권력 갈등이 표면화되기 전 모두 참석해 조선협주단 공연을 본 후 단원들과 기념 촬영하는 북한 고위관료들

1956년 4월 19일, 김일성이 소련대사에게 한 발언

"우리 동지들이 수석참사에게 박헌영의 향후 신병에 대해 의견을 물어 본 것은 개별적 행동이다. 당에서는 이미 박헌영에 대한 사형선고를 집행하라는 결정이 내려져 있다. 박헌영으로부터 몇 가지 보충진술을 받아 내는 대로 그 결정을 받들어 형을 집행하라는 내무성의 지시가 이미 달포 전에 내려졌다. 왜 지금까지 집행되지 않고 있는지 조사해 보겠다. 박헌영에 대해서는 공개재판이 실시됐으며 사건 처리가 잘못됐다는 아무런 근거도 징후도 없다. 그는 예비심문에서는 물론 정식재판에서도 자신의 혐의사실을 모두 시인했다."

남부군 정치위원 이희영의 옥중 진술

"박헌영 간첩설에 대해 남한의 연구자 사이에서는 의문이 많다. 한마디로 믿기 어렵다는 의견이 대부분이다라고 하자, 이희영은 "이승엽은 간첩이었던 것이 틀림없는데… 그는 일제 밑에서 인천식량영단 이사를 하면서 호의호식했다. 당시 그 자리는 일제 간첩이 되지 않았으면 얻을 수 없는 자리였다"고 했다. 즉 박헌영에 대해서는 언급을 하지 않고 이승엽에게로 혐의를 비약시켜버리는 형국이었다. 그 역시 내심 박헌영을 '미국놈의 간첩'으로는 보고 있지 않았다."

— 김정강의 증언, 《신동아》 2007년 7월호

전후 사회주의 건설

미군의 무차별 폭격으로 북한은 폐허 상태나 다름없는 상황이 되었다. 1953년 공업 생산은 1949년의 64%, 농업 생산도 76%로 감소했다. 특히 생산수단 생산은 42% 수준으로 감소했다. 중공업은 기계 제작 공업을 빼고는 거의 괴멸 상태였다. 미국은 "북한은 앞으로 100년이 걸려도 다시 일어서지 못한다"고 호언할 정도였다.

휴전이 되자 북한은 전쟁 피해를 빠른 시일 내에 복구해야 했다. 1953년 8월 5일~9일, 조선노동당 제6차 당 중앙위 전원회의는 "중공업을 우선적으로 발전시키면서 동시에 경공업과 농업을 급속히 발전시킨다"는 기본 노선을 정했다.

그런데 이러한 방침에 주로 소련계나 윤공흠 등 연안계는 반대했다. 그들은 대체로 소련 영향을 받아 전쟁으로 추락한 인민 생활을 향상시키기 위해서는 소비재 공급이 절실하기 때문에 경공업을 우선적으로 발전시켜야 한다고 주장했다. 또 중공업 우선 정책을 반대하며 소련, 중국 등에서 받은 막대한 원조로 쌀이나 천 같은 소비품을 우선 구입하자고 주장했다.

소련 말렌코프 행정부 역시 북한이 소비품을 구입하지 않고 기계류를 사가는 데 불만을 나타냈다. 소련은 북한이 코메콘COMECON(동유럽경제상호원조회의), 즉 사회주의 분업 체계에 편입되기를 바랐지만 김일성은 이를 받아들이지 않고 강력히 밀고나갔다. 이른바 자립적 민족경제 건설이라는 입장을 취하고 있었기 때문이다.

북한은 이런 방침에 따라 전후 사회주의 건설을 3단계로 나누어 진행했다. 1단계는 6개월~1년 안에 전후 복구건설 준비와 정리사업을 마무리하고, 2단계로는 3개년계획을 실시하여 경제를 전쟁 전인 1949년 수준으로 회복시키며, 3단계에서는 1차 5개년계획을 실시하여 사회주의 공업화의 기초를 마련한다는 것이었다.

북한은 이러한 계획에 따라 전후 경제 복구와 건설을 진행했다. 1953년 8월부터 시작된 전후 복구 준비 단계 사업은 6개월 만에 끝났다. 이어 1954년부터는 인민경제 복구발전 3개년계획(1954~1956년)이 본격 시행되어 성공적으로 진행되었다. 3개년계획이 성공적으로 진행될 수 있었던 것은 내부 인력과 자원을 동원하는 데 성공했고, 외부에서 소련과 중국, 동구 등 '사회주의 형제국가'들에 전폭 지원받을 수 있었기 때문이다. 그렇게 해서 북한은 1956년쯤에는 전쟁 이전의 생산력 수준을 회복했다.

나선특급시
나선●
●청진
함경북도
혜산●
강계●
자강도
신의주●
평안북도
함흥●
평안남도
평성●
평양●
평양직할시
사리원●
황해남도 황해북도
해주● 개성●
개성특급시

함경북도

함경남도

평안북도
●신의주

●함흥

평안남도
●평양

강원도

평안남도

강원도

●해주

1945년 광복 당시(좌)와
1954년 재편 후 현재(우)
북한의 도청 소재지

북한은 전후 경제복구와 건설 과정에서 단순한 경제의 재건을 넘어 사회주의적으로 개조하는 사업을 함께 진행했다. 북한 경제의 사회주의적 개조에서 가장 핵심이 된 것은 농업협동화다. 토지개혁을 통해 개인에게 분배해주었던 토지를 통합하여 협동농장을 조직하는 일이었다. 소련의 경우 농업집단화 과정에서 농민들의 반발이 거셌고, 이를 해결하기 위해 스탈린은 강압 통치와 물리력을 동원해야 했다. 하지만 북한에서는 농민들과의 큰 마찰 없이 이 문제를 해결할 수 있었다.

북한에서 농업협동화를 성공적으로 이끌 수 있었던 것은 당시 북한의 사회경제적 상황과 관계가 있다. 전쟁으로 농토가 폐허화하면서 개인 노동력만으로 농업생산력을 복구하기 힘든 조건이었고, 따라서 협동화가 현실적에서 대안이 되었다. 또한 북한 지도부는 농업협동화를 농민들의 자원성自願性에 근거하여 풀어가고자 했다. 이를 위해 '설복과 교양' 사업을 통한 정치 자극을 강화했다.

농업협동화 진행 추이

농업협동화와 함께 개인상공업도 사회주의적으로 개조하는 일을 진행했다. 이 또한 '자원성의 원칙'에 따랐으며, 1959년까지 생산·판매 협동조합의 형태로 대부분 마무리지었다.

농촌경리의 협동화
총농가호수에대한 비률
단위 %
1.2 31.8 49 80.9 95.6 100
1953 1954 1955 1956 1957 1958

경제건설 노선 투쟁

1956년, 김일성이 북한 권력을 장악한 이래 최대의 위기를 맞았다. 8월 30일~31일, 평양 예술극장에서 열린 당중앙위원회 전원회의에서 김일성을 권좌에서 끌어내리려는 '북한 역사상 유일무이한 조직적인 반反김일성운동'이 시도되었다.

갈등은 1955년부터 시작되었다. 전후 복구건설 방향을 두고 당내에서 서로 다른 견해가 제기되면서 나타난 일이었다. 1953년 8월 당중앙위원회 회의에서 '중공업 우선과 경공업·농업의 동시 발전' 노선이 결정되었으나 그 집행 과정에서 여러 문제들이 나타나면서 일어났다.

무엇보다도 관료의 사업작풍과 근무 기강이 심각한 문제였다. 국가 경제 기관의 무절제와 관료주의가 팽배하고, 관료들에 대한 전문교육은 위계·관료적 지시로 대체되었다. 재정 운영에서는 원칙과 규율이 해이해지고 회계감사 기능이 약화되어 국가의 통제력이 제대로 역할을 하지 못했다. 이는 당과 정부의 전문 역량 부족과 잘못된 때문에 생긴 현상이었다.

1954~1955년에 북한은 연이어 흉작을 기록하여 양곡 구매와 현물세 징수 사업이 심각한 어려움에 부닥쳤다. 그런데도 농업현물세는 과거 비율을 그대로 적용하고, 현물세 징수 과정에서 상급 기관의 관료주의적 행

1950년대 관료주의를
풍자한 북한의 삽화

태가 심각했다. 양곡 수매 사업이 부진하자 내각은 쌀의 자유거래를 완전 금지했다. 이 때문에 특용작물을 생산하는 농민과 도시 근로자들은 급식을 위한 양곡 구입조차 어려워졌다. 당연히 불만이 터져나왔다.

이처럼 문제가 발생하자 소련은 1955년 5월, 김일성을 모스크바로 초청하여 새로운 정책 방향을 권고했다. "양곡 판매 금지 조치를 철회할 것과 국유화를 강행하던 상공업 분야의 정책을 수정하여 사기업을 폭넓게 허용할 것, 농업 부문의 위기를 초래한 기존의 농업현물세 징수 방식을 폐기하고 새로운 농업세 체계를 마련할 것, 기존의 5개년계획안을 변경할 것"이 주요 내용이었다.

소련은 근본적 정책을 수정할 것을 요구했다. 당시 소련의 영향력은 절대적이라 소련 지원 없이는 홀로서기가 불가능했다. 김일성은 자존심에 상처를 입었지만 소련의 충고가 조선 실정과는 다른 소련의 경험에서 나온 것이라고 생각하고 이를 받아들이지 않았다. 김일성은 조선의 경험이 중요하다면서 자신의 입장을 밀어붙이며 사상사업에서 '주체' 확립을 강조했다. 김일성의 주체사상이 처음으로 그 맹아를 드러낸 것이다.

김일성은 이런 인식에 따라 자기 방식으로 정책을 밀어붙였다. 이 때문에 북한 내부에서 경제건설 방향을 두고 노선 논쟁이 대두되어 결국 당권을 둘러싼 권력투쟁으로 비화되었다. 김일성의 빨치산 세력과 소련계·연안계 사이에 본격적 권력투쟁이 일어나면서 1956년 8월, 당중앙위원회 전원회의에서 김일성을 끌어내리려는 시도가 벌어진 것이다.

김일성의 주체 확립 강조

김일성은 1955년, '사상사업에서 교조주의와 형식주의를 퇴치하고 주체를 확립할 데 대하여'에서 주체 확립을 강조했다.

"우리는 무엇을 하고 있습니까? 우리는 어떤 나라의 혁명도 아닌 바로 조선혁명을 하고 있는 것입니다. 이 조선혁명이야말로 우리 당 사상사업의 주체입니다. …조선혁명을 하기 위해서는 조선의 역사를 잘 알아야 하며 조선의 지리를 잘 알아야 하며 조선 인민의 풍습을 알아야 합니다. …소련에서 나온 사람은 소련식으로, 중국에서 나온 사람은 중국식으로 하자고 했습니다."

김일성의 최대 위기 '8월 전원회의 사건'

1955년, 경제건설 방향을 둘러싼 노선 투쟁에서는 일차적으로 김일성이 승리했다. 김일성은 당시 연안계 대표 주자였던 내무상 박일우를 끌어내리고, 소련계에도 비판을 가했다. 당시 노동당 내에는 김일성계·소련계·연안계가 상호 견제하면서 물고 물리는 역학 구도가 형성되어 있었다. 이런 상호 역학 관계를 이용, 김일성은 당권을 무리 없이 장악할 수 있었다. 김일성은 소련이나 중국을 등에 업고 당에서 영향력을 발휘하려는 소련계와 연안계에 강력히 경고하면서 자신의 노선을 고수했다. 이렇게 되자 연안계와 소련계는 외부 도움을 받거나 상호 연합하지 않으면 김일성에 대항할 수 없다는 것을 깨닫게 되었다.

그런데 이때 소련에서 스탈린 사후 단일지도 체제를 폐지하고 집단지도 체제로 전환하고 자본주의 세계와의 관계 개선을 모색했다. 1956년 2월 제20차 소련공산당 대회에서 흐루쇼프는 비밀 연설을 통해, 스탈린의 개인숭배를 비판하고 평화공존을 제창했으며 사회주의로 이행의 다양성을 인정했다. 이는 세계 각국 공산당에 커다란 영향을 미쳤으며, 북한에도 곧바로 영향력이 파급되었다.

1956년 3월, 조선노동당 중앙위원회 전원회의에서 2월 소련공산당 대회 흐루쇼프의 비밀 연설을 번역·청취했다. 이때 노동당 내에도 개인숭배 현상이 약간 있었음을 인정하게 되었다. 그리고 4월 23일부터 7일 간 제3차 조선노동당 대회가 개최되었다. 1948년 3월 2차 대회 이후 8년 만이었다. 규정대로라면 4년에 한번씩 개최되지만 전쟁 때문에 미뤄진 것이다.

대회에서 김일성은 보고를 통해 당 사업에서 '주체가 없는 교조주의적 사업 방법'에 대해 강하게 질타했다. 반면 개인숭배에 대해서는 일체 언급도 없었다. 이에 토론 과정에서 개인숭배 비판과 집체적 지도 문제가 핵심 의제로 부각되었다. 하지만 김일성은 개인숭배 문제를 박헌영과 연결시켜 비판하는 것으로 넘어갔다. 반대파들 목소리는 김일성 지지 세력에 의해 묻혀버렸다. 국내계 대부분과 김창만·허정숙 등 연안계 인사들, 그리고 남일·방학세 등의 소련 인사들이 김일성을 지지하고 상무위원회와 조직위원회도 이들이 장악했기 때문이다.

1956년 6월 2일, 김일성을 단장으로 한 정부 대표단이 소련과 동유럽 나라들의 순방길에 올랐다. 이때 반김일성 세력은 조직적으로 결집하여 김일성을 권좌에서 밀어내기 위한 계획을 세웠다. 그 중심에는 최창익을 비롯한 연안계가 있었다.

1956년 8월 말에 열린 노동당 8월 전원회의 참석자들

8월 30일, 전원회의가 개최되었다. 김일성의 사회주의 순방 보고가 끝나자 상업상 윤공흠이 느닷없이 튀어나와 의제와 상관없는 김일성 개인숭배와 당 독재를 비판하는 토론을 했다.

그러자 회의장 여기저기서 "발언을 중지시켜라", "끌어내려라"라는 소리가 터져나왔다. 윤공흠에 이어 고봉기·서휘·최창익 등이 등단하여 김일성을 비판했으나 중앙위원 대부분은 김일성을 옹호했고, 반대파의 행위를 반당으로 몰아세웠다. 이렇게 상황이 불리해지자 연안계와 연합하여 김일성을 공격하고 끌어내리기로 약속했던 소련계의 박창옥·김승화·박의완 등은 침묵을 지켰다.

결국 최창익 등의 기도는 실패했다. 연안계와 소련계는 전원회의에서 분위기를 몰아 김일성을 비판하고 제거하려 했으나 오히려 자신들이 밀려나게 되었다. 8월 전원회의는 최창익·박창옥 등의 행위를 '반당 종파행위'로 규정지었다. 윤공흠과 서휘·리필규는 출당시키고, 최창익과 박창옥은 당직을 박탈했다. '8월 종파사건'으로 불리는 북한 역사상 유일무이한 조직적 반김일성운동은 이렇게 끝나고 말았다.

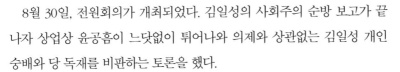

1957년 4월 9일, 김일성이 푸자노프 소련 대사에게 한 설명

"조선노동당 중앙위원회는 현재 최창익을 중심으로 한 그룹의 중앙위원회 지도일꾼과 중앙위원들이 작년(1956년)에 노동당과 정부 지도부를 교체하고 자신들이 당과 정부의 수뇌부가 되려고 준비했다는 것을 증명해 주는 충분한 자료들을 가지고 있다. 1956년 8월 전원회의에서 종파분자들 중 하나(윤공흠을 지칭)가 발언했다. 그는 이승만이 우리를 비난하는 내용과 똑같은 말로 당 지도부를 맹렬하게 공격했다. 전원회의에 참가한 당원들은 그와 같은 발언에 흥분했다. 상무위원들 역시 그의 발언을 계획했던 대로 참을성 있게 듣지 못하고 당과 중앙위원에서 종파분자들을 제명하는 결정을 채택했다."

유일사상체제의 확립

종파 사건은 여기서 끝나지 않았다. 전원회의 뒤 위기의식을 느낀 연안계 일부 인사들은 중국으로 망명했고, 이들은 중국과 소련에 북한 국내 문제에 개입해줄 것을 요청했다.

서한을 받은 소련과 중국 지도부는 북한 문제에 개입하기로 결정했다. 소련 부수상 미코얀과 중국 국방부장 펑더화이를 평양에 긴급 파견했다. 두 사람이 평양을 방문하여 김일성에게 8월 전원회의 결정 사항을 취소하라고 요구하자 김일성은 중국과 소련의 압력에 굴복하고 말았다. 9월 23일 전원회의에서 당의 결정이 신중하지 못했음을 시인하고, 최창익과 박창옥 등을 중앙위원으로 복귀시키고 출당자들을 복당시켰다. 김일성 정권은 최대 위기를 맞았다. 당시 펑더화이는 김일성을 권좌에서 끌어내리고 친중국 정권을 세울 계획으로 북한에 들어왔으나 그냥 돌아갈 수밖에 없었다. 김일성의 당내 기반이 확고했기 때문이었다.

1956년 9월, 종파 김일성은 다시 반격 기회를 노렸다. 1956년 가을, 헝가리 사태가 발생하면서 국제 공산주의 진영에 분열이 일어났다. 윤공흠·서휘·리필규·김강 등은 중국으로 망명했고 최창익과 방호산·이청원 등이 숙청되었다. 소련계 이상조·박영빈·박길용·강상호 등은 소련으로 망명하거나 자진 귀국형식으로 되돌아갔다. 김두봉도 사건에 직접 가담하지는 않았으나 움직임을 포착하고도 알리지 않았다 하여 심각하게 비판받은 뒤 권력에서 밀려났다. 또 1957년부터 중국에서는 정풍운동이 일어나고 중소 갈등이 표면화되기 시작했다. 소련과 중국은 더 이상 북한 내정에 간섭할 여유가 없었다.

김일성은 9월 전원회의 이후 미코얀과 펑더화이가 평양을 떠나면서 바로 반격했다. 문헌토의, 당중앙위원회의 집중지도 등을 통해 반김일성 세력을 제거하기 시작했다. 이 과정에서 김일성 제거 계획의 전모가 드러났다. 김일성을 끌어내리고 수상에 최창익, 당 위원장 김두봉, 외무상 이상조, 내무상 리필규 등을 내정하고 상무위원회도 새로 조직하려는 계획이었다. 마침내 이 사건으로 연안계는 완전히 몰락했고, 소련계도 제거되었다.

1957년 11월 23일, 모스크바 김일성·마오쩌둥 회담에서 마오쩌둥은 1956년 9월, 조선노동당 당내 문제에 중국공산당이 부당하게 간섭한 것에 유감을 표명했다. 펑더화이도 6·25전쟁 당시 중국인민지원군 사령관으로 있을 때, 그리고 1956년에 있었던 일에 대해서 사과했다.

'반종파투쟁'은 김일성의 정치 승리로 끝났지만 다원적 요소까지도 완전히 소멸시켰다. 김일성 입지는 확고해졌다. 더 이상 도전자가 없어 김일성에 대한 우상화도 강화되었다. 김일성이 이끈 항일무장투쟁이 유일한 혁명 전통으로 자리 잡았다. 1961년 9월, 제4차 당 대회에서 김일성은 "종파주의를 척결하고 당 노선의 완전한 통일을 획득했다"고 당 규약에 조선노동당은 "영예로운 항일무장투쟁의 혁명 전통의 직접적 계승자"라고 명시했다.

북한에서는 1960년대 중반 이후 김일성 '수령'의 유일영도체계가 성립되었다. 김일성의 지도력 찬양에서부터 수령 중심 단결과 수령에 대한 충성 강조로 나아가 결국 수령의 가계 전체를 신성화하는 데까지 발전했다.

민족해방동맹 사건으로 체포된 박달(위)과 박금철(아래)

이런 가운데 1967년 5월, '갑산파 숙청 사건'이 벌어져 김일성 유일사상 체계를 공고히 하는 데 중요한 계기가 된다. 갑산파는 남로당계나 소련계, 연안계와 달리 김일성의 항일무장투쟁 세력이던 '갑산계'(또는 조국광복회계)였다. 항일투쟁 시기 김일성이 이끌던 동북항일연군 제6사와 연결되어 국내에서 반일 지하조직 '한인민족해방동맹'에도 관계가 있어 이 숙청의 의미는 중대하다. 이 사건은 김일성의 절대 권위를 공고히 하고 이후 김정일이 후계자로 부상하는 데 영향을 미쳤다.

박길용 북한 외무성 부상이 1957년 11월 28일에 평양 주재 소련 대사관 1등서기관에게 한 발언

"모택동 동지는 김일성과의 대담에서 작년(1956년) 9월 조선노동당의 당내 문제에 중국공산당이 부당하게 간섭한 것에 대해 몇 번이나 사과했다. 팽덕회도 모택동이 자기를 보냈다고 하며 김일성을 방문해 사과했다. 그는 6·25전쟁 때 중국 인민지원군 사령관 직위에 있었을 때와 작년 9월에 있었던 자신의 몇 가지 잘못된 행동을 인정했다. 특히 그는 중국 인민지원군들 사이에서 조선돈을 찍어내고, 여러 종류의 정보를 수집하려는 시도가 있었다고 말했다. 또 작년 9월에는 조선노동당 내부 문제에 간섭이 있었다는 점을 인정했다."

자주노선과 주체사상

민생단 사건
항일투쟁 시기 조선인 혁명가들이 정확한 근거 없이 단지 친일 단체 민생단과 연루된 혐의만으로 억울하게 죽임당한 사건이다. 이 사건으로 조선인 혁명가 최소 500명, 최대 수천 명이 처형당했다. 중국공산당 소속으로 싸워야 했던 조선인 혁명가들의 비극이었다.

북한의 중국 교조주의 비판
"교조주의를 반대하고 주체를 확립하기 위한 투쟁은 우리 당 역사에서 중요한 자리를 차지하고 있다. … 우리 나라의 종파분자들은 예외 없이 수정주의자들이며 교조주의자들이었다. 그들은 또한 사대주의자들이며 민족 허무주의자들이었다. 이리하여 종파주의를 반대하는 투쟁은 현대 수정주의, 교조주의, 사대주의, 민족 허무주의를 반대하는 투쟁과 결합되었다. 우리 당은 종파분자들의 반대적 진출을 단호히 물리쳤다. … 사상에서의 주체, 정치에서의 자주, 경제에서의 자립, 국방에서의 자위, 이것은 우리 당의 일관된 방침이다. … 우리는 이러한 대국주의적 행동을 허용하지 말아야 한다."
― '자주성을 옹호하자', 《노동신문》 1966년 8월 12일자

1956년 8월 종파 사건과 그에 따른 중국과 소련의 북한 내정 간섭은 김일성에게 엄청난 충격이었다. 작은 나라가 큰 나라 틈바구니에서 살아남기 위해서 무엇이 필요한지 깊이 고민하는 계기가 되었다. 김일성은 항일투쟁 시기 민생단 사건에서도 이미 유사하게 경험했다.

김일성 입장에서는 다행스럽게도 국제 공산주의 운동이 분열하여 독자적으로 움직일 수 있게 되었다. 무엇보다 중소 분쟁이 그것이다. 1950년대 후반에 시작되어 1960년대 내내 격렬하게 전개된 중소 분쟁은 공산주의 세계를 양분시키고 북한에 심각한 영향을 미쳤다.

북한은 중소 강대국 분쟁의 틈새에서 중립을 고수하려 노력했다. 동시에 독자적 외교 노선을 지키면서 사회주의 진영의 단결을 강조했다. 그러나 소련과 중국은 북한에 서로 자신들을 지지해줄 것을 직간접으로 요구하여 북한은 소련·중국과의 갈등을 피할 수 없었다. 북한은 이미 1950년대 중반에 전후 경제건설과 농업집단화 문제, 8월 종파 사건 등 소련과 중국의 정치적 간섭을 경험했다. 하지만 헝가리 사태, 중소 분쟁 등으로 북한의 독자적 공간이 열렸다. 특히 중소 분쟁이 결정타였다.

중소 분쟁은 처음 제국주의의 본질과 사회주의의 이행에 관한 이념 논쟁을 출발했다. 하지만 그 바탕에는 개인숭배 문제와 공산주의 세계의 주도권 싸움이라는 현실적 정치 문제가 존재했다. 중소 분쟁은 마침내 1960년대 중후반 무력 충돌로까지 나아가는 적대 관계로 발전했다. 소련은 중국을 교조주의, 중국은 소련을 수정주의라고 비난했다.

이런 과정에서 북한 김일성의 자주노선과 주체사상이 등장한다. 북한은 소련 수정주의와 중국 교조주의 둘 다 비판한다. 이처럼 북한은 1960년대 중소 분쟁 와중에서 자주노선을 천명하고 스스로 안보와 사회주의 건설을 이룩하기 위한 경제건설과 국방건설을 동시에 추진했다. 또한 정치적으로 김일성 유일지도 체제 기반을 구축했다. 정치에서의 자주, 경제에서의 자립, 국방에서의 자위라는 주체사상의 기본 내용을 갖춘 것이다.

"사대주의를 하면 사람은 머저리가 되고 민족은 망하며 혁명은 실패를

내용	시기	배경
사상에서의 주체	1955년 12월 28일 당 선전선동원대회	스탈린 사망, 전후 경제노선 갈등
경제에서의 자립	1956년 12월 11일 당중앙위원회 전원회	대외 원조 감소, 천리마운동 전개
정치에서의 자주	1957년 12월 5일 당중앙위원회 확대전원회의	흐루쇼프 신노선 등장, 연안파, 소련파 숙청
국방에서의 자위	당중앙위원회 제4기 5차전원회의	미소 공존 모색, 남한의 5·16군사쿠데타
외교에서의 자주	1966년 10월 5일 제2차 당대표자회	중소 분쟁 심화. 비동맹운동 발전
유일사상 체계 확립	당중앙위원회 제4기 15차전원회의 1974년 2월 12일 당중앙위원회 제5기 8차전원회의	김일성 1인지배 체제 확립, 김정일 후계 체제 가시화
온 사회의 주체사상화	1980년 10월 10일 제6차 당대회	김정일 후계 체제 확립
주체사상, 선군사상의 유일지배이념화	2010년 9월 28일 제3차 당대표자회	김정은 후계자 등장
김일성-김정일주의의 유일지배이념화	2012년 4월 11일 제4차 당대표자회	김정은 체제 출범

면치 못한다."

주체사상 체계화와
변화 과정

"강국의 착취계급은 대국주의적 행동을 취하게 되고 약소국가의 통치
계급은 오로지 대국의 지배적 지위를 인정하고 그에 사대함으로써 자기
의 통치적 지위를 유지하려 한다."

김일성은 이처럼 대국주의와 사대주의를 강하게 비판했다. 주체사상은
여기에서 출발한다. 따라서 외교적 자주노선의 정치적 표현이라고 말할
수 있다. 1970년 북한은 조선노동당 5차 대회를 열고, 조선노동당의 유일
상 지도사상은 주체사상이라고 선언했다. 그리고 2년 뒤 사회주의헌법을
채택하고 국가주석직을 신설해 김일성을 국가주석으로 추대했다.

1972년 사회주의헌법
1972년 사회주의헌법은 김일성 유일사상 체계를 제도적으로 체계화했다. 거기에서 국가주석은 "국가의 수
반이며 조선민주주의인민공화국 국가주권을 대표"하고 국가주권의 최고 지도 기관인 중앙인민위원회의 수
위로, 중앙인민위원회를 직접 지도하고 필요에 따라 정무위원회를 소집 지도할 권한이 있다. 또한 "조선민
주주의인민공화국 전반적 무력의 최고사령관, 국방위원회 위원장이 되며 국가의 일체 무력을 지휘 통솔한
다"고 한다. 나아가 최고인민회의 법령, 중앙인민위원회 정령, 최고인민회의 상설회의 결정을 공포하고 명령
을 발하며 특사권을 행사할 수 있다. 최고인민회의에서 선거되며, 선출하지만 소환할 수는 없도록 되어 있고
임기는 4년이다. 국가주석이 절대 권력을 쥐게끔 '수령의 유일적 영도'를 보장하는 제도였다.

24
경제개발계획

부국강병, 모든 길은 수출로 통한다

'기아에서 허덕이는 민생고를 해결하고 국가경제를 재건'하여 부국강병의 기틀을 마련하는 것
은 박정희뿐만 아니라 한국민 전체의 꿈이었다. 박정희 정권은 미국의 조언에 따라 수출주도형
경제발전전략을 채택했다. 그때부터 한국에서 경제발전과 수출은 지상명제가 되었다. 경제개발
계획의 시행, 한일수교와 외자유치, 베트남 특수 등에 힘입어 1960년대 한국경제는 빠르게 발전
했고, 1970년대에는 중화학공업화 전략을 추진하여 공업입국, 부국강경의 기반을 다졌다. 하지
만 화려한 경제성장의 이면에는 그에 비례하여 노동자의 희생이라는 그림자가 드리워졌다

고속도로 기공식

모든 길은 수출로 통한다

"지금 수출 붐이 일고 있는데 이들을 구속하면 안 됩니다."

수출업자들은 수출에 필요한 원자재보다 18%나 많은 원자재를 수입할 수 있었다. 이들 수입 물품들은 국내에서는 구경도 하기 힘든 것들이어서 인기가 높은 데다가 관세를 물지 않아도 되었다.

수출업자에게는 엄청난 이권이라 그들은 이를 노려 마구 물품을 들여 왔다. 그러다 밀수 단속반에 걸렸다. 그러나 박정희 대통령도 수출이라는 말에는 손을 들고 말았다. 수출업자들을 향한 수사는 중단되었다.

너도나도 역사에 다시 없을 '특혜'를 누리려고 혈안이 되었다. 오직 돈줄을 쥔 관료의 눈에 들 수 있는 능력만이 중요했다. 관료에 대한 '투자'가 먹혀들지 않으면 아무런 일도 할 수 없었다. 사람들은 이를 부패라고 부르며 비난했지만, '수출 제일주의'를 막을 수는 없었다.

부패는 사소한 부작용일 뿐이었다. 이것 때문에 수출을 포기할 수는 없었다. 가난한 대한민국에서 수출은 생명줄이었다. 1960년에 3,280만 달러였던 수출은 1964년에 1억 달러를 넘긴 뒤 1966년까지 연평균 44%의 신장률을 기록했고, 1971년에는 10억 달러를 달성했다. 이로써 1960년대 세계 59개 개발도상국 가운데 경제 성장률 1위, 수출 신장률 1위, 제조업 고용 증가율 2위를 기록했다.

이렇게 '세계에서 가장 못 사는 나라'라는 동정 어린 소리까지 들었던 한국의 비극이 드디어 막을 내리려 하고 있었다.

농민들은 호롱불 아래서 끼니를 때우고, 소녀들은 방직공장에서 한 달에 8달러를 받으며 온종일 일했다. 도시의 거리에는 농촌 출신 실업자는 말할 것도 없고 대학을 나오고도 일자리를 잡지 못한 청년 실업자들이 넘쳐났다.

이렇게 '세계에서 가장 못 사는 나라'라는 동정 어린 소리까지 들었던 한국의 비극이 드디어 막을 내리려 하고 있었다.

'개발독재론'
새뮤엘 버거 주한 미대사(1961~1965년 재임)는 임기를 마치며 1966년 "발전도상 사회는 효율적인 중앙정부를 필요로 한다. 행정부에 대한 과도한 견제와 균형은 도움이 되기보다는 방해가 될 수 있다. 강력한 행정부와 제한된 힘을 가진 단원제 국회가 필요하다"는 내용의 보고서를 제출했다.

풍요한 자유세계

박정희가 처음부터 수출 제일주의를 선언한 것은 아니었다. 제1차 경제개발 5개년계획을 처음 세웠을 때에는 자립 의지가 높았다. 농업생산력을 높이고, 전력·석탄·정유·종합제철·시멘트 등 기간 산업을 어느 정도 자립적으로 건설하려고 했다. 투자재원 조달은 내자 72.2%, 외자 27.8%의 비율로 책정했다. 그러나 이 계획은 처참하게 실패했다. 미국은 거들떠보지도 않았으며, 돈이 메말라 계획을 포기해야 할 지경에 이르렀다.

미국이 보기에 이 계획은, 박정희가 세상 돌아가는 이치와 경제를 모르는 미숙한 정치인이라는 증거였다. 미국은 다양한 방식으로 압력을 가하여 박정희의 초기 경제개발계획을 바꾸도록 했다. 이른바 '내포적 공업화' 전략은 미국이 개입하여 수출주도형 경제발전 전략으로 수정되었다.

미국도 한국이 계속 춘궁기의 '보릿고개'에서 헤어나지 못하는 것을 원하지는 않았다. 소련이 제3세계에 경제원조를 해주고, 북한이 빠른 속도로 경제성장을 이루는 것이 몹시 불안했다. 가난한 '자유세계', 부유한 '공산세계'는 자유 진영의 밑뿌리를 흔드는 도전이었다. 총칼만으로 자유세계를 지킬 수 없었다. 공산주의의 일정한 성공에 대항하는 자본주의의 성공을 과시할 필요가 절실했다.

미국은 개발도상국의 성장 효과가 자본주의의 성장을 과시하는 데에 그치는 것을 원치 않았다. 모든 원조 행위는 결코 적선이 아닌 투자였다. 이는 미국의 명예와 영광이라는 효과를 낳아야 했다. 개발국의 문호는 개방되어야 했다. 미국과의 교역을 증대시키고, 미국 돈을 빌려 쓰고 미국 기업이 자유롭게 경제활동을 할 수 있어야 했다. 경제적으로 미국 품 안에 안겨야 했던 것이다. 박정희 정권은 세상에 공짜는 없다는 사실을 뼈저린 시행착오를 겪고서야 깨달았다.

'진지 잡수셨습니까'라는 이름의 영문 화보집과 월간 《새마을》 표지
1960년대 보릿고개가 있던 시절에는 아침에 만나면 첫인사가 "진지 잡수셨습니까?"였는데 이 말로 책 제목을 지었다.

경제개발전쟁 총사령관

박정희는 대통령에 올라갔지만, 자신을 보고 '정치가'라고 부르면 불같이 화를 내며 다시는 그렇게 부르지 말라고 주의를 주곤 했다. 그에게 '정치'는 아무것도 만들지 못하면서 '파쟁과 당쟁'만을 일으키는 쓸모없는 것이었다.

박정희 자신의 모든 것을 걸고 정열을 바친 분야는 경제였다. 5·16쿠데타를 일으켰을 때 그는 경제에 대해서는 아무것도 모른다고 스스로 인정했다. 그는 열심히 공부했다. 일본에서 했던 경험은 암울한 조국에 비추는 한 줄기 빛이었다.

박정희는 권력을 잡자마자 일본 역대 수상들의 스승이자 유명한 군국주의자 야스오카를 '모셔다' 그에게서 훈시를 들었다. 일본 경제사·일본 역사를 읽었으며, 일본 역사 다큐멘터리 필름, 심지어 사무라이 영화까지 구해서 보았다. 그는 사무라이 소수가 쿠데타를 일으켜 현대 일본의 기틀을 잡은 메이지유신에 특히 관심이 많았다.

"일본은 개방의 길로 간 반면, 한국은 쇄국의 길로 가고 말았다!"

1971년 8월 28일, 태릉사격장에서 열린 사격대회에 참가하여 직접 사격 자세를 취하는 박정희 대통령

박정희가 보기에는 19세기에 함께 강대국의 압력을 받았던 한국과 일본이 하늘과 땅의 차이를 낸 까닭은 거기에 있었다. 그는 메이지유신을 이끈 사무라이들처럼 한국을 개방·개발의 길로 이끌고 싶었던 것이다.

10월 유신 홍보 리플릿

박정희는 평생을 군인으로 살아온 까닭에 경제 문제도 군인 방식으로 해결했다. 그에게는 경제도 전쟁이었다. 그는 경제를 전쟁에 비유하기를 즐겨 집무실에는 군대에서 흔히 쓰는 것과 비슷한 대형 상황판을 걸어놓았다. 작전목표를 세워 이를 부하들에게 간단명료하게 전달했다.

명령에 이론은 없었다. 작전 상황은 매일 점검되었다. 중요한 작전 사항은 현지에 시찰가서 직접 확인하고 문제점을 지적해주었다. 목표에 실적 미달도 있을 수 없었다. 민간 기업인이라도 군인의 부하와 같이 문책을 받을 각오를 가져야 했다. 경제개발전쟁의 총사령관이었던 것이다.

로스토의 경제성장론

1961년 11월, 미국을 방문한 박정희 국가재건최고회의 의장 박정희는 16일 오전 케네디 대통령의 경제특별 보좌관 로스토Walt Rostow를 만나 한국 경제문제에 관해 의견을 교환했다. 그는 1960년대에서 70년대에 이르는 미국의 저개발국 원조정책 및 외교정책의 이론적 토대를 제공하고, 대한정책의 수립과 집행에도 직접적인 영향을 미친 매우 중요한 인물이다. 그의 근대화 이론은 한국과 같은 저개발국에게 우선적으로 필요한 것은 경제성장이지 민주주의나 정치 발전이 아니라는 것이다. 특히 그는 시민사회와 중간계급의 성장이 없는 저개발국의 경제성장과 사회발전을 견인할 근대적 조직으로 군대의 역할을 강조했다. 그의 이론은 5·16 쿠테타 이후 군부 독재가 자리를 잡고 수출 지향의 경제성장을 추진하는데 토대를 제공했다.

8·3긴급금융조치

1972년 8월, 박정희는 '경제의 안정과 성장을 위한 긴급명령 제15호', 이른바 '8·3긴급금융조치'를 발표했다. 이 조치의 내용은 이러했다.

"당시까지 각 기업이 안고 있는 모든 사채를 정부에 신고하면, 이를 이자율 1.35%, 3년 거치 5년 분할상환으로 전환시킨다. 한편, 기업을 위한 2천억 원의 특별 금융채권을 금융기관이 발행하도록 한다. 이와 함께 정부 출자 금융을 책정한다."

사유재산의 원칙을 완전히 무시한 이 '경제쿠데타'의 최고 수혜자는 무분별하게 돈을 빌려 사업을 확장했던 대기업이었다. 이 조치는 이들에게 부채 탕감에 가까운 '성은聖恩'이었다.

중화학공업화 전략

1977년 12월 22일, 박정희는 '위대한 승리'의 날을 자축했다. 1970년대 초반 '수출 100억 달러'를 1980년에 달성하겠다는 목표를 내걸었을 때, 세상은 "말도 안 되는 엉터리다!"라며 그를 조롱했다. 그러나 결국 박정희는 목표 연도를 3년이나 앞당기는 기적을 일구어냈다. 수출은 경제개발이 처음 시작된 1962년부터 15년에 걸쳐 연평균 40%씩 늘어났다. 더불어 1980년에 달성하겠다던 1인당 국민소득 1천 달러도 이 해에 달성했다.

효자는 중화학공업이었다. 창원에 종합기계공단이, 거제도에 조선소가, 구미에 전자단지가, 포항에 종합제철소가, 여천에 비철금속단지가 들어섰다. 미국과 일본에서 중고 설비를 대량으로 들여왔다. 이 설비는 이미미국과 일본에서는 쓸모없었다. 기술집약적 고이윤·고부가가치 산업을시작하여 이미 노동집약적 중공업을 많이 정리하고 있었던 것이다.

일본은 '토지이용, 공해' 등의 문제를 야기하는 바람에 일본 내에서 한계에 다다른 '철강·알미늄·석유화학·조선·전자공업·플라스틱 등의 공업이 한국으로 옮겨지기를 희망'했다. 이것은 단순히 설비를 들여온다는 것이상의 의미가 있었다. 한국은 늘 미국과 일본이 포기한 설비와 기술을사용해야 했다. 이는 새롭고도 미래 중심적인 기술과 설비에는 접근할 수없는, 풀기 힘든 사슬에 묶이기 시작했음을 의미했다.

하지만 이마저도 감지덕지했다. 모든 비판이 봉쇄된 채 중화학공업이

한국 경제의 변화 추이

(좌) 수출액, 수입액의 변화
(자료 : 관세청)

(우) 1인당 국민 소득 변화
(자료 : 한국은행)

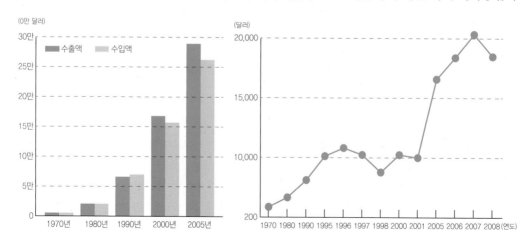

나라의 모든 돈을 독차지했다. 1973년부터 1980년까지 산업은행 총대출액의 80%를 중화학공업이 차지했다. 국책 사업에 특혜는 관례처럼 굳어져 있었다. 14개 주요 중화학공업은 처음 3년 동안 100%, 그 다음 2년 동안 50%의 세금을 면제해주었다. 외국인은 더 후하게 대접받았다. 그들은 한국인이 3년·2년씩 받았던 혜택을 5년·3년씩 받았다. 설비재를 수입할 때는 관세와 법인세를 감면해주었다.

옷·신발·가방 등은 여전히 수출되었지만, 주력 품목의 자리는 물려주어야 했다. 공업이 전체 수출의 90.3%를 차지한 가운데 중화학공업이 61%를 점하고 있었다. 팔을 걷고 나선 지 몇 해 되지 않는 중화학공업이 국가 산업의 중심이 되어버린 것이다.

남들보다 몇 배나 빠른 성장과 성공은 그만큼 부작용을 동반한다. 중복·과잉투자가 문제였다. 차관 원리금 상환액이 1978년에 23억 9,000만 달러였는데, 이것이 1980년에는 42억 3,000만 달러로 불었다. 기업 빚은 늘어갔다. 1979년에 자기자본 비율이 21%였던 것이 1980년에는 17%로 줄었다. 반대로 부채비율은 377%에서 488%로 늘었다. 성장은 갑자기 느려지다가 1980년에는 마이너스 성장을 기록했다.

그러나 이 상황이 헐벗고 가난한 농업 국가 한국으로 되돌아갔음을 뜻하지는 않았다. 완전하지는 않지만 배고픔은 과거 유물이 되었다. 전국을 뒤덮은 '박정희식' 근대화의 성공을 알리는 축하 나팔은 멈추지 않았다.

1977년 12월 100억 달러 수출 달성을 기념해 세워진 '100억 불 수출 기념 아치'.

중동 건설

석유 파동은 1973년에 3억 달러였던 경상수지 적자를 1974년에는 20억 2,000만 달러로 치솟게 했다. 이자가 비싼 단기 차관을 꿔다가 이를 막았지만, 이런 방법으로는 오래 버틸 수 없었다. 이때 떠오른 것이 중동이었다. 중동은 사람이 살기 힘든 사막 지역이라 선진국에서는 돈을 많이 줘도 갈 사람이 드물었다. 더욱이 한국 노동자들은 값이 싼 데다 '공기 단축의 귀재'라는 경쟁력을 가지고 있었다. 1976년, 현대건설이 사우디아라비아 주바일Jubail 항만공사를 9억 4,000만 달러에 따냈다. 이것은 당시 우리나라 한 해 예산의 25%에 달하는 엄청난 금액이었다. 중동 건설 붐은 에너지 위기와 경제를 극복하기 위한 일등 공신이었다.

내 죽음을 헛되이 하지 마라

1970년 11월 13일 오후 1시, 청계천 평화시장 상가 거리에서 한 청년이 자신의 몸에 휘발유를 끼얹고 불을 붙였다. 청년은 비틀비틀 흔들리면서도 품 안에서 책을 하나 꺼내 들었다. '근로기준법'이었다.

"근로기준법을 준수하라! 우리는 기계가 아니다! 노동자를 혹사시키지 말라!"

청년은 이렇게 외치고 바닥에 쓰러졌다. 곧 그는 병원에 실려갔으나 이미 살아날 가망이 없었다. 동료들이 병실로 왔을 때 그는 말했다.

"내 죽음을 헛되이 하지 마라."

그들은 16시간을 일해야 했지만, 돌아오는 임금은 최저생계비의 5분의 1에 불과했다. 분신焚身은, 전체의 77%가 폐결핵 등 기관지염을, 81%가 위장병을 앓고 있는 평화시장 피복 노동자들의 삶을 개선하고자 몸부림쳤던 22살 청년 노동자의 마지막 선택이었다.

사람으로서 최소한의 요구마저 외면하는 기업과 정부 앞에 전태일이 선택할 수 있었던 길은 그리 많지 않았다. 그가 쓴 '평화시장 피복제품상 종업원 근로조건개선 진정서'처럼, 노동자의 진정서가 신문 사회면 머릿기사에 실리는 일도 박정희 정권 아래서는 다시 기대할 수 없었다. 그의

영화 '아름다운 청년 전태일' 포스터(위)와 1970년 전태일이 대통령 앞으로 쓴 탄원(아래)

그는 이 편지에서 인간으로서의 최소한의 요구로 근무시간 단축과 임금 인상을 요청했다. 그러나 이 편지는 박정희에게 전달되지 못했다.

전태일 열사 1주기 추도식 모습

유언을 뒤따라 민주 노동운동을 벌인 노동자들이 직면한 탄압은 전태일 시대에는 상상도 못한 것이었다. 유신 체제에서 노동운동은 모두 뿌리째 뽑혀야 할 빨갱이들 책동이었다.

박정희는 처음부터 노동운동을 용공 취급했고 그렇지 않더라도 반反노동자 노선을 취해야 했다. 그의 경제 정책은 노동자의 희생 위에서만 결실을 거둘 수 있기 때문이었다. 수출 제일주의를 뒷받침할, 세계에서 통할 만한 무기는 값싼 몸값밖에 없었다. 그리고 이것을 유지하려면 몸값을 제대로 받으려는 노동자의 불온한 행동을 인정하면 안 되었다.

수출 역군의 형편없는 삶을 직접 목격한 박정희가 흘린 눈물은 전혀 노동자의 삶에 실질적인 보탬을 주지 못했다. 수출일변도·성장일변도의 정책을 바꾸어야 가능한 일이었다. 하지만 박정희는 그럴 수 없었다.

박정희가 "허리띠를 졸라매고 참으면 저절로 찾아온다"고 말하던 1인당 국민소득 1천 달러 시대의 행복은 사실 굶주림에서 가까스로 벗어나는 정도였다. 세계 최고 수출성장률 밑에는 세계 최장 노동시간과 최저생계비에 못 미치는 저임금이 힘겹게 떠받치고 있었다. 1인당 국민소득이 높아져도 노동자 몫은 쉽게 오지 않았다. 그것은 1987년, 노동자 몇십만 명이 전태일의 분신分身이 되었을 때에야 비로소 가능해지기 시작했다.

청계천 평화시장 앞 버들다리에 세워진 전태일 동상
1970년 11월 13일, 평화시장에서 "근로기준법을 준수하라!"고 외치며 자신의 몸에 불을 붙인 22세 청년 전태일은 이렇게 동상으로 남아서 여전히 자신의 자리를 지키고 있다.

전태일 어머니 이소선 여사의 회고
이미 의사의 진단은 회생할 가망이 없다는 것이었다. 입원실에서도 별다른 치료를 해보지 못하고 거의 방치해두다시피 했다. 저녁이 되면서 태일이는 기력이 탈진해가는지 잠잠하게 누워 있었다. 한동안 혼수상태에 빠진 듯하더니 눈을 뜨고 힘없이 중얼거렸다.
"배가 고프다…."
이 얼마나 가슴 찢어지는 소리인가! 죽어가는 자식의 마지막 한 마디가 "배가 고프다"는 말이라니. 에미로서 생전에 잘 먹이고 잘 입히지는 못했을망정 죽는 순간까지도 배고픔을 달래주지 못한 것이 한스러웠다.
—《이소선 - 어머니의 길》, 35쪽에서

농민도 더불어

노동자 저임금 정책은 엉뚱하게도 농민들에게 불똥이 튀었다. 값싼 임금을 유지하자면, 싸게 먹을 수 있게 해주어야 했다. 쌀값이 오르면 임금도 올라야 했다. 농민의 삶은 나아지지 않고 오히려 악화되었다. 빚은 감당하기 힘들 정도에 이르는 경우가 많았고, 소작농도 늘어갔다.

새마을운동의 요란한 구호 아래 마을 길을 넓히고, 초가지붕도 바꿔 없앴으며, 농지도 반듯하게 개량했지만 신통한 방법이 없었다.

삶이 어려워진 농민이 갈 길은 도시로 모여드는 것이었다. 식구들 가운데 젊은이들이 농촌에서 빠져나가 입이라도 덜어주면 그만큼 농촌의 어려움을 덜 수 있었다. 취직이라도 해서 돈이라도 얼마간 부쳐주면 그때는 백만 원군과도 같았다.

한 해에 수십만 명이 농촌을 떠나 도시로 모여들었다. 서울역 앞에는 짐 보따리를 든, 나이 스물이 아직 멀어 보이는 소녀들이 넘쳐흘렀다. 일자리도 늘어났지만, 농촌을 빠져나오는 젊은이들은 더 많았다. 일자리가 없는 사람들이 서울의 거리를 붐비게 채웠다. 지나치게 긴 노동시간, 턱없이 낮은 임금이었지만 일자리를 잡지 못한 사람과는 비교할 수 없었다. 노동자에게는 이것이 약점이었다. 기업체 사장들은 멱살을 잡고 노동자들을 좌지우지했다.

1971년 8월 10일, 시내버스 위에서 요구 사항을 적은 피켓과 플래카드를 흔들고 있는 광주대단지 주민들

(좌) 불타는 광주대단지

(우) 광주대단지 사건을
다룬 신문 기사

농촌을 떠나 도시로 모여든 사람들이 거처를 정한 곳은 주로 서울시 변두리 지역으로 그 대표되는 곳이 경기도 광주였다. 지금은 서울과 연결되어 집값이 비싸기로 이름난 곳이지만 개발 초기 이곳은 사람 살 곳이 못 되었다. 그래서 이곳에서 '광주대단지 폭동사건'이 일어났다.

1971년 8월 10일, 경기도 광주군 중부면 '광주대단지'에서 주민 5만 명이 비가 내리는 가운데 버스와 트럭을 탈취하여 대단지 일대를 누비며 차량 시위를 벌였다. 서울시 파견 성남출장소와 광주경찰서 성남지서가 화염에 휩싸였고, 경찰 순찰차와 수진리 남문주유소도 불에 탔다. 이 사건으로 주민과 경찰 100여 명이 부상당하고, 재산 피해도 2천만 원이나 생겼다. 구속된 주민도 22명이나 되었다.

광주대단지 사건은 산업화가 급속하게 진행되어 팽창한 거대도시 주변에서 빈민 문제가 폭발하면서 일어났다. 서울시에서 밀려나 광주시에 집단으로 거주하던 주민들이 인간이 살 수 없는 환경 조건과 터무니없이 불리한 불하 조건 등에 분노하여 일으킨 것이었다. 이 사건을 소재로 윤흥길의 소설 〈아홉 켤레의 구두로 남은 사내〉는 광주대단지 사건을 소재로 하여 탄생했다.

한편 조세희가 수출 역군의 대명사이던 구로공단 여공들이 그 당시 모여 살던 광명시 산동네를 무대로 소설 〈난장이가 쏘아올린 작은 공〉을 쓰기도 했다.

도시 빈민의 삶을 다룬 소설
광주대단지 사건을 배경으로 한 윤흥길의 중편소설 '아홉 켤레의 구두로 남은 사내'는 1977년 《창작과 비평》에 처음 발표되었고, 조세희의 단편소설 '난장이가 쏘아올린 작은 공'은 1976년 《문학과지성》 겨울호에 발표되었다. 두 소설은 1970년대 도시 재개발로 밀려난 서민 가정이 어떤 고통을 받는지 그려낸 작품이다.

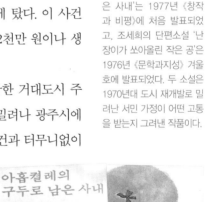

25
반유신 민주화운동과
궁정동의 총소리

"사형, 영광입니다."

유신 체제의 등장으로 한국 민주주의는 조종을 울렸다. 그러나 김대중 납치 사건 이후 숨죽이고 있던 민주화운동의 깃발이 오른다. 재야세력은 개헌청원운동에 나섰고, 학생들은 유신반대투쟁에 조직적으로 대응했다. 이에 박정희 정권은 인혁당 사건과 민청학련을 조작, 민주화운동을 용공으로 몰았으며, 긴급조치를 발동 유신반대운동에 자갈을 물리려했다. 이 과정에서 '재야 대통령'으로 불리던 장준하가 의문사했다. 그러나 정권의 폭압적인 탄압에도 굴하지 않고 학생, 노동, 재야, 지식인 등은 반유신운동을 전개했고, 마침내 부마항쟁으로 이어지면서 유신체제의 종말을 가져오게 된다

1979년 10월 중앙청 앞에 배치된 탱크

사형, 영광입니다

"피고인 이철, 동 유인태, 동 여정남, 동 정문화, 동 황인성, 동 나병식에게 사형을 구형한다."

검사의 목소리도 떨리고 있었다. 검찰의 구형량이 그대로 판결로 이어지는 '정찰제'가 유행하던 시절이었다. 유신반대 데모 몇 번 했다고, "박정희 정권 타도하라!" 유인물을 좀 만들었다고 사형이라니, 재판정은 순식간에 얼어붙었다.

피고들의 진술이 허락되었다. 졸지에 사형 구형을 받은 피고인들은 당연히 침착성을 잃고 있었다. 중앙정보부원이 수배자를 놓친 파출소장 이마에 권총을 들이대며 협박할 정도로 '거물' 수배자이던 이철도 마찬가지였다. 이철은 "유신 타도를 위해서 내 이 한 목숨을 바쳐 아까울 게 없다. 그러니 터무니없는 누명은 씌우지 말아달라"고 이야기했지만 그가 받은 충격과 공포가 역력히 느껴졌다. 30년 뒤 노무현 정부 시절에 청와대 정무수석이 되는 유인태도 떨기는 마찬가지였다.

1987년 구로구 부정투표함 사건으로 구석되었을 때 호송차 앞에서 손을 흔드는 김병곤

그는 교도소에서 외래 검진을 요구했으나 거부당하여 결국 병이 위암으로 발전해서야만 출소할 수 있었다. 병상에서 '민중의 커다란 고통으로 아파하지 못하고 개인의 몸이 아픈 것으로 고통스러운게 부끄럽다'는 말을 남기고 1990년. 요절했다.

그런데 그때 한 청년의 목소리가 재판정을 울렸다.

"영광입니다."

청년은 얼굴에 웃음까지 머금고 있었다. 사형 구형에도 전혀 두려워하지 않은 채, 우렁우렁한 목소리로 이렇게 말했다.

"검찰관님, 재판장님, 영광입니다. 감사합니다. 아무것도 한 일이 없는 저에게까지 이렇게 사형이라는 영광스런 구형을 주시니 정말 감사합니다. 사실 저는 유신 치하에서 생명을 잃고 삶의 길을 빼앗긴 이 민생들에게 줄 것이 아무것도 없어 걱정하던 차에 이 젊은 목숨을 기꺼이 바칠 기회를 주시니 고마운 마음 이를 데 없습니다. 감사합니다."

— 김병곤추모사업회,《영광입니다》, 1992, 180~181쪽

　그는 김병곤이었다. 전국민주청년학생총연맹(약칭 민청학련) 사건의 주모자로 재판을 받고 있던 학생운동 지도자였다. 김병곤의 나이는 스물 둘로 앞길이 창창한 나이였다. 그 젊음에 정권은 죽음을 선언했고, 청년은 거기에 '영광'이라 되받아쳤다. 이들은 "비판할 수 없는 정치, 이것이 과연 한국적 민주주의인가?"라는 질문을 던지며, "우리는 반민주적·반민중적·반민족적 집단을 분쇄하기 위한 숭고한 민족·민주 전열의 선두에 서서 우리의 육신을 살라 바치려 한다"는 결의를 보여준 것이다.

정부가 발표한
민청학련 사건 체계도
북한과 연결되어 있는 것처
럼 조작했다.

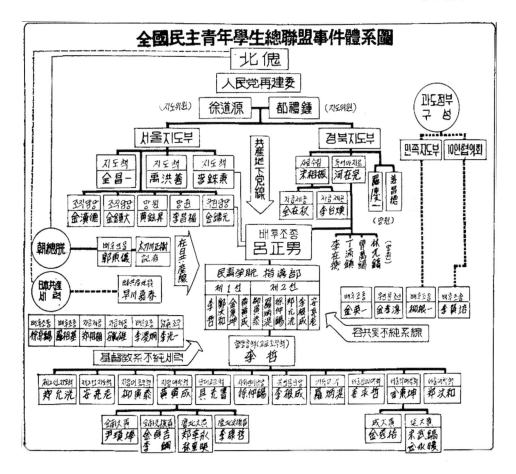

인혁당재건위 사건

사법 살인
죄가 없음에도 법률에 의해
사형 선고를 받거나, 사형을
언도받아 사형당한 것을 말
한다. 1958년 진보당 사건,
1974년 인민혁명당 사건이
가장 대표적인 사법 살인 사
례로 꼽힌다.

박정희가 예리하게 벼린 칼날에 도예종·서도원·여정남·송상진·김용원·이수병·하재완·우홍선, 8명이 단번에 목숨을 잃었다. 공판 기록에 '아니오'라는 대답이 '예'로 바뀌는 일이 허다하게 벌어졌다. 대법원에서 사형이 확정되고 18시간 만에 형이 집행되었다. 사법 살인司法殺人이었다.

박정희 정권은 장례식장으로 가는 이들의 영구차를 강제로 끌고 화장터로 보냈다. 사람들이 그들 주검마저 보는 것을 두려워했는데 그 이유는 이수병의 시신이 가복의 품에 돌아왔을 때 결국 밝혀졌다. 이수병의 시신은 수사받은 지 1년이 다 되었지만 그때까지 손톱과 발톱, 발뒤꿈치마저 새까맣게 변색되어 있을 정도로 고문 흔적이 역력히 남아 있었다.

스노트 신부가 미국 CIA 간부가 "짜여진 각본대로 공산주의자들의 음모에 관한 한국 정부의 발표가 있을 것"이라던 이 사건은 국제법학자협회의 주목을 받았다. 국제법학자협회는 인민혁명당(약칭 인혁당) 관련자들이 사형 확정 선고를 받은 1975년 4월 8일을 '사법사상 암흑의 날'로 선포했다. 이른바 '인민혁명당 재건위원회 사건(약칭 인혁당재건위 사건)'이었다. "민청학련을 배후조종, 공산주의 폭력혁명을 기도했다"는 혐의였다.

그런데 인혁당재건위 사건은 발표되는 그 순간부터 조작 의혹에 휩싸였다. 김형욱 전 중앙정보부장은 1960년대 박정희의 충견으로 있다가 미국으로 망명하여 박정희 유신 체제를 물어뜯어 큰 상처를 안겨준 인물이다. 그는 자신의 회고록에서 2차 인혁당 사건이 조작되었다고 주장했다.

"박정희와 이후락의 지령을 받은 신직수와 그의 심복 이용택은 10년 전에 문제 되었다가 증거가 없어서 석방한 사람들을 다시 정부 전복 음모 혐의로 잡아넣었다. 중정이 발표한 혐의 사실로 보아서는 이용택이 새로운 혐의와 이를 뒷받침할 결정적인 증거를 확보하지 못한 것으로 판단되었다. 나는 단번에 그 사건이 조작된 것이라고 짐작했다. 도예종, 김용원, 서도원, 송상진, 여정남, 우홍선, 이수병, 하재완 등 8명은 정부에 비판적이나 국제적인 연관 관계가 없었다. 박정희는 국제적 말썽이 일어날 가능성이 적다는 것을 계산하고, 이들을 본보기 삼아 처형함으로써 국민들이 반항하지 못하도록 하려는 속셈이었다."

그러나 인혁당 사건은 오랫동안 금기 영역이다가 노무현 정부에 들어서야 국정원 자체 조사가 실시되어 그 베일이 벗겨지기 시작했다. 2005년 12월 7일, 국정원진실위는 '인혁당 및 민청학련 사건 진실규명'이라는 보고서에서 "인혁당재건위 사건의 경우 북한 방송을 녹취한 노트를 돌려보는 실정법 위반이 있었으나 이는 반공법 위반으로 처벌해도 징역 1~2년 정도에 그치는 것이 마땅했다"며 이러한 "국가권력의 강압적 통치에 대해 총체적인 반성이 필요하다"고 판단했다. "정보기관들이 서클(동아리) 수준의 모임을 북한과 연계된 혁명 조직으로 확대·과장하여 국내외에서 사법 살인이란 비판을 받은 최악의 공안 사건"으로 규정했던 것이다.

그리고 2007년 1월 23일, 법원은 인혁당재건위 사건 재심에서 관련자 8명 전원에게 무죄를 선고하고 같은 해 8월 21일, 서울지방법원은 인혁당 사건 희생자의 유족들이 국가를 상대로 한 손해배상 청구 소송에서 총 637억 원을 배상하라고 판결했다.

1964년 8월 1차 인혁당 사건 재판 모습 (위, 맨 오른쪽 도예종)과 1975년 4월 9일, 사형된 8인

왼쪽부터 시계 방향으로 김용원(당시 39세, 경기여고 교사), 도예종(51세, 삼화토건 회장), 서도원(52세, 전 대구매일신문 기자), 송상진(46세, 양봉업), 하재완(43세, 양조장 경영), 이수병(37세, 삼락어학원 강사), 우홍선(45세, 한국골든스탬프사 상무), 여정남(31세, 전 경북대 학생회장)

민청학련 사건

민청학련의 '민중·민족·민주 선언'의 요구 조건 6가지
1. 부패·특권·족벌의 축제를 위한 경제정책 시정, 부정부패특권의 원흉 처단
2. 시민 세금을 대폭 감면, 근로대중 최저생활 보장
3. 노동악법 철폐, 노동운동 자유 보장
4. 구속된 모든 애국인사 즉각 석방, 유신 체제 철폐
5. 중앙정보부 즉각 해체
6. 대외의존경제 청산

긴급조치 4호는 민청학련 분쇄가 목적이었다. 민청학련과 사소한 관련이 있어도 영장 없이 체포되어 군사재판을 받아야 했다. 1,024명이 이 사건 연루자로 지목받고 그중 203명이 징역을 살았다.

박정희 유신 정권에 이들은 간첩보다 더 위험한 인물이었다. 간첩 현상금이 100만 원이던 시절, 이들에게는 200만 원(나중에는 300만 원)의 현상금이 내걸렸다. 1심에서 사형 9명, 무기가 21명이었으며, 나머지 140명에게 선고된 징역 형량을 모두 합하면 1,650년이었다.

강신옥 변호사는 "3·1운동 당시 (일본 법에 따라) 실질적인 내란죄에 해당하는 때에도 일본인들이 심판하면서 최고 12년에 머물렀다"며 변론했다. 학생운동의 행동 통일을 이루어 감히 유신에 맞서려는 반역에 대한 응징이었다.

그러면 민청학련은 조직적 실체가 있던 것일까?

여러 정황과 자료들을 종합할 때, 민청학련은 조직적 실체가 없었다고 확인된다. 이름은 그럴듯하지만 조직 체계를 갖추어서 움직인 것은 아니었다. 유신 체제를 반대하는 학생운동 주도 세력이 1974년 4·3 전국 동시

강신옥 변호사 구속

김병곤의 '영광입니다'라는 발언에 충격을 받은 강신옥 변호사는 1974년 민청학련 사건을 변론을 하던 중 이렇게 말했다.

"이 재판에 관계하며 법률 공부를 한 걸 후회한다. 이번 사건의 변호를 맡으면서 법은 정치의 시녀, 권력의 시녀라고 단정하게 되었다. 학생들을 내란죄, 국가보안법 위반, 반공법 위반, 대통령긴급조치 위반, 빨갱이로 몰아 사형이니 무기니 구형하고 있으니 이것은 법을 악용한 사법 살인이다. 본 변호인은 기성세대이기 때문에, 그리고 직업상 이 자리에서 변론을 하고 있으나, 그렇지 않다면 차라리 피고인들과 뜻을 같이하여 피고인석에 앉고 싶다. 악법은 지키지 않아도 좋다. 악법과 정당하지 못한 법에 대하여는 저항할 수도 있고, 투쟁할 수도 있다."

강신옥과 홍성우 변호사는 재판 휴정 중 옆방으로 불려가 중앙정보부 직원의 조사를 받았다. 그날 밤 강신옥은 중앙정보부로 끌려가 잔뜩 두들겨 맞았다. 한 시간쯤 뒤에 연행된 홍성우 변호사는 그 사이 누군가가 변호사들을 때리지는 말라고 한 탓인지 맞지는 않았다. 강신옥 변호사는 7월 15일, 법정모욕죄와 긴급조치 위반 혐의로 구속되었고, 이병린, 홍성우 등 대규모 변호인단 93명의 노력에도 군법회의에서 징역 10년을 받았다. 1975년 2월에 석방된 강신옥 변호사는 6월 항쟁 이후인 1988년에 가서야 무죄 확정판결을 받았다.

(좌) 민청학련 사건으로 구속된 주요 인물

(우) 민청학련 선언서

다발 시위를 준비하는 과정에서 일시·편의·임의로 사용한 명칭일 뿐이었다. 그러니까 민청학련이란 유신반대 투쟁을 효율적으로 수행하기 위한 '투쟁 기구' 성격을 지닌 명칭이지, 정부 전복을 수행할 만한 하부 체계나 조직 규약, 강령 등이 전혀 없던 '허구·가상 조직'이었던 것이다. 각 대학에서 제작·배포된 유인물 주체의 명칭이 제각각이었던 것도 그 때문이다.

'민중·민족·민주선언'

1974년 4월 3일을 전후로 하여 뿌려진 유인물로는 '민중·민족·민주선언' 외에도 '결의문', '행동사항', '지식인·언론인·종교인에게 드리는 글'과 제목이 없이 '근로대중이여 궐기하라! 압박받는 민중이여 궐기하라! 지식인·언론인·종교인이여 궐기하라!'는 문구와 함께 "굶어죽을 자유 말고 먹고 살 권리 찾자/ 배고파서 못살겠다, 기아임금 인상하라 /유신이란 간판 걸고 국민 자유 박탈 말라/ 남북통일 사탕발림 영구집권 최후수단/ 재벌위한 경제성장 정권위한 국민총화/ 왜놈위한 공업화에 민중들만 죽어난다"는 4·4조의 노래(?)가 실린 전단도 있었다. 이 중 전국민주청년학생총연맹 이름으로 발표된 '민중·민족·민주선언'은 1980년대에 전개된 민중·민족·민주운동의 선구적 문건이었다.

"유신이란 해괴한 쿠데타, 국가비상사태와 1·8조치 등으로 폭압체제를 완비하여 언론을 탄압하고 학원과 교회에 대한 억압을 더욱 가중시킴으로써 비판을 원천적으로 봉쇄하고 있다. 비판할 수 없는 정치, 이것이 과연 한국적 민주주의인가? (중략) 이에 우리는 반민주적·반민중적·반민족적 집단을 분쇄하기 위한 숭고한 민족·민주 전열의 선두에 서서 우리의 육신을 살라 바치려 한다."

장준하와 긴급조치 시대

장준하(1918~1975)
1944년, 일본 신학교에서 수학하던 중 학도병으로 징집되나 탈출하여 임시정부가 있던 충칭까지 내달린다. 1966년 장준하는 한 집회에서 "박정희는 밀수 왕초"라고 발언하여 국가원수모독죄로 구속된 것을 시작으로 '민주 회복을 위한 1백만인 서명운동'을 주도하다가 구속되기까지 무려 37번이나 구속되고, 9번 징역을 살았다. 1967년 7대 국회의원 선거에서는 옥중 당선되기도 했다.

장준하 시신에는 벼랑에서 떨어졌을 시 울퉁불퉁한 암벽에 부딪쳐 생겼을 상처가 거의 없었다. 그런데 오른쪽 귀 뒤가 내려앉아 있었다. 이것이 죽음의 진짜 이유였다. 또 잡혀 끌려갈 때 생겼으리라 생각되는 피명이 양쪽 겨드랑이에 있었다. 주검을 검시한 조철구는 중앙정보부에 끌려가서 죽음의 공포를 느낄 정도로 두들겨 맞고 입을 열지 않겠다는 각서를 써야 했다.

1975년 8월 7일, 장준하는 경기도 포천의 약사봉에서 싸늘한 시체로 발견되었다. 그의 죽음은 아직도 의문 속에 가려져 있다. 중앙정보부는 등산 도중 실족사라고 발표했지만, 이를 믿는 사람은 아무도 없었다. 굴러떨어져서는 다칠 확률이 거의 없는 곳이었기 때문이다.

2012년, 의문사한 지 37년 만에 장준하 두개골이 공개되었다. 오른쪽 귀 뒤쪽이 지름 6센티미터 크기 원형으로 1센티미터 가량 함몰된 것이 확인되었는데 망치로 맞은 듯했다. 사망의 진정한 이유는 이것임이 분명해졌다. 그러나 아직도 그와 관련된 사람들은 침묵을 지키고 있다.

10월 유신에 반대하는 횃불을 가장 먼저 든 것은 학생들이었지만, 이를 받아 광야를 불태운 이는 장준하였다. 1973년 12월 24일, '유신헌법 개헌 청원 백만인 서명운동'의 불길을 지폈다. 단 열흘 만에 30만 명이 서명했

긴급조치1호 위반으로 구속돼 재판정에 선 장준하(오른쪽)와 백기완(오른쪽에서 두 번째)

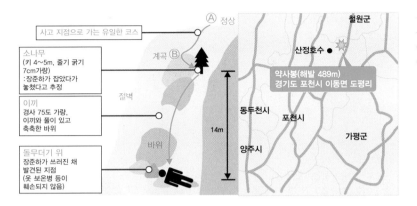

장준하 사망 지점(좌)과
상황 및 약사봉
(약사계곡, 우) 위치
(자료 : 장준하 기념사업회)

다. 언 땅에서 일어난 놀라운 광경이었다. 그러자 박정희는 유신헌법이 쥐
어준 '전가의 보도'를 마구 휘두르기 시작했다.

긴급조치 1호, 2호 유신헌법은 신성불가침이었다. 유신을 비판하는 말
은 단 한마디도 용서되지 않았다. 덩달아 긴급조치도 숭상되었다. 이로써
긴급조치 시대가 열렸다. 장준하는 징역 15년을 선고받았다. 협심증으로
옥사할지 몰라 정권은 그를 형 집행정지로 풀어주었다. 교도소 문을 나서
면서 장준하는 박정희에게 공개 도전장을 보냈다.

1975년 5월 13일, 긴급조치 9호가 선포되었다. 베트남 패망을 빌미로
관제안보 궐기대회가 전국을 시궁창으로 만들고 있을 때였다. 유신헌법
과 긴급조치를 칭송하는 말 이외에는 모두 금지되었다. 누가 어떤 비판하
는 말을 하려면 그 사람은 영장 없이 체포되어 군법회의에서 재판받고 10
년 이하의 징역을 각오해야만 했다.

'유언비어'를 퍼뜨릴 때도 똑같이 각
오해야 했다. 그런데 유언비어를 처벌하
는 데 있어 더 큰 문제는 어떤 말이 유언
비어인지는 오직 당국만이 안다는 것이
었다. 되도록 말을 하지 않는 것이 상책
이었다. 학생들은 집회·시위 등 정치 행
위를 일체 해서는 안 되었다. 만일 이를
어기면 학생은 물론이고 학생들이 속한

1975년 4월 8일,
긴급조치 7호 발동
고대에 휴교령이 떨어지고
군병력이 진주하여 교문을
경비하고 있다.

민주구국선언으로 구속된 인사들의 가족들이 고난을 상징하는 보라색 한복을 똑같이 차려입고 법정 주변에서 행진하는 모습

단체와 그 책임자에게도 불똥이 떨어졌다. 듣지 않고, 보지 않고, 말하지 않을 권리만 주어졌다.

기자들은 신문사에서, 교수들은 학교에서 떠나야 했다. 학생회는 학도 호국단으로 바뀌고, 대학교에는 학생과 함께 군인이 캠퍼스를 차지하게 되었다. 이런 와중에 시위 주동자에게는 시위 단 1~2분의 대가로 징역 몇 년을 감수해야 할 정도로 무모한 용맹함과 희생정신이 필요했다. 긴급조치 시대의 한국은 얼어붙어 버린 땅이었기 때문이다.

이런 상황에서 주춤거렸다면 장준하 앞에 '강골'이라는 수식어가 붙지는 않았을 것이다. 장준하는 이제 박정희를 완전히 거꾸러뜨릴 작정이었다. 김대중·김영삼은 물론이고 모든 민주 세력을 하나로 묶는 강력한 조직을 결성하려 했다. 그리고 유신 철폐와 반전, 긴급조치 9호 폐기 투쟁을 벌일 준비에 여념이 없었다. 그러나 자신의 뜻을 다 펴지 못하고 끝내는 의문의 주검이 되어 돌아왔다.

1976년 3월 1일, 명동 성당에서 윤보선·김대중·문익환·김승훈·함석헌·함세웅·안병무 등 각계 지도층 인사들이 발표한 '민주구국선언문' 초안

김대중은 이미 죽음의 고비를 넘었고, 김영삼은 박정희와 모종의 거래를 하고 있다는 의심을 받고 있었다. 이들과 함께 박정희와 맞설 수 있는 '재야 대통령'으로 평가받았던 것이 장준하의 죄라면 죄였다.

긴급조치 시대 풍경

"어느 때나 빼놓지 않고 골목 어귀마다 배치돼 있는 무장 경찰병력과 장갑차·닭장차, 인도와 지하도에 깔려 있는 사복형사, 정보원, 민간인 복장의 보안사 군인들과 그들이 벌이는 시도 때도 없는 불심검문과 신분증 제시 요구 등, 시민들은 잔뜩 긴장한 채 겁을 먹지 않고서는 이 네거리를 지나다닐 수 없을 지경이었다. 더구나 세상 냄새에 예민한 문인들은 이같은 광화문 네거리를 돌아들 적마다 자신의 시대에 대한 슬픔과 억울함과 분노를 함께 일깨우지 않을 수 없었다"

— 박태순, 〈자유실천문인협의회 문예운동사〉

긴급조치 7호

고려대학교를 대상으로 내린 특별한 긴급조치를 말한다. 대법원의 민청학련 관련자에 대한 중형 선고에 항의하여 고려대학생들이 대규모 시위를 벌이자 박 정권은 긴급조치를 선포하고, 고려대에 무기한 휴교령을 내렸다. 고려대는 수도경비사령부의 야영장이 되었고, 김상협 고려대 총장은 책임을 지고 사임했다.

긴급조치 9호 주요 내용

1. 다음 각 호의 행위를 금한다.

    가. 유언비어를 날조, 유포하거나 사실을 왜곡하여 전파하는 행위

    나. 집회·시위 또는 신문, 방송, 통신 등 공중전파 수단이나 문서, 도화, 음반 등 표현물에 의하여 대한민국 헌법을 부정·반대·왜곡 또는 비방하거나 그 개정 또는 폐지를 주장·청원·선동 또는 선전하는 행위

    다. 학교 당국의 지도, 감독 하에 행하는 수업, 연구 또는 학교장의 사전 허가를 받았거나 기타 예외적 비정치적 활동을 제외한 학생의 집회·시위 또는 정치 관여 행위

    라. 이 조치를 공연히 비방하는 행위

2. 제1에 위반한 내용을 방송·보도 기타의 방법으로 공연히 전파하거나, 그 내용의 표현물을 제작·배포·판매·소지 또는 전시하는 행위를 금한다.

5. 주무부장관은 이 조치 위반자·범행 당시의 그 소속 학교·단체나 사업체 또는 그 대표자나 장에 대하여 다음 각 호의 명령이나 조치를 할 수 있다.

    가. 대표자나 장에 대한, 소속 임직원·교직원 또는 학생의 해임이나 제적의 명령

    나. 대표자나 장·소속 임직원·교직원이나 학생의 해임 또는 제적의 조치

    다. 방송·보도·제작·판매 또는 배포의 금지 조치

    라. 휴업·휴교·정간·폐간·해산 또는 폐쇄의 조치

    마. 승인·등록·인가·허가 또는 면허의 취소 조치

7. 이 조치 또는 이에 의한 주무부장관의 조치에 위반한 자는 1년 이상의 유기징역에 처한다. 이 경우에는 10년 이하의 자격정지를 병과한다. 미수에 그치거나 예비 또는 음모한 자도 또한 같다.

8. 이 조치 또는 이에 의한 주무부장관의 조치에 위반한 자는 법관의 영장 없이 체포·구속·압수 또는 수색할 수 있다.

13. 이 조치에 의한 주무부장관의 명령이나 조치는 사법적 심사의 대상이 되지 아니한다.

박정희 몰락의 도화선 YH 사건

YH무역 사건의 후폭풍

YH무역 사건 이후 문동환·고은·이문영 등 재야 인사들이 구속되고, 강제 진압에 항의하던 신민당 김영삼 총재는 국회의원직에서 제명된다. 1979년 8월 여름, YH 노동자들의 농성과 김경숙 사망 사건은 1979년 10월 부마항쟁으로 이어졌다.

1979년 8월 11일 새벽 2시 정각, 서울 마포 신민당 중앙당사에서는 자동차 경적소리 같은 긴 신호음이 세 번 울리면서 주변이 대낮같이 훤해졌다. 동시에 호루라기 소리, 군홧발 소리, 유리창 깨는 소리, 비명 소리가 뒤섞였다. 무술 경관 1천여 명이 휘두르는 곤봉에 맞선 여성 노동자들에게는 아무런 무기가 없었다. 병 조각으로 자살을 기도하고, 뛰어내리기 위해 창문틀로 달려가기도 했다. 그러나 역부족이었다.

"정상화 아니면 죽음을 달라."

노동자들만 당한 것이 아니었다. 신민당 당직자는 물론이고 국회의원과 기자들도 동맥이 끊기고, 코뼈에 금이 가고, 얼굴을 알아볼 수 없을 정도로 두들겨 맞고 정신을 잃었다. 김영삼은 심복 최형우의 목숨을 건 경호로 간신히 위험에서 벗어날 수 있었다.

여성 노동자 김경숙이 4층 강당에서 떨어져 당사 뒤편 지하실 입구에서 쓰러진 채 발견되었다. 그녀는 병원으로 옮겨졌지만 곧 사망했다. 경찰은 "진압 작전 개시 30분 전, 김씨 스스로 동맥을 끊고 투신자살했다"고 발표했다. 그러나 이는 사실이 아니었다.

"노동조합은 회사를 망가뜨리려 하고, 사장은 회사를 살리려 한다"는 정부의 선전과는 완전히 다른 양상이었다. 사장들은 해외로 돈 빼돌리기

1979년 8월 11일 새벽, 농성 중이던 신민당사에서 경찰들에 의해 끌려 나오는 YH무역 노동자들

등 수법을 써서 고의로 회사 경영을 악화시키고, 이를 빌미로 회사 문을 닫으려고 안달이었다. 노동조합은 거꾸로 회사를 살리자고 몸부림쳤다.

경제성장이 지상 목표인 정부는 노동조합 편을 들지 않았다. 몇 달에 걸쳐 긴 농성을 벌이는 노동자에게 '농성 진압 시도'를 했다.

사망한 김경숙
노동자의 사원증

신민당사 농성은 경찰의 의지를 이겨낼 마지막 보루였다. 노동자들과 김영삼 생각에 야당 당사는 경찰이 진압하러 들어오지 못할 안전지대였다. 당사에서 농성하는 노동자 목소리가 커지는 만큼 새로 출범한 야당의 선명성은 더욱 뚜렷해졌다.

박정희는 자신의 권능이 미치지 못하는 성역이 대한민국에 존재한다는 사실을 받아들일 수 없었다. 김영삼의 신민당은 분쇄해야 할 대상일 뿐이었다. 이는 노동자 김경숙이 죽은 뒤에도, 이에 대한 미국의 비난을 받고서도 조금도 바뀌지 않았다.

동일방직 노조 사건

동일방직 노동자 투쟁은 YH 노동자 투쟁과 함께 1970년대를 대표한다. 1978년 2월 21일, 동일방직 인천 공장에서는 노조 지부장과 대의원 선거가 치러질 예정이었으나 새벽부터 출근하는 여성 조합원들은 무자비한 폭력을 당했다. 회사 사주를 받은 남성 노동자들은 몽둥이를 휘두르며 노조 사무실을 난장판으로 만들고, 똥물을 담아와 여성 노동자들에게 뿌렸다. 현장에 나온 경찰관들은 이 상황을 방치했고, 노총 역시 동일 방직 여성 노동자들을 '불순분자'로 몰았다. 지부와의 협의 없이 중앙정보부가 직접 개입한 이 사건 이후 회사 측은 여성 노동자 124명을 해고한 데 이어, 해고 노동자들의 이름과 주민등록번호, 주소 등을 기록한 '블랙리스트'를 다른 기업들에 보내 취업을 막았다.

진실화해위원회의 김경숙 사망 사건 관련 보고서

2008년 3월 19일, 진실화해위원회는 김경숙 사망과 관련하여 그동안 경찰이 발표한 내용이 잘못되었다면서 "1979년 경찰이 신민당사 농성을 진압하는 과정에서 숨진 YH무역 노조원 김경숙 씨의 사인은 경찰의 과잉 진압 때문"이라는 결론을 내렸다. 진실화해위원회는 또 "당시 부검 의뢰서에 추락 시간이 2시 3분으로 기재되었고, 김경숙의 주검을 처음 발견한 경찰관 배아무개씨도 '작전이 개시된 뒤 사람이 떨어지는 소리를 듣고 달려갔다'고 진술했다"면서 "벽돌과 쇠파이프 등이 동원된 진압 과정에서 노조 대의원 김씨가 사망했다"는 결론을 내렸다.

부산·마산의 불길

1979년 10월 4일, 여당의원들의 의원총회 장소인 국회 146호에서 이르는 복도와 입구에서 사복 경찰 3백 명과 국회경위 50여 명이 삼엄하게 경비를 섰다. 그들은 신민당 의원의 접근을 막았다. 그곳에서 유정회와 공화당 의원이 모여 김영삼 신민당 총재의 의원직을 박탈하는 투표를 강행했기 때문이다. 일사천리, 전원찬성으로 김영삼은 국회의원직을 강탈당했다. 김영삼은 이 일에 "오늘로써 우리나라 민주주의의 조종弔鐘이 울렸다고 하나, 종소리는 더욱 강하게 국민들 속에 되살아날 것이다"라고 했다.

9월 16일에《뉴욕타임스》와 가진 기자회견에서 미국에게 공개적이고 직접적으로 한국 내정에 개입하여 박정희를 제압해야 한다고 주장한 '사대주의자' 김영삼을 '다수 국민의 이름'으로 응징한 것이다. 법원에서 김영삼은 총재의 직무를 수행할 수 없으며, 이를 정운갑이 대신한다는 판결을 내리고 한 달이 지난 뒤의 일이었다.

1978년 총선거를 통해 이미 국민은 박정희에 등을 돌리기 시작했다. 정치 폭압은 물론, 박정희의 정치상 업적인 경제성장마저 크게 흔들렸다. 특히 김영삼의 정치적 고향 부산은 상황이 더욱 심각했다. 1978년에 비해 노동자 수가 무려 28%나 줄었다. 일자리가 있는 노동자는 실업자보다 처지가 나았지만 살아가는 고통은 마찬가지였다. 그들 임금은 전국 최저 수준이었는데 이마저 받지 못하는 경우가 많았다.

이렇게 이미 잔뜩 뿌려진 휘발유 위에 '김영삼 제명'이라는 불씨가 던져졌다. 김영삼의 선언이 예언으로 변한 순간이었다.

"드디어 때가 왔습니다. 저 유신독재 정권에 맞서 우리 모두 피 흘려 투쟁합시다."

10월 16일 오전 10시, 부산대학교 도서관 앞에는 투쟁을 선포하자마자 순식간에 500명이 모였다. 경찰의 탄압으로 오히려 시위 대열에 가담하는 학생들이 늘었다. 시위를 시작한 지 1시간이 지나자 7천 명이 모였다.

오후 2시, 학생 300명의 연좌 농성으로 시작된 시내 시위는

한국 의정 사상 처음으로 외신과의 인터뷰가 문제되어 국회에서 제명된 것을 보도한《경향신문》1979년 10월 5일자 1면 제명 직후 김영삼은 "닭의 모가지를 비틀어도 새벽은 온다. 나를 제명하면 박정희는 죽는다"라는 유명한 말을 남겼다.

땅거미가 지는 오후 6시가 넘어서는 5만 명이 넘어섰다. 퇴근길의 회사원·노동자·상인, 교복을 입은 고등학생들까지 가세하여 부영극장 앞 6차선 도로를 가득 메웠다. 파출소 11개가 불타고 승합용 경찰차, 작전용 경찰차가 화염에 휩싸였다. 10시에 통행금지가 내려졌지만, 아랑곳하지 않는 시민들 사이에서 박 대통령의 사진이 불타고 있었다.

"유신 철폐!"

"김영삼 총재 제명 철회!"

시위는 유신헌법 선포 7주년 기념일인 다음날에도 계속되었다. 파출소 21개가 습격당하고 KBS·MBC·부산일보·국제신문 등 시위대가 던진 돌이 날아갔다. 지역 부대도 막지 못한 시위는 계엄령이 내리고서야 진정되었다. 대학에는 휴교령이 내려졌고, 계엄군의 탱크와 장갑차가 각 대학과 관공서를 철통같이 지켰다.

부산에서 불길이 꺼지자, 이번에는 마산에서 불길이 일었다. 학생들은 이승만을 쫓아낸 도화선이었던 마산 3·15의거의 역사를 되살리기 위해 '거리에 맑은 피'를 뿌릴 각오를 다졌다. 부산과 마찬가지로 거리를 가득 메운 성난 군중은 박정희 통치의 상징물을 공격했다.

"유신을 철폐하라!"

"박정희는 물러가라!"

"독재를 타도하자!"

이틀 동안 계속된 시위는 위수령衛戍令이 발동되면서 막을 내렸다.

위수령

육군 부대가 한 지역에 계속 주둔하면서 그 지역의 경비, 군대 질서 및 군대의 기강 감시와 시설물을 보호하기 위해 제정된 대통령령을 말한다. 1965년 8월 한일협정 반대 시위가 일어나자 서울 일원에 위수령이 내려진 것이 처음이었고, 이 사태를 계기로 위수령에 대한 법적 근거를 마련하기 위해 1970년 대통령령 제4949호로 본문 22개조와 부칙으로 된 위수령이 제정된다.

이 법에 따른 최초 위수령은 1971년 10월 15일, 각 대학에서 반정부 시위가 격화되었을 때 서울 일원에 내려졌다. 두 번째는 1979년 10월 20일, 마산 일원에 내려진 것이다.

김영삼의 《뉴욕타임스》 기자회견 내용

"미국은 국민과 끊임없이 유리되고 있는 정권, 그리고 민주주의를 열망하는 다수 중에서 어느 쪽을 선택할 것인가를 분명히 밝혀야 할 때가 왔다. …내가 미국 관리들에게 박정희 대통령에 대한 공개적이고 직접적인 압력을 통해서만 그를 제압할 수 있다고 말해왔지만, 그들은 국내 정치에 개입할 수 없다는 입장을 보여왔다. …그렇다면 우리를 보호하기 위해 3만 명의 지상군을 두고 있는 것은 국내 문제 개입이 아니란 말인가."

궁정동의 총소리

술상 위에는 시바스 리갈 두 병과 안주가 놓여 있었다.

10·26사건의 배경

10·26 사건의 직접적 도화선은 부마항쟁이고 부마항쟁의 직접적 계기는 김영삼 신민당 총재 국회의원 제명 사건이었다.

그러나 1970년대 후반 박정희의 유신 체제는 다방면에 걸친 도전으로 위기 상황을 맞고 있었다. 내부의 도전뿐만 아니라 박동선, 김한조 등의 코리아게이트 사건과 핵개발을 둘러싼 갈등으로 대미 관계도 최악의 상황에 놓였다. 정권이 위기 상황으로 내몰리자 권력 내부에서 강온파 간의 충돌이 일어났고, 그 과정에서 김재규 중정부장이 박정희 대통령에게 총격을 가한 사건이 일어났다.

박정희 대통령(이하 박) 임자, 신민당 공작은 어찌되었어?

김재규 중앙정보부장(이하 김) 공화당이 신민당 의원들의 일괄 사퇴서를 선별 수리하니 어쩌니 하는 바람에 조금 차질이 생기고 있습니다. 아무래도 (정운갑 대행 체제 정착은) 당분간 ….

차지철 경호실장(이하 차) 새끼들, 까불면 신민당이고 학생이고 탱크로 싹 깔아 뭉개 버려야 해.

박 삽교천은 참 좋던데 신민당은 맨날 왜 그 모양이야?

박정희 대통령은 신민당 욕을 하고는 있지만, 김재규를 겨냥한 질책이다. 신민당 공작은 공식적으로는 그의 책임이다.

김 지금 김영삼 중심의 주류가 강경론을 펴고 있는데 아무래도 정 대행은 비주류와 친해서 수습이 안 됩니다.

차 신민당 놈들, 국회의원 하기 싫은 놈 한 놈도 없어요. 언론과 반체제를 의식하느라 그렇지.

박 차 실장 말이 옳아. 김영삼이도 구속 기소했어야 했는데.

김 김영삼은 국회에서 제명되었기 때문에 또 구속하면 국민들은 두 번 처벌하는 걸로 생각합니다.

박 정보부가 좀 무서워야지. 비행 조서만 쥐고 있으면 뭘 해. 부장이 저러니 정보부가 약하다는 소리를 듣지.

차 맞습니다. (정보부가) 좀 잘해야겠습니다. (데모가) 지나치면 탱크라도 동원해서 눌러야 합니다.

이때 두 여성이 들어온다. 분위기가 부드러

박정희 대통령의 서거를 보도한 신문 호외

워진다. 김재규가 밖에 나갔다 돌아와 앉기가 무섭게 그에 대한 비난이
터져 나온다.

　　차　요즘 중앙정보부는 도대체 뭘 하는지 모르겠어. 부산사태만 해도 그렇지
　　　요. 정보 수집도 제대로 하지 못하는 ….

7시 뉴스가 끝난다. 한 여성이 노래를 부르고, 차지철도 부른다.

　　차　형님, 각하를 좀 똑바로 모시십시오.
　　김　각하, 이 따위 버러지 같은 놈을 데리고 정치를 하니, 정치가 올바로 되겠
　　　습니까? 차지철 이 놈!

"탕! 탕!"
1979년 10월 26일 저녁 7시 42분, 박정희의 18년 통치가 끝이 났다. 유
신헌법을 비밀리에 만들었던 궁정동 안가에서 일어난 일이었다.
　　김재규는 후에 법정 진술에서 "야수의 마음으로 유신의 심장을 쏘았
다"고 말했다.
　　"각하는 나와 개인적으로 가까운 사이고 동향 출신이고 동기생이지만,
많은 국민의 희생을 막기 위해 각하 한 사람을 제거할 수밖에 없었다."

장준하와 김재규
"선친은 광복 30주년이 되
는 1975년 8월 15일을 D
데이로 하는 모종의 '거사'
를 준비했다. 내가 직접 수
행비서 역할을 했지만 당
시 '거사'는 철저한 보안 속
에 극비리에 진행됐다. 정치
계, 재야, 종교계, 법조계, 학
원, 군부 등을 선친은 철저
히 따로 따로 관리했고, 서
로 연관성을 두지 않았다.
당시 선친은 여러 명의 군
장성들을 비밀리에 만났으
며 거기에는 김재규 부장도
포함된다. 서소문 근처를 나
와 함께 지나다가 선친이 불
쑥 '냉면이나 먹자'며 한 허
름한 냉면집을 쑥 들어가셨
다. 거기에 김 부장이 있었
다. (8월 17일) 선친 사망 직
후 김 부장이 나를 찾아와서
'장 선생은 그냥 죽은(사고사
한) 것이 아니다'라고 굉장히
비통해 하며 '그래도 일단
가족들이 살아야 한다'며 조
심할 것을 당부했다.
— 장준하의 장남인 장호권
《사상계》 대표 증언

체포되어 대통령 시해
장면을 재현하는
김재규 전 중정부장

박정희의 죽음과 미국

"내 뒤에는 미국이 있다."

1978년, 미국 하원
윤리위원회 공개 증언에서
서약을 하는 박동선

10·26직후 김재규가 한 말이라고 한다. 미국이 박정희의 죽음에 개입했다는 주장은 김재규가 10·26 며칠 전에 로버트 브루스터 미 CIA 한국부장을 만난 것이 확인되면서 시작했다. 김재규는 재판에서 사상 최악에 이른 한미 관계 개선을 자신의 거사 이유의 하나로 들었지만 미국의 개입은 부정했다. 글라이스틴 미 대사는 '쓰레기 같은 소리'라고 신경질적인 반응을 보였다. 그러나 여전히 의혹이 풀린 것은 아니다.

박동선이 중앙정보부의 요원으로서 미 의회에서 의원과 공직자들을 매수했다며 미국이 한국을 공격한 게 얼마 전 일이었다. 한국은 이 과정에서 드러난 미국의 청와대 도청을 들어 강력하게 항의했다. 카터 대통령의 인권 외교와 주한미군 철수론에 박정희는 강력하게 반발했다.

1979년 6월, 카터가 방한했을 때 같이 왔던 미 중앙정보국 요원 250명은 박정희가 죽을 때까지 한국에 남아 있었다. 김영삼이 제명당하자 미국은 주한 미 대사 글라이스틴을 본국으로 소환하는 강력한 조치를 취했다. 미국은 늦어도 1976년부터 '박정희가 없는 한국'에 대한 각계 의견을 듣는 작업을 시작했다. 질문을 받은 사람들이 '미국은 박정희의 통치를 더

박정희 대통령의 영결식
장면(좌)과 재판정에
들어서는 김재규(우)

이상 원치 않는다'라고 느끼기에 충분했다.

겉으로 드러난 인권보다 박정희의 핵 개발이 미국을 더 자극했다. 인권 문제는 그것 때문에 반체제 운동이 일어나 미국의 영향력 자체를 흔들 정도로 발전하기 전까지는 단지 도덕적인 구호에 지나지 않았다.

1979년 6월 30일, 여의도 광장에서 박정희 대통령과 의장대를 사열하고 있는 카터 미 대통령
인권 외교를 표방한 카터 미 대통령의 등장으로 한미 관계는 더욱 악화되었다.

그러나 미국의 핵 통제에서 벗어나는 일은 곧 미국의 통제에서 벗어남을 의미했다. 이것만은 도저히 용납할 수 없었다. 박정희는 비밀을 철저히 지키려 애쓰며 핵 개발을 시작했지만 미국의 눈을 피하지는 못했다.

핵 개발에 참여한 일부 과학자들은 박정희의 죽음이 미국과 어떤 관계가 있다고 믿고 있다. 그들은 그 뒤에도 오랫동안 그때 일에 대해서 입을 열면 미국에게 무슨일을 당하지 않을까 전전긍긍했다.

코리아 게이트(박동선 사건)
1976년 재미 한국인 사업가 박동선이 미국 정치권에 친한親韓 분위기를 조성하기 위해 미국 국회의원과 공직자 등 32명에게 85만 달러에 이르는 거액의 로비를 벌인 사건이다. 미국 청문회에서 박동선은 로비 사실을 인정했지만 한국 정부와의 연관성에 대해서는 모르쇠로 일관했다.

김재규의 최후 진술
"나는 대장부로서 이 세상에 나서 내가 할 수 있는, 내가 죽을 수 있는 명분을 발견했다는 데 죽음의 복을 잘 타고난 사람이라고 자부합니다. … 10월 26일 혁명의 목적은 다섯 가지입니다.
첫째, 자유민주주의를 회복하는 것이요, 둘째 이 나라 국민의 더 많은 희생을 막는 것입니다. 셋째, 우리나라의 적화를 방지하는 것입니다. 넷째, 혈맹 우방 미국과 우리나라의 관계가 건국 이래 가장 나쁜 상태이므로 이 관계를 완전히 회복하여 혈맹 우방으로서 돈독한 관계를 가지고 국방을 위시해서 외교, 경제까지 적극적인 협력을 통해 국익을 도모하자는 데 있습니다. 마지막으로 우리가 독재국가로서 국제적으로 나쁜 이미지가 있습니다. 이것을 씻고 국제사회에서 이 나라 국민과 국가의 명예를 회복하자는 것입니다."

3부

민주화와 평화, 그리고 통일

26
12·12쿠데타

세계에서 가장 오래 걸린 쿠데타

박정희가 사망하자 유신 체제가 무너지고 권력의 공백 상태가 조성되었다. 이 같은 권력의 진공 상태에서 가장 중요한 것은 군부 움직임이었다. 전두환 신군부는 일차적으로 김재규 사건을 조사한다는 명목으로 12·12쿠데타를 일으켜 정승화 계엄사령관을 체포하고 군권을 장악했다. 12·12쿠데타는 명백히 하극상의 군사 반란이었으며, 정권 탈취를 위한 서곡이었다. 이후 신군부는 '서울의 봄'과 광주시민의 민주화운동을 폭압적으로 짓밟고 권력을 탈취하여 5공 정권을 세웠다. 이렇게 해서 264일에 걸쳐 이루어진 '세계에서 가장 오래 걸린 쿠데타'가 성공했다.

12·12군사쿠데타의 주동자들

치밀했던 12·12

연행되는 정승화
육군 참모총장

1979년 12월 12일 오후 7시 10분, 허삼수·우경윤 대령은 보안사 수사관 7명, 헌병 장교 3명과 함께 육군 참모총장 공관에 도착했다. 2층 거실에서 텔레비전 뉴스를 보던 정승화 참모총장 겸 계엄사령관이 아래층으로 내려오자 허삼수가 "김재규로부터 돈을 받은 사실이 드러나 총장님의 진술이 필요합니다"라고 말했다.

그날 오후 6시, 그들은 전두환 합동수사본부장에게서 정승화를 무슨 수를 써서라도 연행해오라는 명령을 받았다. 정승화는 노발대발하며 부관을 소리쳐 불렀다. 허삼수·우경윤 대령이 정승화의 양쪽 겨드랑이를 낀 채 끌고 나가려 했다. 부관이 비상을 걸려고 수화기를 집어 드는 순간 "탕!" 하는 권총 소리와 함께 순식간에 총소리가 이어졌다. 보안사 수사관이 M16 총부리를 정승화 얼굴에 들이댔다. 정승화가 차에 오르면서 작전은 17분 만에 종료된다.

전두환은 정승화 연행을 재가 받으려 했지만, 최규하 대통령은 예상 밖으로 완강했다. 한 시간이 넘도록 "국방장관의 의견을 들어야겠다"며 버텼다. 대통령의 재가를 이용하여 군권을 장악하겠다는 계획은 실패했다. 전두환은 노태우, 최세창 등 '동지'들의 부대에 병력 출동 준비를 명령했다.

또 그때 수리 중인 청와대 대신 최규하가 살던 총리공관의 경비를 무장 해제시켜 최 대통령을 완전히 포위했다. 이번에는 전두환뿐만 아니라 유학성 등 여럿이 함께 들어갔다. 드러내놓고 위협했지만, 1시간 30분을 넘

군사쿠데타 이틀 후인 1979년 12월 14일, 쿠데타 지휘부와 행동대장들이 국군보안사령부 건물 앞에서 촬영한 기념사진
앞줄 왼쪽부터 이상규·최세창·박희도·노태우·전두환·차규헌·유학성·황영시·김윤호·정호용·김기택
가운뎃줄 왼쪽부터 박준병·이필섭·권정달·고명승·정도영·장기오·우국일·최예섭, 조홍·송응섭·장세동·김택수
뒷줄 왼쪽부터 남응종·김호영·신윤희·최석립·심재국·허삼수·김진영·허화평·이상연·이차군·백운택

기도록 최규하는 같은 말만 되풀이했다.

"국방부와 육군본부를 점령하여, 국방장관 노재현을 잡아오라."

죄를 짓기는커녕 도리어 자신들의 행위에 승인 도장을 찍어줄 상관을 '체포'해야 했다. 그러나 전두환의 명령은 아무런 머뭇거림도 없이 집행되었다. 치밀하게 계획한 데다 군의 주요 병력도 장악하고 있었다. 보안사령부의 도청으로 모든 군의 움직임을 샅샅이 알고 있었던 것이다. 휴전선을 지키는 최전방 병력마저 서슴없이 동원하는 대범함도 보였다.

새벽 1시 30분께 행주대교를 건넌 1공수여단은 3시 50분께 용산 국방부 지하 벙커에 있던 노재현 국방장관을 연행했다. 5시 10분, 마침내 최규하가 재가했다.

전두환은 군을 완전히 손아귀에 넣었다. 그가 아닌 다음에야 어느 누가 대통령이 되더라도 돌아올 죗값이 가혹할 것은 뻔했다. 전두환이 살 수 있는 방법은 스스로 정권을 쥐는 것, 그 한 가지뿐이었다.

10대 대통령 최규하
1975년부터 국무총리로 재직하다가 1979년 박정희 대통령이 살해되자 대통령 권한대행으로 비상계엄령을 선포했으며, 그해 12월 통일주체국민회의에서 대통령으로 선출된다. 전두환 등 신군부의 압력으로 8개월 만에 대통령직에서 물러났다.

하나회와 신군부

'하나회'는 1958년, 육사 11기생이고 영남 출신인 전두환, 노태우, 정호용, 김복동 등 7명이 친목 모임으로 만든 '칠성회七星會'가 시초다. 이들은 1961년 5·16군사쿠데타 이후 박정희 대통령의 지원을 받아 군부 요직을 장악했으며, 1962년에 '하나회'로 조직을 확대했다.

1979년 10월 26일, 박정희 대통령 사망 직후 육사 11기, 12기생들을 중심으로 하는 '하나회' 구성원들은 전두환을 중심으로 정예 인원을 규합하고 12·12군사쿠데타, 5·18광주민주화운동을 진압하는 2단계 쿠데타를 일으켜 정치권력을 장악했다.

하나회를 중심으로 한 신군부 세력은 제5공화국에서 여러 정부 요직을 차지하여 정치권력의 핵심부를 장악했다. 그러나 김영삼 대통령이 취임한 이후 1993년 4월, 군인 아파트에 하나회 명단이 살포된 것을 계기로 정부가 군 개혁에 착수한다. 대대적인 숙군 작업이 진행되어 하나회는 공식을 해체되었다.

'신군부'라는 명칭은 12·12군사쿠데타를 일으킨 하나회와 함께 쿠데타에 참여한 장성들을 박정희 대통령 시대의 군부와 구별하기 위해 붙여졌다.

전 장군

"본인이 양대 정보 기구를 장악함으로써 정치발전에 차질을 초래할 것이라는 일부 억측은 지나친 기우에 불과하다."

전두환의 해명이 국민의 의심을 거두어들이게 하지는 못했다. 12·12군사쿠데타로 군부를 장악하고 보안사령관과 계엄사령부 합동수사본부장을 겸임하면서 사실상 실권을 쥔 전두환이 중앙정보부장(서리) 자리까지 꿰찬 것이다. 이제 그의 대권욕은 이미 의심의 차원을 넘어 기정사실로 굳어지고 있었다.

최규하는 이미 논외였다. 직함은 대통령이었지만 실속은 전혀 없었다. 자신의 이름으로 발표한 내각에조차 자기 뜻을 제시하지 못했다. 내각이 구성된 지 2달가량이 지날 즈음부터 청와대에서 장관들 얼굴을 보기조차 힘들어졌다.

전두환이 중앙정보부장을 겸임할 무렵에는 청와대에 인적이 그쳐 적막만 흘렀다. 그나마 최규하가 장관들을 불러 회의를 한 것은 미스유니버스 선발대회를 위한 대책 회의 하나뿐일 지경이었다.

1980년 6월 5일,
국가보위비상대책위원회
현판식을 마치고
박충훈 총리와 악수하는
전두환 보안사령관

공식 석상과 뒷자리에서 보이는 전두환 모습은 완전히 달랐다. 공식석상에서 전두환은 집권욕이 없는 우직한 군인이었다.

그러나 뒷자리에서는 이미 무력을 틀어쥐고 대권만 생각하는 정치가였다. 전두환에게 김종필은 흠이 많고 경솔해서, 김영삼은 아직 어리고 능력이 부족해서, 김대중은 도무지 사상을 믿을 수 없기 때문에 절대로 대통령이 되어서는 안 될 인물이었다.

그런데 중앙정보부장이 되기 3달 전에 전두환은 "자신이 대권을 잡기를 바라는 사람이 많다"는 말을 덧붙였다.

전두환은 10·26 이후부터 집권할 준비를 시작했다. 먼저 5·16쿠데타를 연구했다. 5·16은 전두환 무

리에게 교과서였다. 이상재는 '전두환을 중심으로 한 신군부만이 안정을
이룰 수 있는 유일한 대안'임을 여론에 알리는 것을 목적으로 'K-공작'을
만들기 시작했다. K-공작은 1980년 3월, 1단계 사업에 들어갔다.

또 바로 이 달에 허화평·허삼수·이학봉·권정달 등 보안사 참모들은 쿠
데타 후의 비상 권력기관 국가보위비상대책위원회(약칭 국보위) 설치 방안
마련과 위원 인선 작업에 들어간다. 집권 준비가 본궤도에 오른 것이다.

전두환은 중대한 과제를 안고 중앙정보부장에 올랐다. 며칠 뒤인 4월
19일을 맞아 학생 시위를 빌미로 국보위를 설치할 예정이었다. 그런데 학
생들이 예상 밖으로 조용했다. 계획은 5월로 미루어졌다.

국가보위비상대책위원회(국보위)
유신 정권 붕괴 후 등장한 신군부가 1980년 5월 31일 전국 비상계엄 상태에서 통치권을 확립하기 위하여 설
치했다. 상임위원장 전두환 보안사령관 겸 중앙정보부장서리를 중심으로 하는 신군부 강경 세력으로 구성
되어 '최고군사회의' 성격을 띠었다.
최규하 대통령을 의장으로 주요 행정각료 10명과 군장성 14명 등 24명으로 구성하고, 13개 분과위원회가 설
치된 상임위원회를 두었다. 그해 10월 국가보위입법회의로 개편돼 신군부의 5공화국 출범을 위한 법과 제도
를 마련한 후 11대 국회 개원과 함께 해산되었다.

그들만의 싸움

김영삼 눈에는 대통령 선거만 보였다. 미국의 저명한 정치학자 스칼라피노가 직접 찾아와 "최근 일련의 사태들을 지켜볼 때 군부의 재태동이 우려된다. 미국 내에서는 이를 거의 공지의 사실로 생각할 정도다"라며 충고했지만, 김영삼은 이를 일축했다. 미국 내 한반도 문제 최고전문가의 충고라지만, 방금 10·26의 참상을 목격한 군인들이 다시 그 길을 걸을 리 없다는 자신의 믿음을 바꿀 정도는 아니었다.

유신 잔당 김종필은 박정희가 죽고 민주주의가 큰 물결을 이룬 지금, 도저히 적수가 되지 않았다. 김대중이 문제였다. 김대중은 2월 29일, 사면복권된 다음 날부터 김영삼을 겨냥했다.

"10·26사건 이후 신민당은 김 총재의 대통령 선거를 겨냥한 전략 강화 때문에 정치 정세의 주도권을 장악하는 데 실패했다."

김대중은 김영삼보다는 전두환을 훨씬 경계하는 태도를 취했지만, 그것이 사태의 위험성에 걸맞는 것은 아니었다. 김대중은 김영삼이 10·26 이후에도 집에 갇혀 있는 자신을 풀어주려고 노력하지 않고, 혼자 앞질러 선거 준비를 하는 것이 불만이었다.

1980년 3월, 가택연금 해제를 축하하기 위해 방문한 김영삼 신민당 총재를 대문 앞까지 배웅하는 김대중

약세였던 김대중 측이 살 길은 공격을 늦추지 않는 것이었다. 측근인 박영록은 10·26에 양김의 공로는 같기 때문에 신민당과 재야(김대중 측)는 일대일로 통합해야 한다고 주장했다. 이에 김영삼 측은 발끈했다. 3월 17일에 있었던 남원·순창·임실 지구당 개편 대회의 폭력 충돌은 둘 사이 대결로까지 이어지지는 않았지만 경북 왜관에서의 유혈 사태는 달랐다. 김대중 측이 보기에는 김영삼 측에서 대통령 후보를 선출하기 위한 전당대회를 겨냥하여 대의원 표를 획득하려고 해서 벌어진 일이었다. 그러나 김영삼 측에서는 당내외 불순 세력이 힘을 과시하려고 벌인 난동으로 보았다.

윤보선이 나서서 "야당이 뭉쳐야 유신 연장을 막을 수 있다"며 그들의 단합을 호소했지만, 그들의 결심을 바꿀 수는 없었다. 4월 7일, 김대중이 흥분된 목소리로 김영삼을 비난하면서 신민당 합류를 거부했다. 이로써 둘은 완전히 등을 돌렸다. 4월 29일, 김대중은 '민주화 추진을 위한 전국민운동' 전개를 제의하면서 전국적 조직사업에 들어갈 것을 밝혀 대통령 출마를 위한 공개적 활동에 들어갔다.

전두환은 자신이 틀어쥔 언론을 통하여 이들의 대결을 '구태의연한 정치 작태', '대통령병에 사로잡힌 추악한 파벌 싸움'이라고 연일 비난했다. 그가 보기에는 상이 차려지지 않았고 차려질 가능성도 없는데, 잔칫상을 독차지하려고 싸우고 있는 어리석은 정치인이야말로 정말 한심했다.

'서울의 봄'과 '춘래불사춘春來不似春'

1980년, 사람들은 민주화의 기대에 부풀어 새해를 맞이했지만 정국은 어딘지 어수선하고 불안했다. 권력의 실체도 베일에 싸여 있었다. 이런 상황을 김대중은 '안개 정국'이라고 불렀다. 그러나 그 상황을 실감나게 설명해준 것은 김종필이었다.

"한국에는 지금 봄이 오고 있다. 그러나 아직은 꽃이 피어날 봄인지, 겨울 속으로 되돌아갈 봄인지 알 수가 없다. '춘래불사춘'의 정국이다. … 안개가 가득 끼어 있어 앞이 잘 보이지 않고 있다. 안개 정국이라고나 할까."

김종필의 예감은 적중했다. 전두환 신군부는 봄이 아니라 겨울로 되돌리려고 준비하고 있었다. 그런 우려에도 표면상으로는 민주화의 봄이 찾아오고 있었다. 이를 두고 사람들은 '서울의 봄'이라고 불렀다.

서울역의 한나절

'서울의 봄'은 1980년 민주화를 향한 열망이 표출된 그때를 부르는 말이다. 노동조합 결성이 금지된 수출자유 지역인 마산과 이리 등에서 노동조합이 속속 결성되고, 해태제과 노동자들은 8시간 노동제 쟁취 투쟁을, 청계피복 노동자들은 10인 이상 영세사업장 퇴직금 쟁취투쟁을, 그리고 사북탄광 노동자들은 경찰지서를 점거하고 진압하는 경찰과 투석으로 맞서는 맹렬한 투쟁을 벌였다.

신규 노조 결성, 어용 노조의 민주화, 임금 인상, 근로조건의 개선을 요구하는 노동자 투쟁은 전체 유신 기간 동안 일어났던 모든 쟁의 건수와 맞먹는 897건이었다. 그러나 이것으로는 전두환 군부가 집권하는 데 아무런 타격도 줄 수 없었다. 결국 학생들이 나서야 했다.

3~4월에 학내 민주화운동과 병영 집체 훈련 반대 투쟁에 몰두하던 학생들은 4월 17일, 비상계엄 해제를 요구했다. 그렇지만 그들은 5월 12일을 넘겨서도 교내에만 머물러 있었다.

이미 5월 초 서울대를 비롯한 여러 대학에서 전교생이 거의 다 모여 '전두환 반대, 계엄 해제'를 결의했다. 교내에 평화적으로 머물러 있었던 것은 전두환 군부에게 쿠데타의 빌미를 주지 않기 위함이지 전두환을 반대하는 결의가 낮았던 까닭이 아니었다. 군부는 학생들 시위를 '사회 불안', '혼란'이라고 몰아붙이며 호시탐탐 거리를 제압할 기회를 노리고 있었다.

5월 13일, 전국 총학생회장 모임에서 판단하건데 학생들이 거리에 나가지 않아도 군인들이 거리로 나올 것이 확실했다. 학생들은 거리로 나가기를 계속 망설이는 총학생회를 비난했다. 그날 학생 3천 명이 처음으로 거리에 나갔다. 일부 강경파의 투쟁이 전체 학생들의 투쟁 방식으로 이어졌다.

다음날 비가 왔지만 서울에서만 5만 명이 광화문, 시청, 종로에서 밤늦도록 시위를 벌였다. 지방에서도 거리 시위는 크고 격렬했다. 5월 15일 시위가 절정이었다. 서울역에 학생 10만, 시민 5만의 대군중이 모였다.

"계엄 해제!"

"전두환 퇴진!"

그러나 그것으로 끝이었다. 서울지역 총학생회장단 모임에서 서울대 총학생회장 심재철은 "집으로 돌아간다"라고 선언했고, 그 말이 입에서 입으로 전해지면서 서울역 광장은 활기 없는 아스팔트로 되돌아갔다.

뒤늦게 상황을 알고 달려온 고려대 총학생회장 신계륜에게 심재철은 "연행 학생 석방과 안전 귀가를 정부가 약속했다"고 했다. 또 "최규하 쪽이 문제가 아니다. 군부가 문제다"라는 신계륜의 반박에 대한 답도, 당장 내일 무엇을 할지에 대한 계획도 갖고 있지 않았다. 신계륜은 강력하게 반발했지만 너무 늦은 데다 그나마 동조하는 사람도 거의 없었다.

심재철은 뒤에 "5월 15일 서울역에서 학생들이 퇴각을 하게 됩니다. 그것은 이 운동에 있어서 결정적인 과오였습니다. 그 같은 결정적인 오류가 광주에서의 대학살로 곧장 이어져 버렸습니다"라고 발언했다.

1980년 5월 15일, 서울역 광장에 모여 행진하는 시위대들

서울역 회군 논쟁

5월 15일 서울역 시위에서 계엄 해제와 신군부 퇴진을 요구하는 시위는 절정에 이르렀다. 이날 대학총학생회장단 18개는 시위를 계속 할 것인가 아니면 일단 철수할 것인가를 놓고 격론을 벌였다. 결국 이수성 서울대학교 학생처장의 설득으로 대학총학생회장단은 철수를 결정했는데, 이를 이성계의 '위화도 회군'에 빗대어 '서울역 회군'이라고 불렀다. 이후 신군부는 5·17비상계엄 전국 확대 조치를 내렸다.

5·17, 제2의 쿠데타

장장 4시간이 걸리고 예상치 않게 반대하는 의견도 있었지만, 큰 문제는 아니었다. 비록 백지에 서명을 했기에 구체적으로 무슨 결의를 하게 되는지는 알지 못했지만, 전국지휘관 회의에서 참석한 지휘관들은 12·12에 뒤이은 또 한 번의 쿠데타를 결의하는 회의라는 것은 분명히 알고 있었다.

국무위원들에게는 손드는 일 말고는 허용되지 않았다. 국무회의실로 향한 복도 양편에 열을 지어 서 있는 군인들도 경호 요원으로는 너무 삼엄했다. 그들은 경호할 대상인 국무위원들까지도 신분을 확인하고서야 국무회의실에 들여보냈다.

이렇게 국무회의실에 들어갔지만 그때까지 그들은 무슨 일로 모였는지 알지 못했다. 회의가 시작되었지만, 의안 설명도 없었고 찬반 토론도 하지 못했다. 8분 만에 모든 것이 끝났다. 비상계엄 확대선포안이 의결된 것이다.

학생들은 군이 거리로 나올 빌미를 주지 않으려 했지만 오히려 군이 거리에 편하게 나올 수 있는 여건만 마련해주었다. 이미 마음을 굳힌 전두환은 학생들이 거리로 나왔다는 사실만으로도 충분한 명분이 되었다. 총학생회장들은 서울역 '회군' 다음날인 5월 22일까지 계엄 해제를 요구했지만, 학생들이 집에 돌아간 마당에 총학생회장들의 요구는 종이쪽지에 불과했다.

김대중과 김영삼은 5월 15일이 되어서야 겨우 만났다. 두 사람은 비상계엄 즉각 해제 등에 합의하고 이를 신군부에 요구했다. 그러나 때는 너무 늦었을 뿐만 아니라 아무런 실질적 조치가 뒤따르지 않았다.

그러나 이 비명소리는 "북괴가 5월에 특수8군단을 침투시켜 비정규전을 벌일 것"이라며 쿠데타의 빌미를 만들려는 전두환 군부의 사기 행각과 짝을 이루면서 그나마 잘 들리지도 않게 되었다. 아직 대통령 선거에 대한 꿈은 헛된 것이었다. 돌아온 것은 기나긴 연금과 가혹한 고문, 징

비상계엄 전국 확대 조치 기사

역살이었다.

조금이라도 전두환 군부의
비위를 거스른 정치인·재야
인사·학생들은 몸을 온전하게
보전할 수 없었다. 따스한 봄
바람이 불었던 서울에 갑자기
한파가 몰아닥쳤다. 한국은
다시 민주주의가 완전히 말살
된 유신 시대로 되돌아갔다.

5·17군사쿠데타 후
신군부가 주요 정치인들을
부정 축재, 사회불안 조성
혐의로 체포했다는 내용의
신문 기사

그러나 계절은 쉽게 되돌릴 수 없으며 되돌리려면 그만한 대가가 필요
했다. 그 대가는 '피'였다. 12·12군사쿠데타에 이은 5·17쿠데타와 '5·18내
란사건'은 전두환을 중심으로 하는 신군부의 권력장악 과정이었다. 5·17
쿠데타는 계엄령의 전국적인 확대가 목적이었고, 그다음 날부터 시작된
일련의 '광주사태'는 전두환이 "내가 이만큼의 힘을 가지고 있다"는 메시
지를 보여주기 위한 폭력 행사였다.

뜬금없는 남침설 유포

1980년 5월 10일 중앙정보부는 당시 일본 내각정보조사실의 첩보를 토대로 북한이 전면 남침은 아니지만
"특수8군단을 남침시킬 것"이라며 대북 특이동향을 경고하는 '북괴남침설 보고서'를 작성했다. 전두환은 5
월 12일 심야 임시국무회의에서 이 내용을 과장해서 보고했다.

5월 13일 미국 국무부 대변인은 "우리가 가진 정보에 따르면 북한에서 평소와 다른 부대 이동을 볼 수 없으
며 한국에 대한 모종의 공격이 임박했다고 믿을 만한 움직임이 없다"는 성명을 발표했다. 일본도 "그런 구체
적인 내용을 말한 적도 그런 정보도 없었다"고 밝혔다.

신군부가 북한의 남침 가능성을 빌미로 위기감을 조성하고 비상계엄 확대조치를 정당화하기 위해 남침 첩
보를 악용한 것이다. 주한미군 사령관 존 위컴은 5월 13일 전두환을 면담한 뒤 "전두환이 국내 정세에 대해
비관적으로 평가하고 북의 도발 가능성을 강조하는 것은 청와대 주인이 되기 위한 구실에 불과한 것 같다"
고 워싱턴에 보고했다.

'땡전 뉴스'로 상징되는 싹쓸이 정권

'땡전 뉴스'
5공화국 시절(1981~1987)에
는 9시 정각이면 '뚜뚜 뚜우~'
하는 알람 소리와 함께 당시
전두환 대통령의 활동사를 가
장 먼저 보도했는데, 이를 '땡
전 뉴스라고 불렀다.

광주민주화운동을 무력으로 진압한 전두환 일파는 정권 탈취 작업에 본격적으로 나섰다. 먼저, 정치권과 재야, 학생, 노동 등 민주화 세력을 싹쓸이하고, 언론 통폐합, 삼청교육대, 정화조치 등으로써 사회를 평정했다. 다음, 국보위를 설치하고 개헌 등 통치 체제를 정비했다. 마지막으로 유신 체제와 마찬가지로 체육관 선거로써 이른바 '제5공화국'을 출범시켰다.

전두환의 5공은 정통성 부재의 군사 정권이었고, 안기부, 국군기무사령부 등 정보기관을 동원한 공작 정치와 군경의 물리력에 의존해서만 유지될 수 있는 폭압 체제였다. 5공은 하나회로 대표되는 정치 군부를 핵심으로 하고 어용 지식인과 언론인, 정치 검찰과 관료, 구정치인 등 영남 출신이 권력을 독점한 과두 지배 체제로써 유신의 사생아였다.

전두환의 제5공화국 헌법은 적어도 두 가지 점에서는 유신헌법과 비교할 수 없을 정도로 진보했다고 생각했다.

하나는 '7년 단임제'였다. 이것만으로도 역사에 길이 남을 정치 발전이라고 자신했다. 비록 쿠데타 주체들이 합의한 6년보다 1년을 독단적으로 늘리는 바람에 흑심이 있는 것이 아니냐는 의심을 받기도 했지만, 단임으로 정치발전을 이루겠다는 의지만은 확고하다고 스스로 뽐냈다.

다음은 '경쟁'이었다. 박정희처럼 대통령 선거에 혼자 나오는 볼썽사나운 일은 벌이지 않았다. 비록 상대가 '2중대'니 '3중대'니 하는 조롱을 받았지만, 혼자만 출마한 게 아니었다. 선거 결과도 달랐다. '90.2%의 지지밖에' 얻지 못했다. 게다가 대통령 선거인단을 뽑는 투표에 '자유'를 주었다. 민주정의당(약칭 민정당) 선거인단 중에서 단지 69.9%만 차지했을 뿐이었다.

3김만 쓸어버려도 대권에 도전할 인물은 없었지만 정권 장악에 조금이라도 방해가 될 만한 사람들은 가만두지 않았다. 부패정치인으로 몰린 구 공화당 의원들은 이들 앞에서 두들겨 맞아 실신했다. 돈이 없는 야당의원들은 고문까지 당했다. 전두환 군부는 석방을 조건으로 자기들이 만들 정당에 참여하라고 강요했다.

김대중과 측근들은 정치 활동은커녕 중앙정보부 지하실에서, 재판정에서 생사의 고비를 넘나들고 있었다. "당신은 분명히 죽는다. 재판같은 것은 요식행위다"라는 전두환의 심복 이학봉의 말은 단순한 협박이 아니었다.

그들 눈에 김대중은 "그냥 놔두고서는 우리가 뭘 해나갈 수 없는" 인물이었다. 그들에게 김대중이 사는 유일한 길은 "우리와 협력하고는 것"이었다. 이를 받아들이지 않은 김대중에게 돌아온 것은 '사형선고'였다.

군부대에 끌려가 '삼청교육' 훈련을 받는 사람들
이는 자신들의 범죄행위를 감추기 위한 '더러운 전쟁' 이며 엄청난 인권침해 행위였다.

　김영삼도 특별하게 좋은 처지는 아니었다. 그도 정치 활동을 못하기는 마찬가지였다. 그가 은퇴 선언문에서 말한대로 "야당 총재로서 소임을 다하지 못한" 것은 분명했지만, 그렇다고 제 발로 물러날 김영삼은 아니었다. 김영삼은 은퇴 선언을 하기 전 83일 동안 집에 갇혀 있었다. 그때 그의 약점을 겨냥한 갖은 협박에 시달려야 했다.

　김종필은 5월 17일에 보안사 서빙고 분실로 연행되어 47일 동안 감금·조사를 받았다. 그는 석방을 일주일 앞두고 공화당 총재직, 의원직은 물론 한일의원친선협회장, 5·16민족상 총재직 등 모든 공직을 내놓아야 했다. 게다가 216억 원을 몰수당했다.

삼청교육대

1980년에 국보위는 '사회악 일소 특별조치'를 발표했다. 사회악을 빠른 시간 내에 없애버려, 사회 개혁을 하겠다면서 폭력·사기·마약밀수 사범에 대한 일제 검거령을 내린 것이다. 이른바 '삼청교육'이라는 이름(국보위가 서울시 '삼청동'에 소재해서 이렇게 명명함)의 '추악한 전쟁'이 시작된 것이다. 이는 사회를 공포 분위기로 몰아넣어 전두환의 집권 기반을 다지기 위해 의도적으로 추진한 '더러운 전쟁'이었다.

1981년까지 모두 6만 755명이 검거하여 이들을 A, B, C, D의 4부류로 분류했다. A급 3,252명은 군법회의에 회부, B·C급 3만 9,786명은 4주 교육훈련 후 순방(이 중 1만 61명은 교육 후 6개월간 강제 노역), D급 1만 7,717명은 경찰서에서 훈방되었다. 외모가 불량하거나 술을 많이 먹었다는 이유 등으로 삼청교육대에 보내지기도 했다. 욕설·구타가 난무하고, 교육생이 죽어나가는(군부대 교육 중 54명 사망) 광기 어린 교육은 아무런 사회악도 일소하지 못했다. 가장 큰 사회악이 작은 사회악을 청소한다는, 웃지 못할 코미디에 엄청난 인권침해였다.

날벼락이 떨어지다

장기봉은 졸지에 날벼락을 맞은 느낌이었다. 자신이 소유한 《신아일보》를 포기하고 《경향신문》에 넘기라는 협박이었다. 부실 경영이 이유라는데, 도대체 말도 되지 않는 소리였다. 《신아일보》는 드물게 부채가 없는 흑자 기업이었다. 새로 산 최신식 윤전기 32대는 포장을 뜯지도 않았다.

몇 시간을 버텼지만 별 수 없었다. 결국 보안사 취조실에 앉아 시세 20분의 1을 받고 강탈당했다. 장기봉은 기업 실속을 다지기에 앞서 군부의 움직임에 더 촉각을 곤두세우고, 로비에 더 신경을 써야 했다. 한국에서 기업이 성공하는 근본 법칙을 지키지 않은 것이다.

허문도는 '언론건전육성종합방안'을 허가받기 위해 이미 5달 전인 6월부터 결재를 올리고 있었다. 불허에도 굴하지 않고 계속해서 결재를 올렸다. 드디어 11월 12일에 최종 허가를 받았다. 그 정도로 알려질 만큼 알려졌고, 대처를 할 만큼 충분한 시간도 있었다.

《국제신문》과 《영남일보》도 《신아일보》와 비슷한 경우였다. 그 신문들은 더 작은 회사인 《부산일보》와 《매일신문》에 통합되는 해괴한 일을 겪었다. 동양방송과 동아방송은 한국방송공사KBS에, 《서울경제》는 《한국일보》에, 《내외경제》는 《코리아헤럴드》 등에 강탈당했다.

이미 7월에 언론인 1천 명이 쫓겨난 다음에 일어난 일이었다. 쫓겨난 사유로는 '검열 거부를 선동했다'거나 '특정 정치인과 유착했다'는 것뿐 아니라 평소 언론사를 출입하는 보안사 요원과 사이가 좋지 않거나, 광주민주화운동 비디오를 보고 눈물을 흘린 것까지 포함되었다.

게다가 언론인들은 공무원과 같은 신분이 되었다. 직책에 대한 결격 사유가 국가공무원과 같아진 것이다. 신분에 걸맞게 기자들의 업무는 국가기관의 엄격한 통제와 지도를 받게 된다.

1980년 11월, 전두환 신군부의 언론통폐합 발표를 전한 신문들(위)와 **방송사 통폐합 현황(아래)**

방송국	개편 내용
KBS	TBS TV와 라디오 흡수
DBS(동아)	KBS에 흡수
TBC(동양)	KBS에 흡수
MBC	21개 지방사의 주식 51%를 인수하여 지방망을 계열화
CBS	보도기능 폐지.복음방송 전담

이유 있는 불안

1980년 8월 8일, 《뉴욕타임스》와의 회견에서 전두환 국보위 상임위원장은 이렇게 말했다.

"한국에서의 지도력은 단순히 본인이 원한다거나 야망만 가지고 얻어지는 것이 아니다. 이것은 기독교인들이 말하는 신의 '섭리'나 중국인들이 말하는 '천명'에 맡겨져야 한다. 한국은 명백히 군부의 리더십과 통제를 요구하고 있다."

'섭리'와 '천명'을 말하고 있었지만, 전두환은 불안했다. 그렇지 않으면 대통령 직선제를 도입하지 않을 이유가 없었다. 쿠데타의 설계자 허화평의 말대로 직선제를 통해 대통령이 되면 간선제로 선출되는 것보다 국민에게 훨씬 더 인정을 받을 것이 분명했다. 게다가 전두환은 박정희가 국민의 손에서 빼앗아간 '대통령을 뽑는 권한'을 되돌려주었다는 빛나는 업적도 쌓게 될 것이다. 노태우는 '안정'을 내세워 열심히 간선제를 주장했지만, '집권의 안정'은 걱정할 필요가 없었다.

박정희에 맞선 윤보선이나 김대중 같은 인물은 고사하고, 그 엇비슷한 인물마저 아예 없었다. 이들에게 힘을 줄 사람들은 정치인이건 언론인이건 공무원이건 학생이건 다 쓸어버렸다. 광주에서는 매서운 맛을 보여주었다. 또한 유비무환 차원에서 이들이 다시 일어나지 못하도록 국가보안법·노동법 등을 잘 손질해두었다. 언론에서는 쉬지 않고 위대한 새 지도자의 탄생을 노래했다. 한경직 목사 같은 기독교계의 거목도 전두환이 악을 정화시켜 준 것에 감사 기도를 올리고 있었다.

전두환 정권은 비록 견고해 보였지만, 타오르는 용암 위에 서 있었다. 당시로서는 설명할 수 없고 이유 없이 불안함을 느꼈다. 그 이유는 '광주 학살'의 원죄原罪였다.

27
광주민주화운동

"광주여 무등산이여"

학생들이 서울역에서 회군하면서 '서울의 봄'은 끝났다. 5월 17일 밤, 전두환 일파는 비상국무 회의를 소집하여 계엄을 전국으로 확대한 다음, 민주 세력에 대한 대대적인 검거 작전에 돌입했 다. 전국에서 침묵하고 있을 때, 광주에서는 학생과 시민의 민주화 투쟁이 계속되었다. 공수부 대의 무자비한 폭력 진압으로 수많은 사상자가 발생하면서 시민 항쟁, 민중 항쟁으로 발전했고, 광주는 마침내 시민군과 민주화 세력에 의해 해방되었다. 그러나 해방광주는 오래가지 못했다. 신군부가 무자비하게 진압 작전을 벌여 시민과 청년·학생들이 꽃잎처럼 쓰러져갔다. 광주는 군 홧발에 짓밟혔으나 그 정신은 살아남아 한국 민주화운동의 이정표가 되었다.

광주 망월동 신묘역

지켜야 할 약속

1980년 5월 18일 일요일 아침, 무장한 공수부대원이 전남대학교 교문을 가로막고 있었다. 그 바람에 학생 200명 정도가 들어가지 못하고 교문 앞에 모여 있었다. 어떤 학생은 아무것도 모르고 공부하러 왔다가 이때서야 계엄령이 전국으로 확대되고 휴교령이 내린 줄 알게 되었다. 하지만 그 자리에 모인 많은 학생들 가슴에는 16일에 한 약속이 생생히 살아 있었다.

광주 학생들은 서울 학생들과는 달랐다. 그들은 서울 학생들이 집으로 돌아간 다음날인 16일, 오히려 5월 투쟁 중 가장 큰 집회를 성사시켰다. 3만 명이 모여 "반민주·반민족 세력과의 성전을 엄숙히 선언"하는 횃불로 광주 밤하늘을 밝혔다. 일촉즉발 위기가 감도는 시기가 아니더라도 싸움에 나선 전사가 '만일의 사태에 대비하는 것'은 투쟁의 기본이었다. 서울 학생들은 이런 원칙을 내동댕이쳤지만, 광주 학생들은 소중히 지켰다.

"비상계엄이 확대되거나 휴교령이 내리면 학교 정문 앞에서 모이자."

투쟁 지도부는 계엄군의 검거를 피하기도 급해 자기 역할을 못하고 있었지만, 이것이 눈앞의 현실을 외면할 핑계는 될 수 없었다.

"비상계엄 해제!"

"전두환, 계엄군 물러나라!"

그러나 15일까지 평화 시위를 했던 학생들은 그날 그들이 상상도 하지 못했던 엄청난 '적'과 맞서야 했다. 그들은 학생들이 던지는 돌쯤은 전혀

5월 15일, '비상계엄을 즉각 해제하라'는 현수막을 앞세우고 학교 정문에서 전경과 대치하고 있는 전남대생들
이틀 후 비상계엄은 전국으로 확대된다.

김대중 내란음모 사건 첫 공판 1980년 8월 14일 오전 10시 '수인번호 201'을 달고, 5월 17일 밤 중앙정보부에 연행된 후 90일 만에 재판정에 나온 김대중 앞줄 오른쪽부터 김대중, 문익환 목사·이문영 교수·둘째 줄은 고은 시인·예춘호 전 국회의원

구속 수감되었을 때 김대중

무서워하지 않았다. 돌이 날아가는 사이를 뚫고 목표를 잡아놓은 학생들을 향해 끝까지 돌진했다.

가정집까지 쫓아와서 기물을 부수고, 이를 말리는 사람들까지 마구 구타했다. 시위와 아무런 관계가 없는 버스 승객들도 닥치는 데로 때리고, 연행했다. 이런 상황에서 시위하다 붙잡힌 대학생들의 얼굴을 피투성이로 만드는 것쯤은 당연한 일이었다.

학생들은 공수부대에 계속해서 밀렸다. 그러나 그들은 결코 투쟁을 포기하지 않았다. 광주역·공용터미널·금남로로 옮겨 다니면서 이어지는 시위 대열은 갈수록 늘어났다. 시민의 호응 또한 높아갔다.

김대중 내란음모 사건

전두환의 군부는 5월 18일부터 일어난 광주민주화운동 주모자를 17일부터 중앙정보부 지하실에서 수사를 받던 김대중이라고 몰아붙였다. 상식으로는 납득이 되지 않는 일을 현실로 만들려고 무자비하게 그를 고문했다. 관련자 대부분과 마찬가지로 전남대 학생이던 정동년도 항복했지만, 그의 항복은 의미가 특별했다. 중앙정보부는 김대중과 광주의 연결 고리로 그를 지목했던 것이다. 정동년은 김대중에게 거사 자금을 받고, 광주민주화운동을 선동했다는 죄를 인정했다. 그도 5월 17일 자정 무렵에 이미 광주 보안사 지하로 끌려간 신세였던 것은 마찬가지였다. 이 사건으로 김대중이 사형을 선고받고, 문익환·이문영·예춘호·고은·김상현·이신범·이해찬 등이 10년을 넘는 중형을 선고받았다.

공수부대

그 시각에 광주에 살았다는 이유로 죽어갔다. 시위를 구경하다가도 곤봉과 개머리판(총의 아랫부분)으로 얻어맞고, 군홧발에 짓밟히고, 칼에 찔려 죽어갔다. 시위를 구경이라도 했으면 그나마 덜 억울했다.

5월 19일, 차를 타려고 광주공용터미널 대합실에 있던 사람들은, 하필 그 자리로 시위대가 도망쳐오는 바람에 죽어야 했다. 시위대가 공용터미널로 몸을 피하자, 공수부대는 공용터미널로 최루탄을 터뜨리며 쳐들어와 곤봉과 대검을 마구 휘둘렀다. 많은 젊은이들이 끌려갔다. 나중에 공용터미널 지하에서 시체 18구가 발견되었다.

광주 사람이라는 것을 빼고는 시위와 아무런 관계가 없는 사람도 죽었다. 그냥 거기를 지나갔다는 이유로 걸어가다 죽었다. 심지어 광주를 피해 피난을 가다가 공수부대가 조준한 총알 세례를 맞고 죽었다. 버스를 타고 가다가 단지 나이가 젊다는 이유로 마구 얻어맞고 끌려가서 죽은 사람도 적지 않았다.

저항 의사를 전혀 보이지 않은 사람들은 끌려가다가 목적지에 도착하기 전에 죽는 경우도 있었다. 숨 쉬기도 곤란할 정도로 연행된 사람들로 가득 찬 자동차 속에 공수부대원이 최루탄을 터뜨려 질식사시킨 것이다.

광주에 투입된 공수부대의
무자비한 진압 광경

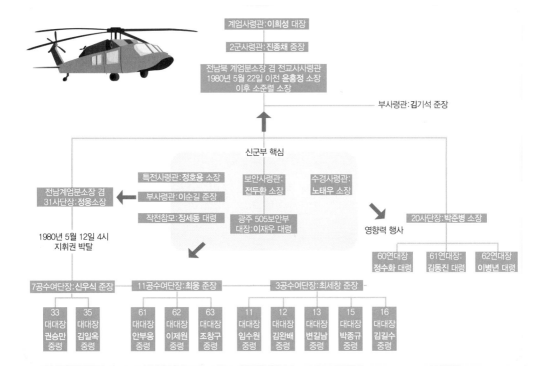

계엄사령관:이희성 대장

2군사령관:진종채 중장

전남북 계엄분소장 겸 전교사사령관
1980년 5월 22일 이전 윤흥정 소장
이후 소준열 소장

부사령관:김기석 준장

신군부 핵심

특전사령관:정호용 소장
보안사령관:전두환 소장
수경사령관:노태우 소장

전남계엄분소장 겸
31사단장:정웅소장

부사령관:이순길 준장

작전참모:장세동 대령

광주 505보안부
대장:이재우 대령

영향력 행사

20사단장:박준병 소장

1980년 5월 12일 4시
지휘권 박탈

60연대장:
정수화 대령

61연대장:
김동진 대령

62연대장:
이병년 대령

7공수여단장:신우식 준장

11공수여단장:최웅 준장

3공수여단장:최세창 준장

| 33 대대장 권승만 중령 | 35 대대장 김일옥 중령 | 61 대대장 안부웅 중령 | 62 대대장 이제원 중령 | 63 대대장 조창구 중령 | 11 대대장 임수원 중령 | 12 대대장 김완배 중령 | 13 대대장 변길남 중령 | 15 대대장 박종규 중령 | 16 대대장 김길수 중령 |

광주 진압군 지휘 체계도

시위와 관계가 없는 사람들이 이런 식으로 죽었으니 시위에 직간접적
으로 관계 있는 사람은 더 말할 것도 없었다. 관을 구하러 버스를 타고 가
던 사람은 기습 공격을 당하여 한 사람만 살아남고 다 죽었다.

공수부대원은 1979년 말부터 정규 훈련은 제쳐두고 데모진압 훈련
만 받았다. 학생들은 좌경 빨갱이며, 부마항쟁을 무자비하게 진압한 사람
은 영웅이라는 식으로 교육을 받았다. 월급은 상식으로 생각할 수 없게
200%가 넘게 올랐으며, 고기를 포식할 수 있는 회식도 베풀어졌다.

행여 시위대나 시민에게 작은 동정이라도 보이는 자는 '적군'과 '아군'
도 구분 못하는 형편없는 군인이라는 질타를 각오해야 했다. "전라도 놈
들 다 쓸어버려야 한다"는 말을 서슴지 않고 내뱉는 군인들이 적지 않았
다. 그들에게 시위대는 몇 번 부딪쳐보니 '아무것도 아니면서 까부는 놈
들'이었다.

발포 명령자
1980년 5월, 육군 제2군사
령부 '광주권 충정작전간 군
지시 및 조치사항' 문건에는
군 자위권 발동을 결정한 국
방부 회의와 관련해 손 글씨
로 참가자와 함께 그 아래에
"전숲 각하閣下: 난동 시에
군인복무규율에 의거 자위
권 발동 강조"라고 기록되어
있다.

시민군의 외침

시위대는 처음에 '아무것'도 아닌 듯 밀리기만 했지만, 그 대열은 빠르게 늘었다. 2백 명으로 시작한 시위대는 2천 명 단위를 거쳐 사흘째 되는 20일에는 수만 명으로 늘어났다.

전남도청과 광주역을 제외한 광주 전 지역은 다시 시민 품으로 돌아왔다. 도망만 치던 시위대는 이제는 오히려 공수부대를 공격하기도 했다. 심지어 고속버스·대형트럭·택시를 몰고, 군경 저지선으로 돌진하기도 했다. 그들 손에는 각목과 쇠파이프가 들려 있었다. 하지만 아직 총은 갖고 있지 않았다.

21일, 전날보다 훨씬 많아진 군중 10만 명을 뒤로하고, 아세아자동차에서 반강제로 빼앗아온 장갑차가 군경 저지선을 향해 달려갔다. 일진일퇴의 공방전이 벌어졌다. 공수부대는 전남도청 앞 분수대까지 밀렸다. 갑자기 귀를 찢는 총소리가 들렸다. 공포탄이라고 한숨을 돌렸을 때 다시 총소리가 요란했다. 사람들이 힘없이 픽픽 쓰러졌다. 장갑차 위에 몸을 드러내놓고 도청으로 진격하던 학생의 몸에서 피가 솟구쳤다. 수협·전일빌딩·도청의 건물 옥상에서 계엄군이 조준 사격한 것이다.

희생자들을 관에 담아 옮기고 있는 시위대들

광주 시민들은 빨간 페인트로 "전두환은 물러가라", "계엄령 해제"라고 쓴 버스 등을 타고 해남·나주·화순으로 내달았다. 광주의 진실은 광주를 넘어 전라도 전역으로 퍼지기 시작했다. 광주 시민은 '시민군'으로 승격되었다. 지서·경찰서·군부대에서 카빈소총·M1소총·실탄 그리고 다이너마이트·LMG기관총 등을 탈취한 것이다. 카빈소총과 M1소총은 공수부대와 싸우기에 보잘것없

는 무기였지만, 한 사람이 쓰러지면 숨어 있던 사람이 나와 그 총을 잡았다. 그리고 전남대 의대 부속병원 옥상에서 LMG기관총 2정이 계엄군 본부가 있는 전남도청을 향해 불을 뿜었다.

계엄군이 물러갔다! 도청을 접수했다! 해방 광주다!

광주 시민들은 '광주 시민군 궐기문'에서 왜 총을 들 수밖에 없었는지를 말했다.

"우리는 왜 총을 들 수밖에 없었는가? 그 대답은 너무나 간단합니다. 너무나 무자비한 만행을 더 이상 보고 있을 수만 없어서 너도 나도 총을 들고 나섰던 것입니다."

23일에 열린 '제1차 범시민궐기대회'는 수습위원회를 비난하는 시민 목소리로 가득찼다. 수습위원회는 투쟁하며 새 지도부를 원하는 시민들 기세 앞에 무릎을 꿇었다. 시민들은 다시 총을 들고 "최후의 일각까지 최후의 일인까지 투쟁할 것"을 결의했다.

5월 25일, 도청 앞 시민 5만 명이 모인 가운데 '제3차 범시민궐기대회'가 개최되었다. 이날 새로 결성된 시민 항쟁 지도부 '민주투쟁위원회'는 총을 들고 고향을 지킬 것을 다시금 맹세했다. 전 지도부 '수습대책위원회'는 시민군 손에서 총을 거두어들이는 데 급급했다. 그래야 계엄군과 협상을 잘 할 수 있다는 명분이었지만, 협상은 아무런 성과도 없었다.

이때 계엄군은 재진격을 준비하고 있었다.

《제5공화국 전사前史》
국내 중견학자 8명이 참여해 쿠데타 직간접 관련자 300여 명을 인터뷰하고 펴낸 책으로, 신군부가 자신들의 '승리'를 자축하며 만들었지만 10·26과 12·12 및 5·17 쿠데타, 5·18과 관련한 긴박한 순간들이 세세하게 기록되어 있다. 이 책은 "군·관·민 총 191명(군·경 27명, 민간인 164명)이 사망하고, 1,250명이 부상당했으며, 2,522명이 검거된, 6·25 이후 최대 사상자를 낸 최악의 사건이었다"고 평가했다.

	시기	특징
첫 번째 국면	5월 18일~20일 오전	전남대생 금남로 시위. 대중적 정치운동의 확산 11개 여단병력 추가 투입
두 번째 국면	5월 20일 오후~21일	고등학교 휴교령. 20만 명 시위. 공수부대 시위대 향해 발포. 전면적인 민중항쟁·무장항쟁으로 변화. 계엄군 퇴각
세 번째 국면	5월 22일~25일	시민 세력 자치. 수습대책위원회 결성. 시민궐기대회 개최
네 번째 국면	5월 25일~27일	시민항쟁 지도부 구축과 도청 결사항전 결의 광주 시내 전화 두절. 군부의 무력진압

광주민주화운동 전개 과정

외로운 섬

윤상원은 청년과 학생 40~50명과 함께 전남도청 2층 난간에 엎드렸다. 곧이어 사격이 있었다. 옆에 있던 고교생이 총을 맞았다. 윤상원이 다가가서 괜찮으냐고 묻는다. 그리고 그는 자기 자리로 돌아오지 못한다.

들불야학 대표로, 민주화운동 기간 동안 광주 시민의 눈과 귀와 입이었던 《투사회보》의 발행인으로, '민주투쟁위원회'의 대변인으로 투쟁했던 윤상원은 그답게 옆 동료를 챙기다가 그의 짧은 생을 마감했다. 그가 죽고, 광주민주화운동도 끝이 났다.

세계 최강을 자랑하는 한국 공수부대 앞에 변변치 않은 무기와 훈련되지 않고 그나마도 수가 적은 시민군이 버틸 수 있는 시간은 길 수 없었다. 한때의 승리는 무기와 병력의 승리가 아니었다. 광주 시민 총궐기의 승리였다. 하지만 그때는 새벽 4시라 광주 시민들은 잠들어 있었다. 만약 그 시간 광주 시민이 깨어 있었다면 해방 광주의 명은 어땠을까.

외로운 섬, '광주'는 단지 '광주'만이어서는 결코 승리할 수 없었다. 그러나 '광주'는 '광주'를 벗어나지 못했다. 광주는 계엄군에게 완전 포위되어 생필품이 거의 바닥났지만, 공급할 방법이 없었다.

텔레비전과 신문을 통해 세상에 알려진 광주는, 북괴 방송과 남파 간첩

(좌) 들불야학에서 1980년 2월에 낸 《들불》 표지와 윤상원·박기순의 모습(위·아래)
전남대생 박기순이 연 들불 야학에 윤상원도 강사로 나왔다. 이런 인연으로 두 사람은 윤상원이 죽은 지 2년 뒤인 1982년 2월 20일, 망월동 공동묘지에서 영혼결혼식을 올린다. '임을 위한 행진곡'은 두 사람의 영혼결혼식을 위해 만들어졌다.

(우) 광주민주화운동 발생 1주일을 맞아 광주 상황을 보도한 신문 기사
광주 민주화운동을 '폭동', '난동'으로 규정지었다.

(좌) 2017년 5월 17일, 5·18민주묘지에서 열린 제37주년 5·18민주화운동 기념식에서 '임을 위한 행진곡'을 제창하는 문재인 대통령

(우) 문재인 대통령이 광주민주화운동 때 사망한 김재평 씨의 딸을 안아주는 모습
새롭게 치유의 과정이 시작된 셈이다.

의 선동으로 폭도들이 공포스러운 유혈 소요를 벌이느라 혼란이 극에 이른 곳이었다. 무장을 시작하면서 진실을 광주 주변으로 퍼뜨리려 한 노력은 역부족이었다. 광주를 외로운 섬에서 구해줄 사람들이 없는 것은 아니었다. 그러나 그들은 이미 전두환 군부에게 붙잡혔거나, 이를 피해 거리를 헤매고 있었다.

"광주에서 전국으로"라는 슬로건은 그 뒤로 몇 년이 지난 뒤에야 사람들의 가슴속에 자리 잡기 시작했다. 또 이때가 되어서야 진압도 시작하기 전에 시민군의 총탄에 깨진 계엄군의 서치라이트가 군부의 미래를 예견한 것이었음을 깨닫게 된다.

1988년 국회 광주청문회와 특별법 제정

1988년 6공화국 출범 직후 국회는 '광주민주화운동'으로 정식 규정했고, 1988년 6월 27일 본회의에서 5·18 광주민주화운동진상조사특별위원회(약칭 광주특위) 구성을 결의했다. 사건의 철저한 진상 규명, 광주 시민과 국민들의 명예회복, 피해자 배상 및 사후 처리, 민족적 비극의 재발 방지를 위한 제도적 장치 강구, 책임자 처벌 등 5개항이 광주특위의 임무였다. 광주특위는 이에 따라 1989년 11월부터 1990년 12월 31일, 전두환의 증언을 듣는 것을 끝으로 모두 19차에 걸쳐 증인 70명으로부터 증언을 청취했다. 광주특위의 활동을 통해 "5·17은 구체화된 정권찬탈 행위였다"고 검증해내는 등 크게 진상 8개를 밝혀내는 성과를 거뒀다.
그러나 광주특위 청문회는 "기억이 나지 않는다"로 일관된 증언자들의 답변으로 진상을 제대로 규명할 수 없었고, 그 후에도 5·18 진상 규명 및 학살자 구속처벌 투쟁이 계속되었다. 그 성과로 김영삼 정부 때인 1995년에 '5·18특별법'이 제정되고 1997년에는 5월 18일이 국가 기념일로 지정되었다. 그러나 아직까지 발포 명령자는 누구인지 명확하게 밝혀지지 않은 채 논란이 계속되고 있다.

광주, 그 뒤

위컴 사령관의 발언
1980년 8월, 존 위컴은 《LA타임스》와의 회견에서 "국민의 광범위한 지지를 받고 한국의 안보가 유지된다면 이를 한국민의 뜻으로 받아들여 전 장군을 지지할 것"이라며 "한국민은 들쥐와 같은 민족이어서 누가 지도자가 되든 복종할 것이며 한국민에게는 민주주의가 적합치 않다"고 말했다. 또한 그는 8월 27일, 《AP통신》과의 회견에서 "한국의 10월 사태(박정희 전 대통령 암살) 이후 미국의 대한 정책에서 가장 성공한 일 중의 하나는 전두환 정권이 수립된 것이다. 우리 노력은 헛되지 않았으며 우리의 보람도 크다"고 말하여 논란을 일으켰다.

"한국인들은 들쥐와 같아서 그들은 언제나 그들의 지도자가 누구든 무조건 따른다. 한국인에게는 민주주의가 적절한 체제가 아니다."

이런 발언을 한 주한 미군 사령관 위컴은 과거에는 상상치도 못했던 곤욕을 치러야 했다. '들쥐'들이 자신의 발언에 강하게 반발한 것이다.

1982년, 부산 미국문화원에 불길이 솟아올랐다. 이 불길이 주는 충격은 컸다. 그동안 미국을 공격한다는 것은 한국민들에게는 상상조차 할 수 없었던 일이었다. 미국은 한국민에게 생명의 은인, 인권의 수호자였다. 미국을 비판하는 시각은 대학생 사이에 늘 존재했지만, 이 사건처럼 드러내놓고 미국을 일본과 같은 민족의 원수로 선언하기는 처음이었다.

"미국은 더 이상 한국을 속국으로 만들지 말고, 이 땅에서 물러나라!"

그들이 이렇게 주장한 데는 이유가 있었다. 미 국방부 토머스 로스 대변인은 한국군이 광주로 이동한 데에 관련하여 "존 위컴 유엔군 및 한미연합군 사령관은 그의 작전권에 있는 일부 한국군을 사용할 수 있게 해달라는 한국 정부의 요청을 받고 이에 동의했다"고 말했다.

과거 한국민들이었다면 아무 문제도 느끼지 않을 수 있었을 것이다. 그러기에는 비극이 너무 컸다. 비극의 깊이만큼 원인을 탐구하려는 열정도 커졌다. 1980년대를 산 청년·학생에게 모든 사고의 기준점은 광주였다. 광주의 원흉 전두환과 조금이라도 타협하는 사람과 생각은 용납되지 않았다. 전두환과 대립하면 할수록 그것은 진리에 가까운 것으로 받아들여졌다. 물론 전두환 배후로 낙인찍힌 미국도 다를 바 없었다.

서울 미문화원 점거 농성
1982년 문부식·김은숙 등 부산 고신대 학생 주로로 부산 미문화원 방화사건이 발생한 후 3년 뒤인 1985년 5월 23일, 이번에는 서울 지역 5개 대학의 학생 73명이 서울 미문화원을 기습적으로 점거하고 미국 정부를 규탄하며 나흘 간 농성을 벌였다. 이들은 전국학생총연합(전학련) 산하 투쟁조직인 민족통일민주쟁취민중해방투쟁위원회(삼민투위) 소속 학생으로, "광주 학살 책임지고 미국은 공개 사죄하라" 등의 구호가 적힌 대자보를 창문에 붙이고, 주한 미대사 면담을 요구하며 단식 농성을 벌이다가 5월 26일 자진 해산했다.

광주에서 끝까지 총을 들고 싸운 시민군은 그들의 본보기였다. 그들처럼 총을 들고 전두환과 미국을 무찌르는 것이 삶의 꿈이자 이상이었다. 해방 광주의 주역으로 일컬어진 노동자 계급은 대학생들이 진리를 설파해서, 역사의 주인으로 받들어야 할 계급이었다. 대학생들은 학교를 버리고 노동자 속으로 들어갔다. 또한 당연하게도 반미·반전두환 투쟁의 대가로 돌아온 징역살이를 흔쾌하게 받아들였다.

1980년대는 그런 시대였다. 전두환의 무력도 결국 이들을 이겨내지 못했다.

1980년 5월 22일 백악관 상황실 PRC(정책검토회의) 회의록 요약

이 회의록은 국방부 국제안보담당 부차관보 니콜라스 플랫이 메모한 것을 광주 MBC가 2017년 5월 18일 공개한 것으로 참석자는 15명(국무부 4, CIA 2, 백악관 2, 합동참모본부 3, 국방부 3, 백악관 국가안보회의실1)이었다.

에드먼드 머스키 국무장관(이하 머스키) (광주 문제 관련) 우리는 한국의 정치적인 요구와 군사적 필요사항 사이에서 균형을 어떻게 유지할 지에 대한 가이드라인이 필요하다.

데이비드 존스 합참의장 광주 상황이 진정되고 있다는quieting 위컴 장군의 견해에 동의한다. … 우리는 광주의 사망자 숫자에 관한 보고에 우려하고 있다. 위컴과 글라이스틴은 광주에서 사망자 60명과 부상자 400명이 발생했다고 보고해왔다.

해럴드 브라운 국방장관(이하 브라운) 문제는 전두환이 군부 내 자신의 위아래 모두 숙청을 한 상태라는 것이다. 만약 전두환이 실권하면 권력 공백이 생길 것이다. 한국 군부는 적절하게 무력을 사용했다.

홀브루크 아태담당 차관보 사태가 해결되지 않는다면 다시 광주로 군대를 진입시킬 가능성이 매우 높다.

머스키 군대가 광주에 재진입하면 어떻게 될까? 반란rebellion이 여타 지역으로 확산될까?

브라운 알 수 없다. 하지만 군부는 광주를 봉쇄했고, 한국인들은 승자를 따라갈 것이다.

머스키 우리는 군부에게 무력을 사용하라고 조언해야 할까?

브라운 우리는 절제를 발휘하라고 조언했다.

머스키 추가적인 조치들이 필요할 것 같다.

브라운 아니다. 상황이 빠르게 악화될 것 같으면 우리는 (필요한 조치들에 관한) 건의를 받게 될 것이다. … 그들이 광주 문제를 신속하게 해결하면, 우리는 조용하게 가는 것이 좋겠다. 그것이 (1980년 11월에 있을) 대통령 선거의 이슈로 될 수 있는 문제들을 피하는 데 더 효과적일 것이다.

크리스토퍼 국무차관 전두환은 큰 해를 입혔다. (정치)과정을 후퇴시켰다. (하지만) 우리는 질서 회복을 원하고 있고, 그에 따르는 결과들을 받아들이려 한다.

브라운 안보상황이 위험하면 우리는 별 도리가 없다. 만약 전두환이 청와대에 입성하면 우리는 그를 받아들여야 할 것이다. 우리는 잘했다. … 우리가 전두환을 반대하는 행동을 해서는 안 된다. 우리에게 위험하다.

28
6월 민주항쟁

승리와 좌절을 맛보다

5공은 마침내 위기 상황을 맞이했다. 계속되는 공안 통치와 폭압에도 학생, 노동, 재야, 지식인의 민주화운동은 계속되었다. 여기에 김영삼·김대중의 제도 세력이 가세함으로써 전두환 정권에 위기가 도래했다. 박종철 고문치사 사건을 계기로 직선제 개헌과 민주화를 쟁취하기 위한 전국민적 항쟁이 시작되어 6월 항쟁으로 발전함으로써 6·29선언을 얻어냈다. 그러나 직선제가 쟁취되는 순간부터 양김은 분열하고 재야 민주 세력도 그 회오리 속으로 빨려 들어갔다. 결국 야권의 분열로 어부지리로 노태우에게 정권이 돌아가면서 민주화 투쟁은 승리와 좌절을 동시에 경험해야 했다.

● 1984년

5월 18일
민주화추진협의회 결성

11월 14일
대학생, 민정당사 점거 농성

1월 18일
신한민주당 창당

2월 12일
신한민주당. 총선에서 돌풍

5월 3일
인천 민주화운동 시위

7월 6일
부천 성고문 사건

10월 28일
건대 애학투련 사건

12월 24일
이민우, 내각제 개헌 파동

● 1987년

1월 14일
박종철 고문치사 사건

3월 3일
고문추방 민주화 국민평화 대행진

4월 13일
전두환, 호헌조치 발표

5월 18일
정의구현사제단, 박종철 사건 폭로

6월 10일
6월 민주항쟁 시작

6월 29일
민정당, 직선제 수용

12월 12일
노태우, 대통령 당선

균열이 시작되다

민주한국당(약칭 민한당) 후보들은 비록 민한당에 몸담고 있지만, 마음은 신민당에 있었다. "김대중 만세, 김영삼 만세!"가 그 증거였다. 마음과 달리 민한당에 있는 까닭은 유세에서는 차마 말하기 힘든 모종의 지령을 두 사람으로부터 받았기 때문이었다. 그들은 선거에서 당선되면 신민당으로 가겠다고 다짐했다.

김영삼의 단식이 신호탄이었다. 단식 23일 만인 1983년 6월 9일, "누워서 죽기보다는 일어나 싸우다 죽기 위해 단식을 중단한다"는 그의 발언은 빈말이 아니었다. 전두환 군부의 살기에 흩어졌던 야당 세력은 김영삼이 단식을 실행하자 모이기 시작했다. 그해 8월 15일에는 미국에 있던 김대중과 공동성명서를 발표, 전두환 정권에 대항하여 싸울 것을 발표했다.

1984년 5월 18일에는 '민주화추진협의회'(약칭 민추협)를 결성했고, 이것이 신한민주당(약칭 신민당)으로 이어졌다. 김영삼 곁에는 김대중이 있었다. 그는 비록 미국에 있었지만, 김영삼과 기꺼이 손을 잡았다. 그리고 선거를 나흘 앞둔 1985년 2월 8일, 귀국했다. 신민당 바람은 더 걷잡을 수 없게 되었다.

민청련 결성
1983년 9월 30일 1970년대 학번 운동권 인사들은 반독재 민주화운동을 위한 청년 단체로 민주화청년연합을 결성(대표 김근태)했다. 이 단체는 서울에서 최초로 광주영령 추모집회 개최 등의 활동을 하다 1985년 7월 김병곤 상임위원장 구속에 이어 9월 김근태와 최민화 부의장 등 지도부가 구속됐다. 김근태가 고문기술자 이근안으로부터 살인적 고문을 당한 것도 이때였다.

▶ 1985년 3월 18일, 민추협 공동의장 취임 환영식에서 2월에 귀국한 김대중과 김영삼 공동의장이 나란히 앉아 있는 모습

대학생들의 혼신을 다한 투쟁이 없었다면 신민당 바람은 없었다. 그들은 1984년 11월 14일, 무려 264명이 민정당 중앙당사를 점령했다. 1970년대보다 훨씬 더 이론·조직·전투·헌신적이었다. 전두환 정권을 타도하는 일이라면 어떤 희생이라도 치를 각오였고 실제로 그렇게 행동했다.

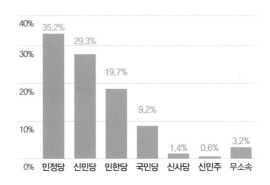

1985년 12대 총선거
정당별 득표율
(투표율 84.6%)

신민당은 창당된 지 20일이 지났을 뿐이었다. 선거 참여는 단지 전두환 정권에게 합법성을 부여할 뿐이므로 선거에 불참해야 한다는 의견이 설득력을 가질 정도였다. 당선 의석은 민정당 87석, 신민당 50석, 민한당 26석, 국민당 15석이었다. 득표율은 민정당 35.2%, 신민당 29.3%였다. 서울만 놓고 보면 민정당 27%, 신민당 42.7%였다.

당선된 민한당 의원들은 유세 때 약속을 지켜 신민당으로 달려갔다. 민한당은 사실상 없어졌다. 신민당은 민한당과 국민당에서 당선자를 영입하여 비례 의석까지 포함하여 총 102석으로, 사상 유례없는 거대 야당이 되었다. 이 당시 민정당은 총 148석이었다. 앞으로 민정당과 신민당의 대결은 피할 수 없는 일이었다.

전두환은 더 강하게 나갈 생각만 했다. 이는 2·12총선거로 생기기 시작한 균열을 더 크게 벌릴 뿐이었다.

동교동계와 상도동계의
경쟁과 협력, 그리고 분열

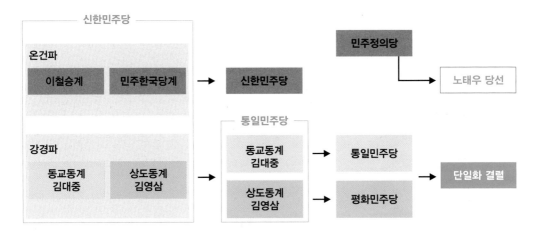

유난히 추웠던 1986년 겨울

1987년 3월 3일, '박종철 군 49재 및 고문추방 민주화 국민평화대행진'에서 어깨를 걸어 스크럼을 짜고 아스팔트 위에 드러누워 하늘을 바라보고 있는 학생들의 눈에는 눈물이 고여 있었다. 이날 비로소 긴 시련의 터널에서 빠져나와 새 생명을 얻은 느낌이었다.

1986년, 대학가는 초강경 노선의 경연장이었다. 반미자주화반파쇼민주화, 반제반파쇼민족민주 등 자신들이 밝힌 근본 문제를 해결할 요점만 반복해서 외쳤다. 그런데 안타깝게도 그 '진리'는 자신들이 역사의 주인이라고 추대했던 민중이 듣기에는 낯설고 과격했다. 국민들은 이들과 멀어져갔고, 그럴수록 그들은 더 옹졸해지고 외곬으로 달려갔다.

이들 귀에는 광주 30만 명을 비롯한 신민당의 개헌을 위한 '현판식 대회'에 모인 국민들 외침보다 자신들을 "단호하게 다스려야 한다"는 신민당 총재 이민우의 발언이 더 뚜렷하게 들렸다. 물론 이는 받아들일 수 없었고, 반드시 바꾸어야 할 사고방식이기는 했다. 그러나 1986년 5월 3일, 인천 집회에서처럼 신민당이 '적'인 듯이 행동한 결과는 준엄했다. 신민당 없는 학생이나, 학생 없는 신민당이나 절름발이이기는 마찬가지였다.

전두환에게는 절호의 찬스였다. 초토화 공세에 모든 것이 얼어붙었다.

1986년 10월 28일, 건국대학교에서 열린 '전국반외세반독재애국학생투쟁연합'(약칭 애학투련) 발족식은 새로운 학생운동의 시작을 선포하려는 축제였다. 그러나 사소한 약점만 잡혀도 싹쓸어버리려고 으르렁대던 전두환 군부정권이 가만있을 리 만무했다. 학생들은 '공산혁명분자'라는 낙인이 찍히고 무려 1,296명이 구속되었다. 이 사건이 이른바 '건대 사태'다.

유난히 추운 겨울이었다. 탄압이 도를 넘었다. 1987년 1월 14일, 서울대학교 박종철 학생이 고문을 받다 죽은 것이다. '탁' 치니 '억' 하고 죽었다는 경찰의 주장은 개도 웃을 판이었다. 지난 1986년에는 여대생 권인숙에게 성고문을 하더니, 이번에는 물고문으로 박종철을 죽였다. 이번에는 결코 용서하지 않으리라! 민중과 굳게 손잡은 학생운동의 새로운 탄생을 보여주리라!

1987년 1월 20일 서울대에서 열린 박종철 추도식

1986년 10월 14일, 국회 본회의장에서 "국시國是는 반공이 아니라 통일"이라고 말한 유성환 의원이 구속되었다. 또 북한이 수공水攻을 벌이려 금강산댐을 만들고 있다고 발표하여 나라가 온통 '북괴를 규탄하는 함성'으로 뒤덮였다. 검찰은 좌경용공 단체 30개, 1만여 명을 수사하기 시작했다고 발표했다.

1986년 11월 5일, 김대중은 "최근 권력이 휘몰아친 한파는 온 국민을 극도의 긴장과 불안 속에 떨게 하고 있다"며 대통령 직선제를 실시하면 대통령에 출마하지 않겠다고 선언한다. 자신에게 치명적이지만 당장 발등에 떨어진 이 위기를 넘어야 했다. 실제 전두환은 11월 7일, 비상조치와 계엄령을 선포하려고 결심하나 주위 만류로 이를 포기했다.

신민당 총재 이민우가 직선제를 포기하고 민정당이 주장하는 내각제를 받을 용의가 있다고 선언했다. 김영삼이 나서서 설득했으나 막무가내였다. 이철승·이택희까지 동조하며 자신들을 제명하려는 당기위원회黨紀委員會에 조직폭력배를 보내 당원들에게 폭력을 휘두르고 당사를 3일 동안이나 점거했다. 김영삼·김대중은 결국 신민당을 포기하고 통일민주당(약칭 민주당)을 만들었다. 1987년 4월 13일, 무교동 민추협 사무실에서 현역 의원 70명을 포함하여 500명이 발기인 대회를 열었다.

이 순간 전두환도 '헌법 절대 사수'를 선언했다. 4·13호헌조치다. 개헌 논의를 일절 중단시키고 1988년 2월, 정부를 이양하겠다는 것이다. 그러나 전두환이 발표한 4·13호헌조치는 독재 정권의 기대와는 반대로, 오히려 국민들의 민주화 요구에 불을 댕기는 역효과를 낳았다. 조치가 발표되면서 전국 각지에서 장기 집권의 음모를 비난하고, 개헌을 요구하는 시위가 잇따랐다. 이 와중에 박종철 사건이 애초에 당국이 발표한 내용과는 달리 고문치사로 인해 사망한 사실이 밝혀졌다.

6월의 광장

6월 10일, 잠실체육관에서 전두환·노태우 두 사람은 손을 꼭 마주잡고 두 팔을 치켜들었다. 당원들은 환호했고 두 사람은 환하게 웃었다. 전두환으로서는 평화적 정권 교체가 눈앞으로 다가왔고 노태우에게는 대통령이 두 손에 잡히기 시작했다. 이제 남은 '체육관 선거'는 단지 겉치레 절차일 뿐이었다. 야당과 국민의 반대가 심했지만 체제만 유지하면 되었다.

그러나 바로 그날 전두환·노태우의 믿음이 깨졌다. 전국 각지에서 동시다발로 그것도 대규모로 시위가 전개되었다. 경찰의 전술이 통하지 않을 정도로 상대가 강했다. 학생들과 맞설 때면 뒤에서 옆에서 시민들이 공격하고 중년 여성들도 방패를 든 전경 앞으로 다가와 항의했다. 경찰에게는 사방이 적이었다. 경찰의 최대 무기 최루탄마저 "최루탄을 쏘지 말라"는 시민들의 함성 속에 무력해졌다.

바로 전날인 6월 9일, 경찰은 최루탄으로 연세대 학생 이한열의 머리를 맞춰 사경에 빠뜨렸다. 그러나 최루탄에 맞아 죽을 수도 있다는 공포가 사람들의 행동을 위축시키기는커녕 쌓였던 증오를 폭발시켰다. 이날 경찰은 죽을 힘을 다해 버티는 수밖에 없었다.

명동성당이 투쟁 본부가 되었다. 6월 10일, 명동성당으로 몰려간 시위대 600여 명은 그곳에서 집행부를 꾸렸다. 역사 이래 처음으로 '넥타이 부대'가 거리를 메웠다. 15일에 명동성당 농성은 막을 내렸지만, 거리로 나

최루탄에 맞아 7월 5일에 숨을 거둔 이한열 학생의 영결식
7월 9일 연세대에서 열린 영결식에서 최루탄을 맞았을 당시 상황을 그린 걸개그림 앞을 지나는 운구 행렬(좌)과 정문 앞에서 열린 추모제 모습(우)

오는 사람은 오히려 늘어났다.

　18일, 부산은 '해방'되었다. 부산 서면에서 부산역까지 거리는 온통 "호헌철폐", "독재타도"라는 구호와 함성으로 가득 찼다. 시위대 맨 앞 대열에 있던 사람들만 경찰이 보유한 무기 가운데 가장 긴 유효사거리를 자랑했던 일명 '지랄탄'에 고통받았다. 6월 18일에 이르러서는 전국이 모두 '부산'이었다. 부산시 치안 당국은 손을 들었다.

　"경찰력이 한계에 다다랐다."

　국민의 요구를 들어줄 것인가, 다시 한번 군을 동원할 것인가 양자택일의 문제였다. 6월 19일 오전 10시 30분, 전두환은 청와대 대통령 집무실 옆 회의실에서 군 고위회의를 열었다. "계엄령이 아니라 계엄령 플러스 알파를 추가하는 비상조치"를 전제로 한 군대 파견 계획을 세밀하게 점검하는 자리였다. 전두환은 전국을 1980년 5월의 광주처럼 피바다로 만들고자 결심했다.

　같은 날 오후 2시, 릴리 주한 미 대사가 전두환을 만나 "군이 출동하는 비상사태가 오지 않기를 희망한다. 군 출동을 검토하기 전에 민심 수습을 위해 정치적 제스처를 보여주는 게 좋겠다"라고 말했다.

　전두환의 헌법 고수 선언을 인정할 수밖에 없다던 미국이 돌연히 변했다. 이날 오후 4시 30분, 군 출동은 취소되었다.

　그러나 김영삼을 만난 전두환은 아직도 국민의 뜻을 받아들이지 않았다. 다시 한번 국민의 힘을 보여주어야 했다. 6월 26일, 더 많은 사람이 더 강한 요구를 들고 거리로 나왔다. '호헌철폐'의 함성과 '독재타도'의 함성에 압도당했다. 이미 경찰도 힘을 잃은 상태였다.

1987년 10월, 고려대에서 열린 '거국중립내각쟁취 실천대회'에 참석하여 서로 다른 방향을 보고 있는 김대중과 김영삼

노동자 대투쟁과 통일운동의 비약

**1991년 6월 30일 박창수
노조위원장의 영결식**
부산 한진중공업 박창수 노
조위원장은 1991년 5월 6
일 안양병원 뒷마당에서 주
검으로 발견됐다. 검찰은 투
신자살했다고 발표했으나
노조는 의문사로 규정하고
진상규명을 요구했다.

노태우 정권의 등장으로 민주화운동은 절반의 성공밖에 거두지 못했다. 5공 청산을 거부하는 노태우 정권과 민주 세력 사이에 힘겨루기가 계속되었고, 이런 중에도 민족민주운동은 전진을 계속했다. 무엇보다 노동자들의 진출이 가장 활발했다.

전국이 6월의 함성으로 달아올랐을 때 울산은 조용했다. 울산에 첫 깃발이 오른 것은 1987년 7월 5일이었다. 이미 6월 민주항쟁의 거대한 함성은 6·29선언으로 그 방향을 잃고 비틀거리고 있었다.

현대엔진 노동자 101명이 울산 시내에 모여 민주노동조합을 결성했다. 다음날 아침 시청 사회과에 노조설립신고서를 제출했다. 그리고 점심시간에 노조설립보고대회가 예정되어 있었다. 여기서 모든 것이 결정된다. 1,500명 노동자의 압도적인 지지가 없으면 안 된다. 1,000명이 넘었다. 아! 승리다. 노동조합 1개의 설립이었지만, 이것은 한국노동자의 운명을 송두리째 바꾸는 신호탄이 되었다.

울산 노동자들이 먼저 현대엔진의 뒤를 이었다. 그리고 창원도, 마산도, 인천도, 구로도 삽시간에 울산이 되었다. 1987년 7~9월, 3개월 동안 1,060개의 노조가 새로이 세워졌다. 1987년 6월의 전체노조가 2,449개였으니, 무려 40%가 늘어난 것이다. 노동쟁의는 3458건이나 일어났다. 1975년부터 1986년까지 12년 동안 일어났던 쟁의건수 1,979건보다 1.7배 많은 수이다.

전태일이 죽은 뒤 17년이 흘렀지만, 전태일은 계속 자신의 분신을 낳고 있었다. 비약할 때가 필요했다. 노조설립서 한 장에 자신의 모든 운명을 걸어야 하는 위험은 여전했다. 하지만 민주주의의 열정이 온 사회에 가득한 순간, 전태일은 수만 명으로 부활하기로 예정된 것이었다.

1987년 이후 2,000명이 넘게 구속되었고, 5,000명이 넘게 해고되었다. 그러나 한번 발을 뗀 노동자의 전진은 무엇으로도 막을 수 없었다. 노조는 다음해에도 비약적으로 늘어났다. 공장뿐 아니라 방송국과 교단·병원에도 노조가 만들어졌다. 1990년의 전국노동조합협의회(전노협)에 이어

1995년 11월, 전국민주노동조합총연맹(민주노총)이 건설된다.
1987년 개별 공장의 울타리에 갇혀 임금인상을 요구하던 노동
자들이 통일조국을 선언하고 전국노동자. 나아가 세계노동자의
총단결을 선언하기에 이르렀다.

1994년 1월 22일,
겨레장으로 치러진
문익환 목사 장례식

1989년 문익환 목사와 임수경 학생의 방북 사건을 계기로 통
일운동도 활발하게 전개되었다. 1989년 3월 25일. 문익환 목사
는 평양에 나타났다. 재야운동의 대부이자 시인이었던 그의 방
북은 "국군의 피로 뒤범벅이 되었던 북녘 땅 한 삽 / 공산군의
살이 썩은 남녘 땅 한 삽씩 떠서 합장을 지내는 꿈"을 이루기 위
한 첫 걸음이었다. 평양에서 김일성 주석과 두 차례 만나고, 공
동성명 9개 항을 발표했다(4·2 공동성명).

그리고 6월 30일, 평양에서 들려오는 한 여학생의 목소리가 전국에 울
려퍼졌다.

"북녘 형제들과 만나 굉장히 기쁘고 감격스럽습니다."

전국대학생협의회(전대협) 대표로 평양에 간 임수경이었다. 기자회견을
하면서 울음을 참지 못했던 그녀만큼이나 평양 시민도 흥분했다. 질서가
몸에 배인 평양 시민이었지만, 그날은 환영행렬을 무너뜨렸다. 그들로서
는 처음 겪는 무질서였다. '두 개의 한국정책' 반대, 대화창구 일원화 배격
등 8개 항으로 된 남북청년학생공동선언문이 발표되었다.

북한을 '적'이 아니라, '민족공동체의 일원'이라고 선언한 노태우의 7·7
선언은 극히 일부에게만 그 혜택이 돌아가고 있었다. 정부가 허가하면 '민
족공동체의 일원'과 접촉하는 것이었지만, 그렇지 않으면 그것은 여전히
'적'과 접촉하여 '국가안보'를 위협하는 행위였다. 문익환도, 임수경도 징
역을 피할 길이 없었다.

한편 소련 사회주의의 붕괴와 북한의 위기 상황에서 시작된 진보운동
내부의 동요는 반북운동으로 표출되기도 했다. 이는 혁명의 시대가 가고
점진적 개혁 추구의 시대가 도래했음을 알리는 징표이기도 했다.

4·2공동성명
북한과 문익환 목사가 합의
한 4·2공동성명은 3항에서
정치군사회담과 동시에 "이
산가족 문제와 다방면에 걸
친 교류와 접촉을 실현하도
록 적극 노력한다"는 점과 4
항에서 "연방제방식으로 통
일하는 것이 우리 민족이 선
택해야 할 필연적이고 합리
적인 통일방도가 되며 그 구
체적인 실현방도로서는 한
꺼번에 할 수도 있고 점차적
으로 할 수도 있다는 점"을
명기해 2000년 6·15공동선
언의 초석을 놓았다.

어부지리

6·29선언을 발표하는 노태우의 각오는 남달랐다. 노태우에게 대통령 직선제는 형극의 길이었다. 노태우는 전두환을 제치고 난국 수습의 영웅으로 떠올라 김영삼·김대중과 어깨를 겨루게 되었다. 6·29선언에는 김대중의 사면·복권이 있었는데 이것은 고난을 복으로 바꾸는 숨은 한 수였다.

9월 9일, 김대중은 광주를 찾았다. 그러나 그는 초연한 모습을 보이지 못했다. 50만 광주 시민은 7년 만에 돌아온 김대중을 눈물로 맞았다. 김대중은 10월 29일, 자신의 입으로 말했던 '80년과 같은 우매한 짓'을 되풀이했다. 김영삼과 결별하고 "지방 순회 때 확인된 국민 여망을 보고도 후보를 양보한다는 것은 국민의 여망을 저버리는 것이다"라며 대통령 후보 출마를 선언한 것이다.

"두 사람의 단합을 염원하는 국민의 뜻을 우리는 결코 어기지 않을 것"이라고 말한 김영삼의 단합은 스스로 대통령 후보가 되는 것을 전제로 하는 단결이었다. 김영삼도 대통령 후보 자리를 넘겨줄 마음은 눈꼽만큼도 없었다. 김대중의 광주 집회에 김영삼은 100만 부산 집회로 답했다.

김영삼과 김대중이 갈라서고 김종필이 가세하자, 선거는 민주와 독재 싸움에서 고향 싸움으로 변질되었다. 김대중은 부산·마산·대구 등지에서, 김영삼은 광주에서, 노태우는 군산·전주·광주에서 봉변을 당했다. 김대중의 연설에 손뼉을 치던 부산과 마산 시민 입에서 "김대중을 찍느니 노태우를 찍겠다"는 소리가 거침없이 쏟아져 나왔다.

김대중의 압도적 우세를 바탕으로 김대중으로 단일화하겠다는 주장도, 두 사람의 단합을 호소하는 소리도, 민중의 힘으로 이들을 단합시키겠다는 주장도 다 공허했다. 6월 광장에서 대학생과 재야, 노동운동의 청년들은 주인공이었지만 고향 싸움 앞에서는 무기력하기만 했다.

투표한 결과 득표율은 각각 노태우 36.6%, 김영삼 28.1%, 김대중 27.0%, 김종필 8.1%였다. 구로구청에서 부정 선거의 물증

6·29선언을 발표하는 노태우

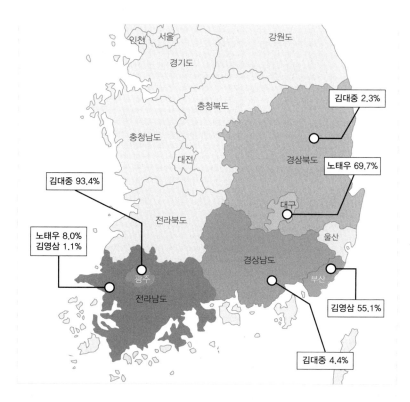

을 잡은 사람들이 다급히 목소리를 냈지만 국민들 관심을 끌지 못했다.
국민은 패인이 김대중과 김영삼의 분열에 있다는 것도, 노태우의 부정 선
거도, KAL기 폭파 사건으로 몰아친 반공 바람도, 6월의 단합된 힘이면 다
이겨낼 수 있었다는 것도 이미 알고 있었다.

김학규 민주열사박종철기념사업회 사무국장의 회고

"종철이와는 서울대 84학번 동기다. 종철이는 전공이 종교학이고, 나는 국사학과였다. 같은 인문대학 소속이
라 운동조직 안에서 서로 연관된 일을 맡았다. 종철이는 '타이핑 팀' 팀장이었다. 종철이를 마지막으로 만났
던 1986년 10월 하순은 어제 일처럼 생생하다. 안경 너머로 보이는, 빨려 들어갈 것 같은 맑은 눈빛이 30년
이 지난 지금도 눈에 선하다.

(2017년) 촛불항쟁에 참여하면서 느낀 감정은 아쉬움이다. 30년 전 우리가 더 잘해 군사정권을 완전히 몰아
냈다면 아마 이명박과 박근혜 정부가 탄생하지 않았을 것이고, 지금 이런 비용을 치르지 않고도 민주주의를
발전시키지 않았을까?"

29
문민정부

좌충우돌로 무너지다

노태우의 6공은 여소야대 정국에서 5공 청산 요구에 밀려 정치적 위기를 맞이했으나, 김영삼·김종필과 손잡고 3당합당을 성사시켜 이를 벗어났다. 하지만 민주자유당은 '한 지붕 세 가족'이라고 불릴 정도로 서로 다른 동상이몽 속에서 계파 갈등에 휩싸였다. 마침내 내부 권력투쟁에서 승리한 김영삼이 그 여세를 몰아 대권을 차지함으로써 30년 만에 문민정부가 탄생했다. 김영삼의 문민정부에 대해서는 출발부터 '기대반 걱정반'이었다. 처음 문민정부는 개혁 드라이버를 선보이며 국민에게 인기를 얻었다. 그러나 점차 그 한계를 노출했으며 마지막에는 외환위기까지 초래함으로써 최악의 상황으로 전락했다.

14대 김영삼 대통령 취임식

김영삼의 고뇌

김영삼은 계속 망설였다. 평소에는 한 번 결심하면 그대로 실천했지만, 이 문제만큼은 그렇게 쉽지 않았다.

이제까지와 같은 상황이 계속된다면, 그의 평생 꿈인 대통령은 물거품이 될 판이었다. 그는 지난 대통령 선거에서는 2등을 했고, 국회의원 총선거에서는 3등을 했다. 판을 바꾸지 않으면 이 신세에서 벗어날 수 없었다. 어떻게 판을 바꿀 것인가?

김대중의 평화민주당과 합당하면 민주 대연합이라는 명분에도 맞고, 만약 둘이 힘을 합쳐 대통령 선거에 나서면 승리할 가능성도 높다.

그러나 누가 대통령 후보를 양보할 것인가? 1980년 1987년에 이미 보았듯이 성사될 일이 아니었다. 김종필의 신민주공화당(약칭 공화당)과 합당해서는 대통령 선거에서 승리할 수 없는 일이다.

남은 방법은 하나밖에 없었다. 민정당과 공화당, 그리고 민주당의 합당이었다. 평소 정통 야당이라고 큰소리치고 다녔던 자신에게 '야합'이라는 비난이 쏟아질 것이 뻔했다. 하지만 그것은 무섭지 않았다. 직계 국회의원이나 지지자들을 충분히 설득할 자신은 있었다.

과연 대권을 잡을 수 있을까? 이것이 문제였다. 민정당 소속 의원이 125명인데 민주당 소속 의원은 59명에 불과했다. 게다가 합당 과정에서 몇 명 정도 이탈은 불가피할 것이다. 골리앗과 다윗의 싸움이었다. "호랑

(좌) 3당합당 발표
1990년 1월 22일 김영삼, 김종필 대표를 배석시킨 자리에서 노태우 대표가 3당 합당을 전격 발표하고 있다. 이로서 민정당 125석, 통일민주당 59석, 신민주공화당 35석이 합쳐진 공룡 여당이 탄생한다.

(우) 3당합당은
'야합'이라며 이의를 제기하는 노무현 의원

이한테 잡아먹히지 않을 자신만 있으면 호랑이굴로 들어가야 호랑이를 잡는다"는 황병태의 말이 맞기는 하다. 하지만 과연 호랑이한테 잡아먹히지 않을 수 있을까? 더 이상 망설여서는 안 된다.

　1990년 1월 22일, 노태우·김영삼·김종필 3인은 텔레비전 카메라 앞에서 손에 손을 마주잡고 민주자유당(약칭 민자당)의 출범을 세상에 알렸다.

　1992년 5월 19일, 김영삼은 드디어 민자당 대통령 후보에 선출된다. "호랑이굴에 들어가 호랑이에게 잡혀 먹힐 것"이라고 김영삼을 조롱했던 사람들의 입에서 탄성이 흘러나오는 순간이었다.

(좌) 1987년 대선을 앞두고 김영삼의 민주화 여정을 사진으로 정리한 통일 민주당 기관지 《민주선언》

(우) 1990년 11월 10일에 열린 민중당 창당대회

민중당 창당

　1980년대 후반 재야 운동권에서는 기존의 장외투쟁과 병행하여 제도정치권 내부에서 기층민중의 이익을 대변할 수 있는 혁신정당을 건설하자는 논의가 시작하였다. 1989년 11월 20일 이우재·장기표 등은 '민중의 당'과 '한겨레민주당'을 이끌어온 인사들을 주축으로 '진보적 대중정당 건설을 위한 준비모임'을 결성한다. 이들은 1990년 4월 '민주연합추진위원회'에 참가하였으나 선先 야권통합을 주장하는 이부영 등과 의견대립을 보이다가 결국 11월 10일 독자적으로 민중당을 창당한다.

민중당은 상임대표위원 이우재, 정책위원장 장기표, 사무총장 이재오, 교수위원장 오세철 등의 중앙지도부와 51개 지구당으로 구성되었다. 1992년 제14대 국회의원 선거에서 노태우 정권의 실정失政을 비판하고, 노동자와 농민 등 기층민중의 이익을 대변할 것을 약속하며 활발한 선거운동을 벌였으나, 1명의 당선자도 내지 못하여 정당법에 따라 정당 등록이 취소되었다.

3당합당 정신

1990년 3월 3일, 노태우·김영삼·김종필은 마침내 3당합당 정신을 구체적으로 보여주었다. 국가보안법·안기부법 등 5공악법은 그대로 유지하고 지방자치제와 노태우의 공약 금융실명제는 실시하지 않겠다고 선언했다. 여소야대 시절 해놓은 합의를 모두 단번에 뒤집어버린 것이다.

국회의원 3분의 2를 넘게 차지하여 거만해진 민자당은 야당을 없는 듯이 취급하며 무엇이든 다수의 힘으로 밀어붙이려 했다. 김대중은 예정되었던 지방자치제 실시를 위해 20일 동안 단식투쟁을 감행했다.

가장 심하게 된서리를 맞은 사람들은 노동자·농민·학생·재야 운동가들이었다. 시위를 진압하기 위해 헬기가 동원되고 교사가 교단에서, 기자가 방송국에서 쫓겨났다. 1990년 한 해만도 양심수가 1,295명이나 배출되었다. 전두환 정권에서 이한열을 죽였듯이 노태우 정권에서는 쇠파이프로 강경대를 때려 죽였다.

1991년 4월, 시위 도중 경찰의 강경 진압으로 숨진 명지대생 강경대의 유해를 실은 영구차 행렬 서울 신촌 세브란스병원을 출발하여 명지대로 향하고 있는 모습이다.

이런 와중에도 김영삼은 입을 꽉 다물었다. 그의 측근들은 시위를 과잉 진압한다고 작은 목소리로나마 비난했다. 그러나 정적 노재봉이 제거되자 그마저도 다시는 들리지 않았다.

대통령 선거에서도 마찬가지였다. '고향 따지기'가 최고 무기였다. 3당합당은 경상도와 충청도가 힘을 합쳐 전라도를 고립시킨 '반호남 연합'이었다. 이 구도에서는 고향만 열심히 떠들면 김대중이라도 손을 쓸 재간이 없었다. 여기서 '김대중은 빨갱이'로 몰아가는 반공 소동은 김영삼 지지자에게 단지 고향 사람을 찍는 게 아니라는 확실한 명분을 주었다. 표를 갉아먹는 정주영은 관권과 돈의 힘으로 눌렀다.

김영삼은 3당합당 뒤 과거 '민주 투사'다운 '개혁' 이미지를 단 한 번도 보여주지 못했다. 민자당·군·재벌·관료들이 모두 '개혁'에 절대 반대하는 세력이었다. 과연 대통령이 된다면 김영삼은 민주 투사 모습으로 부활할 수 있을 것인가?

1991년 6월 12일, 성균관대 김귀정 학생 추모식 모습
김귀정은 5월 25일에 열린 '폭력살인 민생파탄 노태우 정권 퇴진을 위한 3차 국민대회'에 참가했다 사망했다.

"정의가 강물처럼 흐르는 사회"를 만들겠다고 그가 취임사를 낭독할 때까지도 희망은 보이지 않았다.

강경대 사건

1991년 4월 26일, 명지대 강경대 학생이 시위 도중 백골단의 쇠파이프에 맞아 사망하는 사건이 일어났다. 뒤이어 전남대생 박승희, 안동대생 김영균, 경원대생 천세용, 전민련 사회부장 김기설, 노동자 윤용하·이정순·정상순, 보성고생 김철수 등 11명이 분신·투신자살하였다. 민중운동진영은 조직역량을 총동원해 강경대 폭력살인과 노태우정권 퇴진 시위를 벌였다. 노태우 정권 이래 최대 규모 시위였다. 그러나 정권의 반격도 거셌다. 5월 8일 검찰은 "전민련 사회부장 김기설이 남긴 유서는 총무부장 강기훈이 대필한 것"이라며 강기훈을 구속했다. 시인 김지하는 "더러운 죽음의 굿판을 걷어치우라"고 했다. 서강대 총장 박홍은 "죽음을 부추기는 배후 세력이 있다"고 연일 말했다. 처음에 연대했던 김대중은 재야가 정권 타도를 주장하는 것은 과격하다며 발을 뺐다. 게다가 외대 학생들이 국무총리 정원식 얼굴에 밀가루를 끼얹는 사건이 발생하여 국민에게 질타를 받았다. 이 투쟁 뒤 바로 실시된 지방의회 선거에서 야당은 참패한다.

초원복국집 사건

"만약에 전라도 사람에게 진다면 경상도 사람들은 모두 영도다리 아래에 빠져 죽자."
1992년 대통령 선거를 앞두고 부산 초원복국집에서 전 법무부장관 김기춘, 부산시장 김영환, 지방경찰청장 박일용, 안기부 부산지부장 이규삼, 보안사령부 지부장 김대균, 부산지방검찰청 검사장 정경식, 부산 교육감 우명수, 부산상공회의소장 박남수 등 기관장들이 모여서 나눈 이야기다. 이 이야기가 공개되자 김영삼 진영의 지역감정을 이용한 선거는 언론에서 강한 질타를 받았다. 하지만 상황은 오히려 경상도 민심을 자극하여, 경상도의 단결을 촉진하는 결정적인 계기가 되었다. 이 자리에 있던 사람들은 김영삼 정권에서 영전한다.

개혁, 그 신선함

김영삼 대통령은 숨 쉴 새 없이 몰아붙였다. 대통령 취임식을 한 지 이틀이 지났을 때, 그는 스스로 자신의 "재산을 공개하겠다"고 선언했다.

김영삼 대통령이 재산공개를 한 뒤에 황인성 국무총리, 이회창 감사원장, 민자당 김종필 대표를 이어 국회의원, 장관에 차관까지 재산을 공개해야 할 처지에 이르렀다. '공직윤리법'이 생기면서 1급 이상 공직자는 모두 재산을 공개해야 했다. 아무리 감추려 해도 한계가 있었다. 공직자들이 줄줄이 옷을 벗었다. 국회의장이나 장관이라고 예외일 수 없었다.

김영삼은 여기서 그치지 않고 "일체의 정치자금을 받지 않겠다"고 선언했다. 이는 과거에 더러운 돈을 주고받은 사람들을 손보겠다는 뜻이기도 했다. 박철언 의원과 엄삼탁 병무청장, 이건개 서울지검장이 슬롯머신 사건으로, 김종인 전 대통령경제수석비서관이 동화은행 비자금 사건으로 구속되었다.

그리고 '하나회'에도 철퇴가 내려졌다. 하나회는 1963년에 전두환·노태우·정호용 등 대한민국 육군사관학교 11기생들의 주도로 비밀리에 결성된 조직이었다. 1958년, 전두환·노태우·권영길·정호용·권익현·최성택·백운택 등 7명이 모여 만든 칠성회에 1962년, 유학성·차규헌·황영시 등 비

(좌) 1992년 14대 대통령 선거공보물을 보는 시민들

(우) 1993년 2월 대통령 취임식에서 선서하는 김영삼

정규 출신 선배를 받아들이면서 '하나회'로 확대 개편되었다. 1973년, 윤필용 사건으로 하나회는 공식적으로는 해체되었으나 하나회의 힘은 여전했다. 12·12쿠데타를 주도하여 5·6공을 통하여 요직을 차지하며 막강한 힘을 발휘하나 김영삼 정권이 들어서고 강제 해산된다.

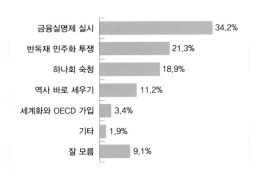

김영삼 전 대통령 공적
(자료 : 2015년 11월 26일 전국 19세 이상 성인 500명을 대상으로 한 리얼미터 여론조사)

1993년 8월 12일에는 드디어 "개혁 중의 개혁"이라며 "정치와 경제의 검은 유착을 근본적으로 단절한다"는 금융실명제 실시가 기습적으로 선언되었다.

김영삼의 인기는 하늘 높은 줄 모르고 치솟았다. 광주에서도 그의 지지율이 90%에 이르렀다. 김영삼은 스타였다. 어떤 스포츠 스타도 연예인도 그의 인기를 따라가지 못했다. 오랜 재야 생활을 정리하고 김영삼 품으로 들어가는 사람도 나왔다. 김영삼의 개혁을 뒷받침해야 한다는 것이 명분이었다.

나라에는 오직 김영삼만이 진리였다. 김재순·박철언 등 대구·경북 세력이 쫓겨나 징역을 살기도 했다. 그들은 '토사구팽兎死狗烹', '정치 보복'이라며 항변했다.

그러나 당시 이 말들은 '개혁'의 우뢰 소리에 가려 잘 들리지 않았다.

김영삼 인기의 부침

강준만 교수는 자신의 저서 《김영삼 이데올로기》에서 김영삼의 인기가 어느 정도였는지를 다음과 같이 말한다.

"1993년 4월 중에 MBC가 실시한 대중 인기 스타 여론조사에서, 김영삼은 탤런트 최진실과 농구 스타 허재를 제치고 10대 청소년들이 가장 좋아하는 '우상'으로까지 선정되었다."

그런데 5년 뒤 상황은 완전히 역전된다. 1998년,《동아일보》는 PC통신 유니텔의 설문 조사 결과를 발표했다. 여기서 김영삼은 24.6%를 받아 역사상 가장 지탄받아야 할 인물 1위에 올랐다. 2위는 20.1%를 얻은 전두환이 차지했다. 이는 IMF 환란 직후라는 상황을 감안해야겠지만, 김영삼의 인기가 추락한 정도가 어느 정도인지를 보여주는 지표로는 손색이 없다.

급전직하

김대중은 노태우에게서 20억 원을 받았다고 자백하여 온갖 공격과 질타를 받았다. 그렇다면 이제는 김영삼이 입을 열 차례였다.

그러나 김영삼은 돈을 받은 일에 대해서 한 마디도 언급하지 않고 딱 잡아떼었다. 노태우는 아무런 말도 않고 감옥으로 갔다. 김영삼은 과거 '어두운 돈'으로 인한 위기에서 가까스로 벗어났다. 과거는 여전히 의심스러웠지만, 현재의 깨끗함에 대한 믿음이 이를 덮어주었다. 그러나 그에 대한 믿음이 아들 김현철의 깨끗함까지 보장하지는 못했다.

청와대 총무비서관 홍인길이 "나는 깃털이다"라고 떠드는 바람에 위기가 생겼으나 검찰조서에서 무혐의 처리로 끝나는 듯했다. 그런데 복병이 나타났다. 김현철과 가까웠던 의사 박경식이다. 박경식이 공개한 비디오 테이프에서 김현철이 YTN과 고속도로 휴게소 입찰에 개입한 흔적이 드러났다.

김현철이 버틸수록 김영삼의 위기는 깊어갈 뿐이었다. 검찰은 김현철이 대통령 선거 전에 한보 정태수 회장에게서 150억 원을 받았다는 사실을 밝혀냈다. 김영삼은 임기 중에 자식을 감옥에 보내는 치욕을 당해야 했다. 김영삼의 '깨끗한 정치'도 개망신을 당했다. 이미 '개혁'은 실종된

(좌)1994년 10월 21일, 상판이 붕괴된 성수대교

(우) 1995년 6월 29일, 부실 공사 등의 원인으로 갑자기 붕괴된 삼풍백화점 두 붕괴사고는 김영삼 정부의 붕괴를 상징적으로 보여주는 사건이었다.

지 오래였지만, 이것으로 '개혁'은 아예 흔적도 남지 않게 되었다.

김현철은 김영삼 정권의 황태자였다. 아무런 직책을 가진 적은 없었지만, 대통령 아들이라는 이유 하나로 국가 대사를 자기 멋대로 주물렀다. 안기부장 권영해, 1차장 오정소, 운영차장 김기섭 등 안기부 핵심인물이 모두 김현철의 사람이었다.

하나회가 물러간 자리에는 PK(부산·경남) 군홧발이 점령했다. TK(대구·경북)를 몰아낸 자리에는 PK가 들어섰다. '개혁'의 깃발을 든 사정의 칼날이 겨눈 것은 영락없이 김영삼의 '정적'이었다. 같은 사건에 연루된 사람들이라도 그의 정적은 칼을 맞았고, 친분이 있는 사람은 구제되었다. 금융실명제마저 '정적'을 제거하는 수단이 되어갔다.

전혀 일관성이 없어 보이는 그의 정책에도 권력욕은 한결같이 번득였다. 3당합당에서 그의 진보성은 끝장났다. 그 뒤로 남은 것은 오직 '권력욕'과 '명예욕'뿐이었다. 6개월 동안 교수 수십 명이 동원되어 짰던 '개혁' 프로그램은 휴지 조각이 되었다. 김영삼은 개인 인기에만 연연했지, 개혁 지지 세력을 결집시킬 노력은 하지 않았다. '개혁'은 단지 '권력'과 '명예'를 위한 수단이었을 뿐이었다.

그렇게 상황이 변하자, 역사의 단죄를 받아 마땅한 전두환도 김영삼 앞에서는 고개를 뻣뻣이 치켜들고 큰소리를 쳤다.

"만약 제가 국가의 헌정 질서를 문란케 한 범죄자라면 이러한 내란 세력과 야합해온 김영삼 대통령 자신도 이에 대한 응분의 책임을 저야 하는 것이 순리다."

상황이 이렇다 보니 김영삼의 '역사 바로 세우기'도 대구·경북사람들에게는 정치 보복일 뿐이었다. 전두환은 징역을 피하지는 못했지만, 대구·경북에서 정치 보복으로 '고난받는 영웅'으로 부활하는 횡재를 했다.

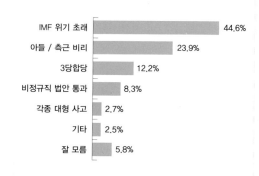

IMF 위기 초래	44.6%
아들 / 측근 비리	23.9%
3당합당	12.2%
비정규직 법안 통과	8.3%
각종 대형 사고	2.7%
기타	2.5%
잘 모름	5.8%

김영삼 전 대통령 과오
(자료 : 2015년 11월 26일 전국 19세 이상 성인 500명을 대상으로 한 리얼미터 여론조사)

역대 정부
'국정 혼란·비리 사건'

김영삼 정부
- 외환위기 사태
- '소통령' 김현철 비리
- 한보그룹 비리

김대중 정부
- 세 아들 '김용호·최규선 게이트' 연루 구속

노무현 정부
- 탄핵
- 노건평 인사 개입 비리

이명박 정부
- 광우병 파동
- 이상득 저축은행 비리

박근혜 정부
- 세월호 사고
- 최순실 국정 농단

30
IMF 경제 위기

최대의 환란換亂을 당하다

1960년대 이후 한국 경제는 높은 성장률을 기록했다. '한강의 기적'으로 불리며 세계의 이목을 끌었다. 그러나 문민정부 말년에 한국 경제는 심각한 위기를 맞아 IMF 구제금융을 신청해야 하는 상황이 되었다. 이는 정부 주도의 개발경제 시대 재벌 중심의 대마불사 신화에서 벗어나지 못한 무분별한 차입 경제에서 비롯되었다. 사회주의가 몰락하자 미국 금융자본이 주도하게 된 세계 경제는 국경을 허물어버린 자본의 자유로운 이동에 따른 환투기의 위험성이 증가했다. 한국의 IMF위기는 투기 자본의 공격으로 시작된 동남아의 외환위기가 아시아 전역으로 확산되는 과정에서 한국 경제 주체들이 적절히 대응하지 못함으로써 벌어진 6·25 이래 최대의 국난이었다.

15대 김대중 대통령 취임식

즉시, 한국을 탈출하라

IMF 구제금융과 미국

IMF의 휴버트 나이스 국장은 연일 언론의 조명을 받았지만, 막후 실권자는 데이비드 립튼 미국 재무차관이었다. 1997년 11월 27일, 미국은 백악관 회의에서 "안보 상황을 고려할 때 한국의 외환위기를 조기에 수습해야 한다"는 결론을 내렸다. 다음 날 클린턴 미국대통령은 직접 김영삼 대통령에게 전화를 걸어 "국가부도 사태를 벗어나기 위해서는 IMF 협상을 빨리 마무리 지어야 한다"고 충고했다. 이런 사정들로 해서 아시아 외환위기의 배후에 미국이 있다는 음모론이 돌기도 했다.

1997년, 대마불사大馬不死. 대기업은 절대 무너지지 않는다는 신화가 끝났다. 1월에 재계 14위 한보가 무너졌다. 3월에는 재계 26위 삼미가, 5월에는 한신공영이 각각 법정관리를 신청했다. 진로도 급하게 부도유예협약을 만들지 않으면 부도위기를 피할 수 없는 상황이 되었다. 재계 순위 34위 대농도 마찬가지였다.

그리고 7월, 끝내 대형 폭탄이 터졌다. 재계 순위 8위 기아가 부도를 맞은 것이다. 10월에는 쌍방울·바로크가구·태일정밀 등 탄탄하다고 알려진 기업들이 쓰러졌다. 11월에는 해태가 화의를 신청했으며, 뉴코아그룹·한라그룹·청구가 부도를 냈다.

10월 28일, 미국의 투자은행 모건스탠리는 보고서를 한 통 띄웠다.

"긴급: 아시아 물物을 즉각 팔아치워라."

이날 종합주가지수는 35포인트나 빠져 500선이 붕괴되었다. 30일, 외국인 투자자들이 주식을 1,349억 원어치나 팔아버렸다. 하루 최대 규모의 순매도였다. 정부가 외자유치 대책을 발표한 다음날 일어난 일이었다.

11월 5일, 홍콩페레그린 증권이 낸 한국 보고서는 이렇게 끝맺고 있다.

"Get out of Korea, now!(즉시, 한국을 탈출하라!)"

그러나 바로 이 순간에도 경제부총리 강경식은 태연했다.

"한국 경제의 펀더멘털fundamental이 좋아 위기가 아니다."

(좌) 두 배로 치솟은 환율

(우) 1997년 외환위기와 2016년 경제 상황 비교

1997년		2016년
519% (30대 그룹평균)	기업 부채 비율	115.4% (2016년 상반기 상장기업 평균)
211조 1,666억 원	가계 부채	1,278조 원(9월)
기업	위기 진원지	가계, 기업, 세계시장
단기적, 급성적	위기 진행 속도	중장기적, 만성적

국제통화기금(IMF) 행

1997년 11월 21일 밤 10시, 사흘 전 강경식의 후임으로 경제부총리에 임명된 임창열은 '6·25 이후 최대의 국난'을 선언하는 악역을 맡았다.

"IMF에 구제금융을 신청하겠다."

하지만 이것은 기회이기도 했다. 모든 스포트라이트가 그에게 맞추어졌다. 그는 재빨랐다. 발표를 끝내자마자 곧바로 미셸 캉드쉬 IMF 총재에게 전화를 걸어 구제금융을 공식 신청했다. 곧 휴버트 나이스 국장이 이끄는 IMF 실무단이 내한했다. 12월 3일, 협상이 마무리되었다.

IMF는 부실 금융기관을 정리할 것, 긴축재정·고금리 정책을 사용할 것, 기업 구조조정 촉진할 것을 요구했는데, 이 요구를 무조건 수용할 수밖에 없는 처지였다. 부대조건을 꼼꼼히 따질 겨를이 없었다.

김대중 정부 출범과 함께 대통령경제수석비서관을 맡게 되는 김태동은 대통령 당선자 신분의 김대중에게 "지금은 악마의 돈이라도 빌려 써야 할 판입니다"라고 말했다. 한국은 당장 달러가 필요했다. 구제금융 580억 달러가 결정되었다. 신속한 집행이 절실했다. 12월 24일까지 140억 달러가 지원되었다. 그러나 위기는 전혀 해소되지 않았다. 12월 6일, 한라그룹에 이어 엘칸토·삼성제약·셰프라인·산내들 등이 무너졌다. 동서증권이 부도를 냈고, 신세기투신이 업무정지 명령을 받았다.

종합주가지수는 400선이 무너졌다. 금리는 25%나 오르고 환율은 달러당 1,700원을 넘어섰다. 외환 보유고는 30억 달러 수준으로, 신용등급도 한없이 떨어졌다. 대외채무 지급불능 사태가 눈앞에 다가왔다.

12월 24일, 임창열 경제부총리는 2차 협상 결과를 발표했다. 20억 달러를 예정보다 앞당겨 12월 30일까지, 1월 중에는 70억 달러를 제공받기로 했다. 그리고 자본시장을 전면 열기로 했다.

"외국인의 종목당 주식투자 한도를 연말까지 확대한다. 채권시장을 완전히 개방한다."

숨 가쁜 발표가 이어졌다. 이렇게 해서 발등에 떨어졌던 '12월 위기'는 가까스로 넘겼다.

IMF의 요구조건
* 부실 금융기관을 정리할 것
* 긴축재정·고금리정책을 쓸 것
* 기업 구조조정을 촉진할 것

국제통화기금 구제금융 신청을 보도한 1997년 11월 22일자 《동아일보》 1면

빚잔치로 무너진 김우중 신화

김우중
"세계는 넓고 할 일은 많다"
라고 세계 경영을 주창하며
질주하던 김우중은 결국 조국
에 엄청난 부채만 안겨주고
그의 신화를 마무리 지었다.

김우중은 1989년 대우조선에 닥쳤던 위기도, GM이 떠나면서 대우자동차에 닥쳤던 위기도 다 넘겼다. 위기는 훨씬 심각했지만 자신만만했다.

김우중은 신화였다. 자본금 500만 원으로 차린 무역 회사가 32년 뒤에는 고용 인원 15만 명, 계열사 41개, 국외 법인 396개를 거느리는 거대 재벌이 되었다. 재벌랭킹 2위는 열정이 일구어낸 기적이었다. 그는 "일이 취미이고 목적이며, 시간이 없어 골프도 못 배웠다"라고 말했다.

그에게는 31년 동안 장사를 하면서 익힌 경영 비법이 있었다. 그는 1990년대 들어 시작한 세계 경영을 더욱 '확장'할 것이라고 선언했다. 빚을 얻어 사들인 부실한 기업이 정상화되기 전에 그 기업을 담보로 빚을 얻어 새로운 기업을 사들였다. 그렇게 해서 해외투자액의 80%가 빚이었다. 과거에는 분명 빚을 내는 능력이 경영 능력의 첫째였고, 빚이 많은 순서가 곧 기업의 순위였다. 그렇지만 이제 기업의 빚은 IMF 환란의 주범으로 낙인찍혔다.

1996년에 386.5%였던 30대 재벌의 평균 부채비율은 1997년에 518.9%로 늘어 357조 4000억 원에 달했다. 부채비율이 1000%가 넘었던 한라·진로·뉴코아·해태는 모두 부도를 맞았다. 부채비율을 200% 아래로 맞추라는 정부의 요구에 불만도 있었지만, 우량 기업이 되려면 100%까지 낮추어야 한다는 주장이 힘을 얻는 형국이었다.

그러나 그런 상황이 김우중에게는 눈에 들어오지 않았다. 그는 여전히 빚으로 회사를 세우고 키우며 위기를 넘겼던 자신의 경영 비법에 매달렸다. 1998년 한 해에 외상으로 물건을 판매한 금액이 12조 4470억 원이었다. 이것은 전체 매출의 33%, 수출의 50%에 달하는 액수였다. 오직 수출 실적이 중요했다. 팔리지도 않을 물건들이 대우 해외 현지법인에 쌓여갔다. 외상으로 물건을 밀어냈지만, 협력 업체에 납품 대금을 받지 못해 빚을 낼 수밖에 없었다. 대우가 이렇게 진 빚 가운데 회사채와 단기 부채만 13조 원 이상이 늘어났다. 총매출은 늘었지만, 그럴수록 회사의 부실은 더욱 커졌다.

그러나 이 역시 대우만의 특기는 아니었다. 1997년에 회사 510개는 평균적으로 1,000원어치를 팔면 10원씩 손해보는 장사를 했다. 매출은 전년에 비해 19.5%나 늘었지만, 순이익은 훨씬 줄어들어 적자였다. 이런 식의 경영 역시 규탄의 대상이 되었다.

많은 기업인들은 "장사치는 장사치답게 이윤을 남기는 것이 미덕"이라는, 당연한 격언을 따라 변신하려고 했다. 그러나 김우중만은 여전히 과거의 지조를 지켰다.

어찌 보면 김우중에게는 이윤을 남길 만한 기업이 없었다. 김우중은 돈이 될 듯한 사업에 모두 손을 댔지만, 어느 하나 최고 기업으로 키우지 못했다. 다른 기업들 사정도 크게 다르지 않았지만, 대우는 유독 더 심했다. 다른 기업의 기술개발 수준도 국제시장 기준으로 보면 아주 뒤쳐진 편이었는데 대우는 이들보다도 더 늦었다. 대우가 1990년대 초에 기술개발에 뛰어들었을 때 이미 다른 대재벌을 따라잡기는 쉽지 않았다. 참여하는 업종마다 거의 재벌 간 경쟁에서 꼴찌를 벗어나지 못했다. 해외에서는 더 말할 것도 없었다.

1999년 11월, 김우중은 마침내 손을 들었다. 정경유착 비리에 빠지지 않고 연루된 김우중이었지만, 이번만은 그 연줄이 통하지 않았다. 은행도 마찬가지였다. 김우중을 '신화'로 만든 그만의 비법은 이제 악수惡手의 표본일 따름이었다. 그는 한국에 빚 수십조 원을 남기고 사라졌다.

남포공단
1992년 1월, 방북한 김우중 대우그룹 회장은 김일성 주석과 회견한 후 남포의 100만 평 부지에 공단을 조성하기로 한다. 그러나 북핵 위기가 조성되고, 북한과의 이견 등으로 실험적으로 운영되다 1998년 남포공단 사업은 중단된다.

김우중의 분식회계
김우중은 대우그룹에서 손을 떼고 중국으로 출국한 뒤 5년 8개월 동안 귀국하지 못하고 세계를 떠돌아야 했다. 대우그룹 분식회계와 관련된 검찰 수사 때문이었다. 2005년 검찰이 발표한 수사 결과에 따르면 그는 분식회계를 통해 대우의 경영 상태를 조작했는데, 그 규모가 상상을 초월한다. 1999년 6월 말 대우가 발표한 총부채는 68조 2,000억 원이었으나 실사 결과는 89조 원이었다. 대우는 장부상 순자산 가치가 1999년 6월 말 14조 원이라고 했으나 실사 결과는 마이너스 29조 원으로, 무려 43조 원이라는 분식회계였다.
2005년 6월, 입국하여 검찰 조사를 받고 재판에 회부된 김우중은 2006년 11월에 서울고법 상소심에서 분식회계 및 사기대출, 횡령 및 국외재산도피 혐의 등으로 징역 8년 6월, 벌금 1천만 원, 추징금 17조 9253억 원 형을 선고받고 항소를 포기하여 형이 확정되었다. 김우중은 2007년 12월 31일, 대통령 특사로 석방되었다.

화려한 부활, 그리고 양극화

1998년과 1999년을 비교했을 때, 경제성장률은 마이너스 6.9%에서 9.5%로, 산업생산 증가율은 마이너스 7.3%에서 20%로, 공장 가동률은 60%에서 80%로, 소비자물가 상승률은 7.5%에서 0.8%로, 실업지수는 166만 명에서 97만 명으로, 1인당 국민소득은 7,355달러에서 9,438달러로 바뀌었다.

한때 30억 달러까지 곤두박질쳤던 외환 보유고는 730억 달러가 넘었다. 종합주가지수도 1,000포인트를 넘나드는 상황이 되었다.

이렇게 되면서 김대중 대통령은 한국 경제 상황을 낙관하여 "이제 완전히 IMF에서 벗어났다"고 선언했다. 1999년까지 김대중 정부가 경제개혁의 핵심으로 구상한 재벌개혁의 대강은 마무리되었다.

대기업 30개 가운데 기업 17개만이 살아남았다. 7개 업종에서 빅딜이 이루어져 '한국형 거대기업'이 탄생하게 되었다. 반도체는 삼성이, 자동차는 현대가 독주하게 되었다. 철도차량·항공기·발전설비·선박용 엔진 등에서 독주 체제가 마련되었다. 정보 통신은 SK텔레콤이 1위로 올라섰다.

그 결과 삼성·현대·LG·SK가 30대 대기업에서 차지하는 비중은 1996년 58.0%, 1997년 62.7%, 1998년 65.8%로 계속 늘어났다. 재벌 중심, 그 가운데서도 앞선 몇몇 재벌의 독주 체제는 특히 IMF 구조조정 과정을 통해서 막을 수 없게 되었다.

IMF와 그에 따른 한국 경제의 구조조정 과정에서 재벌의 판도가 크게 변화했다. 글로벌 기업으로 성장한 삼성전자 덕분에 삼성의 1위 독주 체제가 굳어졌다. 2010년 삼성그룹의 매출 규모는 259조를 넘어 전체 GDP 1,172조 8천억 원의 22% 정도를 차지했다. 그 때문에 '한국 경제=삼성"이라는 등식이 심어질 지경이다.

공기업을 제외하면, 삼성 뒤를 현대자동차, SK, LG, 롯데, 포스코, GS 등이 잇고 있다. 포스코, KT는 IMF 이후 공기업의 민영화 과정에서 탄생한 기업이다.

미국
48.16%

한국
45.41%

일본
40.50%

프랑스
32.69%

국가별 상위 10%의
소득 집중도
한국과 미국은 2012년,
일본은 2010년,
프랑스는 2009년 기준

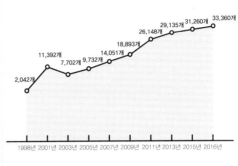

2,042개　11,392개　7,702개　9,732개　14,051개　18,893개　26,148개　29,135개　31,260개　33,360개

1998년　2001년　2003년　2005년　2007년　2009년　2011년　2013년　2015년　2016년

2012년 매출 규모의 전체 GDP 비중은 삼성이 23%, 현대자동차가 12%를 차지해 두 그룹의 매출이 전체 GDP의 무려 35%에 이르렀다. 또한 10대그룹의 자산 규모가 2012년 말 1,070조원으로 전체 GDP의 84%에 달했다.

가난한 사람들은 IMF로부터의 탈출이 크게 의미가 없었다. 대기업들은 초대형 글로벌 기업으로 탈바꿈해갈 때 거리에는 노숙자가 계속 남아 있었고, 끼니를 거르는 아이들도 여전했다. 빈익빈 부익부, 사회적 양극화는 우리사회의 가장 큰 문제로 떠올랐다.

(좌) 경제위기 극복을 위해 금 모으기 운동에 나선 시민들

(우) 벤처기업 수 연도별 추이 (자료 : 벤처기업협회)

1996년	연도	2016년
7.6%	경제성장률	2.7%
23억 8,000만 달러	경상 흑자	957억 달러
332억 달러	외환 보유액	3,720억 달러
48.5%	단기 외채비율	29.6%
AA-	국가신용등급	AA-
52.7%	GDP 대비 가계 부채비율	91.8%
2.1%	실업률	3.7%
3.7%	수출 증가율	-6.9%

1996년과 2016년 우리 경제 상황 비교 2016년 외환보유액·수출증가율(관세청 통관 기준)은 11월 말 기준, 단기 외채비율·GDP 대비 가계부채 비율은 9월 말 기준

해고의 자유, 비정규직

IMF의 충격을 가장 심각하게 경험한 사람들은 노동자였다. IMF는 한국에 구제금융을 제공하면서 공기업 민영화와 더불어 '노동시장의 유연화'를 강력하게 요구했다.

결국 김대중 정부 이래 자본측은 '사용자가 근로자를 쉽게 해고할 수 있는 제도적 장치를 만드는 것'을 노동개혁의 중요한 과제로 삼아 공세를 펼쳤다. 그렇게 해서 정리해고제와 파견근로제가 도입되었다. 물론 고용보험의 확대, 근로시간 단축이라는 성과도 있었지만 정리해고제와 파견근로제의 결과는 심각했다.

정리해고제가 실현되어 실업자가 양산되고, 파견근로제로 비정규직 노동자 일반화되었다. 그 결과 비정규직 노동자가 절반을 차지하고 노동 부문 내부에서도 빈부격차가 심화되며, 노조 갈등까지 생겨나게 되었다. 이러한 현상은 결국 사회 전체적으로 양극화를 촉진하는 요인이 되었다.

더욱 심각한 것은 청년 실업 문제였다. 2008년 4월, 우리나라 실업률은 3.2%인 반면, 청년 실업률은 7.4%였다. 이러한 현상은 IMF 이래 쭉 계속되어 현재에도 전혀 개선될 기미가 보이지 않고 있는 상황이었다. 그러다 보니 '88만원 세대', '알바 세대' 등의 이름이 유행하기도 했다.

노동 문제와 빈곤층의 확산에 따른 사회적 양극화 현상은 이명박·박근혜 정부 아래서도 전혀 개선되지 않고 오히려 심화 노동 탄압 또한 군사 정권 시절을 뺨칠 정도로 심해졌다. 2009년 5월 22일부터 8월 6일에 있었던 쌍용자동차 파업에 이명박 정부가 보인 폭력적 행태는 군사 정권 시절의 노동 탄압을 능가하는 수준이었다. 이 사건으로 노동자 100여 명이 구속되고, 수천 명이 직장에서 쫓겨나 길거리로 내몰렸다. 더욱이 노동자 23명과 그 가족이 자살하는 초유의 일들이 벌어졌다.

3포 세대
취업난, 불안정한 일자리, 천정부지로 치솟는 집값, 물가 상승에 따른 생활비용의 지출 등의 사회적 압박으로 인해 연애와 결혼, 출산을 포기한 청년층 세대를 말한다. 우리 사회가 당면한 과제를 보여주는 상징적인 용어로 사용된다. '내 집 마련'과 '인간관계' 포기까지 합해 '5포 세대'란 말까지 나왔다.

88만 원 세대
대학을 졸업한 후에도 정규직이 아닌 비정규직으로 일하는 20대의 평균 임금 소득을 통해 미래에 대한 불안 속에 사회생활을 시작해야 하는 20대를 은유적으로 표현한 말이다. 88만 원이라는 수치는 비정규직 전체 평균 임금액을 의미하는 것으로, 좋은 일자리나 대기업에 취업한 정규직과의 커다란 격차를 나타낸다.

역대 정부의 실업률과 국가채무 증가율 추이 (자료 : 통계청)

비율 정부	노무현 정부 평균 2003년~2007년	이명박 정부 평균 2008년~2012년	박근혜 정부 평균 2013년~2016년
청년 실업률	7.9%	7.7%	9%
국가채무 증가율	17.7%	8.2%	9.5%

카지노 자본주의

1998년 1월 5일, 김대중 대통령 당선자는 새해 첫 공식 일정을 조지 소로스 퀀텀펀드 회장과의 면담으로 시작했다. 1997년 말 급한 불은 껐지만 외국 투자가들의 투자심리는 여전히 위축되어 있었다. 소로스가 물꼬를 터주길 기대했는데 그는 비록 단서를 달았지만, 10억 달러를 투자하겠다는 의지를 밝혔다.

국제금융계에서 매일 거래되는 2조 달러 가운데 97.5%가 투기를 목적으로 하는 자본이었다. 소로스는 투기 자본을 지배하는 대부로 알려졌다. 이들의 농간에 걸려들면 남아날 나라가 없었다. 세계 2위의 경제 대국이었던 일본도 이들을 통제할 방법을 거의 갖고 있지 못할 정도였다. 1997년 아시아를 외환위기에 빠뜨렸던 자본은 1,400억 달러로 하루 거래량의 10%에도 미치지 않는 규모였다. 그 정도 돈으로 아시아 국가 대부분을 외환위기에 빠뜨리고 한국을 구제금융 국가로 만들었다.

외환위기 당시 한국에서 진리로 통했던 '국제 규범과 질서'란 이들이 마음껏 투자하고 마음대로 돈을 빼내갈 수 있는 '규범과 질서'였다. 이들은 특별히 한국민을 사랑할 이유가 없다. 그렇다고 특별히 미워할 이유도 없다. 한국민의 고난이나 기쁨은 이들의 관심 대상이 아니었다. 1997년 한국을 탈출했던 사람도 이들이고, 김대중이 만나고 돌아오라고 설득한 사람도 이들이었다. 한국의 주가는 이들의 움직임에 따라 요동쳤다.

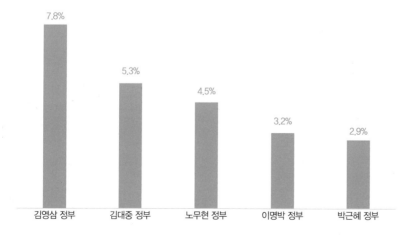

역대 정부 경제성장률

31
김정일 시대

선군 정치로 위기를 넘기다

김일성이 사망하면서 북한에 심각한 경제 위기가 닥쳤다. 대홍수가 겹치면서 식량난으로 굶어 죽는 사람들이 속출하고 탈북자가 급증했으며 산업 전반이 마비 상태에 빠졌다. 남한에서는 북한 붕괴설이 자연스럽게 대두되었다. 하지만 김일성의 뒤를 이은 후계자 김정일은 이러한 위기를 돌파하기 위해 '고난의 행군'을 선언하고 군대를 앞세운 선군先軍통치로써 헤쳐 나갔다. 북한 경제가 최악의 상황에서 벗어나면서 북한 붕괴론도, 무능한 김정일론도 사라졌다. 김정일은 외부 세계에 알려지지 않았으나 북한 나름의 오랜 검증 과정을 통해 김일성의 유일한 후계자로 결정되었다. 게다가 공식적으로 권력을 승계받기 전부터 사실상 북한 통치자로서 역할을 하고 있었다.

군 간부들의 환영을 받고 있는 김정일

● 1974년

2월
김정일, 정치위원회 위원

● 1974년

2월
김정일, 노동당 정치위원으로 선출

● 1980년

10월
김정일, 조선노동당 6차당대회에서 정치국 상무위원 선출

● 1994년

7월 8일
김일성 주석 사망

10월 21일
북미 제네바 합의

● 1995년

1월
김정일, '다박솔초소' 시찰로 선군정치 시작

● 1997년

2월 12일
황장엽 전 조선노동당 비서 남한으로 망명

7월 8일
김일성 주석 3년상 대규모 추모집회

9월 9일
김일성 탄생 연도를 기점으로 주체연호 사용

10월 8일
김정일, 조선노동당 총비서 추대

● 1998년

7월 26일
최고인민회의 대의원 선거

8월 22일
로동신문 정론에서 '사회주의 강성대국론' 주장

8월 31일
북한, 인공위성 '광명성 1호' 시험 발사

9월 5일
제10기 인민회의 1차회의, 헌법 개정. 김정일 국방위원장 재추대

10월 30일
김정일, 정주영 현대 명예회장 회동

● 1999년

2월 26일
윌리엄 페리 대북정책조정관, 클린턴에 대북정책보고서 중간 보고

3월 16일
금창리문제 북미 고위급 4차 회담 타결

● 2000년

1월 1일
신년 공동사설을 통해 '고난의 행군'이 끝났다고 공식 선언

10월
김정일, 방북한 매들린 올브라이트 미 국무장관 면담

● 2002년

7월 1일
사회주의경제관리개선 조치 단행

9월
고이즈미 준이치로 일본 총리와 정상 회담

● 2008년

8월
김정일, 뇌출혈로 쓰러짐
하반기, 김정은을 후계자로 결정

● 2009년

11월 30일
북한, 17년 만에 화폐개혁 단행

● 2011년

12월 17일
김정일, 심근경색으로 사망

북한 전역에 세워진 영생탑

(좌) 영결식에 참석하여
통곡하는 학생들

(우) 금수산기념궁전에
안치된 김일성 주석 시신

김일성의 죽음

남한 사람들에게 김일성은 비록 '원수'였지만, 무언가 설명하기 어려운 '능력'을 가진 '특별한 사람'이었다. 독재자 이승만과 박정희는 각각 12년과 18년을 통치한 반면 김일성의 '독재'는 무려 45년을 넘어 50년에 가까이 다가섰다. 20세기 역사에서도 유례가 없는 일이다.

남한 사람에게 익숙한 '장기 집권→반독재 투쟁'의 도식이 북한에서는 기미조차 보이지 않았다. 이승만·박정희 대통령의 비극적 종말이 그와는 관계가 없어 보였다.

상상을 초월한 세뇌와 강압 통치 탓이라고 정부는 설명했다. 세뇌와 강압 통치의 허실을 너무나 잘 아는 남한 사람들로서는 흡족하게 받아들이기 어려웠다. 북한은 곧 김일성이었고, 김일성이 없는 북한은 상상할 수도 없었다.

그런 김일성이, 어느 날 갑자기 죽었다.

1994년 7월 9일 낮 12시, 북한의 〈평양방송〉과 〈중앙방송〉이 특별방송으로 그의 죽음을 알렸다. 남북 관계에 '획'을 그을 남북정상회담을 며칠 앞둔 그의 죽음에 대해 남한에서 '애석'하게 여기는 목소리는 '민족의 철천지 원수'의 죽음을 '통쾌'하게 여기는 목소리에 눌려 사라졌다.

"김정일은 무능할 뿐 아니라 정신에 이상이 있다. 그는 나라를 지킬 능력이 없다. 아버지를 잘 둔 탓에 권좌에 올랐을 뿐이다. 북한은 망한다! 적

어도, 김정일은 권좌에서 쫓겨난다!"

그러나 현실은 그런 생각을 하는 사람들의 바람과는 다른 방향으로 흘러갔다. 북한은 망하지도 않았고, 김정일도 쫓겨나지 않았다. 김정일은 김일성이 죽은 뒤에도 17년간이나 북한을 통치한 다음 2011년 12월에야 죽었다.

김일성 사망을 알리는
신문 기사

'김일성 가짜설'의 종언

분단 이후 북한의 김일성 주석이 '김일성'이라는 가명으로 활동한 또 다른 항일투사의 이름을 도용한 가짜라는 주장이 맹위를 떨쳤지만 역설적으로 그가 사망함으로써 가짜설은 사실이 아님이 확인됐다. 모든 신문과 방송이 김일성 사망을 보도하면서 1930년대 만주지역에서 동북항일연군에서 활동한 사실을 기사에 명기했기 때문이다.

후계자의 차이

	수령	총비서(당 위원장)	주석	후계자
지위	인민대중의 최고뇌수 통일단결의 중심	당의 최고 책임자	국가수반	수령의 승계자
겸직여부	총비서·주석 겸직 가능	주석 겸직 가능	총비서 겸직 가능	총비서 겸직 불가능
선출방법	인민의 추대	당 중앙위원회에서 선출	최고인민회의에서 선출	당 중앙위원회에서 선출
권한행사 방법	일상적 지도	당적 지도	국가적 지도	당적 국가적 지도
권한한계 규정	없음	당 강령·규약 준수	헌법 준수	당 강령, 헌법 준수
권한의 자율성	없음	유한	유한	유한
임기	없음	명시되지 않음	헌법에 규정	없음

빨치산의 미래

1972년 2~3월, 평양에서 김일성을 비롯한 북한 최고위층이 '혁명가극 총결산 모임'에 참석하여 혁명가극 '피바다'와 '꽃 파는 처녀'를 본 뒤에 집단으로 울고 있었다. 과거에는 생각도 못했던 방대한 스케일과 예술성도 탄복할 만했지만, 이들의 가슴을 울린 것은 그게 아니었다.

일제강점기, 민족의 고난과 이로부터 해방되려는 민중의 투쟁을 그린 이 혁명가극에서는 바로 자신들의 과거인 항일빨치산들이 영웅이었다. 항일빨치산 전설이 예술로 부활한 것이다. 그 가극에서는 그들의 과거뿐만 아니라 미래도 열리고 있었다. 가극을 총연출한 사람이 다름아닌, 그들이 지금까지 공을 들여 키운 혁명의 후계자 김정일이기 때문이었다.

1949년, 김정일의 생모 김정숙은 세상을 뜨면서 아들 걱정을 놓을 수가 없었다. "정일이를 잘 길러주세요. 장군님을 받들어 빨치산의 혁명위업을 대를 이어 계승하는 열렬한 혁명가로 키워주세요"라며 최용건·김책·김일·최현 등 김일성의 빨치산 동지들의 손을 일일이 잡고 유언했다. 장례식에서 그 동지들은 '동지적 의리'로 김정숙의 유언을 지킬 것을 맹세했다.

이 맹세는 지켜졌다. 김정일이 계모 김성애의 그늘에서 주눅 들거나 비

김일성 환갑 기념 촬영
1972년 4월, 김일성 주석의 환갑을 맞아 항일빨치산 1세대들이 만경대 생가를 방문하고 기념 촬영을 했다. 이날 김일성은 김정일 등 앞에 서 있는 2세대들을 가리키며 "'우리가 처음으로 개척하여 40년 간 해온 혁명사업을 이어나갈 교대자들'이라며 "우리 혁명의 교대자들은 아무리 세찬 폭풍이 불어와도 흔들리지 않고 우리의 혁명위업을 끝까지 완성해나가야 한다"고 말했다. 그리고 1년 6개월 뒤 김정일이 후계자로 결정되었다. 앞줄 왼쪽 2번째부터 전문섭·백학림·오진우·김일·김일성·최광·김철호(최광의 부인)

뚤어지지 않게 돌보기 위해 머리를 맞대고 숙의하고 김정일이 중학생일
때부터 지방 출장에 데리고 다니며 당의 사업을 참관케 하여 국가 운영의
모습을 보여주곤 했다.

김일성도 동지들 못지않게 아내의 유언을 지켰다. 김일성은 김정일이
중학교 3학년에 다닐 때 동유럽 순방길에 동행시켰다. 대학 때부터는 '정
치 지도자' 수업을 받게 했다. 아버지를 따라 정치 현장을 실습하고 당대
북한 최고의 석학들이 그의 개인교수를 맡았다. 대학 3·4학년 때는 당정
치위원회 회의, 당중앙위원회 전원회의를 비롯해 내각회의, 최고인민 회
의, 군 계통의 군사간부 회의, 정치간부 회의 등 중요한 회의에는 거의 참
석했다. 오직 김정일만이 누렸던 '특별한 교육'이었다.

김정일은 이들의 기대를 저버리지 않았다. 그들 앞에 감탄할 만한 작품
을 내밀며 마음을 사로잡은 것이다.

김정숙과 김정일

2001년 러시아 여기자가 "이 세상에서 위원장님의 가장 절친한 사람은 누구라고 생각하십니까"라고 질문
하자 김정일은 "제가 어렸을 때 돌아가신 제 어머니입니다. 어머니는 혁명전사였습니다. 어머니는 당신의
아들이 올바른 길로 잘 성장하기를 바라셨습니다. 그러나 어머니는 제가 오늘날의 김정일이 되리라고는 생
각지 못하셨을 겁니다. 저는 어머니의 은혜를 많이 입었습니다"라고 대답했다.

'친애하는 지도자 동지'

물론 김일성과 그의 빨치산 동지들이 김정일에게 바란 것은 정치이지 예술이 아니었듯이, 혁명가극의 승리는 본질에서 정치의 승리이지 예술의 승리가 아니었다.

김정일의 영화예술은 사상투쟁이었다. 박금철의 사례처럼 자신의 반일투쟁을 김일성과 같은 반열에 올리는 일은 다시 일어나지 않았다. 오직 김일성과 빨치산 동료의 투쟁만이 예술의 세례를 받을 수 있었다.

게다가 예술가들은 단지 그들을 예술적으로 표현하는 데서 그쳐서는 안 되었다. 예술가 자신이 바로 빨치산이 되어야 했다.

"생산도 학습도 생활도 항일 유격대식으로!"

예술가들의 생활은 머리부터 발끝까지 뜯어고쳐야 했다. 배우들은 벗어놓은 신발을 가지런히 정리해야 했다. 어지럽게 널린 신발이 김정일의 눈에 띄면 가혹한 질타를 면하지 못했다. 만수대 예술단원들은 군인들처럼 줄을 지어 출퇴근해야 했다. 서양풍을 풍기면 2~3일은 당생활 총화에 참석하여 신랄한 비판을 받을 각오를 해야 했다. 꽉 짜여진 당생활에 '빈 짬'이 없게 된다. 딴 마음을 먹을 여유가 없어진 것이다.

1970년, 만수대예술단의
'무용창작사업'을
지도하는 김정일

김정일이 예술가들에게 채근질만 했다면 김일성에게 직접 정치를 배운 수령의 아들이 아니었다. 새로운 설비를 들여오고 대우를 개선했으며, 특혜까지 주었다. 시계·텔레비전·냉장고·세탁기·이불 등을 선물로 안겨주었다. 혹독한 검열 뒤에는 푸짐한 오락회가 기다리고 있었다.

김정일은 열정을 가지고 혁명가극을 만드는 일에 덤벼들었다. 그는 가수들 노래를 직접 듣고 잘못된 부분을 고쳐주었다. 이 과정을 통하여 주제가를 부를 가수를 뽑았다. 식음을 전폐하면서 고민하여 주제가를 결정한 것에 걸맞게 노래 할 가수를 뽑는 문제에도 열과 성을 다했다.

그렇게 되면서 마침내 문화예술 분야 종사자들에게서 '영명한 지도자', '친애하는 지도자'라는 반응이 나오기 시작했다. 예술에서 시작된 김정일의 방식은 곧 사회의 모든 분야를 지배하게 된다. '친애하는 지도쟈 동지'는 북한에서 그를 부르는 공식 호칭이 되었다.

김정일 직접 가필했다는 혁명가극 '피바다'의 가사

(좌) 김정일이 1972년 4월 18일, 직접 서명하여 승인한 혁명가극 '꽃파는 처녀' 완성 대본
북한은 1970년대에 창작된 혁명가극 중에서 가장 작품 완성도가 높다는 '피바다', '꽃파는 처녀', '당의 참된 딸', '밀림아 이야기하라', '금강산의 노래' 등 5개 작품을 '5대 혁명가극'이라고 부른다.

(우) 1972년 9월 30일, '전투속보'
이때 이미 '경모하는 지도 자동지'란 호칭이 사용되고 있다.

혁명의 후계자

1992년 4월 15일 자신의 80회 생일날에 외국 손님들과 만난 자리에서 나온 김일성은 "80 평생의 총화는 혁명의 유일한 후계자, 혁명의 계승 문제를 '완벽하게' 해결한 것이다"라고 했다. 이 말은 오히려 뒤늦은 감이 있었다.

김정일은 1990년 5월에 맡은 국방위원회 제1부위원장을 신호탄으로 1991년 12월에는 인민군 최고사령관, 1992년 4월에는 '원수' 칭호, 1993년 4월에는 국방위원장 자리에 올랐다. 사실상 모든 후계 체계가 완성된 셈이다. 김일성은 1980년대 말부터 모든 권한을 하나씩 넘겨주고 김정일의 후견인으로 뒷바라지하면서 그의 방패막이가 되었다.

그래서 김일성은 노동당 간부를 만난 자리에서 이렇게 말했다.

(좌) 후계자가 된 후 첫 공식행사인 1980년 10월 조선노동당 6차 대회 석상에서 김일성 주석에게 설명을 하는 김정일 비서

(우) 새로 생산된 무기에 대해 김일성 주석에게 설명하는 김정일 비서

"현시대는 김정일의 시대입니다. 총비서로부터 평당원에 이르기까지 모든 당원들이 김정일 동지에게 충실하여야 합니다. 이것은 현시대의 요구입니다. 특히 로혁명가들과 간부들이 김정일 동지가 주는 과업을 제때에 철저히 집행하여야 하며 당원들의 거울이 되어야 합니다."

주체사상의 창시자 김일성 주위에 항일빨치산 1세대가 있었다면 주체
사상의 유일한 계승자 김정일 주위에는 항일빨치산의 후예들이 있었다.
항일투쟁 과정에서 부모를 잃은 유격대원의 아이들을 찾아 만경대혁명유
자녀학원에 모아서 돌본 인물은 김정일의 생모 김정숙이었다.

만경대혁명가유자녀학원을 다닌 아이들은 김정일은 피를 나눈 친형제
보다 가깝게 지냈다. 그 관계는 김정일이 권력을 승계한 뒤에도 변하지
않았다. 북한에서는 혁명 사상과 함께 '피'도 아울러 계승되었다. 그것 또
한 북한답게 집단주의적이었다.

김정숙과 만경대혁명가유자녀학원

"임춘추 일행이 찾아 보낸 유격대원들의 자식들은 대개 돌보는 사람들이 없었기 때문에 거지 생활이나 그
보다 못한 비참한 생활을 하고 있었다. 김정숙은 대동군의 한 지주집에 '만경대혁명가유자녀학원'을 세우고
빨치산 여대원들과 함께 식모 노릇을 하면서 그곳에서 살다시피했다. … 그들에게 김정숙은 친어머니와 같
았다. 그 때 김정일은 그 광경을 일일이 따라다니면서 보았다."

— 정창현, 《곁에서 본 김정일》, 김영사, 2000, 123쪽

김정일 체제의 공식 출범

"김정일은 무능하다, 북한은 망한다"는 소리는 하늘의 도움으로 더욱 설득력을 얻으며 퍼져나갔다. 비 피해가 일어난 초기 상황일 때는 하늘을 탓하는 북한의 목소리를 완전히 무시하지는 못했다.

그러나 이런 일이 매년 되풀이되면서 상황은 바뀌었다. 많게는 200~300만 명이 굶어 죽었다는 소문까지 떠돌았다. 줄을 이어 남한으로 '귀순'하는 탈북자와 중국 연변 지역을 떠도는 탈북자가 증언하는 북한은 마치 생지옥과도 같았다. '주체사상의 대가'라고 일컬어지는 황장엽의 망명은 주체사상의 망명이었다. 이로써 주체조국의 죽음은 기정사실로 받아들여졌다.

이런 상황에서도 김정일은 나타나지 않았다. 북한은 김일성을 잃은 "슬픔을 힘과 용기로 바꿔 '친애하는 지도자 동지'를 모시고 김일성 주석이 못 다한 위업을 계승하겠다"라고 거듭 주장했다. 국가 위기에 멀쩡한 지도자가 보이지 않는다는 것은 이해하기 어려웠다. 3년상을 치른다는 해명은 콧방귀의 대상밖에 되지 않았다.

김정일이 실각했다는 소식도 심심치 않게 들려왔다. 그에게 진짜 힘이 없어 나타나지 못하는 것이거나, 아니면 그가 나타나지 않아도 통치에는 문제가 없을 정도로 막강한 것이거나 둘 중의 하나였다.

1997년 10월 8일, 그들의 주장대로 3년상이 끝난 뒤였다. 김정일이 조선노동당 총비서에 취임했다. 다음해인 1998년 9월 5일, 최고인민회의에서 김정일은 다시 국방위원장에 추대되었다. 이로써 김정일 체제가 공식적으로 출범했다.

1995년 10월 10일, 조선노동당 창건 50돌 기념행사장에 나와 손을 들어 답례하는 김정일

고난의 행군

김일성과 빨치산 동료들은 1938년 11월부터 1939년 2월까지 죽을 고비를 맞을 정도로 힘든 고난의 시간을 보냈다. 뒤에서는 일제가 집요하게 쫓고 앞에는 누운 오줌이 땅에 닿기도 전에 얼어버릴 정도로 매서운 추위와 사람 키를 훨씬 넘게 쌓인 눈이 그들의 발걸음을 가로막고 있었다.

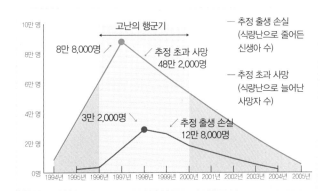

북한 식량난이
인구에 미친 영향
(자료: 통계청)

중국 지린성吉林省 멍장현濛江縣 남패자에서 창바이현長白縣 북대정자까지 보통 행군 속도로 1주일이면 가는 거리였지만, 그들은 무려 100일에 걸쳐 행군했다. 그리고 그들은 그 속에서 살아남았다.

이 사건은 '고난의 행군'이다. 김일성이 겪은 '빛나는 항일전쟁'의 백미이며 이제는 항일전쟁의 모든 것이 되었다. 1990년대 후반 조선민주주의인민공화국은 '고난의 행군' 중이라고 공식 선언했던 것이다.

고난의 행군 시절 '당장 죽더라도 항일을 포기할 수 없다'던 정신은 '풀죽을 먹더라도 사회주의를 고수'하는 정신으로 바뀌었다. 세상에서는 그들 사회주의가 모든 문제의 근원이라고 분석하지만 그들로서는 사회주의를 고수하고 완성시키기 전에는 죽을 권리도 없었다. 그 어떤 고난도 항일 기치를 내리게 할 수 없듯이 사회주의 기치를 내릴 수 없었던 것이다.

북한 식량난 관련 기사

"사회주의는 지키면 승리이고 버리면 죽음이라는 것이 우리의 붉은기에 새겨진 추리이다. 피로써 쟁취한 우리식 사회주의를 고수하고 완성하기 전에는 물러설 자리가 없고 죽을 권리도 없다. … 풀죽을 먹는 한이 있더라도 사회주의를 고수하겠다는 철석같은 신념, 내일을 위한 오늘에 살자는 투철한 인생관이 차 넘치고 있어야 한다."

— 1997년 《노동신문》·《조선인민군보》 공동사설 중에서

사회주의 강성대국

1998년 8월 발사한
'광명성1호(대포동1호)'
발사 모습이 담긴 포스터

> "'광명성1호'로 불리는, 우리나라에서의 인공지구위성의 성과적 발사는 주체조선이 국력의 힘 있는 과시로, 사회주의 강성대국 건설의 새로운 이정표를 마련한 의의 깊은 사변으로 된다."
>
> —《노동신문》1998년 9월 7일자 사설에서

미국은 '궤도 진입에는 성공하지 못했다'고 판단했지만 그와 상관없이 '굶어 죽는 북한'이 인공위성을 발사했다는 것 자체가 남한에는 큰 충격이었다. 이것은 일본이 당장 그들의 사정권 안에 들어와 있으며, 미국도 사정권에 들 날이 멀지 않았다는 사실을 의미했다. '굶어 죽는' 북한이라고 얕보거나 함부로 대하다가는 큰 코 다칠 것이란 무력시위였다.

몇 년 동안 요란했던 '김정일 실각', '북한 붕괴' 시나리오는 잠시 사라졌다. 오히려 북한은 1998년부터 국가목표로 강성대국 건설을 목표로 내세웠다. 또한 2000년 북중 정상회담, 남북 정상회담을 통해 적극적인 외교공세로 나왔고, 2002년 7월에는 '사회주의경제관리개선조치'('7·1조치')를 발표해 부분적이나마 '경제 개혁'에 시동을 걸었다. 북한은 2005년 6자회담에서 한반도 비핵화를 위한 '9·19공동성명'에 합의했고, 2007년 10월에는 2차 남북정상회담에도 응했다.

그러나 경제성장은 더디게 진행되었고, 설상가상 2008년 여름 김정일 위원장이 뇌출혈로 쓰러졌다. 갑자기 건강이 악화된 김정일은 김정은을 후계자로 지명하고 2010년 9월 당대표자회를 소집하여 김정은 후계자를 당 중앙군사위원회 부위원장으로 임명하여 후계 체제를 공식화했다.

김정일은 2009년부터 세 차례의 북중정상회담과 한 차례 북러정상회담을 통해 압록강 하구의 라선경제특구, 두만강 하구의 황금평 특구 구상을 구체화했다. 잦은 중국과 러시아 방문, 지방 현지지도 등은 건강에 무리를 줬고, 그가 결국 2011년 12월 심근경색으로 급서함으로써 북한은 다시 권력이양기에 접어든다.

7·1경제개혁 조치
'7·1조치'는 경제단위들의 경제활동에서 분권화, 화폐화, 시장화를 의도하는 경제개혁정책으로, 국영기업과 협동농장의 경제관리체계, 분배제도, 가격제도, 재정, 대외경제제도 등 전 경제분야에 걸쳐 시행된 경제조치였다. '계획'에만 의존했던 경제운용체계를 '시장'의 기능도 병존적으로 같이 활용하고자 하는 시도였다.

유년기 ~ 대학 시절	유년 시절 김일성 주석, 생모 김정숙과 함께	평양 제1중학교 시절	김일성종합대학 시절 김일성 주석 앞에서

1942년 2월 16일 출생 (북한은 백두산 출생 주장)
1946년 남산유치원 입학
1948년 남산인민학교 입학
1952년 11월 22일 만경대혁명가유자녀학원 입학
1954년 9월 1일 평양제4인민학교 졸업
1954년 9월 1일 남산고급중학교 입학
1960년 9월 1일 김일성종합대학 경제학부 입학
1961년 7월 22일 조선 노동당 입당

후계자 부상 ~ 김일성 사망	1996년 김일성 주석, 여동생 김경희와 함께	1979년 평양 조선예술영화 촬영소 시찰	1997년 선군정치 내세우며 군부대 시찰

1964년 6월 19일 당 중앙위원회 조직지도부
1960년대 후반 노동당 중앙위원회 과장
1970년 9월 중앙위 선정선동부 부부장
1972년 10월 당 중앙위원
1973년 7월 노동당 중앙위원회 조직지도부장 겸 선전선동부장
1973년 9월 17일 당 조직 및 선전담당 비서
1974년 2월 13일 당 정치위원(후계자 확정)
1980년 10월 14일 후계자 대외 공표

고난의 행군 ~ 정상 회담	2000년 10월 평양을 방문한 올브라이트 미 국무장관과 회담	2000년 7월 평양을 방문한 푸틴 러시아 대통령과 정상회담	2007년 10월 노무현 대통령과 남북정상회담

1982년 3월 13일 '주체사상에 대하여' 발표
1983년 6월 1~13일 중국 비공개 방문
1991년 12월 인민군 최고사령관 추대
1992년 4월 인민공화국 원수 칭호
1993년 4월 국방위원장 취임
1997년 10월 8일 노동당 총비서 취임
1998년 9월 5일 국방위원장 추대
2000년 6월 남북정상회담
2007년 10월 제2차 남북정상회담
2008년 8월 뇌졸중 발병

뇌졸중, 사망	2009년 원자바오 중국 총리와 회담	2010년 자강도 희천화력 발전소 건설 현장 시찰	2011년 북한 정권 수립 63주년 행사 참석

2008년 10월 대학생 축구경기 관람
2009년 1월 왕자루이 중국 대외연락부장 접견
　　　　5월 노무현 전 대통령 조전
　　　　8월 클린턴 전 미 대통령 접견
　　　10월 원자바오 중국 총리 평양 영접
2010년 5월 중국 비공식 방문
　　　　8월 중국 비공식 방문
2011년 5월 중국 비공식 방문
　　　　8월 러시아 비공식 방문
　　12월 17일 사망

32
남북정상회담

'사실상의 통일', 긴 여정이 시작되다

현실사회주의의 몰락과 함께 동서 냉전 체제가 와해되면서 한반도에도 새로운 변화가 일어났다. 1990년대 초반 남과 북은 남북기본합의서를 채택하고 유엔 동시 가입을 성사시켰다. 하지만 북핵 위기와 김일성의 사망을 계기로 북미 관계, 남북 관계에 긴장 상태가 조성되면서 다시 한반도는 위기 상황을 맞는다. 1990년대 후반에 등장한 김대중 정권은 햇볕정책을 통해 남북 관계에 새로운 돌파구를 모색했고, 2000년 남북정상회담을 성사시킴으로써 통일을 향한 획기적인 이정표를 마련했다. 김대중 정부에 이어 노무현 정부 또한 남북화해협력정책을 지속적으로 밀고 나가 2007년 2차 남북정상회담을 성공시켰다. 하지만 그 뒤 보수 정권이 들어서면서 남북 관계는 발전보다 퇴행의 길을 걷고 있다.

2007년 10월 2차 남북정상회담

● 1991년

9월 17일
남북한 유엔 동시 가입

12월 13일
남북기본합의서 채택

● 1993년

3월 19일
비전향 장기수 이인모 북송

● 1994년

6월 15일
카터, 북한 방문하여 김일성과 회담

6월 16일
클린턴, 백악관 안보회의 소집

7월 8일
김일성 북한주석, 사망

7~8월
남한, 조문 파동 공안 정국

10월 21일
북한·미국, 제네바 합의

● 1998년

6월 16일
정주영, 1차 소떼 방북

8월 31일
북한, 대포동1호(광명성1호) 발사

11월 18일
금강산 관광 첫 출항

● 1999년

6월 11~15일
1차 연평해전

9월 7~12일
북미, 베를린 회담 합의 도출

10월
페리 보고서 제출

● 2000년

6월 13~15일
김대중·김정일, 제1차 남북정상 회담

10월 8일
조명록 북한 국방위원회 부위원장,
방미

10월 12일
북미. 공동코뮤니케 발표

10월 22일
올브라이트 미 국무장관, 방북

● 2002년

9월 21일
신의주특구 조성 발표

● 2007년

10월 8일
김정일, 조선노동당 총비서

● 2009년

8월 30일
북한, 인공위성 광명성1호 발사

9월 5일
김정일, 국방위원장 추대

● 2010년

3월 26일
천안함 침몰 사건

● 2013년

2월 12일
북한, 3차 핵실험 강행

4월 9일
개성공단 노동자 철수
개성공단 가동 중단

5월 8일
개성공단 잠정 폐쇄

9월 16일
개성공단 재가동

남북기본합의서

1991년 4월, 세계탁구 선수권 대회에 남북 단일팀으로 참가하여 여자단체전에서 우승한 현정화·이분희(위)와 남북한 동시 유엔 가입을 축하하는 재미교포들(아래)

남북공동보도문

1. 남과 북은 1991년 12월 13일 '남북 사이 의 화해와 불가침 및 교류협력에 관한 합의서' 에 서명하였으며, 바른 시일 안에 각기 발효 에 필요한 절차를 거치기로 하였다.
2. 남과 북은 한반도에 핵무기가 없어야 한다는 데 인식을 같이 하면서 핵문제를 협의하기 위 하여 12월안에 판문점에서 대표접촉을 갖기 로 하였다.
3. 남과 북은 제5차 남북고위급회담을 1992년 2월 18일부터 21일까지 평양에서 개최하기 로 합의하였다.

제25조 이 합의서는 남과 북이 각기 발효에 필요 한 절차를 거쳐 그 문본을 서로 교환한 날부터 효 력을 발생한다.
1991년 12월 13일

남북고위급회담   북남고위급회담
남측대표단 수석대표   북측대표단 단 장
대한민국   조선민주주의인민공화국
국무총리 정원식   정무원 총리 연형묵

1991년 9월 17일 제46차 유엔총회에서 강석주 북한 외교부 제1부부장은 "오늘 비록 북과 남이 따로따로 유엔에 들어왔지만, 우리 인민의 단합된 노력에 의해 하나의 의석을 차지하게 될 날이 꼭 오리라는 것을 확신한 다"고 연설했다.

그의 연설은 마치 북한의 외교적 패배를 스스로 달래는 위안같았다. 1970년대부터 북한이 '영구 분단화 획책'이라고 반대해온 남북 유엔 동 시 가입이 현실로 다가왔다. 북한으로서는 달리 방법이 없었다. 자기들이 안 들어가면 남한도 못 들어오게 막아줄 세력이 이제는 없었다. 그렇다고 유엔의 남한 독무대로 방치할 수도 없었다. 울며 겨자 먹기였지만 그대로 방치해두면 그들의 오랜 주장처럼 '분단의 영구화'가 될 것이 뻔했다.

강석주에게도 믿는 구석이 있었다. 이미 9월 5일부터 남북고위급회담 이 열리고 있었던 것이다. 1991년 12월 13일, "쌍방 사이의 관계가 나라와 나라 사이의 관계가 아닌 통일을 지향하는 과정에서 잠정적으로 형성되 는 특수한 관계"라는 합의가 나왔다.

이날 합의서는 거의 완벽했다. 그 내용을 실천에만 옮기면 좋은 날이 곧 올 것이 분명했다. 통일은 눈앞에 성큼 다가오는 듯했다. 이미 그해 4 월, 현정화·유순복·이분희로 구성된 여자 탁구 남북 단일팀이 세계선수권 대회 우승으로 가져다준 감동이 아직도 생생할 때였다.

남북기본합의서의 주요 내용

제1조 남과 북은 서로 상대방의 체제를 인정하고 존중한다.
제2조 남과 북은 상대방의 내부문제에 간섭하지 아니한다.
제3조 남과 북은 상대방에 대한 비방, 중상을 아니한다.
제4조 남과 북은 상대방을 파괴, 전복하려는 일체 행위를 하지 아니한다.
제5조 남과 북은 현 정전상태를 남북 사이의 공고한 평화상태로 전환시키기 위하여 공동 노력하며 이러한 평화상태가 이룩될 때까지 현 군사정전협정을 준수한다.
제6조 남과 북은 국제무대에서 대결과 경쟁을 중지하고 서로 협력하며 민족의 존엄과 이익을 위하여 공동 으로 노력한다.

이인모 노인의 귀향

김영삼 대통령이 취임식 연설에서 "어느 동맹국도 민족보다 더 나을 수는 없습니다. 어떤 이념이나 어떤 사상도 민족보다 더 큰 행복을 가져다주지 못합니다"라고 한 것은 결코 빈말이 아니었다. 역대 정권에서 '빨갱이'로 몰렸던 한완상을 통일원 장관으로 임명했다.

3월 11일, 비전향 장기수로 복역한 이인모를 인도적 차원에서 북한으로 돌려보내겠다고 발표했다. 이인모는 무려 34년 3개월의 징역을 살았다. 역대 정권에서는 철통 같은 반공전선의 혼란일 뿐이었다. 이인모는 3월 19일, '영웅'이 되어 고향으로 돌아갔다.

'남북기본합의서'는 처음부터 비틀거렸다. 남북합의서로 통일의 획기적 기틀이 마련되었다는 평가가 오히려 미국 심사를 건드렸다. 부시 대통령이 "남북 관계 개선이 핵 문제 해결 이전에 이루어진다면 위험스러울 것이다"라며 직접 나섰다.

미국 첩보 위성이 찍은 영변의 두 개 시설이 핵폐기물 장소로 의심된다며 국제원자력기구IAEA에 특별 사찰을 요구했다. 그리고 북한이 침략 전쟁 준비 훈련이라며 팀스피리트 훈련을 다시 시작했다. 이에 북한은 이인모 노인을 북송한다고 발표한 다음날인 1993년 3월 12일, 핵확산금지조약 NPT를 탈퇴하겠다고 선언했다.

(좌) 1993년 3월 평양으로 돌아가는 이인모 노인

(우) 송환된 이인모 노인과 가족들을 만나는 김일성 주석

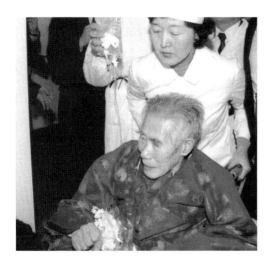

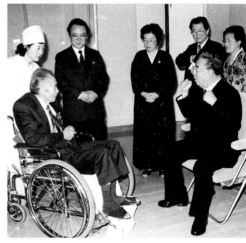

국면의 전환

"일요일까지 한국을 떠나라."

1994년 6월 16일, 제임스 레이니 주한 미 대사가 한국에 와 있던 그의 딸과 손자·손녀에게 말했다. 이 지시는 레이니 가족에게만 내려진 것이 아니었다. 그날 레이니와 개리 럭 주한 미군사령관은 한국에 있는 미국인들을 소개시키기로 결정했다. 전쟁이 임박했음을 알리는 신호였다.

워싱턴 시각으로 6월 16일, 클린턴 대통령은 백악관에서 안보회의 Council of War를 소집했다. 안건은 북한 문제였다. 5등국 북한은 1등국 미국의 압력에 굴하기는커녕 되려 협박을 해댔다.

"영변 핵 단지의 5메가와트급 원자로에서 핵연료봉을 추출하겠다."

북한이 핵무기용 플루토늄을 추출해도 미국이 속수무책의 상황을 맞을 판이었다. 방북해서 핵 활동을 감시하고 있던 IAEA 검사관들을 추방하겠다고 위협하고 있었다. 그리고 급기야 6월 13일에는 IAEA 탈퇴를 선언하고 나왔다.

손 놓고 당하기만 할 미국이 아니었다. 미국의 최대 강점은 강력한 힘이었다. 그 힘의 가장 큰 근원은 압도적 군사력에 있었다. 그러나 이 일을 실행에 옮기기 위해서는 특별한 각오와 조치가 필요했다. 전쟁경보담당 국가정보관 찰스 앨런이 클린턴 대통령에게 "북한이 이러한 군사력 강화에 대응해서 전격 동원 체제로 전환, 선제공격을 가해올지도 모른다"라고 보고했다. 전쟁이 임박했다고 판단된 경우에만 올리는 보고였다. 북한은 벌써 준전시 상황을 선포한 상태였다.

바로 이 시간, 평양에서 중요한 만남이 벌어지고 있었다. 카터 전 미국 대통령과 김일성 주석의 회담은 성과를 거뒀다. 김일성은 북한의 중수로 원자로를 경수로 원자로로 바꾸어주고, 미국이 북한에 핵 공격을 하지 않을 것을 보장해달라는 조건을 달았다. 이는 얼마든지 받아들일 수 있는 내용이었다. '핵시설의 동결', 이것이 중요했다. 전쟁으로 달려가는 흐름은 멈추었다. 타협이 시작되었다.

그 얼마 뒤 비록 김일성은 죽었지만, 후계자 김정일은 김일성의 유훈을

지킬 각오가 되어 있었다. 4달 뒤, 북한 강석주 부부장과 미국의 갈루치 핵 대사는 김일성과 카터의 약속을 북미제네바기본합의서로 문서화한다. 북한은 핵 동결을 약속했다. 미국은 북한의 체제 보장, 경수로 지원, 중유 제공, 경제제재 완화, 관계 정상화를 약속했다.

그러나 김일성-카터 회담의 성과 가운데 하나였던 남북정상회담은 성사되지 않았다. 김정일은 그 유훈을 서둘러 지킬 생각이 없었다. 왜냐하면 김정일이 김영삼을 정상회담 상대로 받아들이기에는 김영삼이 너무나 많은 상처를 주었기 때문이다.

(좌) 1994년 6월, 평양을 방문하여 김일성 주석과 만난 지미 카터 전 대통령

(우) 평양을 방문하여 남북정상회담에 합의하고 돌아온 카터를 만나는 김영삼 대통령

백악관 보좌관의 증언

당시 미국 안전보장회의 핵비확산 담당 보좌관이었던 대니얼 포너먼의 증언은 다음과 같다.

"1994년 6월 16일, 미국은 북한 영변 지역에 대한 폭격의 H아워까지 결정해놓고 카운트다운에 들어가 있었다. … H아워 한 시간 전에 북한 강석주 외교부 부부장이 백악관으로 전화를 걸어와 미국 측 요구를 수용한다는 의사를 전달해오면서 위기는 일단 진정되었다."

— 송문홍, 94년 6월 미 북한폭격 D데이 H아워, 《신동아》, 1998년 11월호

'반공 세력'의 총반격

1995년 6월 25일,
첫 대북 쌀 지원 출항 행사

1994년 7월 8일, 김일성은 심장마비로 사망했다. 북한으로서는 날벼락 같은 일이었다. 카터의 중재로 남북정상회담이 예정되어 있어서 그 준비에 몰두할 계획이었다. 북한으로서는 너무나 가슴 아픈 일이었다. 그런데 더욱 심각한 상황은 남한에서 벌어졌다.

이부영은 '외교적 차원'에서 김일성 조문弔問을 고려해보지 않겠느냐고 발언했다. 그러자 김일성의 죽음을 몹시 슬퍼하는 '주사파'와 그가 다르지 않다며 벌떼처럼 일어나 규탄하는 사람들이 있었다. 그들은 김일성이 민족의 원수라고 생각하는지 아닌지를 분명히 밝히라고 요구했다. 김영삼 대통령에 대해서까지도 의심할 판이었다.

"정상회담을 눈앞에 두고 김일성이 죽어서 애석하다."

"그래서 … 김일성이 원수란 말인가 아니란 말인가?"

이러한 의구심에 "김일성은 민족 분단의 고착과 동족상잔의 전쟁을 비롯한 불행한 사건들의 책임자라는 역사적 평가가 이미 내려졌다"는 국무총리의 공식 입장이 발표되고서야 김영삼은 공격에서 벗어날 수 있었다. 이때 구소련 비밀문서를 공개하면서 김일성을 6·25의 전범이라고 규탄했다. 서강대 총장 박홍의 반주사파 운동은 앞뒤 가리지 않고 아무나 잡아

연도	지원 내용	지원 방식	지원 금액
1995년	국내산 쌀 15만 톤	무상	1,854억 원
2000년	외국산 쌀 30만 톤, 중국산 옥수수 20만 톤	차관	1,057억 원
2002년	국내산 쌀 40만 톤	차관	1,510억 원
2003년	국내산 쌀 40만 톤	차관	1,510억 원
2004년	국내산 쌀 10만 톤, 외국산 쌀 30만 톤	차관	1,359억 원
2005년	국내산 쌀 40만 톤, 외국산 쌀 10만 톤	차관	1,787억 원
2006년	국내산 쌀 10만 톤	무상	394억 원
2007년	국내산 쌀 15만 톤, 외국산 쌀 25만 톤	차관	1,505억 원
합계	쌀 265만 톤, 옥수수 20만 톤		1조 976억 원

정부의 연도별
대북 식량 지원
(자료:통일부)

넣으라는 폭거였다.

남북정상회담이 발표되자, "큰일났다"며 비명을 지르던 세력의 대반격이었다. 과거에 힘의 원천이었던 '반공'이 탈냉전의 흐름을 타고 다 죽어가고 있었다. 남북정상회담이라니, 북한을 조금이라도 협상의 상대로 인정한다면 생각할 수도 없는 일이었다. 남북정상회담은 기약할 수 없게 되었다. 파상공세는 일단 성공했다.

그러나 여기서 그치지 않았다. 북한으로서는 쌀을 달라고 청한 것도 자존심을 한껏 누른 일이었다. 국제 관계를 무시하고 쌀을 실은 배에 태극기만을 달고 항구에 들어간 남쪽 잘못은 쏙 빼놓았다. 오직 그 배에 인공기를 강제로 단 북쪽 행동만 물고 늘어지며 국민을 선동했다. 북쪽으로서는 사죄하라는 요구도 터무니없고 참기 힘든 굴욕이었으나 받아들였다. '배고픈 인민'을 거느렸기 때문이다. 남쪽에서는 여기에 만족하지 않았다. 이를테면 무릎을 꿇고 머리를 땅에 조아리라고 요구한 것이다.

협정을 어기고 군사기지에 카메라를 들이댄 사건은 쏙 빼놓았다. 그리고는 당사자를 억류한 일만 문제 삼아 국민들을 선동했다. 남한 사람들은 흥분했다. 선동은 계속되었다. 김영삼은 처음에는 이들에게 끌려갔지만, 나중에는 아예 선봉에 섰다.

이부영의 발언

"외교라는 영역은 윤리·도덕적 가치체계의 세계가 아니라 현실주의적·탈윤리적 약육강식의 세계다. 역사상 조문외교는 고대부터 있었다. 최근 일본이 정당대표로는 조문을 하되 정부대표 자격으로는 조문하지 않는 교활한 양다리 외교를 하고, 미국도 클린턴이 조의를 표시하면서 외교관에게는 이를 금지시키고 있다. … 저마다 국익을 위해 현실주의적 접근을 하고 있다. 그런데 가장 가까워야 할 우리만이 배제돼 구경꾼이 돼서야 안 되지 않겠느냐. 나의 상임위원회 발언도 이런 진의였다.

… 50년 간의 분단체제 아래서 냉전적 기득권에 안주해 여러 특권을 누렸던 세력들이 탈냉전시대에 들어서면서 이것이 흔들리자, 이를 놓치지 않기 위해 공격적 자세를 보이는 것 같다. 이들은 여권에 있으면서 김영삼 정부의 남북관계 개선시도나 정상회담 추진에 극도의 거부감을 갖고 있다. 그런 세력들은 자기들이 주도하는 통일, 심지어는 무력을 통한 흡수통일까지 불사한다는 생각을 갖고 있을 것이다."

─《한겨레신문》, 1994년 7월 19일자

연평 앞바다 충돌

연평도 포격 사건
2011년 11월 23일 10시경부터 연평도 주둔 해병대가 4시간 동안 북쪽을 향해 사격훈련을 했다. 포격이 종료된 지 10분 후인 오후 2시 34분에 북한군은 연평도 군부대와 인근 민가를 향해 포격을 가했다. 이 포격으로 군인 16명이 중경상을 입고, 민간인 2명이 사망했다.

1999년 6월 11일에서 15일까지 남과 북은 정전협정 이후 최대의 해전을 벌였다. 북한 함정 1척이 침몰하고 3척이 대파된 반면, 남한은 함정 3척이 가벼운 손상을 입었다. 이것이 '제1연평해전'으로 불리는 사건이다. 남한 측에서는 '대첩' 결과에 축배를 들었다.

남한은 북한이 북방한계선NLL을 침범했다고 주장하지만, 북한 입장은 다르다. 북한은 "그것은 북방한계선이 아니다. 미국이 한국이 일방적으로 정한 선에 지나지 않는다. 우리는 단 한 번도 이 선을 인정한 적이 없다. 정전협정에도 이 선에 대해서는 한 마디도 없다"라고 주장한다.

북한이 겨냥한 것은 남한 함정이 아니었다. 미국, 그것도 다름 아닌 '페리 보고서'였다. 미국을 향해 북한이 무력시위를 한 것이었다.

연평 앞바다에서의 충돌은 이것이 끝이 아니라 시작이었다. 2002년 6월 29일, 연평도 북방한계선 부근 해상에서 남한 해군 고속정이 북한 해군 경비정의 기습 공격을 받았다. 전투는 30분 만에 끝났으나 양측 모두 상당한 손상을 입었다. 남한의 참수리 357호는 교전 후 예인 중 침몰했으며, 승무원 6명이 사망하고 18명이 부상했다. 북한군의 등산곶 684호도 예인되었고, 사망자와 부상자가 다수 발생했다. 이른바 '제2연평해전'이다.

1·2차 연평해전 및
서해교전 차이점

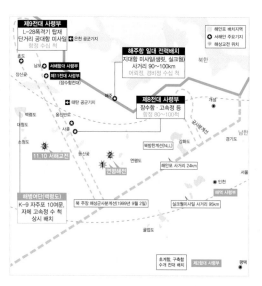

	1차 연평해전 1999년 6월 15일	2차 연평해전 2002년 6월 29일	서해교전 2009년 11월 10일
교전 수칙	경고방송 → 시위 기동 → 차단 기동 → 경고사격 → 격파 사격		경고방송 및 시위 기동 → 경고사격 → 격파 사격
피해 상황	**남측** 함정 2척 약간 손상 **북측** 어뢰정 1척 침몰, 중형 경비정 3척·소형 경비정 2척 파손	**남측** 고속정 1척 침몰 **북측** 경비정 1척 대파	**남측** 고속정 외부 격벽 총탄 손상 **북측** 함정 1척 반파
사상자	**남측** 9명 경상 **북측** 20명 사상	**남측** 6명 사망, 18명 부상 **북측** 13명 사망, 25명 부상	**남측** 부상 없음 **북측** 1명 사망, 3명 부상(추정)

시간대별 상황 2010년 11월 23일			공격	
14시 34분 ~ 14시 55분	북 1차 공격, 해안포 수십 발 발사			76.2mm 평사포
14시 47분	군 1차 대응사격 실시 진돗개 하나 발령	북한 측 공격 – 총 170여 발		122mm 대구경포
15시 11분 ~ 15시 42분	북 2차 공격, 해안포 수십 발 발사			130mm 대구경포
15시 25분	군 2차 대응사격 실시	남한 측 대응 – 총 80여 발		K–9 자주포
15시 42분	북 해안포 사격 중단			

시설 피해			인명 피해		
주택	창고	근린생활시설		전사·사망	부상
전파 25, 반파 1, 일부 파손 133	전파 14, 반파	전파 7, 일부 파손 9	국군(18명)	2명	16명
			민간인(5명)	2명	3명

연평도포격사건의 상황

2009년 11월 10일에는 대청도 근해에서 남북 해군 사이에 충돌이 벌어졌다. 북한군이 남하하자 남한군이 경고한 후 사격했다. 이에 북한군이 조준 사격을 하면서 교전이 벌어졌다. 북한 경비정이 반파되고 8명이 사망했다. 남한군의 피해는 없었다. 이것이 대청해전이다.

세 번의 서해교전에서 북한군 전력이 남한군에 비해 월등히 뒤떨어진다는 사실이 확인되었다. 이 바람에 남한 보수 언론에서는 호전적 언동을 쏟아냈다. 그러나 결국 남북의 무력 충돌 탓에 '천안함 사건'과 '연평도 포격 사건'이 일어났다.

천안함 침몰 사건

2010년 3월 26일, 백령도 근해에서 남한 해군의 초계함 PCC-772 천안이 침몰하는 사건이 일어났다. 이 사건으로 남한 해군 장병 40명이 사망하고 6명이 실종되었다. 한국 정부는 천안함의 침몰 원인을 규명하기 위해 민간·군인 합동조사단을 구성했다. 한국을 포함한 호주, 미국, 스웨덴, 영국 등 5개국에서 전문가 24명으로 구성된 합동조사단은 2010년 5월 20일 '천안함이 북한군 어뢰 공격으로 침몰한 것'이라는 조사 결과를 발표했다. 그러나 이러한 조사 결과에 대해 북한은 이 사건이 자신들과 관련이 전혀 없다고 주장하며 남북공동조사단 구성을 제의하기도 했다.

천안함의 침몰 원인을 두고는 남한 내부에서도 정부 조사 결과와는 다른 목소리가 나오는 등 여전히 해소되지 못한 의문점이 많은 상황이다. 당시 정치적 상황을 두고 볼 때, 북한이 무리한 어뢰 공격을 벌일 상황이 아니라는 점을 감안하여, 1898년 미국–스페인 전쟁의 발단이 되었던 '메인호 폭발 사건'과 비교하는 주장도 제기되고 있다. 이 사건을 계기로 이명박 정부는 남북의 교류 협력을 제안하는 5·24조치 취했고, 이후 남북 관계는 급격히 냉각되었다.

페리 보고서

1999년 9월 12일, 베를린에서 북한과 미국은 미사일 문제에 합의했다. 이로써 '꽁꽁 묶인' 북한의 미사일 발사대에서는 축포가 울려 퍼지고 있었다. 미국이 대결을 포기하고, 화해와 협력의 길을 가겠다고 선언한 것이다. 미국은 페리 보고서로써 비로소 북미 관계를 평화적으로 재편할 종합적이고 체계적 계획을 갖게 되었다.

미국은 전쟁만을 빼놓고는 쓸 수 있는 모든 수단을 동원하여 압력을 넣어보았다. 그러나 아무것도 통하지 않았다. 전쟁이냐 평화냐, 길은 하나뿐이었다. 전쟁에는 비록 이기더라도 그 후유증을 감당할 자신이 없었다. 북한의 공격에 남한은 아무것도 남지 않을 것이 분명했다. 게다가 북한이 쏘아 올린 미사일은 일본 대도시들을 쑥대밭으로 만들 뿐 아니라 알래스카까지 날아올 위험이 있었다. 갈 길은 분명했다.

북한도 전쟁을 원치 않았다. 전쟁이 일어나면 돌아올 것은 너무나 분명했다. 설혹 땅은 지킬 수 있다 하더라도 다시 6·25 직후 상태로 되돌아갈 각오를 해야 했다. 물론 그냥 빼앗길 수도 없는 노릇이었다. 최후 결전도 각오했지만, 그것은 말 그대로 '최후 선택'일 뿐이었다.

'냉전의 마지막 섬' 한반도에서 냉전의 얼음장이 녹기 시작한 것은 분명했다. 그러나 아직 갈 길은 멀었다. 페리는 보고서에서 언제든지 북한에

국방장관을 역임하고 대북정책 조정관에 임명되어 '페리 보고서'를 작성한 윌리엄 페리

페리 프로세스의 3단계 북핵 해결 방안
1단계: 북한의 미사일 발사 중지와 미국의 대북 경제제재 해제
2단계: 북한의 핵 개발, 미사일 개발 중단
3단계 : 북미 북일 관계 정상화, 한반도 평화 체제 구축

김정일과 올브라이트 회담
2000년 10월 23일, 방북한 매들린 올브라이트 미 국무장관이 김정일 국방위원장과 회담을 마치고 저녁에 예정에 없던 집단체조를 관람했다. 집단체조 관람 도중 '광명성1호(대포동미사일)' 발사하는 카드섹션이 나오자 김 위원장은 올브라이트 장관을 쳐다보며 "처음이자 마지막 인공위성 발사"라며 북미 관계가 잘되면 미사일 발사 중단이 무기한 유효할 것임을 시사했다.

'채찍'을 휘두를 준비가 되어 있다는 말을 빼놓지 않았던 것이다. 남한에
는 김정일을 철천지원수로 생각하는 사람들이 건재했고, 북한의 항미성
전抗美聖戰 의지 또한 여전히 높았다.

윌리엄 페리 전 미국 국방장관의 충고

"미국은 외교적으로 북한이 핵을 포기하게 만드는 데 계속 실패해왔다. 북한의 핵 포기가 미국의 최우선 목
표라면 앞으로도 실패할 가능성이 크다. 하지만 미국은 북핵에 의한 위험을 줄일 수 있는 외교적 수단을 가
지고 있다. 나는 남한이 경제적 양보를 제공하고 미국이 안보를 보장해준다면 북한이 핵무기와 장거리 미사
일 실험, 핵 기술 판매와 이전을 포기할 거라 믿는다. 미국이 북한을 혐오하는 것은 당연하다. 하지만 여러
해 동안 나는 한 가지 중요한 교훈을 얻었다. 우리는 북한을 있는 그대로 상대해야 한다. 우리가 원하는 북한
의 모습으로 상대해서는 안 된다."

페리 프로세스의 무산

1994년, 북미 사이 제네바 합의로 북한 핵 위기는 일단락되었다. 그러나 이행을 두고 북미 간 마찰과 충돌이
계속되었다. 미국 클린턴 행정부는 북한이 몇 년 안에 붕괴된다고 보고 합의서에 서명했으나 예상과 달리
북한은 위기 속에서도 살아남았다. 북한이 핵을 동결하는 조건으로 매년 중유 50만 톤을 제공하고 경수로
두 기를 건설하며 경제제재 조치를 해소한다는 등을 약속했으나 이를 제대로 이행하지 않았다. 특히 공화당
이 다수를 차지한 의회가 발목을 잡아 중유 제공이 제대로 이뤄지지 않았다. 이에 북한은 미국을 압박하기
위해 1998년 8월, 장거리 미사일 '대포동 1호'(북한은 '우주로켓', 즉 '인공위성'이라고 주장)를 발사하고, 금창리에
터널 공사를 하는 등으로 핵 재가동 움직임을 보였다.

이에 클린턴 행정부는 페리를 대북조정관에 임명하고, 대북 정책을 전면적으로 재검토하는 작업에 들어갔
다. 조정관에 임명된 페리는 수학자로서 군산복합체 임원과 국방장관을 역임한 보수적 인물이었지만, 미국
과 한국, 북한 등 관계자들을 광범위하게 접촉하여 의견을 종합한 뒤 합리적 결론을 담은 '페리 보고서'를 내
놓았다.

이 보고서에서는 미국 국익 차원에서 북한과의 대화가 최선의 길이며, 이를 통한 '포괄적이며 통합된 접근
방식'이 제안되었다. 클린턴 행정부는 이 제안에 따라 북한과 대화를 통한 관계 개선에 나섰고, 이는 남북 관
계 개선에도 중요한 계기로 작용했다. 올브라이트 미 국무장관이 평양을 방문하여 김정일과 회담하고, 이에
대한 답방 형식으로 조명록 북한 국방위원회 부위원장이 워싱턴을 방문하여 클린턴과 회담하면서 북미 관
계는 새로운 방향을 나아갈 수 있게 되었다.

그러나 2000년 미 대선에서 민주당 앨 고어가 공화당 조지 부시에 패하면서 모두 물거품이 되었다. 부시 행
정부가 들어선 뒤 북미 관계는 대결 일변도로 나아갔고 미국 압박에 북한이 핵무기 개발로 대응함으로써 긴
장이 급격히 고조되었다. 북한 핵 문제를 풀기 위해 6자회담이 시작되어 일정한 성과를 거두었으나 끝내 최
종 마무리를 짓지 못했다. 그 과정에서 북한은 6차에 걸친 핵실험으로 사실상 핵 보유국이 되었다.

소떼와 금강산

소떼를 몰고 간 정주영이 들고 온 선물은 금강산 관광이었다.

1998년 11월 18일 오후 5시 43분, 일반인 835명과 승무원 419명, 여행 안내원과 관광버스 운전사 98명, 카자흐스탄 무용수 3명 등 1,355명을 태운 금강산 유람선 '금강호'가 동해항을 출발했다. 이들 승객을 태운 금강호는 19일 오전 6시께 장전항에 도착했다. 4박 5일 동안 금강산 관광을 끝내고 11월 22일 아침 6시께 동해항에 무사히 돌아왔다. 금강산으로의 첫 출항이었다.

1999년 6월, 북한이 관광객을 억류하여 45일간 운항이 중지되었지만 순항 중에 일어난 우발적 사건일 뿐이었다. 군함이 가라앉고 부서지는 격돌이 일어났어도 관광선은 쉬지 않고 금강산을 향해 북으로 들어갔다. 그나마 금강산 땅이라도 밟았기에 서해의 대포 소리에도 습관성 히스테리가 발동하지 않았다는 것이 사람들의 평가였다. 금강산을 밟은 사람들은, 북한에 대한 적개심은 사라지고 동포애가 커졌다고 말하기도 했다.

1998년 6월 16일, 자신이 키운 소와 함께 1차 소떼 방북 전 환송 인파에 인사하는 정주영 회장(좌)과 소 500마리를 싣고 북으로 가는 모습(우)

금강산 내금강 관광 시작
1998년 11월 18일 첫 관광선이 출항한 후 2003년 외금강 육로관광이 시작됐고, 2007년 다시 내금강까지 관광 지역이 확대되었다.

김대중 정부는 햇볕으로 북한의 옷을 벗길 생각은 눈꼽만치도 없다고 했다. 북한을 동포로 꼭 껴안고 가겠다는 다짐을 거듭했다. 김대중의 이런 자세가 아니었다면 정주영이 소떼를 몰고 고향에 갈 수도, 금강호를 동해에 띄울 수도 없었다.

사람들은 이렇게 생각했다. 어느덧 세기를 넘겨가며 지속되고 있는 민족의 분단이 끝나고 이제는 통일이 진정 우리에게 다가오고 있는 것인가?

그러나 통일은 그리 쉽게 오는 것이 아니었다. 금강산 관광은 김대중·노무현 정부에서는 계속 잘 되어갔다. 그러나 이명박 정부가 들어서면서부터 곧 문제가 생기고 말았다.

2008년 7월 11일 오전 4시 50분경, 남한 금강산 관광객 중 한 명이 군사 지역 근처에서 북한군에게 피살되는 사건이 일어났다. 금강산 관광은 곧 중단되었다. 그 뒤 남북은 북한의 사과와 재발 방지책을 두고 설전을 벌이면서 시간을 보냈다. 2010년, 천안함 사건이 일어난 후에는 5·24조치로 금강산 관광은 무망한 상태가 되고 말았다.

금강산 관광객 수 변화

연도	누적 관광객	관광객 수
1998년		1만 554명
1999년		14만 8,074명
2000년		21만 3009명
2001년		5만 7,879명
2002년		8만 4,727명
2003년		7만 4,334명
2004년		27만 2,820명
2005년	누적 관광객 100만 명 돌파(6월)	30만 1,822명
2006년		23만 8,497명
2007년	누적 관광객 150만 명 돌파(6월)	34만 5,006명
2008년 6월		18만 3,809명

역사적인 첫 남북정상회담

2000년 6월 13일 오전 10시 37분, 평양 순안공항에 세계의 이목이 집중되었다. 김대중 대통령이 대한민국 공군 1호기(대통령 전용기)의 트랩을 내려온다. 트랩 아래에 서 있던 김정일 국방위원장과 두 손을 맞잡는다. 해방 후 우리 현대사에서 가장 감동적인 장면이었다. 분단과 전쟁, 대결과 반목의 세월을 끝내고 화해와 협력의 새 막이 오르고 있었다.

김대중·김정일, 나란히 북측 의장대의 사열을 받는다. 그 전에는 상상도 하지 못했던 일이었다. 뒤이어 두 정상을 환영하는 군중 앞에서 손을 흔들며 통과했다.

이때부터 남북 정상의 회동이 시작되었다. 이후 김대중 대통령이 6월 15일 오후 4시 13분, 공군 1호기가 평양 순안공항을 떠날 때까지 2박 3일 동안 두 정상은 회담을 몇 차례 진행했다. 그리고 그 성과를 담아 6·15남북공동선언을 발표한다.

정상회담 자체가 역사적이며 남북 관계에 새로운 변화가 될 것이라는 점에는 거의 모든 사람들이 동의했다. 하지만 구체적 성과에 대해서는 회의적 시각이 많았다. 하지만 예상과 달리 남북 정상은 큰 성과를 남겼다.

(좌) 2003년 6월 30일, 열린 개성공업지구 착공식

(우) 2000년 6월 13일, 남북정상회담을 위해 평양공항에서 첫 만남을 가진 김대중 대통령과 김정일 국방위원장

먼저, 통일문제에 큰 진전이 있었다. 특히 공동선언 2항에서 "남측의 연합제 안과 북측의 연방제 안이 공통성이 있다는 걸 인정하고 서로 이런 방향에서 통일을 지향시켜나가기로 했다"는 점이 놀라웠다.

그 다음으로 몇 가지 구체적인 실천 문제에 합의했다.

송환을 원하는 비전향 장기수를 북쪽으로 보내는 대신 이산가족 교환 방문을 추진하기로 했다. 경제협력과 교류 활성화에도 합의했다. 남북경협은 남북경제공동체 건설이라는 차원에서 접근하기로 했다. 이른바 '윈윈'win-win 전략이다. 스포츠와 문화 교류 등에도 성과를 내기로 하여 2000년 시드니 하계 올림픽에서는 남북한 선수단이 동시 입장했다.

또한 김정일 국방위원장이 서울을 방문하는 일에도 합의했다. 이는 정상회담의 정례화 가능성을 열어놓아 의미는 있었지만 결국 성사되지는 못했다.

사전 정지整地 작업으로 북한 김용순 비서가 남한을 방문하고 나서 남북 간 실무적 문제들을 협의하기 위한 장관급 회담도 진행되었다. 국방장관 회담이 시작되어 군사 문제도 논의할 수 있게 된 것 또한 큰 성과였다.

첫 남북정상회담으로 남북 관계는 근본적인 변화가 시작되었다. 2000년 7월부터 2007년 5월까지 21차례 남북장관급 회담이 열려 남북 협력을 논의하고 조율했다. 남북 경제협력과 민간교류도 활성화되었고, 남북 간 공동행사도 봇물을 이뤘다. 개성공단과 금강산관광도 확대되었다. 2001년, 미국 부시 행정부가 등장하여 남북 관계가 위기를 맞기도 했지만 이러한 토대 위에서 2007년 10월 남북정상회담이 다시 열린다.

2000년 9월 19일, 시드니 올림픽 남북선수단이 공동입장하는 모습(위)

월간지 《민족21》 창간호(아래)
6·15공동선언이 발표되면서 남북 언론교류도 확대되어 2001년 4월 북한의 《통일신보》가 취재한 기사를 받아 게재하는 통일전문 잡지도 등장했다. 창간호 표지 모델로 김일성종합대학 여학생을 실어 화제가 되었다.

'금단의 선'을 넘다

2007년 10월 2일 오전 9시 군사분계선MDL 바로 앞에서 소감을 밝힌 노무현 대통령은 마침내 걸어서 '금단의 선'을 넘었다. 권양숙 여사와 함께였다. 최초로 '육로로 군사분계선을 넘어 평양까지 간 대통령'이 된 것이다. 1948년 4월, 김구 주석도 38선을 넘을 때 이 육로를 이용했다.

2차 남북정상회담을 결심하기까지 노 대통령은 고심이 거듭했다. 임기가 얼마 남지 않은 처지에서 과연 가야 하는 것일까? 가서 어떤 약속을 하고 얼마만큼 임기 안에 마무리를 하고 또 무엇을 다음 정부에 넘겨야 할 것인가?

상당히 고심한 끝에 노 대통령은 "아무리 생각해 봐도 지금 이 시기가 매우 중요한 시기이기 때문에 이 시기에 해야 될 일을 안 하고 다음 정부에 넘긴다면 지금의 이 좋은 기회에 해야 할 일을 할 수도 없거니와 또 시간적으로 너무 뒤로 늦어진다"라고 판단하며 북행을 결심했다.

우여곡절이 많았지만 노 대통령은 역지사지의 자세로 북측을 설득했다. 측근들의 반대에도 북에서 준비한 '아리랑' 공연을 관람했다.

이틀간의 회담이 끝나고 남북 정상 간의 '남북관계 발전과 평화번영을 위한 선언문'(10·4선언) 서명 작업은 일사천리로 진행됐다.

공동선언을 통해 남과 북은 사상과 제도의 차이를 초월하여 남북

2007년 10월 3일, 걸어서 금단의 선, 군사분계선을 넘는 노무현 대통령과 권양숙 여사

10·4선언 합의 내용과 의미

```
           6·15공동선언 계승
                 │
             10·4 선언
                 │
   ┌──────┬──────┴──────┬──────┐
  정부    민간      경제공동체   평화 체제
```

정부	민간	경제공동체	평화 체제
• 수시 남북정상회담 • 총리회담 정례화 • 남북 경제·군사회담 • 남북 국회회담	• 이산가족상봉 정례화 • 사회·문화교류 활성화 • 백두산 관광 실시	• 서해평화협력특별 지대 창설 • 금강산관광특구 활성화 • 개성공단 확대 • 남북·철도·도로 자원 연결	• 한반도 비핵화 (6자회담 협력) • 한반도 종전 선언 → 평화협정

```
              사실상의 통일
```

관계를 상호 존중과 신뢰 관계로 확고히 전환시켜 나가기로 했다. 또한 현 정전 체제를 종식시키고 항구적인 평화 체제를 구축해나가야 한다는 데 인식을 같이하고 직접 관련된 3자 또는 4자 정상들이 한반도 지역에서 만나 종전을 선언하는 문제를 추진하기 위해 협력해가기로 합의했다. 2000년 6·15공동선언을 구체적으로 이행하는 이정표가 만들어지는 순간이었다.

그러나 2009년 이명박 정부가 들어서면서 남북 관계는 다시 냉각되기 시작했다. 제자리걸음을 넘어 역주행을 거듭하다가 김영삼 정부 시절로 되돌아가고 말았다. 남북 관계에서도 이명박·박근혜 정부 시절은 '잃어버린 9년'이었다.

〈통일뉴스〉 창간
6·15공동선언이 나온 직후인 2000년 10월 "분단시대의 언론유물인 북한과 통일에 대한 냉전적 시각과 왜곡보도, 편파적 논평에서 벗어나 바른 시각, 바른 보도, 바른 논평을 하는 인터넷 통일 정론지"를 표방하며 창간됐다.

33
잃어버린 9년

"대한민국은 민주공화국이다"

문민정부 이후 한국에도 형식·제도적 민주주의는 일정하게 완성되었다. 하지만 민주주의는 내용면에서 성숙도가 중요하며 끊임없이 발전한다. 노무현 정부는 탈권위주의적 정치 문화를 형성하는 데 기여함으로써 민주주의를 내용적으로 한 단계 성숙시켰으나 사회경제적 측면에서는 여전히 많은 한계를 노출했다. 반면, 이명박·박근혜 정부는 시민사회의 요구를 무시하고 독단적으로 정책을 결정하고 집행했다. 게다가 국가 공권력으로 인권을 침해하고 노동을 탄압하는 등 과거 권위주의 시대의 비민주적 행태가 재현되면서 정치적 민주주의의 후퇴를 가져왔다. 사회경제적 측면에서도 보편 복지를 거부하고 지체하며, 양극화 현상이 격화되는 등 심각한 문제를 드러내 보였다.

제18대 대통령 취임식

"이거 막가자는 것이지요?"

2003년 3월 9일, 노무현 대통령과 평검사들의 토론 광경이 텔레비전으로 전국민에게 생중계된다. 한국 헌정 사상 볼 수 없었던 놀라운 상황이었다.

토론회는 강금실 법무부장관의 인사 방침에 검찰이 집단으로 반발한 데서 비롯되었다. 강금실 장관은 취임하며 검찰개혁의 일환으로 기수를 파괴한 인사를 단행한다. 3월 3일, 강금실 장관이 법무부차관에 정상명 법무부 기획관리실장을 내정하고 뒤이어 사법시험 14·15회 합격자 1명씩과 16회 합격자 2명을 파격적으로 고검장에 발탁할 것이라고 알려지면서 파란이 일었다.

김각영 검찰총장이 소집한, 검사장급 이상 간부들의 긴급 대책회의가 열렸다. 다음날 서울지검 등 일선에 있는 검찰청 평검사들은 정부의 '검찰 장악 의도'라면서 연판장을 돌리고 전국평검사회의를 열기로 하는 등 조직적으로 반발했다. 언론에서는 이를 두고 '3월 검란檢亂'이라고 불렀다.

노무현 대통령은 평검사와의 토론을 전격 제의하고, 검사들은 이를 수용했다. 토론은 불꽃을 튀겼다. 노무현 대통령이 "국민이 지켜보는 앞에서 밀실 인사인지, 검찰 장악인지, 국민의 심판을 받아봅시다"라며 말문을 열었다. 평검사들은 "법무부장관의 인사제청권을 검찰총장에게 이관

노무현과 김대중 대통령
2003년 2월 25일 오전 국회에서 열린 제16대 대통령 취임식을 마친 노무현 대통령이 김대중 전임 대통령의 손을 잡고 단상을 내려오고 있다. 2009년 5월 23일 노 전 대통령이 투신자살하자 영결식에서 김 전 대통령은 큰 슬픔을 드러내며 오열했다.

**대선에서 연설하는
노무현 후보**
그의 당선은 한 편의 드라마를 방불케 하는 극적 과정의 연속이었다. 그가 당선됨으로써 위기의식을 심각하게 느낀 기성 권력은 탄핵 사건을 일으켰다.

하고, 외부 인사와 평검사들이 참여하는 검찰총장추천위원회를 구성할 것, 법무부장관의 검찰총장에 대한 개별사건 지휘 폐지, 검사의 신분을 보장할 것"을 주장했다.

이에 노무현 대통령은 "검찰인사권은 대통령과 법무장관에게 주어진 합법적 인사권이다"라고 답변했다. 검찰이 독립수사권을 갖는 대신, 법무부장관이 인사권을 가져야 검찰 권력의 독점을 막을 수 있다는 주장이다. 그는 검찰의 인사권을 장관 지휘 아래 두는 것은 문민 통제를 위한 것이며 그동안 한국에서는 통제받아야 할 검찰이 법무부를 장악함으로써 문민통제가 되지 않았다고 비판했다. 권위주의 시절의 반민주적이며 반인권적인 검찰의 행태도 지적했다.

대통령의 비판에 평검사들이 거칠게 대응한다. 수원지검 김영종 검사는 "취임 전 부산 동부지청장에게 청탁 전화를 걸지 않았느냐"며 인신공격성 발언까지 한다. 이에 노무현 대통령은 "이쯤되면 막 가자는 것이죠?"라면서, "청탁 전화가 아니었다"고 말한다.

이 토론 뒤 '검사스럽다'는 단어가 한동안 유행했다. 이 말은 "행동이나 성격이 바람직하지 못하거나 논리없이 자기주장만 되풀이하는 데가 있다"는 의미로 사용되었다.

토론의 승자는 대통령이라는 평가였다. 검사들의 논리는 허술하고 억지스러웠던 반면 대통령의 논리는 여론의 지지를 받을 만했다. 이날 노무현 대통령은 격식을 없애고 권위주의를 탈피한다는 의도로 평검사들과 격정적 토론을 벌였다. 하지만 결과적으로 대통령의 권위가 떨어지는 부담을 감내해야 했다.

대통령과 평검사의 토론은 탈권위주의의 표본으로 남을 수 있는 사건이지만, 대통령의 정치력을 떨어뜨리고 정국 장악력을 약화시키는 요인으로 작용했다.

탄핵정국

탄핵 소추 사유의 비교

노무현 대통령(2004년)
공직선거법 위반
측근 비리 공범으로서 책임
국가 경제와 국정 파탄 책임

박근혜 대통령(2016년)
특가법상 뇌물죄
직권남용, 강요죄
공무상비밀누설죄 등

2004년 3월 12일, 국회에서 노무현 대통령 탄핵소추안이 가결되었다. 헌정 사상 최초의 일이었다. 열린우리당 의원들은 온몸으로 이를 저지하려 했으나 역부족이었다. 박관용 국회의장이 질서유지권을 발동하고 국회 무술 경위들은 열린우리당 의원들을 본회의장 바깥으로 끌어냈다.

탄핵안 표결은 재적의원 271명 가운데 195명이 투표에 참여하여 찬성 193표, 반대 2표로 가결되었다. 뒤늦게 본회의장으로 달려온 열린우리당 의원들은 고함을 지르며 분통을 터뜨렸으나 모든 상황이 끝난 뒤였다. 탄핵소추안이 통과됨에 따라 노무현 대통령의 대통령 권한이 정지되어 그는 헌법재판소(약칭 헌재)의 탄핵 심판 결정을 기다려야 했다. 고건 국무총리가 대통령 권한대행을 맡았다.

노무현 대통령의 선거중립 의무 위반이 탄핵 빌미를 제공했다. 하지만 민주당 분당, 열린우리당 출범, 한나라당의 추락이 실질적 바탕이었다.

민주당은 분당했다. 대통령 후보 시절 노무현을 당내에서 끌어내리려던 반노 세력과의 갈등을 끝내 봉합하지 못했다. 그에 따라 잔류민주당 세력은 정치적 낭인 신세로 전락했다. 한나라당은 노무현 정부의 등장 이후 대선자금 수사 탓에 '차떼기당'이라는 오명과 함께 끝없이 추락하고 있었다. 노무현 정부의 등장 자체만으로도 기존 권력 구도가 급속히 뒤바뀌는 것이어서 기성 권력은 전면적으로 몰락한다는 의미가 있었다. 이런 와중에 노무현 대통령의 선거법 위반 문제가 불거진 것이다.

2월 24일 방송기자클럽 초청 회견에서 노무현 대통령이 "열린우리당에 대한 압도적 지지를 기대한다"는 발언을 했다. 민주당은 이 발언에 대한 선거법 위반 여부를 중앙선거관리위원회에 질의했다. 3월 3일, 중앙선거관리위원회는 노무현 대통령 발언이 "공무원의 선거중립 의무를 위반했다"는 취지로 유권해석했다. 한나라당과 민주당은 이것을 근거로 3월 9일 국회에 탄핵소추안을 제출하고 대통령의 사과를 요구했으나, 노무현 대통령은 기자회견을 통해 사과 요구를 정면으로 거부했다.

김근태와 이해찬 의원
1970~80년대에 재야운동권에서 활동하다 나란히 원내에 진출한 김근태·이해찬 의원이 국회 본회의장 단상에 올라 노무현 대통령 탄핵안에 대해 반대하고 있다.

국회 탄핵 통과 다음날부터 광화문과 여의도 등 서울 시내 도심에서 촛불시위가 연일 계속되었다. '탄핵 세력 심판'과 '탄핵 무효' 시위였다. 탄핵 반대 시위는 서울을 넘어 전국 주요 도시로 확산되었다. 촛불시위는 헌재 판결에도 커다란 정치적 압력으로 작용했다.

탄핵 사건 이후 열린우리당의 지지율은 수직 상승하고 한나라당과 민주당의 지지율은 급락했다. 위기에 몰린 한나라당은 탄핵 역풍을 차단하기 위해 박근혜를 투입했다. 민주당 추미애 선대위원장은 전통적 지지 기반인 광주에서 삼보일배로 회생을 시도했다. 그러나 모두 소용없었다.

2004년 4월 15일 치러진 총선에서 열린우리당은 152석을 차지하여 일약 과반 의석을 가진 원내 제1당이 되었다. 민주노동당도 정당투표제에 힘입어 10석을 확보하여 제3당으로 우뚝 섰다. 이는 4·19 후 사회대중당 등의 원내 진출 이후 44년 만에 이룬 진보정당의 의회 진출로서 정치사적으로 큰 의미가 있는 사건이었다.

5월 14일, 헌재는 탄핵소추안을 기각한다.

그러나 3년 후 치러진 대선에서 열린우리당 정동영 후보는 한나라당 이명박 후보에 참패했다. 그리고 취임 직후 검사와의 대화를 열고 검찰개혁을 추진했던 노무현은 2009년 5월 검찰의 무리한 '강압수사'에 자살을 선택했다.

2009년 5월 23일 노무현 전 대통령의 투신자살 소식을 보도한 《경향신문》 호외

검찰의 대선자금 수사

16대 대선자금 수사는 2003년 8월 말 'SK 비자금 사건' 내사 과정에서 발단했다. 지하 주차장에서 1만 원권 현금 100억 원이 실린 탑차를 통째로 넘겨주는 장면이 검찰 수사 과정에서 밝혀졌다. 한나라당은 SK로부터 100억 원을 받은 외에도 LG 150억 원, 삼성 152억 원, 현대자동차 100억 원을 받은 것으로 밝혀졌다.

수사는 민주당에 대한 대선자금 수사로 확대되었다. 이 과정에서 노무현 대통령은 "한나라당 자금의 10분의 1이 넘으면 대통령에서 물러나겠다"고 발언했다. 2004년 3월 8일 검찰 수사 결과 발표에 따르면, 불법 대선자금 규모는 한나라당이 823억 2천만 원, 민주당이 113억 8,700만 원으로 잠정 집계되었다.

이 사건으로 한나라당의 이회창 총재 측근이 대거 구속되었다. 노무현 대통령 측근도 여럿 구속되거나 기소되어 타격을 받았다. 이를 계기로 한나라당에는 '차떼기정당'이라는 불명예스러운 명칭이 붙었다.

정권교체와 '신보수' 정권의 등장

2007년 대통령 선거의 쟁점은 '경제'였다. 참여정부 시기 경제지표는 전반적으로 개선되는 양상을 보였지만, 두 가지 점에서 대중적 지지를 이끌어내는 데 실패했다. 하나는 안정적 일자리 창출의 실패였다. 참여정부 시기 실업률은 크게 줄어들지 않았고, 늘어나는 일자리는 정규직이 아닌 비정규직이 대부분이었다. 비정규직의 확대는 사회적 불안감을 증폭시켰다.

여기에 더해 국민의 정부 시기부터 급속히 상승했던 집값은 참여정부 시기에도 지속적으로 상승했다. 더 많은 아파트 건축을 통해 공급을 늘려 집값을 잡고자 했지만, 공급 증가로만 해결할 수 있는 문제가 아니었다. 부동산은 교육과 관련된 문제이면서 동시에 심리적인 문제이기도 했다.

공급을 통한 부동산 정책이 실패하자, 참여정부는 부동산에 대한 세제 개편을 통해 부동산 가격을 안정시키고자 했다. '종합부동산세(종부세)'의 신설은 대표적인 예였다. 종부세는 집값을 해결하는 데 일시적인 효과를 가져왔지만, 근본적인 문제를 해결하지는 못했다. 따라서 참여정부의 경제정책은 실패했다는 인식을 주었으며, 진보 정권이 정책적으로 많은 문제를 노출했다는 인식이 확산되었다.

진보 정부에 대한 사회 전반의 부정적 인식은 1997년 이전까지 우리 사회의 정치권력을 장악하고 있던 보수 세력이 다시 정권을 잡을 수 있는 기회를 제공했다. 보수 세력을 정치적으로 대변하고 있는 한나라당과 보수 성향의 신문들은 국민의 정부와 참여정부 10년 기간을 '잃어버린 10년'으로 명명하며 '10년 간의 후퇴'를 다시 바로잡아야 한다고 주장했다.

결국 2007년 12월 17일, '경제'를 앞세운 한나라당의 이명박 후보는 민주당의 정동영 후보를 압도적 표차로 누르고 제17대 대통령에 당선되었

이명박 정부의 공약과 실제 결과

경제성장률	7%	⇒	3.2%	대학 등록금	반값	⇒	무산
국민소득	4만 불	⇒	2만 불	통신비	20% 인하	⇒	6%상승
국가경쟁력	7대 강국	⇒	15위	신용불량	해결(구제)	⇒	무산
주가지수	3,000	⇒	1,900	삭은 징무	공직 감원	⇒	증가
일자리 창출	300만 개	⇒	60만?	아파트	반값	⇒	무산

다. 10년 만에 한나라당으로 정권 교체가 다시 이루어진 것이다.

이명박 정부는 출범이후 지속적으로 친서민·중도실용 노선을 표방하며, 공정사회, 동반성장을 강조했다.

그러나 이명박 정부는 집권 초기부터 경제를 재벌 대기업 중심으로 끌고 갔다. '비즈니스 프렌들리'는 이명박 정부 5년을 관통하는 상징적인 구호였다. 이 구호는 기업의 출자총액 제한제 폐지, 법인세 감세, 수출기업에게 유리한 고환율 체제 유지 등의 구체적 정책으로 나타났다. 이러한 정책은 중소자영업자가 몰락하고 비정규직이 증가하는 등 심각한 노동시장의 왜곡을 가져와 분배의 양극화를 심화시켰다.

2008년 2월 25일, 대통령 취임식에 나온 이명박 대통령

민주주의와 인권도 급속하고 광범위한 후퇴를 거듭했다. 이명박 정부는 정부 수립 이후 강압과 저항으로 얼룩진 헌정 체제의 불안정성을 제거하고 민주주의의 기초 위에서 상대적으로 안정적 타협에 도달한 1987년 체제를 부정하고, 대한민국을 다시 특권과 억압 세력의 국가로 되돌리려 시도했다. 그 결과 한국의 이명박 정부는 국가권력을 철저히 개인의 사유물처럼 다뤘다. 검찰, 경찰을 앞세워 공안 통치를 부활시켰을 뿐만 아니라, 국정원, 기무사, 총리실 등을 앞세워 불법적 민간인 사찰을 하기도 했다. 이명박 정부 시기에 국제사회에서 한국의 민주주의 지수는 형편없이 강등되었다. 국제인권감시단체 프리덤하우스는 2011년 한국을 기존 언론자유국free의 지위에서 부분적 언론자유국partly free으로 강등시켰다. 2011년 언론자유지수는 전 세계 196개국 가운데 홍콩과 함께 공동 70위를 기록했다.

약 167조 원
(5년차 예상치,
3년간 95조 기록)

98조 8천억 원

23조 원   54조 원   10조 9천억 원

김영삼 정부   김대중 정부   노무현 정부   이명박 정부   박근혜 정부   역대 정부의 재정 적자

"대한민국은 민주공화국이다"

2007년 대선과 2008년 총선에서 압승한 이명박 정부는 거침없이 토건계획을 밀어붙였다. 이름하여 '한반도 대운하 사업구상'이었다. 이 구상은 처음부터 심각한 문제를 안고 있었고, 시민사회단체의 커다란 반발에 부딪쳤다. 하지만 막무가내였다. 그런데 이명박 정부는 출발부터 '고소영-강부자-S라인' 등으로 숱한 문제를 야기했다. 그런 와중에 미국산 쇠고기 수입문제가 터지면서 제동이 걸리기 시작했다.

미국산 쇠고기 수입과 관련된 한미 간 밀실 합의는 전국적 차원에서의 촛불시위를 불러일으켰다. 미국산 쇠고기의 수입 문제는 이미 2006년 한미FTA 합의과정에서 문제가 되었던 이슈였다. 한국뿐만 아니라 미국의 광우병 문제는 이미 세계적으로 논란이 되고 있었다 이명박 정부는 미국 요구를 대거 수용했고, 이러한 협의 과정이 밀실에서 이루어졌음이 알려지면서 촛불시위가 촉발되었다.

미국산 쇠고기 수입에 항의하는 촛불시위는 이전 시위와는 다른 양상을 보였다. 시위가 대학생이 아닌 중고등학생들에 의해 촉발되었으며, 먹거리에 민감한 가정주부들 역시 시위에 적극적으로 참여했다. 시위는 자발적으로 이루어졌고, 인터넷과 휴대폰을 통해 광범위하게 확산되었다.

미국산 쇠고기 수입 문제로 시작된 시민들의 저항이 '대운하 반대'를 위한 거대한 '촛불항쟁'으로 발전했다. 2008년 5월 2일 첫 집회 이후 100일 이상 시위가 계속되었고, 참가자수는 기하급수적으로 늘어났다. 광우병 논란으로 촉발된 시위의 쟁점은 시간이 지날수록 교육문제, 대운하와 공기업 민영화 반대, 정권 퇴진 등 점차 정치이슈로 확대되어갔다.

시위가 최고조에 이른 6월 10일에는 주최 측 추산 70만 명(전국 100만 명)이 참가하는 촛불대행진이 개최되었다. 국민의 의사를 무시하고 오만한 정치를 펴는 이명박 정부에 국민이 '촛불의 심판'을 내린 것이다. 거리로 나온 시민들은 대한민국 헌법 제1조 "대한민국은 민주공화국이다"에 윤민석이 곡을 붙인 이 노래를 끝없이 부르며, 시위 행렬을 이어갔다.

마침내 컨테이너 장벽과 바리케이트를 친 '명박산성'으로도 버티지 못한 이명박 정부는 항복했다.

"국민들이 반대한다면 대운하 사업을 추진하지 않겠다."

그러나 약속은 지켜지지 않았다. 대운하 사업은 4대강 사업이란 이름으로 계속 추진되었다. 시민단체와 환경단체들이 4대강 사업에 반대했지만 이명박 정부는 보수 세력

이명박 정권의
권위적인 행태에 저항하는
시민들의 촛불시위

의 높은 결집력과 지지를 바탕으로 해서 4대강 사업을 강행한다.

또한 과거 정권의 비리에 대한 강도 높은 조사를 통해 야당을 압박했다. 특히 전 대통령의 가족들이 저지른 비리에 대한 조사 과정에서 노무현 전 대통령이 2009년 자살하는 사건이 발생했다. 김대중 대통령 역시 같은 해 노환으로 서거했다. 두 전직 대통령의 장례과정에서 진보세력의 광범위한 집결이 이루어지면서 진보와 보수 간의 사회적 대립이 고조되었고, 남북갈등보다 남남갈등이 더 심각하다는 평가마저 나왔다. 이명박 정부가 내건 '중도 실용'과 '공생 발전'은 구호로만 그쳤다.

이명박 대통령의 촛불시위 관련 발언 변화

2008년 6월 19일 특별 기자회견
"식탁 안전에 대한 국민의 요구를 꼼꼼하게 헤아리지 못했습니다 저와 정부는 뼈저린 반성을 하고 있습니다. 이번 일을 통해 얻은 교훈을 재임 기간 내내 되새기면서 국정에 임하겠습니다."

2010년 5월 11일 국무회의
"많은 억측들이 사실이 아닌 것으로 판명되었음에도 당시 참여했던 지식인과 의학계 인사 어느 누구도 반성하는 사람이 없다."

4대강 사업 강행

국민의 저항에 항복선언을 했으나 이명박 대통령은 토건사업에 대한 미련을 버리지 않았다. 이명박 정부는 국민의 촛불 시위가 일단 잠잠해지자 '대운하 사업'이란 이름 대신 4대강 정비사업이란 위장된 명칭을 써서 토건사업을 벌이기 시작했다. 여기에 책정된 예산이 무려 22조 원이었다. 결국 4대강 사업은 자연의 흐름을 바꾸어 놓아 강의 수질오염만 악화시킨 채, 엄청난 관리비용과 환경파괴의 후유증을 남긴 채 끝났다.

국정원의 선거 개입

2012년 12월 11일 오후 7시경, 민주당 공명선거감시단은 국정원 여직원 김씨가 문재인 후보에 대한 비방글을 올리는 현장을 덮쳤다.

국정원은 처음 선거개입 사실을 완강히 부인했으나 점차 증거들이 드러나기 시작했다. 선거는 새누리당 박근혜 후보의 승리로 끝났으나 국정원의 대선개입 사건은 끝나지 않았다.

검찰수사가 진행되면서 국정원의 조직적으로 선거에 개입한 사실이 속속 드러났다. 국정원뿐만 아니라 국방부, 국가보훈처 등 다른 국가기관들의 선거에 개입한 정황이 밝혀졌지만 그냥 흐지부지 넘어갔다.

2013년 10월 17일, 윤석열 검사가 이끄는 서울중앙지검 특수수사팀은 SNS에서 선거운동을 벌인 혐의로 국정원 심리전단 직원 3명을 긴급체포하고 이들과 또 다른 국정원 직원 1명의 주거지를 압수수색했다. 그렇게 해서 국정원 직원들이 5만 5,689건의 SNS를 하면서 대선에 개입한 사실을 밝혀내어 이 중 2만 6,550건만 검찰이 기소했다.

국정원이 SNS 전담팀을 꾸려 조직적으로 여론 조작을 자행하는 방식으로 대선에 개입한 것이다. 그들은 막말 섞인 인신공격도 거침 없이 했다.

검찰 수사가 확대되자 검찰 수뇌부와 법무부가 윤석열 팀장을 보직 해임했다. 그전에는 수사팀의 독립성을 강력히 밀어주던 '채동욱 검찰총장'을 사생활 문제를 빌미로 낙마시켰다. 윤석열 검사는 국회 국정감사에서 수사 초기부터 '외압'이 있었다며 "외압이 황교안 법무부장관과 관련이 있느냐"는 박범계 민주당 의원 질문에 "무관치 않다고 본다"고 답했다.

2014년 9월 1심에서는 "대선 국면에서 국정원 직원에 의한 정치 관여 행위는 있었지만 선거 개입은 없었다"며 원세훈의 선거법 위반에 대해 무죄를 선고했다. 그러나 2015년 2월 열린 2심에서는 1심 판결을 뒤집고 국정원법 위반과 공직선거법 위반 혐의 모두 유죄를 인정해 원세훈에게 징역 3년을 선고했다.

이에 대해 대법원은 일부 증거의 증거능력이 부족하다는 이유로 파기 환송했고, 2년 뒤인 2017년 7월 열린 고등법원 파

국정원 정치개입 규탄
2013년 7월 13일 서울광장에서 국정원 선거개입 및 정치개입을 규탄하는 3차 촛불문화제 '국정원에 납치된 민주주의를 찾습니다' 행사에서 이정희 통합진보당 대표, 김재연 의원 등 참석자들이 촛불을 들고 있다.

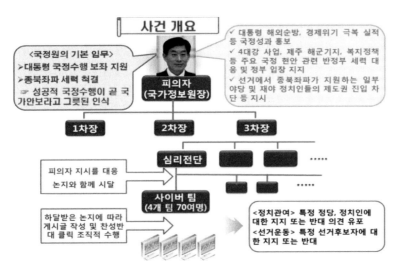

출처 : 〈뉴스토마토〉
2013년 6월 14일

기환송심에서는 원세훈이 국정원장 때 작성된 부서장회의 녹취록이 공개돼
큰 파장을 일으켰다. 이 녹취록에는 원 전 원장이 2012년 총선과 지방선거
에 적극 대응해야 한다는 취지의 발언을 여러 차례 반복한 발언이 담겨 있
다. 그는 이 과정에서 "통상 (국정원) 직원들 정치 관여하지 말라는 건 직원
사적 이익과 관련해 하지 말라는 취지이지 정책적으로 하는 것을 하지 말라
는 건…(아니다)"라고 말하며 정치개입이 정당하다는 듯이 말했다. 파기환
송심에서 재판부는 국정원법 위반과 공직선거법 위반 모두를 유죄로 인정
해 원세훈에게 징역 4년을 선고했다. 사필귀정事必歸正이었다.

국정원 대선 관련 트위트 글
약 5만여 건 중 주요 내용
야권 비방글(좌)과
박정희 찬양글(우)

리트위트   2012년 9월 13일
1950~70년대를 살아온 우리 세대들은 박정희 이름 석자만
들어도 가슴이 뛴다. 초가지붕 걷어내고, 아궁이를 공구탄 온
돌로 바꾸고, 굶주림의 무너뜨리는 대역사를 떠올리며 그분을
역사를 바꾼 인물로 기억할 것이다.

본인 글   2012년 11월 20일
박정희가 경부고속도로 건설할 때 빨갱이들과 야당은 우리 나
라에 무슨 고속도로가 필요하냐고?? 자가용 가진 일부 재벌들
의 전용도로를 만드냐고 반대를 했다. 그래도 박정희는 뜻을
굽히지 않고 추진을 해서 오늘날의 경제대국을 이루었다.

본인 글   2012년 11월 23일
소싯적에 박정희 독재라고 까고 그랬는데 결국 지식이 쌓일
수록 존경할 수 밖에….

리트위트   2012년 9월 2일
대통령 아무나 하는 것 아닙니다 찰쓰나 재인이가 대통령 할
바에 차라리 개나 소를 시키세요 둘 보다는 나을 겁니다.

본인 글   2012년 9월 8일
'목동 황태자' 안철수의 여자관계 의혹, BW, 딱지… 결국 자폭

본인 글   2012년 9월 21일
뻥 뜯기의 달인 "박원순" – 야바리의 달인 "간찰스"
한넘이 서울시장하고 다른 한 넘이 대통령하면??

본인 글   2012년 10월 10일
노무현이 주적에게 넘겨주려 했던 서해안. 그러고도 대통령이
었다고 할 수 있나? 분단국에서 일어난 사상 최악의 매국이다!

누구를 위한 정부인가?

이명박 정부 때였다. 2009년 1월 20일 용산의 한 건물 옥상에서 농성하던 철거민에 대한 경찰의 강경진압으로 철거민 5명과 경찰 1명이 사망한 '참사'가 일어났다.

인권과 민주주의 후퇴는 2013년 출범한 박근혜 정부 때 더욱 심각해졌다. 국회의원 5명이 소속된 정당조차도 그 칼날을 피해가지 못했다.

"설마 정당을 해산하기야 하겠는가?"

2013년 11월 5일, 박근혜 정부가 헌법재판소에 통합진보당 해산심판을 청구했을 때 시민사회와 법조인들은 이렇게 생각했다. 아무리 이명박·박근혜 정부 동안 헌법재판소를 보수적인 인사 일색으로 채웠다고 하지만 그래도 헌법재판관들도 법을 다루는 사람들로서 자존심 있을 것이라고 생각했다. 민주노동당에서 시작되어 명칭이 바뀌기는 했지만 15년 동안이나 멀쩡히 활동해온 10만 명의 당원을 가진 정당을 함부로 해산하겠느냐는 것이었다. 그러나 설마가 정당을 잡았다.

용산 참사
2009년 8월 30일 당시 봉은사 주지인 명진 스님이 서울 용산구 한강로 2가 남일당 건물에 마련된 용산 참사 희생자 분향소를 찾아 눈물을 흘리고 있다.

2014년 12월 19일, 헌법재판소는 "통합진보당을 해산한다. 통합진보당 소속 국회의원 5명의 의원직을 상실한다"라고 결정했다. 그런데 해산의 빌미가 된 '이석기의 내란예비음모 사건'에서 내란음모는 무죄가 선고됐다. '내란 선동'만을 유죄로 인정했다. 이재화 변호사는 이 사건을 "결론을 내리고 그에 끼워맞추기 위한 허접하기 짝이 없는 증거들을 여기저기서 긁어모았다"고 비판했다.

일각에서 '제2의 진보당 사건', '유신의 부활'이라는 목소리가 나왔다.

헌법이 규정한 '자유민주주의'가 위기를 맞고 있음을 보여준 상징적 사건이었다.

2014년 4월 16일, 더 심각한 비극이 일어났다. 인천항에서 출발해 제주도로 향하던 세월호가 진도 팽목 앞바다에서 침몰하면서 학생과 교사, 일반시민 304명이 사망하거나 실종된 참사였다.

이 사건은 대한민국이라는 국가와 한국 사회의 총체적 난맥상을 그대로 보여줬다. 선장과 승무원들은 학생과 승객을 버리고 자기만 살겠다고 탈출했다. 선박회사는 돈만 챙기기에 혈안이 되어 승객의 안전과 생명은 안중에도 없고 온갖 불법행위를 저질렀다. 사고가 났을 때 청와대와 정부는 신속한 대응체계조차 갖추지 못한 채 우왕좌왕하다가 살릴 수 있는 학생들마저 바다에 수장시키는 무능을 보여줬다.

국정의 최고책임자로서, 행정부의 수장으로서 도의적, 정치적 책임이 있는 대통령은 사과 한번 하지 않았다. 진정으로 유족들의 아픔을 위로하지도 않았다. 세월호 참사 당일 '7시간의 대통령 행적'을 해명하기에 급급했다. 진상규명을 요구하는 유족과 시민을 향해 경찰은 물대포를 쏘며 가청와대를 향하는 행렬을 가로막기 위해 컨테이너로 '근혜장벽'을 쌓는다.

그러나 거짓은 참을 이길 수 없었다. 박근혜는 3년 뒤 탄핵되어 감옥으로 갔다.

인양된 세월호
인양된 세월호 앞에 유해를 찾지 못한 희생자들의 사진이 놓여 있다.

34
김정은 시대

세계적 추세 수용과 개발·개방의 길

최악의 경제 위기를 넘긴 북한은 관광·경제특구 개발을 통해 남한과 중국 등 해외 자본을 유치하는 한편, 7·1경제관리개선조치 등 시장경제를 일부 도입하는 대내 개혁을 통해 경제 발전의 기반을 마련하고자 했다. 북한의 경제개방과 경제개혁 조치는 김정일 사후 권력을 물려받은 김정은 체제에 들어와서 더욱 과감하게 진행되고 있다. 김정은 시대를 이끌고 있는 젊은 관료들은 '고난의 행군' 시기를 경험한 세대로서 경제 발전에 대한 열망이 강할 수밖에 없다. 남한과 서방의 예상과는 달리 빠르게 안착한 김정은 체제는 김정일 시대의 유훈을 계승하면서도 '세계적 추세' 수용을 내세우며 서서히 개발과 개방의 길로 나가고 있다. 북한을 '경제강국'으로 발전시키기 위해 총력을 기울이고 있다.

공연을 보고 있는 김정은 · 리설주 부부

●2001년

김정은, 스위스 베른국제학교

●2002년~2007년

김정은, 김일성군사종합학교

●2002년

7월 1일
경제관리 개선 조치

●2008년

8월 말
김정일, 건강 이상
김정은, 후계 수업 시작

●2009년

12월 3일
화폐개혁 조치

●2010년

10월
김정은, 후계자로 데뷔

●2011년

12월 19일
김정일 위원장 사망 발표

12월 30일
노동당 정치국 회의서 김정은을
인민군 최고사령관에 추대

●2012년

2월 29일
북·미, 우라늄농축프로그램(UEP)
중단 및 대북 영양지원 등 6개항
합의 동시 발표

4월 11일
제4차 당대표자 회의서 김정은을
노동당 제1비서·정치국 상무위원·
당 중앙군사위원회 위원장에 추대

4월 15일
김일성 100회 생일 맞아 대규모
군 열병식, 김정은 첫 공개 연설

7월 6일
모란봉악단 창단 시범 공연,
김정은 부인 리설주 첫 등장

7월 15일
노동당 정치국 회의,
리영호 총참모장 해임

9월 25일
12년제 의무교육 법령 채택

12월 12일
장거리 로켓 발사 성공 발표

●2013년

2월 12일
북한 제3차 핵실험 강행

3월 31일
노동당 중앙위전원 회의 개최,
경제·핵무력 병진노선 채택

7월 27일
'전승' 60주년 대규모 군 열병식

11월 21일
13개 경제개발구·신의주 경제특구
설치 결정 발표

12월 12일
장성택 국방위 부위원장 처형

●2014년

2월 12일
제1차 남북고위급 접촉

10월 4일
황병서·최룡회·김양건 등 북한
최고위급 인사 인천 방문

●2016년

1월 6일
북한 제4차 핵실험

5월 6일~9일
조선노동당 제7차 대회.
김정은을 당 위원장으로 추대

6월 29일
헌법 개정. 국방위원회 폐지하고
신설된 국무위원장에 김정은 추대

9월 9일
북한 제5차 핵실험

3대 수령의 권력 승계

남한과 미국의 많은 대북 전문가, 정책 관계자, 정치가들은 김정일 사후가 문제라고 말했다. 그래서 나온 말이 '급변 사태'라는 단어다. 쉽게 말하면 북한이 곧 망하거나 그에 준하는 급박한 상황이 벌어질 것에 대비한 비상 계획이 필요하다는 이야기였다.

20여년 전 김일성이 사망했을 때에도 수없이 들었던 이야기와 비슷했다. 그러나 북한은 망하지 않고 20년을 살아남아 다시 같은 상황이 재현되고 있었다.

2011년 12월 17일, 김정일 국방위원장이 사망했다. 북한은 그 사실을 이틀 뒤에 공개했다. 그러나 외부의 우려와는 달리 북한은 차분했다. 과거 김일성이 죽었을 때와는 사뭇 다른 모습이었다. 이는 이미 북한이 김정일 사망에 대비했다는 걸 의미했다. 사실 김정일은 이미 2008년 8월, 뇌졸중으로 한 번 쓰러진 적이 있었는데 이후 북한 지도부는 김정일 사후를 대비하고 있었던 것이다.

후계자 김정은의 첫 등장
2010년 9월 제3차 당대표자회에서 당 중앙군사위원회 부위원장으로 선출된 김정은이 당 고위간부들, 당 대표자회 참석자들과 기념촬영하는 모습이다.

북한 최고지도부는 2008년에 김정은을 후계자로 내정했고, 다음해 1월 8일 당 문건으로 그 사실을 공식화 했다. 그리고 2010년 9월, 2년 만에 후계자가 공개석상에 모습을 드러냈다. 2년 만에 압축적으로 후계 체제를 수립한 셈이다.

김정일 위원장은 2008년 8월 건강이상 이후 김정은으로 안정적인 권력승계를 준비하는 데 많은 시간을 할애했다. 김정일 위원장은 당시 '나에게는 시간이 없다'란 말을 자주 했던 것으로 전해진다. 당·정·군에 대한 운영을 후계자에게 맡긴 채 지방 현지지도에 몰두했던 것은 김정일 위원장이 자신의 운명을 짐작했다는 의미다. 그는 김일성 주석 사망과 후계자 권력승계를 직접 경험해봤고 스스로 수령제 체제를 수립하고 운영해본 사람으로서 권력정치 차원에서 챙겨야 할 차기 권력구조를 사전에 준비해 마련해 놓은 것이다.

김정일 국방위원장의 영결식
2011년 12월 28일 평양에서 진행된 영결식에서 많은 평양 시민들이 김정일의 마지막 가는 길을 지켜보고 있다. 그의 유해는 김일성 주석이 있는 금수산기념궁전에 안치되었다.

김정은은 2009년 1월 8일 후계자 결정 이후 김정은은 북한에서 '김대장' 또는 '청년대장'으로 불렸다. 그는 1996년 여름부터 2001년 1월까지 베른에 체류하며 그곳의 공립학교를 다녔고, 귀국 후 2002년부터 2006년 12월까지 군 간부 양성기관인 김일성군사종합대학에서 군사학을 공부했다.

북한은 김정은이 김일성군사종합대학 시절에 보병지휘관 3년제와 연구원 2년제를 전과목 최우등으로 졸업했고, 졸업 후 강원도 5군단 산하 포병부대에서 군 복무를 했다고 선전한다. 군 복무 경험이 없이 군 고위직에 오른 약점을 고려했을 것이다.

김정은이 후계자로 등장한 후 북한 사회 전반에 대한 정책적 지도를 뒷받침하기 위해 정치·경제·문화·군사 분야 등의 40~50대 최고 실력자들로 구성된 실무팀이 가동되기 시작했다. 100명으로 구성됐다는 주장도 있고, 300명이라는 설도 있다.

김정은 2010년 9월 개최된 노동당 대표자회에서 당 중앙군사위원회 부위원장에 선출되면서 공개활동에 나섰다. '백두혈통에 의한 3대 수령'의 탄생이었다.

예상보다 빠른 안정화

북한은 나름대로 권력 승계를 위한 준비를 치밀하게 진행했다. 오랜 기간 북한 권력을 장악하고 통치한 김정일은 자신의 노하우를 바탕으로 2008년 후반기부터 집중적인 후계자 권력 승계 작업을 진행했다. 2년간 압축적인 후계자 수업을 통해 2010년 하반기 김정은을 전격 공개했다.

그럼에도 남한과 미국은 김정일 사후 북한 체제의 안정성에 신뢰가 없었다. 김정은이 나이도 어린 데다가 경험도 일천하여 북한 내부를 장악하기가 어려울 것이라는 판단 때문이었다. 하지만 예상과 달리 북한은 김정일 국방위원장 사망 이후 100일간 추모 기간을 거친 뒤 김정은 체제로의 권력 승계를 신속하고 매끄럽게 마무리했다.

북한으로서는 김정일 사후 김정은으로 권력 승계 과정에서 받은 충격이 김일성 사망 시기와는 비교할 수 없을 정도로 미약했다. 김일성의 경우는 사실 건강하게 있다가 갑작스레 사망했으나 김정일의 경우는 뇌졸중으로 쓰러진 다음 한시적인 삶을 살고 있었기 때문이다. 김정일이 살아 있는 동안만큼 권력 계승 작업을 준비할 수 있는 시간이 있었던 셈이다.

2012년 4월 11일, 북한은 4차 당 대표자회를 개최하여 김정은 당 중앙군사위원회 부위원장을 당 제1비서 겸 정치국 상무위원, 당 중앙군사위원장으로 추대했다. 이틀 뒤 최고인민회의 12기 5차 회의에서 김정은 제1비서를 국방위원회 제1위원장으로 선출했다. 김정일은 '영원한 총비서', '영원한 국방위원장'으로 추대되었다. 김정은은 2011년 12월 29일, 인민군 최고사령관에 이미 추대된 바 있다. 이로써 북한에는 2인(김일성·김정일)의 '영원한 국가수반'이 존재하고, 당과 국가의 실질적 수반은 당 제1비서와 국방위원회 제1위원장이 맡는 당·국가의 틀을 마련하게 되었다.

2012년 4월 15일, 김정은 제1비서는 김일성 탄생 100돌(태양절)을 맞아 김일성 광장에서 열린 군 열병식에서 첫 공개 연설을 하면서 '김정은 시대'의 공식 개막을 대내외에 선포했다. 당 대표자회에서 열병식까지 일련의 정치 행사를 통해 북한에서 2세대의 지원 아래 3세대가 권력의 핵심 세력으로 부상하고 있음을 알 수 있다. 북한은 세대교체와 더불어 대내외

노선에 새로운 변화가 시작될 것임을 시사했다.

남한 당국과 정보기관, 언론 등은 김정일 위원장이 사망할 경우 북한의 내구성이 얼마나 될 것인지에 강한 의구심이 있었다. 특히 이명박 정부 내 강경파들은 북한 붕괴 가능성에 매달리면서 남북정상회담이나 대북 지원 등 남북 간 화해협력 조치를 반대하고 북한을 압박하는 데 노력을 기울였다.

그 때문에 김정일 위원장이 쓰러졌다는 소식이 전해지자 '급변 사태' 논의가 봇물처럼 터져나왔다. 설령 급격한 체제 붕괴는 일어나지 않더라도 체제 내구성이 전반적으로 약화되어 "유일수령 체제를 대체하는 보다 완화된 형태의 권위주의 체제로의 이행 가능성"이 높다고 판단하기도 했다. 그러나 김정은 체제는 예상보다 훨씬 안정적으로 자리 잡았다.

김정은 체제는 형식적으로만 자리 잡은 것이 아니었다. 무리 없이 권력 승계를 마무리한 김정은은 정치적 리더십을 확보하고 권력 엘리트의 재편과 단합을 이끌며 당·정·군 핵심 실세들을 신속하게 장악했다.

김정은 체제는 당·정·군을 확고히 장악하고 권력정치 차원에서 확고부동한 수령 지위를 확보한 것으로 나타났다.

김일성·김정일·김정은
주요 이력 비교

	출생	출생지	학력	당권	군권	국가권력	호칭 변화
김일성	1912년 4월 15일	평남 대동군	만주 길림 위원중학교 중퇴	조선노동당 위원장(1949년 6월)	- 최고사령관(1950년 7월) - 원수(1953년 2월) - 대원수(1992년 4월)	- 내각총리(제1기, 1948년 9월) - 군사위원장(1950년 6월 26일) - 주석 취임(1972년 12월) - 주석 유임(77년, 82년, 86년, 90년)	2013년 5월 이후 '영원한 수령'
김정일	1942년 2월 16일	백두산 밀영 출생 주장	김일성종합대 정치경제학과	조선노동당 총비서(1997년 10월 8일)	- 최고사령관(1991년 12월) - 원수(1992년 4월 20일) - 대원수(2012년 2월 12일)	- 국방위원장(1993년 4월) - 국방위원장 재추대(1998년 9월 5일)	'영원한 수반'
김정은	1983년 1월 8일	평양시 강동군(추정)	김일성군사종합대	조선노동당 위원장(2016년 5월 9일)	- 대장(2010년 9월 27일) - 최고사령관(2011년 12월 30일) - 원수(2012년 7월 17일)	- 국방위 제1위원장(2012년 4월 13일) - 국방위 제1위원장 유임(2014년 4월 9일) - 국무위원회 위원장 추대(2016년 6월 29일)	'위대한 령도자'

실리사회주의와 시장 확대

고난의 행군을 통한 위기 극복 능력이 가장 중요했으나 남북경협 확대, 외부의 경제 지원 등 대외 여건 개선도 큰 몫을 했다. 1999년부터 경제가 조금씩 나아지기 시작하여 연속적으로 플러스 성장을 기록하며 회복의 기미를 보여주었다. 외부 환경 개선과 함께 내적 성장 동력이 조금씩 마련되고 있었기 때문이다.

여기서 2002년의 7·1경제관리개선조치(약칭 7·1조치)는 중요한 역할을 했다. 이 즈음 북한은 생산성과 효율성을 강조하는 '실리사회주의'를 주창했고 이를 뒷받침하기 위해 획기적 개혁정책을 시행했다.

7·1조치의 핵심 내용을 간단히 정리하면 다음과 같다.

첫째, 전체 노동자의 임금을 평균 18배 인상하고, 물질적 인센티브를 강화한다. 이후 북한 노동자는 노동 성과에 따라 3천 원에서 3만 원까지 다양한 성과급을 받을 수 있게 된다.

둘째, 장마당 물가를 반영한 물가의 현실화다. 쌀값의 경우 수매가는 50배, 판매가는 550배로, 생활용품 등 공업 제품 가격은 평균 25배 인상한다.

셋째, 공장과 기업에서 지배인 중심 책임 경영을 강조하고 독립채산제를 강화한다. 공장·기업소의 실질 권한과 자율권을 제고했다.

넷째, 식량과 주택 등 그동안 국가가 무상으로 제공하거나 비현실적인 가격으로 제공해왔던 각종 복지 혜택들을 유료화하여 사회주의적 무상분배 체계를 약화시켰다. 협동농장에도 이 같은 조치들이 적용되었다.

이는 1990년대 중반 이후 닥친 위기 상황에서 나타난 왜곡된 현상을 바로잡고 북한 경제를 정비하기 위해서는 필수적 조치였다.

7·1조치는 중국과 베트남의 초기 개혁 정책과 유사한 내용을 담고 있다고 평가되었다. 하지만 7·1조치 이후 시장경제의 활성화와 함께 빈부격차 확대 등 자본주의적 부작용이 나타나기 시작하자 북한은 이를 억제하는 조치를 취한다.

1990년대 후반 주민들의 장사 행위가 확대되면서 '되거리장사', '달리기장사'에서 상설 시장에 앉아서 장사하는 '매대장사'로 정착되고 전국에 상설 시장이 약 300개 이상 형성되었다.

시장이 발전하면서 단순 생계형에서 점차 부의 축적 공간으로 발전되자 이를 활용하여 부를 축적하는 새로운 계층도 생겨났다. 또한 임노동, 장사, 개인 경작, 개인 가정교사, 개인 식당 운영, 개인 숙박업 등이 급속도로 성장하여 계획경제 부문의 노동력이 이탈하는 현상이 점차 확대되었다.

하지만 2009년 북한 당국은 "시장은 비사회주의적 서식장이요, 자본주의의 본거지"라면서 대표적인 도매 시장이었던 평성 시장을 폐쇄하는 등 강압 조치를 취했다. 또한 7·1조치 이후 시장이 확대되면서 일어난 경제적 변화를 조정하기 위해 화폐개혁을 단행한다. 2010년 4월에는 중앙집권적 계획시스템을 강화하는 방향으로 인민경제계획법을 개정한다.

2003년 종합시장으로 변모된 북한의 시장 안과 밖의 모습

김정은 체제 출범 후 북한은 다시 현실에 맞는 경제관리 방법을 모색하기 시작했다. 김정은은 2012년 "경제관리방법을 결정적으로 개선하도록 하여야 하겠습니다"라고 발언한 후 2014년 5월에는 직접 문건('5·30문건')을 작성해 '사회주의기업 책임관리제'를 핵심으로 하는 경제개선 방침을 지시했다.

"공장, 기업소, 협동단체들에서 사회주의기업 책임관리제를 바로 실시하여야 한다. 기업체들은 국가의 통일적인 지도밑에 자기에게 부여된 경영권을 행사하여 온갖 예비와 가능성을 남김없이 탐구동원하고 근로자들의 정신력을 발동하여 맡겨진 국가과제를 무조건 수행하여야 하며 국가의 경제발전전략에 기초하여 자기 실정에 맞는 경영전략, 기업전략을 세워 생산을 적극 늘이고 기업을 확대발전시켜야 한다."

이러한 조치는 기업의 독립채산제 확대와 책임 경영, 협동농장에서 포전담당책임제 실시, 13개 직할시·도와 220개 시·군에 자체 '경제개발구' 개발권 부여, 모든 기업소와 기관들에게 '외화구좌'를 개설토록 하는 '협동화폐제' 실시 등을 시범적으로, 단계적으로 도입한 후 이를 전면적으로 공식화 한 것이다.

이에 따라 북한 전역 모든 공장과 기업, 회사, 상점 등에 자율경영권이 부여됐고, 생산권·분배권에 이어 무역권까지 원래 국가 몫이던 권한이 이양돼 공장, 기업의 독자적인 자주경영권으로 자리 잡기 시작했다.

경제 - 핵 건설 병진노선

2013년 2월 12일, 북한은 유엔 안보리와 국제사회의 거듭된 경고에도 제 3차 핵실험을 감행했다. 북한이 핵실험을 감행한 바탕에는 오바마 정부에 대한 배신감이 크게 작용했다. 정치 측면에서는 미국의 반북 정책을 겨냥 하고 여기에 북한 제재에 동참하는 중국도 함께 표적물로 삼았다.

2012년 4월 7일과 8월 17~19일, 두 번에 걸쳐 미 대통령 안보실과 정보 기관 인사들이 비밀리에 미 군용기를 타고 괌을 출발하여 평양으로 가서 북한 측과 협상을 벌였다. 이때 미국은 북한에 "더 이상 도발하지 말라, 핵 실험, 로켓 발사, 미사일 발사는 절대 안 된다. 오바마 정부에게 대북 적대 시 정책은 없으며 제2기 오바마 정부는 대화와 협상을 통해 주요 현안을 타결할 것"이라고 이야기했다.

그러나 오바마 대통령의 재선이 확정된 뒤 미국 태도는 달라졌다. 2012 년 12월 12일, 북한은 인공위성 로켓을 발사했는데 궤도에 올리며 성공했 다. 북한은 오바마 대통령이 로켓 발사에 대해 유엔 안보리 의장성명으로 마무리 짓고, 재취임 후 북한과의 협상에 나설 것으로 기대했다. 하지만 오바마 대통령은 핵실험이 아니었음에도 대북 제재 수준을 '의장성명'이 아닌 '안보리 결의'로 했다. 김정은으로서는 이에 반발하며 '높은 수준의 핵실험' 등으로 미국과 전면 대결을 선포했다. 미국에 동조하며 유엔의 제 재 조치에 동참한 중국도 겨냥했다.

북한은 3차 핵실험을 강행하게 된 것을 "미국의 대조선 적대 행위에 대 처한 단호한 자위적 조치"로 설명했다. 또한 유엔 안보리 대북 제재 결의 는 "우리 공화국의 합법적 위성 발사 권리를 난폭하게 침해"한 것으로서 "위성 발사 권리에 대한 침해는 곧 우리의 자주권에 대한 침해로서 절대 로 용납 못할 엄중한 적대 행위"라고 주장했다.

북한은 결국 2013년 2월 12일, 3차 핵실험을 강행했고 이에 미국 주도 로 강력한 제재 조치를 담은 유엔 안보리 결의안이 채택되었다. 중국 또 한 북한을 강력히 비난하며 결의안에 적극 참여했다. 그동안 줄곧 북한에 대해 유화적인 입장을 견지해온 중국이 이처럼 강력한 제재에 동참하게

된 것은 북한의 핵실험이 동북아 안정을 해치며 그에 따라 미
국의 북한 핵을 빌미로 한 대중국 포위 전략이 강화되고 있다
고 보았기 때문이다.

풍계리 핵실험장

2013년 북한의 3차 핵실험 이후 정치적 측면에서 북한과 중국 사
이가 상당히 소원해졌다. 중국은 2009년 '영도소조논의'를 통해 북핵
문제와 북한 문제를 분리하여 핵 문제에 대해서는 비판적인 입장을
취하지만 나머지 관계에서는 전통적 우의 관계를 지속한다는 전략적
입장을 정리한 바 있다. 북핵 문제에 대한 중국의 비판적 입장에 대해 북
한이 불편한 심기를 노출하면서 북중 관계는 갈등이 생겼다. 결국 그 때
문에 2014년, 시진핑 중국 국가주석은 북한이 아니라 남한과 먼저 정상회
담을 개최했다.

북한은 3차 핵실험 후인 3월 31일, 당 중앙위원회 전원회의를 개최하
고 '경제건설과 핵무력건설을 병진'하는 노선을 채택했다. 김정은 조선노
동당 제1비서는 전원회의 보고에서 경제·핵무력 병진노선은 "조성된 정

1차~5차 북한 핵실험 비교

내용 \ 시기	1차 실험 2006년 10월 9일	2차 실험 2009년 5월 25일	3차 실험 2013년 2월 12일	4차 실험 2016년 1월 6일	5차 실험 2016년 9월 9일	6차 실험 2017년 9월 2일
장거리 로켓 ICBM 발사	2006년 7월 5일 단·중·장거리 로켓 발사	2009년 4월 5일 장거리 로켓 발사	2012년 12월 12일 은하 3호 장거리 로켓 발사	2015년 12월 21일 잠수함탄도미사일 (SLBM)발사	2016년 8월 24일 잠수함탄도미사일 (SLBM)발사	7월 4일 화성- 14형 탄도미사일 발사
유엔 안보리 제재	2006년 7월 15일 결의안 1695호 채택	2009년 4월 29일 결의안 1718호 채택	2013년 1월 23일 결의안 2087호 채택	2015년 5월 28일 유엔 산하 북한 제재위원회 결의 위반 조사	2016년 9월 6일 SLBM·노동 추정 미사일 발사 규탄 언론성명 채택	2017년 8월 7일 유엔안보리 대북제 재결의안(2371호) 통과
핵실험 예고 (북한 외무성)	2006년 10월 3일 "안정성 담보된 핵실험할 것"	2009년 4월 29일 "자위적 조치의 핵실험, ICBM 발사 강행할 것"	2013년 1월 23일 "자위적 군사력 강화 위한 물리적 대응"	―	2016년 9월 7일 "핵 무력 강화의 성과들을 계속 확대해 나갈 것"	2017년 8월 7일 "미국 경거망동하면 최후수단도 불사"
인공지진(규모)	3.9	4.5	4.9	4.8(기상청)	5.04(기상청)	5.7(기상청)
폭발 위력	1kt 이하	3~4kt	6~7kt 이하	6kt(국정원)	10kt(국방부·기상청)	50~70kt(추정)
원료	플루토늄	플루토늄	고농축 우라늄(추정)	수소탄(북한 발표)	고농축 우라늄	증폭핵분열탄 또는 수소탄

제7차 조선노동당 대회에서
연설하는 김정은 당위원장
7차 당대회는 6차 당대회
이후 36년 만이다.

세의 필수적 요구"이자 "혁명발전의 합법칙적
요구"라고 주장했다.

4월 1일, 북한 최고인민회의는 '자위적 핵보유국의 지위를 더욱 공고히 할 데 대하여'라는
법령(약칭 '4·1 핵보유 법령')을 채택하여 전원회의 결의를 법제화했다. 이 법령은 북한 외무성
이 2010년 4월 21일, 비망록을 발표하면서 제시한 핵 정책을 대외적으로 제시한 최초의 공식 핵 정책이라 할 수 있다. 이는 북한판 '핵태세검토보고서NPR, Nuclear Posture Review'라고 할 수 있는데, '세계의 비핵화가 실현될 때까지'라는 전제를 제시함으로써 사실상 영구적 핵 보유를 규정하고 있다.

2013년의 '경제-핵 병진노선'은 그와 정반대인 것으로 1960년대의 '경제-국방 병진노선'을 연상시킨다. 그러나 1960년대 북한의 '경제-국방 병진노선'은 군비 증강을 위한 신호탄이었지만, 2013년의 경제-핵 병진노선은 그와 정반대 것으로 보인다. 북한은 앞으로도 핵무기 능력을 향상시키는 일을 계속해나가겠지만 3차 핵실험의 성공으로 미국의 핵 공격과 같은 결정적 안보 위협은 감소했다고 보고 국방비에 투여할 자원을 경제개발로 돌리겠다는 입장인 것이다.

반면, 미국은 북한 핵 위협을 빌미로 삼아 중국을 포위하고 봉쇄하기 위한 정책을 시행하고 있다. 미국은 이른바 '아시아 회귀 전략'

(좌) 조선노동당대표자회
개최 현황

(우) 조선노동당 대회
개최 현황

차수	개최일	주요 결정
제1차	1946년 8월 28일 ~30일	당 창립, 당 강령과 규약 보고 등
제2차	1948년 3월 27일 ~30일	당 규약 수정 등
제3차	1956년 4월 23일 ~29일	신경제개발 5개년 계획 등
제4차	1961년 9월 11일 ~18일	인민경제발전 7개년 계획 (1961년~1967년) 등
제5차	1970년 11월 2일 ~13일	인민경제발전 6개년 계획 (1971년~1976년) 등
제6차	1980년 10월 10일 ~14일	– 사회주의 건설 10대 전망 목표 – 고려민주연방공화국 창립방안 – 김정일 당 정치국 상무위원 선출
제7차	2016년 5월 6일 ~8일	– 김정은 당위원장 추대 – 국가경제발전 5개년 전략

차수	개최일	주요 결정
제1차	1958년 3월 3~6일	– 인민경제발전 1차 5개년 계획 (1957년~61년) – 소련파·연안파 숙청
제2차	1966년 10월 5~12일	– 인민경제발전 7개년 계획 3년 연장 – 국방·경제 병진 정책
제3차	2010년 9월 28일	– 김정일 당 총비서 추대 – 당규약 개정
제4차	2012년 4월 11일	– 김정은 당 제1비서 추대 – 당규약 개정

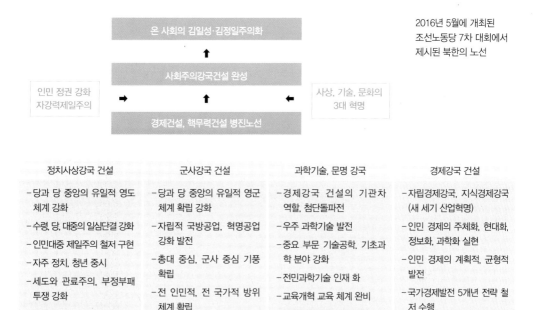

2016년 5월에 개최된
조선노동당 7차 대회에서
제시된 북한의 노선

정치사상강국 건설	군사강국 건설	과학기술, 문명 강국	경제강국 건설
-당과 당 중앙의 유일적 영도 체계 강화	-당과 당 중앙의 유일적 영군 체계 확립 강화	-경제강국 건설의 기관차 역할, 첨단돌파전	-자립경제강국, 지식경제강국 (새 세기 산업혁명)
-수령, 당, 대중의 일심단결 강화	-자립적 국방공업, 혁명공업 강화 발전	-우주 과학기술 발전	-인민 경제의 주체화, 현대화, 정보화, 과학화 실현
-인민대중 제일주의 철저 구현	-총대 중심, 군사 중심 기풍 확립	-중요 부문 기술공학, 기초과학 분야 강화	-인민 경제의 계획적, 균형적 발전
-자주 정치, 청년 중시	-전 인민적, 전 국가적 방위 체계 확립	-전민과학기술 인재 화	-국가경제발전 5개년 전략 철저 수행
-세도와 관료주의, 부정부패 투쟁 강화		-교육개혁 교육 체계 완비	-내각 책임제, 사회주의 기업 책임 관리제 실시, 대외 경제 확대 발전
		-사회주의 생활기풍 강화	
		-현대적 문화 정서 생활기지 확충	

으로 표현되는 중국 봉쇄 정책을 위해 미일방위협력지침(가이드라인)을 개정, 일본 자위대의 활동 반경을 확대하는 등 미일 동맹을 강화하고 있다.

미국은 남한에 대해서도 사드 참여를 강요하는 등 중국 봉쇄와 반북 동맹에 가담하라고 요구하고 있다. 미국이 쿠바·이란과의 관계 개선에 나선 것과는 대조로 여전히 북한에게는 강경책을 구사하는 이유다.

북한은 2016년 1월과 9월 잇달아 핵실험을 단행하고, '각종 핵탄두를 마음먹은 대로 필요한 만큼 생산할 수 있게 됐다'고 선언했다. 핵탄두의 소형화, 다종화에 한발 더 다가섰다는 의미이다. 그리고 2017년 7월 북한은 미국 본토를 위협하는 대륙간탄도미사일 발사에 성공한다. 소형화된 핵과 장거리 운반체까지 개발함으로써 '실질적인 핵보유국'의 반열에 들어선 것이다. 그만큼 한반도비핵화는 더욱 어렵고 복잡한 과정을 거치게 되었고, 미국의 대북정책도 '북핵 폐기'에 '북핵 비확산'쪽으로 변경될 가능성이 커졌다.

김정은의 파격

2011년 12월, 김정은은 김정일의 급사로 후계자로 내정된 지 겨우 1년 만에 정권을 맡게 되었다. 그의 정치적 리더십에 대해서는 많은 전문가들이 부정적으로 보았다. 집단지도 체제, 후견인에 의한 대리 통치 등이 점쳐지기도 했다.

심지어 곧 무너질 것이라고도 했다. 그렇게 되지 않는다 하더라도 김정은 체제가 쉽게 정치적 안정성을 확보하기는 어렵다는 견해가 다수였다. 그러나 그의 리더십은 생각보다 강했고, 정권도 훨씬 안정화되었다.

그런데 흥미로운 것은 김정은의 통치 스타일이 앞선 김정일과는 여러 면에서 차이가 있다는 점이다.

먼저, 지도자에게 가장 중요한 것은 민심을 얻는 일이다. 김정은은 그 점에서 과거와 달리 돋보이는 측면이 있다. 나이도 어리고 권위나 경력도 떨어지는 아직 덜 준비된 상황에서 권력을 잡은 김정은이 주민들의 마음을 잡기 위해 온 힘을 기울이고 있다. 북한의 언론 매체에도 '민심'이라는 표현이 공공연하게 등장한다. 《노동신문》에 등장하는 이런 표현은 김정일 시대에는 쉽게 보기 어려운 일이었다

(좌) 부인 리설주와 함께 팝콘을 먹는 김정은

(우) 평양에 들어선 패스트푸드점

"신발창이 닳도록 뛰고 또 뛰는 것을 체질화해야 한다"

"이 기회에 (일꾼들의) 인민들에 대한 복무정신을 똑바로 간직하도록 경종을 울려야 하겠다."

"민심을 떠난 일심단결이란 있을 수 없습니다. 민심을 소홀히 하거나 외면하는 현상들과 강한 투쟁을 벌려야 합니다"

"지금은 밖에서 밀려오는 적이 무서운 게 아니라 사회주의 요람 속에서 성장한 일꾼의 관료화·귀족화가 문제이다."

또한 김정은은 김정일의 '폐쇄형의 은둔 지도자' 이미지와 확연히 구별되는 '개방형의 인민친화적인 지도자'의 대중적 이미지를 확보하기 위한 정치를 펼친다. 국가와 인민의 삶을 어지럽히며 호의호식한 고위 간부들에게는 무자비하지만, 인민들에게는 인자한 '젊은 성군'이라는 이미지를 심어주려 노력하고 있는 것이다. 군부대뿐만 아니라 유아원을 방문하여 어린아이를 안는다거나, 부인 리설주를 공개한다거나, 미사일 발사 실패를 인정한다거나, 평양시 아파트 공사장 붕괴 사실에 대해 사과하는 등 과거에는 볼 수 없는 공개와 파격적인 행보들이 연이어 계속되었다.

잡초를 직접 뽑는 김정은
2002년 5월 초 김정은은 만경대유희장을 현지지도하면서 잡초를 직접 뽑는 모습을 보여주면서 파격 행보를 시작했다.

김정은 등장 이후 북한은 정치적 안정을 빠르게 되찾았다. 2012~2013년에 걸쳐 2년 연속 탈북과 국내 입국 규모도 절반 수준으로 줄어들었다. 이는 통제 강화 정책만으로 설명하기는 어렵다. 핵실험에 성공하고 배급이 확대되면서 탈북하는 주계층인 중하층민이 김정은에게 기대하는 마음이 높아졌기 때문이다.

경제강국 건설이 목표

김정은 시대에 들어와서 북한은 경제 건설에 총력을 기울이고 있다. 김정은은 '새 세기 산업혁명'을 제시했다. 북한은 2012년 신년 공동사설에서 새 세기 산업혁명에 대해 "최첨단 돌파전으로 우리 식의 지식경제강국을 일떠세우기 위한 성스러운 투쟁이며, 우리 당이 내세운 사회주의건설의 웅대한 전략적 노선"이라고 규정했다. '자주'와 '선군'을 계승하면서도 핵심으로 '지식경제'를 표방하며 경제건설에 강한 의욕을 드러냈다.

김정은 시대는 시대 발전과 환경 변화, 3~4세대 등장으로 새로운 사고와 구상을 요구받고 있다. 북한은 휴대전화 보급 대수 400만 대 돌파로 상징되는 '통신혁명', 대형 슈퍼마켓과 전문 상점의 등장으로 상징되는 '유통혁명' 등을 통해 변화된 환경과 요구에 부응하려는 시도를 하고 있다. 더욱이 1990년대 후반 북한의 3~4세대들은 혹독한 경제난을 경험한 만큼 경제 부흥에 대한 열망이 크다. 북한에서 이러한 변화의 가능성을 열어놓은 사람은 김정일 위원장이다. 김정일은 김일성종합대학 전자도서관 준공식을 앞두고 "자기 땅에 발을 붙이고 눈은 세계를 보라!"라는 '친필 명제'를 보냈다. 북한은 이를 김정일의 핵심 유훈으로 강조하고 있는데 이것이 김정은 시대 북한의 정책해방을 가능하게 해주고 있다.

2012년 공동사설은 "새 세기 산업혁명의 불길을 따라 나라의 경제면모를 근본적으로 혁신"할 것을 주문하며 과학자·기술자들에게 "자기 땅에 발을 붙이고 눈은 세계를 보라"고 촉구했다. 이는 경제와 과학기술에서 세계의 흐름을 적극 배우고 좋은 점을 도입하겠다는 의지 표현인 셈이다.

(좌) 김일성종합대학 정문 맞은편에 세워진 "자기 땅에 발을 붙이고 눈은 세계를 보라"라는 내용의 선전물
전국 기관, 학교, 기업소, 협동농장에 설치된 이 구호는 '세계적 추세'를 수용해야 한다는 김정은 시대의 지향이 담겼다.

(우) 휴대전화를 들고 통화하는 모습을 연출하는 휴대폰 판매 회사 '고려링크'의 직원
현재 휴대전화가 400만 대 정도 보급된 것으로 전한다

"중국식이든 일본이나 러시아 방식이든 경제에 도움이 된다면 좋은 점을 적극 도입하라"고 했다는 김정은의 지시도 같은 맥락에서 파악된다.

2016년 5월 6일부터 9일까지 나흘 간 36년 만에 개최된 조선노동당 7차대회에서 김정은은 조선노동당 위원장으로 추대됐고, 다음 달 열린 최고인민회의에서는 국방위원회를 폐지하고 신설된 국무위원회의 위원장으로 선출되었다.

7차 당대회에서 김정은은 '사회주의 강성국가' 건설을 내세우며 짧게는 5년, 길게는 10년의 추진목표로 내놓았다. 전반적인 기조에서 1980년 6차 당대회에서 제시된 당의 최종목표와 김정일 시대에 내건 강성대국론의 틀에서 크게 벗어나지 않았고, 전략적 노선으로 '경제 건설과 핵 무력 건설 병진노선'도 다시 천명되었다.

이러한 주장은 경제 건설을 위해서는 안보가 튼튼해야 하고, 안보를 위해서는 재래식 무기경쟁이 아니라 비대칭전력으로 핵무력을 강화해야 하며, 이를 통해 핵보유국의 지위에서 미국과 협상해 평화협정을 체결해 평화 체제를 마련하겠다는 의도로 해석된다.

특히 관심을 끈 경제계획으로는 '국가경제발전 5개년전략'을 새로 내놓았다. 김정은은 낙후된 경제 현실을 솔직하게 털어놓은 후 '국가경제발전 5개년전략'의 기본목표로 "인민경제 전반을 활성화하고 경제부문 사이의 균형을 보장하여 경제를 지속적으로 발전시킬 수 있는 토대를 마련"하는 것으로 설정했다. 그러나 이 계획을 수행할 '단계별 전략'은 발표되지 않았다. 2013년 경제특구 확대 조치가 발표된 후 국제사회의 대북 경제 제재가 계속되는 상황 때문에 추가적인 '경제 개방' 조치는 나오지 않았고, 기본방향만 간단하게 제시하는 수준에 그쳤다. 다만 경제관리 개선의 핵심인 '사회주의기업 책임관리제' 확립은 다시 강조됐다.

북한은 노동당 7차당대회를 계기로 명실상부하게 '김정은 시대'를 선포했다. 따라서 김정은 위원장의 유일적 영도 체계 확립에 최우선 순위를 두었던 북한의 정책이 대외관계 개선과 경제 건설에 우선순위를 두는 국면전환에 나설 가능성이 커졌다.

35
촛불항쟁

거짓은 참을 이길 수 없다

2016년 10월 29일 서울, 광화문광장에 시민 3만 명이 '박근혜 퇴진'을 외칠 때만 해도 예상치 못했다. 2주 뒤인 11월 12일 광화문 광장에 100만 명이 모였을 때도 설마 했다. 그러나 촛불을 든 남녀노소의 위대한 힘은 헌정 사상 첫 대통령 탄핵이라는 승리를 이끌어냈다.

촛불민심에 토대하여 문재인 정부가 출범했다. 문재인 정부는 국민적 개혁 요구와 사회 통합, 민주주의 확대를 바라는 시대정신을 토대로 탄생했다. 이제 문재인 대통령과 문재인 정부의 선택과 능력에 따라 공정하고 정의로운 사회, 공생하는 사회, 평화와 통일을 지향하는 남북 관계가 앞당겨질 수도, 또 다시 미뤄질 수도 있다.

박근혜 퇴진 요구 촛불 시위

● 2016년

9월 20일
한겨레신문, "최순실이 K스포츠재단
설립·운영 개입" 보도

10월 20일
박근혜 대통령, "불법행위 저질렀다면
엄중 처벌" 첫 공식 입장

10월 24일
JTBC, 태블릿PC 토대로 박근혜 대통
령 연설문 최순실에게 사전 유출 보도

10월 29일
'모이자! 분노하자 내려와라 박근혜
1차 시민촛불' 개최

11월 12일
광화문 촛불집회, 첫 100만 참여

12월 9일
박근혜 대통령 탄핵소추안 가결

● 2017년

1월 1일
특검 종료.
최순실·이재용·김영재 등 19명,
일괄 기소

3월 1일
대규모 광화문 촛불집회

3월 10일
탄핵심판 선고
박 대통령, 탄핵 인용 대통령 자격
박탈

3월 31일
박근혜 전 대통령, 구속

4월 8일
더불어민주당, 대선 후보 문재인 선출

5월 9일
제19대 대통령 선거에서 문재인 후보
당선

박근혜─최순실 게이트

"우리나라 권력 서열 1위는 최순실, 2위는 정윤회, 3위는 박근혜 대통령이다."

처음 박근혜 정부에서 청와대 민정수석실 산하 공직기강비서관실에 근무한 박관천 전 경정의 검찰 진술이 흘러나왔을 때만해도 모두 설마 설마 했다. 이보다 앞서 2014년 11월 《세계일보》가 최순실의 전남편 정윤회가 청와대 문고리 3인방 및 십상시로 일컬어지는 이들과 정기적으로 만나 국정에 개입한다는 내용을 담은 청와대 보고서를 입수하여 보도했을 때는 터질 게 터졌다는 반응도 있었다. 그래도 박 경정의 권력 서열 이야기는 너무나 믿기 어려운 말이었다.

그러나 2년도 채 지나지 않아 이 말은 사실로 드러났다.

2016년 7월 대기업 53곳이 미르·K스포츠재단에 총 774억 원을 사실상 강제로 출연했다는 언론의 의혹 보도에서 시작되었다. 이 과정에서 안종범 당시 청와대 정책조정수석이 영향력을 행사했다는 것이다. 이후 최순실과 주변인들이 두 재단과 권력을 이용하여 사익을 챙긴 정황들이 연이어 보도되고 최순실의 딸 정유라가 이화여대 부정 입학과 학사 특혜 등을 받았다는 문제도 터져 나왔다. 그러나 청와대는 모든 의혹을 전면 부인하고 10월 24일, 박근혜 대통령이 국회 시정연설에서 임기 내 개헌 방침을 밝히며 국면 전환을 시도한다.

그러나 바로 그날 저녁 JTBC가 최순실의 태블릿PC를 입수하여 대통령의 연설문과 각종 정책 자료에 최 씨가 개입했다는 내용을 보도하면서 '최순실 국정농단 의혹 사건'은 그 실체를 드러내기 시작했다. 박 대통령은 JTBC 보도가 나온 지 하루 만에 최순실의 연설문 수정 사실을 일부 시인하는 내용의 1차 대국민 사과를 했다.

그날 저녁 JTBC는 다시 최순실이 연설문 수정뿐 아니라 고위 공직자의 인사나 통일·외교 정책 등 국가의 중대사도 배후에서 지시했다

최순실 국정농단 사건에 대해 사과하는 박근혜

는 보도를 냈는데, 이에 민심의 분
노는 들끓기 시작했다. 10월 29일
국정농단 의혹을 규탄하는 첫 촛
불집회가 열렸고, 정치권에서도 박
대통령의 하야를 요구하는 목소리
가 일기 시작한다.

박정희와 박근혜,
그리고 최태민
박정희는 최태민을 제거하
려 했지만 박근혜는 그를 적
극 옹호했다. 결국 최태민-
최순실-정유라로 이어지는
관계 속에서 국정농단의 빌
미를 제공했다.

다음날 박 대통령은 '최순실 사
태'를 수습한다며 이재만·정호성·안봉근 비서관 등 '문고리 3인방'과 안
종범·우병우 등 5명의 수석비서관급 이상 참모진을 전격 교체한 데 이어
11월 2일에는 새 국무총리로 임명하는 등 기습 개각을 단행했다.

이러한 움직임에 야권은 박 대통령의 2선 퇴진, 총리 내정 철회, 특검
수용 등을 요구하면서 정국의 긴장은 더욱 고조되었다. 할 수 없이 박 대
통령은 11월 4일, 야당이 주장 중인 특검을 수용하는 2차 대국민 사과를
내놓았다. 이 담화 역시 개인사적인 변명으로 일관하며 권력 내려놓기 의
지 표명이 없어 거센 논란이 일었고, 특히 "내가 이러려고 대통령이 되었
나 자괴감이 든다"는 담화의 일부 내용이 민심의 분노를 샀다.

검찰 수사가 시작되면서 사건의 핵심 인물 최순실이 체포되고, 대기업
대상 모금 활동을 벌인 안종범 정책조정수석과 최순실에게 각종 청와대
자료를 넘겨준 정호성 부속비서관 등이 줄줄이 구속되었다.

이어 헌정 사상 처음으로 현직 대통령을 수사하는 특검팀이 공식 출범
했다. 특검은 삼성그룹과 국민연금이 연루된 삼성물산-제일모직 합병과
뇌물공여, 문화계 블랙리스트, 정유라의 이화여대 입시·학사 비리, 최순실
의 국정 이권 개입, 청와대 비선진료 등 수사 대상 15개에 대한 광범위한
수사를 진행한다. 그 결과 최순실을 비롯해 안종범 전 국정조정수석, 정호
성 전 부속비서관, 김기춘 전 대통령 비서실장 등 청와대 인사들 조윤선
전 문화체육관광부 장관, 문형표 전 보건복지부 장관 등 정부 인사 30명
을 대거 구속·기소했다.

속전속결이었다. 광장을 가득 메운 촛불의 힘이었다.

"박근혜를 파면한다"

최순실 국정농단 의혹이 JTBC의 보도로 알려진 후인 10월 29일, 2만 명(주최측 추산) 규모로 시작된 시민들의 촛불집회는 2차 20만 명, 3차 100만 명, 4차 96만 명, 5차 190만 명, 6차 232만 명 등으로 급증했다. '국정농단 규탄'에 초점을 맞췄던 구호는 '박 대통령 하야', '박 대통령 즉각 퇴진', '박 대통령 탄핵' 등으로 바뀌어갔다. 특히 6차 집회에 모인 232만 명은 해방 후 사상 최대 규모였다.

2016년 10월, 2만 명에서 시작했던 촛불집회 참가자는 2017년 3월 10일 20차 집회까지 누적 기준으로 1,600만 명을 돌파했다. 특히 이 촛불집회는 장기간 이어진 대규모 집회임에도 단 한 건의 폭력 사태도 일어나지 않는 등 유례없는 비폭력·평화집회로 우리나라 민주주의의 새로운 역사를 썼다. 또한 2016년 12월 9일 국회가 대통령 탄핵소추안을 가결하는 데 원동력이 된다.

국회 본회의에서 무기명 비밀투표로 진행된 대통령 탄핵소추안 표결은 재적 의원 300명 가운데 최경환 새누리당 의원을 제외한 299명이 참여해 찬성 234표, 반대 56표, 기권 2표, 무효 7표로 탄핵안 가결 요건인 재적 의원 3분의 2를 훌쩍 넘으며 통과되었다.

그리고 헌법재판소는 2017년 3월 10일 오전 11시 21분 대통령 탄핵심판 선고에서 "피청구인 대통령 박근혜를 파면한다"는 주문을 확정했다. 대한민국 헌정사 최초의 현직 대통령 파면이었다.

헌법재판소에서 박근혜 파면이 결정되는 순간

박근혜 대통령 취임부터 파면까지 재직일은 1,475일이었다. 되돌아보면 바람 잘 날 없던 기간이었고, 아무런 성과 없이 허송세월만 보낸 시간이었다.

박근혜 정부 시절 김용준·안대희·문창극 등 총리 후보자를 비롯해 많은 장관 후보자들이 인사청

문회 과정에서 낙마했다. 이런 저런 문제가 불거질 때마다 박근혜 정부는 '야당 탓', '북한 탓'으로만 돌렸다.

2013년 11월 5일에는 황교안 당시 법무부 장관의 주도로 통합진보당 해산 청구안이 헌법재판소에 제출되어 결국 통합진보당은 해산되었다. '공안 정국'의 시작이었고, 계속되는 '공안 정국'에 대학가에 '안녕들 하십니까' 묻는 대자보가 나붙었다.

2014년 4월 16일, 박근혜의 몰락을 예고하는 사건, 세월호 참사가 벌어졌다. 대통령이 부적절한 대응에 사과하고 책임자를 문책했다면 불행한 일이지만 넘어갈 수도 있었다.

그러나 세월호 참사 당일 대통령의 대응은 비정상적이었다. 대통령은

촛불시위

촛불집회는 항의나 추모를 목적으로 하는 비폭력 평화시위의 주요 방식이다. 특히 한국에서 촛불집회는 '촛불문화제'라는 독특한 형식으로 나타났다. 촛불집회가 집단 시위나 저항 행동의 주요 방식으로 자리 잡은 것은 2000년대 이후의 일이다.

촛불집회는 1960년대 말 미국의 반전운동 과정에서 나타났으며 우리나라에서는 1992년 온라인 서비스의 유료화에 반대하는 촛불집회가 저항적 시위에 활용된 첫 사례였고, 2002년 미군 장갑차에 사망한 두 여중생의 추모집회에 이어 2004년 노무현 대통령 탄핵반대 시위를 거치며 야간 시위의 주요 방식이 된다. 2008년 미국산 쇠고기 수입반대 집회에서 최대 규모의 촛불시위가 전개되었고, 2011년에는 대학생들의 반값 등록금 촛불집회가 있었다.

'촛불운동', '촛불민주주의'라는 표현처럼 촛불집회는 새로운 시위 방식이라는 단순한 의미를 넘어 그 자체가 새로운 시민운동으로 자리 잡았다.

'박정희 신화'의 붕괴

박근혜의 몰락은 곧 '박정희 신화' 붕괴로 이어졌다. 2015년 11월 14일, 대대적으로 준비 중이던 박정희 탄생 100주년 행사도 물거품이 되었다.

김영삼 문민정부 출범 이후 보수 세력은 '산업화 세력과 민주화 세력의 연대'를 주장하며 '박정희 띄우기에 본격 나섰고, IMF 외환위기를 맞으며 '박정희 신화'가 탄생했다. "박정희가 중심이 되어 이룬 한국의 산업화가 오늘의 민주화를 이룩한 것"이라는 논리는 이명박, 박근혜 정부를 탄생시킨 정치적 토대를 이뤘다. '제왕적 리더십'이 국가와 기업을 성장시킬 것이라는 굳건한 믿음이었다.

그러나 최순실의 국정농단과 박근혜의 불통 정치는 역설적으로 민주주의 리더십의 중요성을 확인하고, 철옹성 같던 '박정희 신화'의 종언을 앞당겼다.

사고가 심각함을 알고서도 7시간이 경과할 때까지 집무실에 출근하지 않고 관저에 머물렀다. '대통령의 7시간'은 의문투성이에 대통령은 지나치게 무성의했다. 정부는 위기관리에서 철저하게 무능했다. 그 사이 304명을 태운 세월호가 바닷속으로 가라앉았다.

'대통령의 7시간'에 대한 어설픈 해명은 의혹만 증폭시켜 결국 박근혜의 발목을 잡았다. '세월호 참사'의 진실을 밝히려는 힘과 '촛불집회'의 역동성이 박근혜를 무너뜨린 촛불혁명의 두 축이었다.

촛불집회에 나와 박근혜 퇴진을 외치는 시민들

촛불시위의 진행 과정과 참가 인원을 보여주는 '박근혜 정권 퇴진 비상 국민 행동'의 웹자보

2016년 10월 29일
3만 명(서울)

2016년 11월 5일
30만 명(서울 20만명)

2016년 11월 12일
110만 명(서울 100 만명)

2016년 11월 19일
96만 명

2016년 11월 26일
190만 명

2016년 12월 3일
232만 1천 명

2016년 12월 10일
104만 3천 명

2016년 12월 17일
77만 3천 명

2016명 12월 24일
70만 2천 명

2016년 12월 31일
110만 4천 명

2017년 1월 7일
64만 4천 명

2017년 1월 14일
14만 7천 명

2017년 1월 21일
35만 3천 명

2017년 2월 4일
42만 6천 명

2017년 2월 11일
80만 6천 명

2017년 2월 18일
84만 5천 명

2017년 2월 25일
107만 8천 명

2017년 3월 1일
30만 명(서울)

2017명 3월 4일
105만 1천 명

2017년 3월 11일
70만 8천 명

문재인의 '운명'

두 번 실패는 없었다. 문재인은 2012년 12월 19일 18대 대통령 선거에서 탈락 후보 사상 최다이자 역대 대한민국 대통령 선거 후보 중 두 번째로 많은 1,469만 2,632표(48.0%)를 득표했지만 새누리당 박근혜에게 패배했다.

5년 후 그는 촛불혁명을 등에 엎고 절치부심切齒腐心하여 2017년 5월 9일에 치러진 대통령 선거에서 41.1%를 득표하여 24%를 득표한 홍준표 후보를 누르고 당선된다. 그리고 대통령이 파면되어 치러진 궐위선거이기 때문에 당선인 신분 없이 바로 제19대 대통령에 취임한다.

노무현 전 대통령은 문재인을 "노무현의 친구 문재인이 아니라 문재인의 친구 노무현이다. 내가 알고 있는 최고의 원칙주의자"라고 평가했다. 아마 2009년, 이명박 정부의 탄압으로 노무현 대통령이 서거하지 않았다면 그는 정치권에 몸담지 않았을 수도 있다. 책 제목처럼 '문재인의 운명'이다.

대통령 선거운동을 하면서 낸 《대한민국이 묻는다》에서 그는 "그전까지는 현실정치 속에서 뜻을 구현해야 하는 것이기 때문에 나름대로 타협적인 생각을 많이 했는데 이제는 우리 사회를 이렇게 망쳐온 근본적인 원인을 확실히 청산해야겠다는 생각입니다"라고 밝혔다. '적폐 청산(대청소)'을 하겠다는 마음을 단단히 먹은 것이다.

2017년 5월 10일, 국회에서 취임식을 마치고 청와대로 향하며 시민들에게 손을 들어 인사하는 대한민국 19대 대통령 문재인과 김정숙 여사

문재인은 우리 역사에서 두 번, 부패 청산의 기회를 놓쳤다고 평가했다. 해방 이후 친일 청산에, 6월 민주항쟁 후 민주정부 수립에 실패했다는 것이다. 그는 실패를 반복하지 않기 위해 "부패 대청소를 하고 그다음 경제·시대 교체, 과거의 낡은 질서나 체제·세력에 대한 역사 교체를 해야 한다"는 구상을 밝혔다.

문재인의 이 같은 구상은 참여 정부 5년에 대한 복기에 기초한 것이다. 그는 참여 정부뿐만 아니라 범야권, 시민사회 진영, 노동운동 진영, 나아가 진보개혁 진영 전체가 뼈를 깎는 성찰을 함께해야 한다고 생각했다. 그리고 민주주의, 경제, 통일을 국정 운영의 핵심으로 제시했다.

> "포용적 성장이란 선성장 후분배의 논리에 가로막혀온 분배와 복지를 대폭 강화하는 방안입니다. 내부의 수요와 구매력 기반을 확충하고 이를 바탕으로 투자와 고용을 촉진함으로써 기초 체력을 강하게 만들어야 합니다."
>
> "민주 진영은 담론에서, 그동안 국가나 애국이라는 가치에 관심을 덜 가졌던 게 사실입니다. 그로 인해 국가 공동체의 공동선을 위해 더 많은 헌신과 희생을 치러왔음에도, 국가나 애국이라는 가치를, 실상과 다르게 보수 세력의 전유물처럼 내줬습니다."
>
> "역대 정권에서 추진한 남북 합의는 정권이 바뀌어도 반드시 존중되어야 하는 중요한 자산입니다. 정부는 역대 정권의 남북 합의를 남북이 함께 되돌아가야할 원칙으로 대할 것입니다. 또한 당면한 남북 문제와 한반도 문제 해결의 방법을 그간의 합의에서부터 찾아나갈 것입니다."

문재인 대통령과
북한 태권도 선수단
문재인 대통령이 2017년 6월 24일 전북 무주군 태권도원 경기장에서 열린 2017 무주 WTF 세계태권도선수권대회 개막식에 참석하여 남과 북의 태권도 선수단과 함께 기념 촬영하고 있다. 남북교류를 정상화 하려는 문 대통령의 첫 행보다.

문재인은 5년 전보다 준비되어 있었다. 그는 '새 시대의 첫차'가 출발하자마자 대다수가 동의할 개혁 과제를 밀어붙이기 시작하여 '국정교과서 폐지', '임을 위한 행진곡 5·18 기념곡 지정' 지시, 6·15남북공동선언 기념식 참석 등 개혁 행보에 시동을 걸었다.

《문재인의 운명》 중에서
"그렇게 길고 긴 5월 23일 하루가 넘어갔다. 내 생애 가장 긴 하루였다. 그날만큼 내가 마지막 비서실장을 했던 게 후회된 적은 없었다. 시신확인에서부터 운명, 서거 발표, 그를 보내기 위한 회의주재까지. 나 혼자 있지도 못하고, 울지도 못했다. … 그가 졌던 짐을 우리가 기꺼이 떠안는 것이야말로 아름다운 이별이다. … 돌아보면 신의 섭리 혹은 운명 같은 것이 나를 지금의 자리로 이끌어왔다는 생각을 하게 된다. 그 한가운데에 노무현 변호사와의 만남이 있었다. …그를 만나지 않았으면 적당히 안락하게, 그리고 적당히 도우면서 살았을지도 모른다. 그의 치열함이 나를 늘 각성시켰다. 그의 서거조차 그러했다. 나를 다시 그의 길로 이끌어냈다. 대통령은 유서에서 '운명이다'라고 했다. 속으로 생각했다. 나야 말로 운명이다. 당신은 이제 운명에서 해방되었지만, 나는 당신이 남긴 숙제에서 꼼짝하지 못하게 되었다."

험난한 여정

문재인 정부가 무엇보다 먼저 해결해야 할 당면 과제로 국민 통합, 안보·경제위기가 많이 거론된다. 모두 쉽지 않고 단번에 해결할 수 없는 과제다. 무엇보다도 이명박, 박근혜 정부가 남겨놓은 적폐가 심각한 수준이다. 자칫 뒤치다꺼리만 하다 임기를 마칠 수도 있다.

더구나 이명박·박근혜 정부에 탯줄을 대고 있는 자유한국당이 2당으로 사사건건 발목을 잡고, 여소야대 상황에서 야당이 반대하면 국회에서 쟁점 법안 하나도 통과할 수 없다. 개혁 입법은 엄두도 내지 못한다. 문재인 대통령은 '협치'를 강조했지만 야당이 순순히 따라올 리 없다.

경제위기 극복을 위한 재벌개혁과 일자리 창출도 쉽지 않다. 재벌은 경제위기를 들어 저항하고 있고, 일자리 창출을 위한 추경예산 편성은 야당의 반대가 심하다.

한반도 긴장 완화와 비핵화는 더 큰 난제다. 한반도 비핵화를 위해서는 북한의 핵과 미사일 개발을 동결시키고, 남북·북미 간 대화와 협상이 진행되어야 하지만 북한은 동결 조건으로 한미 합동 군사연습 중단을 요구하고 있다. 중국은 지속적으로 미국이 한반도 내 군사력을 감축하는 대가로 북한이 핵·미사일 시험을 동결하는 내용의 협상을 제안하고 있다. 중국은 비핵화와 한반도 평화 체제 구축 논의를 동시에 진행한다는 의미의 '쌍궤병행雙軌並行', '쌍중단'雙中斷(북한 핵·미사일 도발과 한미 연합 군사훈련 중단)을 대북 기조를 일관되게 유지하고 있다.

민주주의는 함께 가야 한다는 취지의 신영복 글씨

문 대통령은 여건이 되면 남북정상회담을 할 수 있다고 하지만 미국을 설득하여 정상회담을 추진해야 한다는 능동적 자세를 갖지 않는다면 미국과 중국 틈새에 끼여 '북핵 딜레마'에서 헤어나기 어려운 상황이다.

그야말로 험난한 여정이 놓여 있다. 결국 문재인 정부를 탄생시킨 촛불 민심을 믿고 원칙을 지켜나가는 길밖에는 없다. 문 대통령은 스스로 원칙과 명분을 세우면 물러서지 않고 타협하지 않는 결기를 보여줬다. 다만 그러한 원칙은 높은 지지도에 부응해 실제 개혁을 이루어내는 능력으로 뒷받침되어야 한다.

출발은 산뜻했다. '준비된 대통령'의 거침 없는 국정 수행과 격의 없는 국민 소통 리더십은 고단한 국민들의 삶에 큰 감동과 활력을 주었다. 새로운 국정 운영으로 대한민국 각계 전반에 탈권위와 소통, 대탕평과 화합, 희망과 기대를 불어넣었다. 문제는 이제부터 시작이다.

문재인 정부는 국민적 개혁 요구와 사회 통합, 민주주의 확대를 바라는 시대정신을 토대로 탄생했다. 문재인 대통령은 대통령 탄핵 사태로 붕괴된 국가 운영 시스템을 바로 세우고 대한민국의 새로운 리더십을 확립할 숙제가 있다.

역대 대통령 취임 기념우표로 대통령의 역사 문재인 대통령은 어떤 역사적 평가를 받게 될 것인가?

우선은 국민의당, 정의당과의 협치 강화와 연정이 가능한가가 관건이다. 2018년 6월, 지자체 선거와 개헌 정국이 도래하기 전까지 평창올림픽을 적극 활용하여 남북 관계에 돌파구를 여는 문제도 중요하다. 검찰과 재벌 개혁도 임기 초반에 가닥을 잡지 못하면 실패할 가능성이 커진다.

대한민국은 거대한 변화에 직면해 있다. 그 변화를 이끌 문재인 정부에게는 국민의 높은 지지라는 호재와 여소야대, 불리한 국제 환경 등의 악재가 교차하고 있다. 문재인 대통령과 문재인 정부의 선택과 능력에 따라 공정하고 정의로운 사회, 함께 공생하는 사회, 평화와 통일을 지향하는 남북 관계가 앞당겨질 수도, 또다시 미뤄질 수도 있다.

우여곡절 속에서도 역사는 진보한다는 평범한 진리가 촛불 세대의 가슴에 새겨질 수 있을까?

문재인 정부 12대 약속
① 소득주도성장의 일자리 경제, ② 국민 주권의 촛불 민주주의 실현, ③ 사람을 책임지는 든든한 복지
④ 모두가 성장하는 공정 경제, ⑤ 균형발전을 주도하는 자치 분권, ⑥ 4차 산업혁명을 선도하는 혁신성장
⑦ 출산, 보육, 교육의 국가 책임 강화, ⑧ 국민 안전과 생명을 지키는 대한민국, ⑨ 강한 안보, 당당한 협력외교
⑩ 원칙이 바로 선 한반도 평화 반영, ⑪ 자유와 창의가 넘치는 문화공동체, ⑫ 소통으로 통합하는 광화문 대통령

· 참고문헌 ·

| 1부 해방과 분단, 그리고 전쟁 |

강영주, 《벽초 홍명희 연구》, 창작과비평사, 1999

강정구, 《좌절된 사회혁명 : 미군정하의 남한·필리핀과 북한연구》, 열음사, 1989

강준만, 《한국 현대사 산책 : 1940년대편 1~2 – 8·15해방에서 6·25전 야까지》, 인물과 사상사, 2004

김기원, 《미군정기의 경제구조 ; 귀속기업체의 처리와 노동자 자주 관리운동을 중심으로》, 푸른산, 1990

김남식, 《남로당연구》, 돌베개, 1984

김남식, 심지연 편, 《박헌영노선 비판》, 세계, 1986

김보영, 《전쟁과 휴전 – 휴전회담 기록으로 읽는 한국전쟁》, 한양대 학교출판부, 2016

김삼웅, 《해방 후 양민학살사 ; 청산하지 못한 오욕의 역사》, 가람기 획, 1996

김삼웅·임헤봉·김승태·김순석·정운현 편, 《반민특위 ; 발족에서 와 해까지》, 가람기획, 1995

김성보, 《북한의 역사 1》, 역사비평사, 2013

김재명, 《한국현대사의 비극, 중간파의 이상과 좌절》, 선인, 2003

도진순, 《쉽게 읽는 백범일지》, 돌베개, 2005

도진순, 《한국민족주의와 남북관계 – 이승만·김구 시대의 정치사》, 서울대학교 출판부, 1997

박태균, 《한국전쟁 – 끝나지 않은 전쟁, 끝나야 할 전쟁》, 책과함께, 2005

박태균·정창현, 《암살 – 왜곡된 현대사의 서막》, 역사인, 2016

반민족문제연구소 편, 《청산하지 못한 역사》 전3권, 청년사, 1994

방선주 외, 《한국현대사와 미군정》, 한림대학교 아시아문화연구소, 1991

서중석·김득중·강성현·이임하·김학재, 《전쟁 속의 또 다른 전쟁 : 미 군 문서로 본 한국전쟁과 학살》, 선인, 2011

서중석, 《한국현대민족운동연구》 2, 역사비평사, 1996

서중석, 《한국현대민족운동연구》, 역사비평사, 1991

신복룡, 《한국분단사연구(1945~1953)》, 한울, 2001

심지연, 《조선혁명론연구》, 실천문학사, 1987

심지연, 《해방정국 논쟁사》 I , 한울, 1986

안진, 《미군정기 억압기구 연구》, 새길, 1996

역사문제연구소 편, 《한국근대지역운동사》 1~2, 여강, 1993

역사문제연구소·역사학연구소·제주 4·3연구소·한국역사연구회, 《제 주 4·3연구》, 역사비평사, 1999

유영구·정창현 엮음, 《박병엽증언록 1 – 조선민주주의인민공화국의 탄생》, 선인, 2010

유영구·정창현 엮음, 《박병엽증언록 2 – 김일성과 박헌영 그리고 여 운형》, 선인, 2010

이강수, 《반민특위 연구》, 나남, 2003

이완범, 《한국해방3년사》, 태학사, 2007

정병준, 《몽양 여운형 평전》, 한울, 1995

정병준, 《우남 이승만연구》, 역사비평사, 2006

정병준, 《한국전쟁 – 38선충돌과 전쟁의 형성》, 돌베개, 2006

정용욱, 《존 하지와 미군 점령통치 3년》, 중심, 2003

정용욱, 《해방 전후 미국의 대한정책》, 서울대출판부, 2003

정운현 엮음, 《증언 반민특위 : 잃어버린 기억의 보고서》, 삼인, 1999

한국농어촌사회연구소 편, 《한국농업·농민문제연구》 1~2, 연구사, 1988~1989

한국농촌경제연구원, 《농지개혁사연구》, 한국농촌경제연구원, 1989

한국역사연구회 현대사분과 편, 《한국현대사》 1, 풀빛, 1990

한국정신문화연구원 편, 《미군정시대의 경제정책》 1, 한국정신문화 연구원, 1992

한모니까, 《한국전쟁과 수복지구》, 푸른역사, 2017

허종, 《반민특위의 조직과 활동 – 친일파 청산, 그 좌절의 역사》, 선 인, 2003

홍인숙, 《대국 미·소와 한민족 분단》, 경인문화사, 2002

| 2부 독재와 민주, 그리고 산업화 |

강인덕·송종환 외, 《남북회담 : 7·4에서 6·15가지인물로 본 북한현대 사》, 극동문제연구소, 2004

강준만, 《한국 현대사 산책 : 1970년대편 1~3 – 평화시장에서 궁정동 까지》, 인물과사상사, 2002

공병훈 외, 《한미관계의 재인식》 1, 두리, 1990

공제욱, 《1950년대 한국의 자본가연구》, 백산서당, 1993

권대복, 《진보당》, 지양사, 1985

기미야 다다시, 《박정희 정부의 선택》, 후마니타스, 2008

김낙중, 《한국노동운동사》(해방후), 청사, 1982

김민희, 《쓰여지지 않은 역사》, 대동, 1993

김성보·김종엽·이혜령·허은·홍석률 기획, 《한국현대 생활문화사 1950~1980년대》 1~4, 2016

김영미, 《그들의 새마을 운동》, 푸른역사, 2009

김운태, 《한국현대정치사》 2, 성문각, 1976

김일영·조성렬, 《주한미군 – 역사·쟁점·전망》, 한울, 2003

김정렴, 《한국경제정책30년사》, 중앙일보사, 1995

김충식, 《정치공작사령부 KCIA : 남산의 부장들》, 동아일보사, 1992

김현우, 《한국정당통합운동사》, 을유문화사, 2000

김형아, 《유신과 중화학공업, 박정희의 양날의 선택》, 2005

노영기 외, 《1960년대 한국의 근대화와 지식인》, 선인, 2004

민주화운동기념사업회, 《한국민주화운동사》 1~2, 돌베개, 2009

민청학련운동계승사업회, 《1974년 4월 실록 민청학련》 1~3, 학민사, 2003~2004

박병윤, 《재벌과 정치》, 한국양서, 1982

박태균,《우방과 제국 : 한미관계의 두 신화》, 창비, 2006

박태균,《조봉암연구》, 창작과 비평사, 1995

사월혁명연구소,《한국사회변혁운동과 4월혁명》1~2, 한길사, 1990

서중석,《대한민국 선거이야기 : 1948 제헌선거에서 2007 대선까지》, 역사비평사, 2008

서중석,《조봉암과 1950년대》상·하, 역사비평사, 1999

신정화,《일본의 대북정책 1945~1992》, 오름, 2004

안병욱 외,《유신과 반유신》, 민주화운동기념사업회, 2005

역사비평 편집위원회,《논쟁으로 본 한국사회 100년》, 역사비평사, 2000

연시중,《한국정당정치실록》1~2, 지와사랑, 2001

이문항,《JSA - 판문점(1953~1994)》, 소화, 2001

이병천,《개발독재와 박정희시대》, 창작과비평사, 2003

이삼성,《미국의 대한정책과 한국민족주의》, 한길사, 1993

이수병선생기념사업회 편,《암장》, 지리산, 1992

이영훈,《파벌로 보는 한국야당사》, 에디터, 2000

이원덕,《한국 과거사 처리의 원점》, 서울대출판부, 1996

이재오,《한일관계사의 재인식》, 학민사, 1985

이재오,《해방후 한국학생운동사》, 형성사, 1984

이정식,《한국현대정치사》3, 성문각, 1976

이태섭,《김일성의 리더십 연구》, 들녘, 2001

임영태,《국민을 위한 권력은 없다 : 박정희 시대 개발독재 병영국가》, 유리창, 2013

임영태,《산골대통령 한국을 지배하다 : 이승만 시대 가혹한 경찰국가》, 유리창, 2013

전태일기념관건립위원회 엮음,《어느 청년노동자의 삶과 죽음》, 돌베개, 1983

정영철,《김정일의 리더십연구》, 선인, 2005

정운현·정창현,《안중근家 사람들 - 영웅의 숨겨진 가족이야기》, 역사인, 2017

정창현,《곁에서 본 김정일》, 김영사, 2000

정창현,《인물로 본 북한현대사》, 선인, 2011

조희연 편,《한국사회운동사》, 죽산, 1990

조희연,《현대 한국 사회운동과 조직 - 통혁당, 남민전, 사노맹을 중심으로 본 비합법 전위조직 연구》, 한울, 1993

중앙일보 특별취재팀,《실록 박정희》, 중앙M&B, 1998

한국역사연구회 4월항쟁연구반,《4·19와 남북관계》, 민연, 2001

한국역사연구회 현대사분과 편,《한국현대사》2~3, 풀빛, 1990

한국정치연구회,《한국정치사》, 백산서당, 1990

한홍구,《유신 : 오직 한 사람을 위한 시대》, 한겨레출판사, 2014

허은,《미국의 헤게모니와 한국 민족주의》, 고려대 민족문화연구원, 2008

홍석률,《분단의 히스테리 - 공개문서로 본 미중관계와 한반도》, 창비, 2012

홍석률,《통일문제와 정치·사회적 갈등 : 1953~1961》, 서울대출판부, 2001

| 3부 민주화와 평화, 그리고 통일 |

정창현,《남북정상회담 : 한반도와 동북아를 움직이는 선택》, 선인, 2014

강신철,《80년대 학생운동사》, 형성사, 1988

강준만,《박근혜의 권력 중독 : 의전 대통령의 재앙》, 인물과사상사, 2016

경향신문 창간 70주년 특별취재팀,《대한민국은 민주공화국인가 : 시민과 지식인에게 길을 묻다》, 책세상, 2017

김용기 엮음,《한국노동운동논쟁사》, 현장문학사, 1989

김장한·채만수 편,《한국사회통일전선논쟁》, 죽산, 1990

김장한 외,《80년대 한국노동운동사》, 조국, 1989

남구현·이광일·박영균·목수정·이철호,《대한민국은 민주공화국이다 : 2008 촛불의 정치》, 메이데이, 2008

도진순,《분단의 내일 통일의 역사》, 당대, 2001

문재인,《문재인의 운명》, 북팔, 2017

백낙청,《한반도식 통일, 현재진행형》, 창비, 2006

백낙청,《흔들리는 분단체제》, 창작과비평사, 1998

사람사는세상 노무현재단 엮음,《1978년부터 1987년까지 노무현의 시작 : 노무현에 관한 첫 구술기록집》, 생각의길, 2015

서울사회경제연구소,《이명박 정부 경제정책의 기조와 평가》, 한울아카데미, 2012

서재정·이윤경·강수돌·남태현·유종성,《침몰한 세월호 난파하는 대한민국 : 압축적 근대화와 복합적 리스크》, 한울, 2017

월간 사회와사상,《90년대 한국사회의 쟁점》, 한길사, 1990

이종석,《북한의 역사 2 - 주체사상과 유일체제 1960~1994》, 역사비평사, 2013

임동원,《피스 메이커 : 남북관계와 북핵문제 25년》(개정증보판), 창비, 2015

임영태,《대한민국사 1945~2008》, 들녘, 2008

전상훈,《촛불 시민 혁명 승리의 기록 : 2016. 9. 25. 백남기 농민 사망부터 2017. 5. 10 문재인 대통령 당선까지 촛불시민혁명 230일의 대장정을 기록하다》, 깊은샘, 2017

정창현,《키워드로 본 김정은시대의 북한》, 선인, 2014

정철운,《박근혜 무너지다 : 한국 명예혁명을 이끈 기자와 시민들의 이야기》, 메디치미디어, 2016

정해구 외,《광주민중항쟁연구》, 사계절, 1990

중앙일보사,《80년대 한국사회 대논쟁집》, 월간중앙, 1990

진실의 힘 세월호 기록팀,《세월호 그날의 기록》, 진실의힘, 2016

학술단체협의회,《6월민주항쟁과 한국사회 10년》1~2, 당대, 1997